塗りつぶされた町

ヴィクトリア期英国のスラムに生きる

The Blackest Streets

The Life and Death of a Victorian Slum

Sarah Wise

サラ・ワイズ　栗原 泉＝訳

紀伊國屋書店

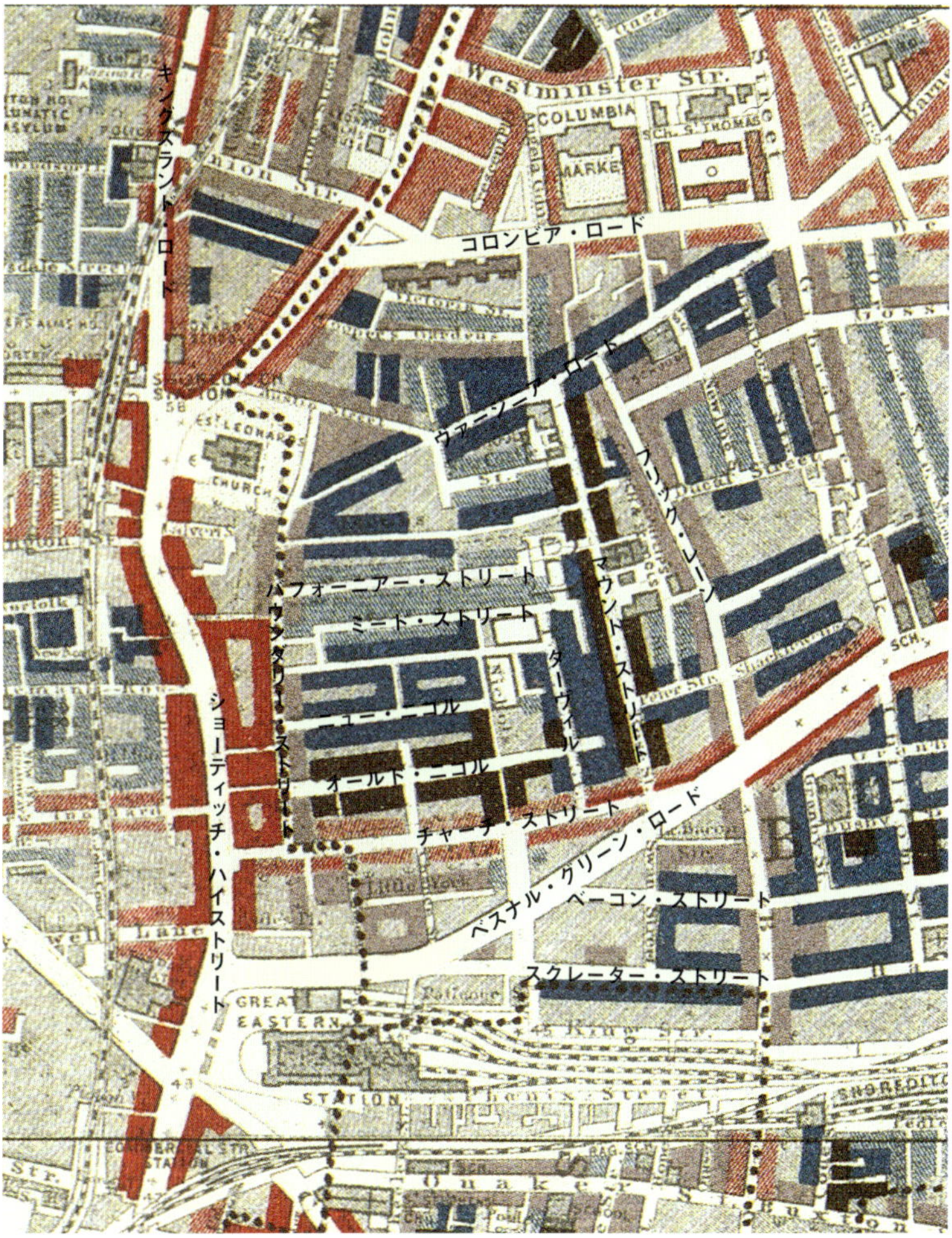

チャールズ・ブース作成の「貧困地図（1889年）」の一部（ロンドン博物館提供）

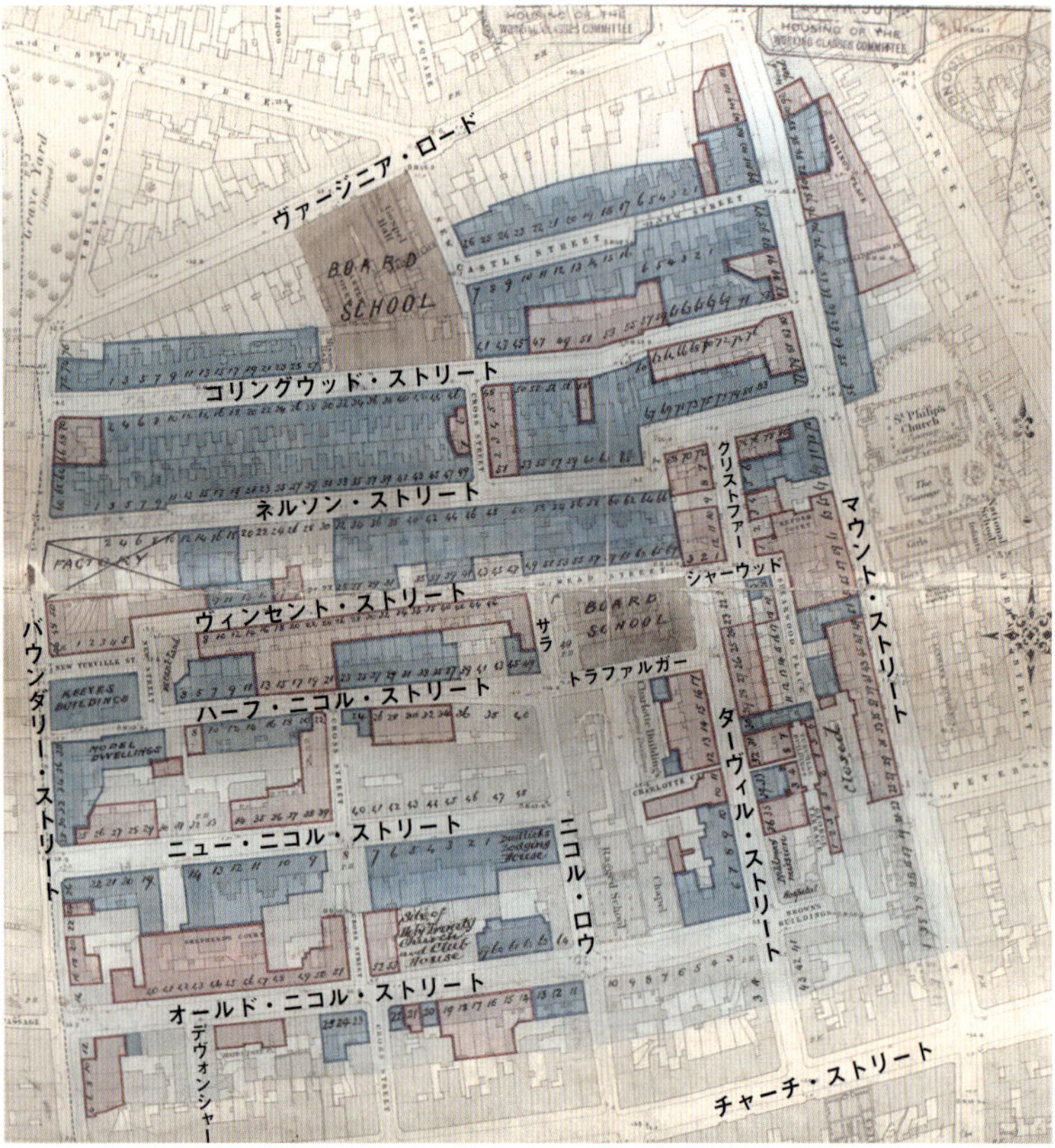

ロンドン州議会の労働者階級住宅委員会の印が押された地図（1890年）．オールド・ニコルの多くの街路はふたつの名前がついていた．北から（オールド・）キャッスル・ストリートはヴァージニア・ロード／ロウとも呼ばれ，ほかに1870年代に改名された通りとして，コリングウッド（ジェイコブ）・ストリート，ネルソン（フォーニアー）・ストリート，ヴィンセント（ミード）・ストリートがある（カッコ内が改名後の名称）．南北に走るクロス・ストリートは3本あり，北端はジェイコブ・プレイス，中央はショート・ストリート，南端はチャンス・ストリートとも呼ばれた．この地図の南端に東西に走る大通りがチャーチ・ストリート．そこから南に延びるのがクラブ・ロウ，ニコル・ロウの続きである．ピンクに塗られた地区は改善の余地がないほど非衛生的とされ，取り壊しが決まっていた．水色は居住可能とされたが，それでも取り壊しが予定されていた．茶色は学校，教会，福祉施設などのために確保された土地であった（ロンドン市公文書館提供）．

塗りつぶされた町

——ヴィクトリア期英国のスラムに生きる

Sarah Wise

THE BLACKEST STREETS

This edition published by arrangement with The Wylie Agency.

母、ダフネ・メイ（1929～2009年）へ

八月——ぎらぎらと照りつける太陽が／ベスナル・グリーンの寂れた街路を襲う／窓の奥に見えるのは青ざめた機織《はたお》り人／スピタルフィールズで、幾重にも打ちひしがれて／知り合いの牧師に出会い、声をかける／「病と過労が広がるこの地で、いかにお過ごしか」／「健やかに」牧師は答える／「生けるパンであるキリストを思い、とても勇気づけられる今日この頃です」……

——マシュー・アーノルド「イースト・ロンドン」

主よ、このごはんに感謝します／もっとあったら嬉しいけれど／今はとっても厳しいとき／いただいたものを喜んで食べます

——オールド・ニコルで慈善給食を受ける子どもたちが歌う食前の祈り

歴史のもつ詩は次のような半ば奇跡的な事実の中に存する。かつてこの地上に、この見慣れた地点に、われわれとは別人である男女が、今日のわれわれと同じように現実に歩んでいた。彼らは自らの思いに耽《ふけ》り、自らの情熱に動かされていた。しかし今やすべては過ぎ去り、次々と世代は消え失せ、やがて完全に跡形もなく消え去ってしまった……。死者はかつては存在したが、今はない。死者がいた場所はもはや死者を知らず、今ではわれわれの場所になっている。しかし死者はかつてはわれわれと同じように現実に存在した。明日には、われわれも死者と同じように幻影になるであろう。

——G・M・トレヴェリアン（『イギリス史1』大野真弓監訳、みすず書房）

目次

第3部 対策

第4部 ストライプランド

*本文の引用文中の〔　〕は著者による注、〔　〕は訳者による注を示す。

第1部　空文

1 飢餓帝国——オールド・ニコル 一八八七年

一八八七年一一月、じめじめして肌寒い土曜日のことである。午後四時、ふたりの男がショーディッチ駅で落ち合った。ふたりとも大陸からきた革命家で、ひとりは共産主義者、もうひとりはアナーキスト（無政府主義者）であった。共産主義者はロンドン滞在中にイースト・エンドで目にした極貧のありさまを、これからアナーキストに見せようとしていた。

ふたりは近くのハックニー・ロードへと進み、やがて南に折れて迷路のように入り組んだ一画に入った。オールド・ニコル〔あるいはニコル〕と呼ばれている区域だ。大通りの喧騒がぱたりとやんだ。なおも南へ進む。道幅が狭まり、あたりは薄暗い。霧雨が煙るなか、目を凝らすと道の両側に二〜三階建ての家がずっと切れ目なく続いている。アナーキストは案内役の共産主義者のあとについて右に左に何度も曲がるうちに方向感覚を失い、不安に駆られてしまった。何回曲がっても、通りの両側には薄汚れた同じような建物がどこまでも続いている。そこはまるで色という色が抜け落ちてしまったような世界で、目に入るのは濃淡の灰色だけであった。なおも五分ほど進んだ共産主義者は、とある小路に身を滑らせ、アナーキストを導き入れた。家と家に挟まれたその小路は蟹歩きしなければ通れないほど狭かった。小路を抜けると、四方を集合住宅に囲まれた小さな空き地に出た。よどんだ水溜まりのあいだにこんもり土の盛り上がったところがある。連れの共産主義者に促されるままに、アナーキストはその上に立ち、あたりを見回した。人っ子ひとりいない。遠く、オールド・ニコルを取り囲む四本の大通りからかすかな物音が聞こえてくるが、あたりは静まり返っている。がらくたや壊れた家具が山をなしている以外、草一本見当たらない。片隅には犬の死骸が転がっていた。頭上にはあっちにもこっちにも、この寒さのなかで、擦り切れた灰色のシーツ類が物干しロープからだらりとぶら下がっている。家々のドアへと続く階段は、何世代にもわたって踏みつけられてきたせいでひどく傷んでいる。窓ガラスはどれもひびが入り、なかには叩き割られた窓も見える。ところどころ、煙突からちょろちょろと煙を吐きだしている家もある。煙は霧に紛れて四散していった。「まるで死神がその救いの手で、命あるものを片端から触りながら、このあたりを大股で通り抜けていったようじゃないか」とアナーキストは思った。そう、救いの手だ――アナーキストは死を、このような場所における祝福と受けとめたのだった。

通りに戻ったふたりは道の真ん中を進んでいったが、やがてものめずらしげな目がこっそりと自分たちに向けられているのに気づいた。恐れと憎悪の入り混じった視線には、ほかでもない飢餓が表れている、とふたりには感じられた。道路脇でかがみこみ、壊れた荷車の車輪を直している男がいたのでふたりは挨拶をしたが、返事はない。ぼろをまとい、家の戸口にしゃがみこんでいる女はふたりが近づくとおびえた様子で、傍らの同じくぼろを着た子どもを胸に抱き寄せ、身を守ろうと立ち上がった。

ああ、おれたちは侵入者なんだ、とふたりは感じた。身なりもまあまあで、一見満ち足りた様子の自分たちをうしろめたく思いながら、ふたりは足を速めた。アナーキストは、目にしたばかりの困窮のありさまにショックを受けていた。後年の著作によれば、そのとき、この地の「奇妙な暮らしの秘密」を目にしていると感じたという。よそ者にはわからない独特の決まりがある暮らしであった。アナーキストは六ヘクタールほどのオールド・ニコルを「飢餓帝国《エンパイア・オブ・ハンガー》」と名づけた。

一方、共産主義者は、ひとたび労働者国家を打ち立てれば、こんな環境はこの世から消えてなくなるとつぶやいた。恐怖、憎悪、羨望、飢餓はきっとなくなる。人びとの行動も変わるだろう。だが、アナーキストの考えは違った。あらゆるかたちの政府を廃止しなければ、人は賢明に、いたわりの心をもって自主的に生きることはできないだろうと信じていたのだ。アナーキストによれば、オールド・ニコルのような場所が存在するのは、国家が——すなわち議会や法律が——人びとの前に立ちはだかり、賢く生きることができないようにしているからだった。[1]

ふたりはしばらく迷路を歩きつづけたが、ようやく雑踏で賑わうベスナル・グリーン・ロードへ出ると、ほっと一息ついた。土曜日の午後、大通りには露店が立ち並び、荷車や四輪馬車や二輪馬車が行きかっていた。

＊

以上が、暗く寒いある日、ふたりの訪問者が目にしたオールド・ニコルのありさまだ。では、家の中はどうだろう。ノックは無用だ。そもそもドアなどない家が多い。金がなくて石炭が買えないとなれば、ドアのほかに燃やすものなどありはしない。仮にドアがまだ残っていたとしても、たいていは開けっ放しだ。盗むものなどありはしないし、それを怖がる人もいない。それに長いあいだ、ここの人びとはしょっちゅう質問され、尋問され、じろじろと見られてきたから、今また興味津々のよそ者が入りこんできたとしても、とりわけ迷惑だとは思わないだろう。

バウンダリー・ストリート西端のアンズ・プレイスには、集合住宅の二部屋に夫婦と六人の子どもが住んでいた。狭い中庭《コート》に面したこの集合住宅はかなり年季の入った建物だ。壁はじっとりと湿気を帯びている。わずかばかりの炉火が漆喰の水分を蒸発させるから、細かな霧が生まれるのだ。ニコルではたいていの家が、炉の火と湿気と掃除の行き届かない煙突の相互作用でこんな状態だ。八人が暮らす二部屋のこの借家にベッドは見当たらない。どうやって寝るのかと奥さんに訊いてみると、「部屋のあっちやこっちに雑魚寝《ざこね》してるよ」と言う。壁にうがった穴を通って隣の部屋に行くと、父親と思春期のふたりの息子がブーツの甲革《こうかわ》づくりに打ちこんでいた。忙しすぎて、こちらに目を向けたり、振りむいたりすることもできない。疲れた様子で頬は落ちくぼんでいる。奥さんが言うには、注文を仕上げて、今夜（土曜日）八時までに近くの問屋に納品しなければ、一家は明日、食べ物にありつけない。

バウンダリー・ストリートから東に伸びるニュー・ニコル・ストリートのP夫人の家も、事情は似たり寄ったりだ。最近、夫を亡くしたP夫人は子どもたちと老母を抱え、マッチ箱づくりで一家を支えている。マッチ箱づくりはニコルではごくありふれた内職だ。P夫人の両手はリウマチで変形しているが、それでも近くのベーコン・ストリートにあるブライアント＆メイ社の倉庫から木片とラベルと紙やすりを受けとって（糊《のり》は自分で調達）、完成品を一グロス（一四四個）つくれば二ペンス一ファージング［一ファージングは四分の一ペニー］稼ぐことができた。マッチ箱づくりのコツをつかみ、家族もみな精を出せば、一日で八グロスはつくれるだろう。一シリング六ペンスの収入になる――週ごとに払う家賃のおよそ半分だ［ヴィクトリア朝時代後期のイースト・エンドの賃金や物価については巻末の補遺Iを参照］。この一家が住む部屋は乾燥中のマッチ箱で足の踏み場もない。そのため、子どもたちは四六時中、家の外にいる。下の子どもたちは空腹に耐えかねると、糊を口にすることもあった。

オールド・ニコル・ストリート五番地では、一家族が一部屋で暮らしていた。この界隈ではめずらしいことではない。母親は仕事で外出中だ。九歳の息子と七歳の娘が、亡くなった父親の遺体を納めた棺桶のそばで遊んでいる。その先の五三番地で、ニコルの悪名高い人口密度は最も高くなる。一〇部屋ある家に九〇人が押しこまれているのだ。すし詰め状態はコリングウッド・プレイスでも見られた。間口約二・二、奥行き約四・二メートルの一部屋に一二人が住んでいた。

ハーフ・ニコル・ストリート三四番地では、大家族が一間で暮らし、そのうえアヒルを六羽飼っていた。この事例を報告した衛生検査官によれば、この界隈では地下室でロバや牛、ウサギなど家畜を飼う家族が多いという。ニコルでは窓辺に吊るされた鳥かごもよく見かける。きれいな鳴き声の鳥を飼い、ときおりパブで開かれるさえずりコンテストに出品したり、近くのクラブ・ロウやスクレーター・ストリートの家畜市場で売ったりするのだ。家の中を植物でいっぱいにする人たちもいる。悪臭の立ちこめる部屋に売り物の豪華な花があふれているのもよくあることで、八〇〇メートルほど南のスピタルフィールズ教区の青物市場で仕入れたクレソンやラベンダーやハーブなどの商品を、家にストックしておく呼び売り商人も多かった。薄汚い裏庭に見事なバラの花が山と積まれていることもある。翌日街頭に立つ花売りたちの商品だ。

実際、七三〇軒あまりを数えるニコルの家々は、さまざまな小商いによく対応していた。このあたりには燻製《くんせい》の魚を扱う業者も多いが、フォーニアー（旧ネルソン）・ストリート三六番地のジョウゼフ・ハイアムズ氏もそのひとりで、家にタイル張りの屋根と大きな覆いのついた木製の換気口を三つもとりつけている。臭いのことで文句を言う人は誰もいない。実のところ、燻製の臭いはこのあたりでは心地いい部類に入り、もうひとつの強烈な――木工業の――臭いと相性がいいのだ。ニコルの住民の五分の一は木工職人か家具職人だった［ニコルの住民の職業については補遺IIを参照］。戸棚や椅子、鏡や玩具をつくって生計を立てている人が何百人もいたし、木挽《こび》き、彫り物師、ワニス塗り、象牙細工師、漆器職人や家具の詰め物職人などが狭い家を仕事場にしていた。平日の街路は、挽いたばかりの木板や家具の部品を積んだ手押し車が行きかい、テーブルや椅子、衣装だんすや収納家具を背負い、問屋へと急ぐ男たちの姿が目立つ。ニコルに数カ所ある材木置き場には、マホガニーやレッドウッド、カバやブナやトネリコ、イタリアン・オークやアメリカン・ウォールナットなどの木材が積み上げられていた。

オールド・ニコル・ストリートの屋根裏部屋では、六〇代のボードン夫妻が二台の織機と紡ぎ車、糸巻き機に向かっている。家賃が週三シリング三ペンスの部屋はあちこち傷みがひどいが、夫婦はできるだけきれいに使っていた。ぼろぼろの天井は大きく傾き、一方の端は二・三メートルの高さがあるが、もう一方の端は一・四メートルしかない。仕事は絶えないものの、稼ぎはすずめの涙、しかも賃金は下がりっぱなしだという。これこそ悪名高き「苦汗《くかん》制度」のもとでの労働である。割の合わないこの種の家内労働が広く行われているニコルは、別名「苦汗労働者の地獄」と呼ばれていた。この夫婦はもう一七年もこうして働き、ウエスト・エンドの老舗《しにせ》高級家具店に椅子の房飾り用の材料を納品してきた。稼ぎはふたり合わせて週九シリング。夫婦は毛糸が汚れないように、また濡れないように細心の注意を払わなければならない。うっかりすると屋根に開いた穴から垂れてくる雨水で、完成した商品が濡れてしまう。これまでに一度、夫は小さな織物工場で働いたことがある。だが、結局そこでは一日一四時間働いても週に八シリングしか稼げなかったし、使い走りなどの雑用もこなさなければならなかった。

この近所に住む八四歳の老女は、昔は公爵家で住みこみの家庭教師をしていたそうで、紋章入りの便箋に書かれたやんごとなき方たちからの手紙を大事にしまいこんでいた。ニコルには准男爵の兄弟だという人も住んでいた。遺産はすべて酒代に消え、零落《れいらく》した今はビリヤードの球をつくり、近くのパブに納めて暮らしを立てている。

ニュー・ターヴィル・ストリート九番地では、犬のブリーダーのジェームズ・ボックスが、以前は織物職人が使っていた小さな家を占有している。犬たちが三フロアを勝手に駆けまわるうえ、ボックスが汚物を放置しておくものだから、ひどく臭い。天井は今にも崩れそうで、雨に濡れて腐った木材の悪臭もひどく、ついに衛生検査官が出動することになった。

すぐ近くの一間では、母親が熱を出した赤ん坊を看病している。そばの床の上に、数時間前に息を引きとった六歳の息子の遺体が置かれていた。夫は、通りでバラッドを歌ったり、歌詞や楽譜を印刷したシートを売ったりする「街頭歌うたい《チャンター》」だ。「今うちの人は通りに出て、この月曜日に処刑された男の歌を歌ってるの。夜中にボビーが死んで、ひどく悲しんだけど、今朝は、半クラウン〔五シリング〕稼いだら歌うのをやめて帰ってくるって言って出ていったわ」。帰宅した夫は、伝道師が来て妻に祈りを勧めているのを見るやいなや、またすぐに出ていってしまった。

バウンダリー・ストリートの小部屋に住む仕立て職人のチャールズ・モウブレーは、家賃を滞納しているが、内心ではかまうもんかと思っていた。スラムの家主に対抗しようと、「家賃不払い同盟」を、最近仲間と一緒に立ち上げたばかりだったのだ。妻と四人の子どもたちとで住む部屋にちっぽけな印刷場を設け、ポスターやパンフレットや宣言書を刷って貧しい人たちに革命を呼びかけていたモウブレーだが、結局は、インクの練り盤として使っていた道路の敷石と、家主へ宛てた一枚のメモを残して、夜逃げすることになる。この石の固きこと、スラムの家主の心のごとし――メモにはこう書かれていた。[2]

ニコルを訪れてここに暮らす人たちに実際的な助言を与え、寄付金や精神的指導を――しばしばこのふたつを組み合わせながら――施す人たちは大勢いた。大陸の革命家ふたりがここを訪れた一八八七年までにこの地区は徹底的に調べつくされ、国家の恥だとみなされるようになっていた。実際、ふたりが訪問したその月には、内務大臣が任命した委員会が、ニコルの衛生問題に関する公開調査会を開いた。こうした取り組みは急がなければならなかった。一八八〇年代半ばの経済危機に続いて社会不安が起きていたからだ。

三〇本あまりの街路と一九世紀初頭に建てられ老朽化した集合住宅が集まるこのニコルには約五七〇〇人が住んでいた。その八〇パーセントが子どもである。この地区の死亡率は、イースト・ロンドンでもきわめて貧しいベスナル・グリーン行政教区（ニコルはその西端の一角を占める）のなかでも、ほかの地区に比べて二倍の高さだった（ニコルを走る三〇本の街路のうち六本は境界を越えたショーディッチ教区にある。「境界」を意味するバウンダリー・ストリートの名前はこれに由来する）。一八八〇年代後半のニコルの年間死亡率は人口一〇〇〇人あたり四〇人。これに対し、ベスナル・グリーン教区全体は二二～二三人で、一九～二〇人のロンドンや全国と大きくは違わなかった（イングランドおよびウェールズの、現在の年間死亡率は人口一〇〇〇人あたり五・九四人)。ロンドンの死亡者の三分の一は乳幼児であった。その乳児死亡率は、ベスナル・グリーン教区全体でみれば、年間一〇〇〇人出産あたり一五〇人のイングランドおよびウェールズと大差なかったが、ニコルに限っていえば二五二人と、恐ろしいまでに高かった。[3]

百日咳(五歳未満の子どもの死亡原因となることが最も多かった伝染病)、しょう紅熱、ジフテリア、はしか、天然痘、気管支炎、そして何よりも結核が人びとの命を奪っていた。ニコルとベスナル・グリーン教区内のほかの地区を比べると、感染症の罹患率に大きな違いはないものの、ニコルの死亡者数は二倍であった。ニコルではいったん病気になると回復するのが難しかったのだ。その原因は劣悪な環境——過密や貧弱な衛生設備(あるいは衛生設備がまったくないこと)、ひどい湿気、日照不足、大気汚染——にあった、と現代の医療関係者ならためらいなく言い切るだろう。

こうした「死の罠《わな》」とも呼ぶべき土地の自由保有権や借地権をもっているのは貴族や聖職者や教区委員だけでなく、死者までが含まれているとの噂が広がって、この恥ずべき状況はいっそう世間の注目を浴びることになった。この地区の不動産物件の約半数は、ずっと以前に故人となった人たちの遺産の一部であり、弁護士ら遺産管財人に管理されていた。グワトキン地所とウーリー地所はこのあたりで最大の面積を占め、合わせて二九七軒の借家を擁し、またその地所の一部は幽霊地主のための耕作地であった。不動産をめぐって訴訟が長く続く例も多く、なかにはこの先ニコルが存在しなくなっても解決をみない争いもあった。

この地の住宅の状況を調べたある調査員は、スラムの土地所有権の不可解な複雑さを指摘して、たいていの場合、借家人は本当の大家が誰なのかを知らないと述べている。

家賃帳に記されるのは借家人の名前、賃料、支払い日、家賃集金人の頭文字のみであるから、よほどの偶然に恵まれないかぎり、借家人は大家が誰であるかを確かめることはできない。多くの場合、集金にくるのは大家の代理人に雇われた者だ。家賃取り立て請負人が、さらに人を雇って集金させることもある。そうした輩は借家人に威張りちらし、勝手に制裁を加えて、借家人を通りへ追いだすなど無体なことをする。[4]

ひとつの物件に何人もの利害関係者が絡んでいることもよくあった。まず、地主、つまりその土地の自由保有権をもつ者が（もし生きているなら、の話だが）いた。地主は、自分の物件の借地権保有者が何をしようが、無関心なことが多い。借地権保有者は一軒の家をいくつかに区切って複数の人に貸していき、ついには週単位で貸すこともある。借家人が又貸しを重ねることもあった。

ロンドンの労働者階級世帯のおよそ八五パーセントが収入の五分の一以上を、またその約半数が収入の四分の一～二分の一を家賃の支払いにあてていた。ニコルの賃料といえば、一間で平均週二シリング三ペンス、三部屋では週七シリング六ペンスが通り相場だったが、部屋の容積を考慮してこれを換算すると、ウエスト・エンドの高級住宅のほぼ四～一〇倍だった。つまりニコルの土地・家屋はきわめて高い投資リターンをもたらしたのだ。住宅の改革運動に携わったある人物は、投機的な不動産ディーラーを「貧者の血を吸う吸血鬼」と呼んだ。[5]ロンドンの夕刊紙『ポール・モール・ガゼット』も、一儲けを狙う貪欲な不動産業者を非難してこう書いている。「熱病が蔓延するああした地区に、ロンドン一旨みのある不動産物件が存在する。地主や大家は、こつこつ働く代わりに、スラムの貸家に投資して五〇〜六〇パーセントの利益を得ている」[6]。だが、実のところ、『ガゼット』紙は儲けを過小評価していた。その三倍もの利益をあげることもめずらしくはなかったのだ。[7]ただし、リターンが大きいといっても、スラムの不動産所有には高いリスクがついてまわった。貧しい地区では、店子が家賃未払いのまま夜逃げしたり、居座ったりする例があとを絶たない。住宅から配管類や暖炉や屋根の鉛材を外して盗んでいく者もいた。

こんなぼろぼろの家屋しか、極貧の人たちは借りることができなかった。現存する「新救貧法」関連の記録から、イースト・エンドの多くの住民にとってニコルは恐ろしい救貧院に入る前に、最後に身を置く場所だったことがわかる。救貧院で死ぬことは、そこへ入所することほど恐れられてはいなかった。ニコルの住宅は老朽化し、危険でさえあったが、ロンドンの最貧困層向け不動産市場の需要を満たしていたのだ。この地区はシティ〔ロンドンの特別行政区域〕のすぐ外側に位置し、リヴァプール・ストリート駅から徒歩で一五分、イングランド銀行、市長官邸、市庁舎からは二五分だから、露店商で生計を立てるにはもってこいの立地だ。また、ショーディッチ教区のカーテン・ロードに並ぶ家具屋や問屋街にも近く、加えて低賃金の臨時仕事の口がたくさんあるテムズ川沿いの港湾地区（ドック）からも近い。そういうわけで、自分の運命を切り開く力を持ち合わせていないい人にとって、ニコルはまさにうってつけの場所だった。

ニコルの過密状態をさらに悪化させたのは、隣接地域で進められていた数千軒の住宅の取り壊しである。一八八七年までの二〇年間に、さまざまな改善プロジェクトが進められ、住宅が商業施設や公共施設へと変わった。一八七〇年代末にはニコル南端のスラム街路、ベスナル・グリーン・ロードの拡張やルート変更工事が行われ、八〇〇人が住むところを失った。ショーディッチ教区内に倉庫や工場がたくさん建ったのもこの時期である。また、「ロンドン学務委員会」の巨大なビルが三棟、ニコル内に建てられた。のちの一八八八〜八九年にかけてはオールド・ニコル・ストリートに新しい教会が建ち、約五〇〇人が退去を余儀なくされた。その後も住宅需要は逼迫《ひっぱく》したが、その一因は、希望を抱いて地方から都会に出てくる若い人びとの流れが途絶えることがなかったからだ。過密が進み、仕事探しもさらに厳しくなった。加えて、東欧やロシアのユダヤ人がイースト・エンドに流入した。一八九〇年までには、ベスナル・グリーン教区の南東に隣接するホワイトチャペルやスピタルフィールズ教区、ステプニーなどの地区に約三万人のユダヤ人が住んでいたとみられる。とはいえ、一八八〇年代後半に約一二万九〇〇〇を数えたベスナル・グリーン教区の住民は、まだ民族的均質性を保っており、これがニコルの最も顕著な特徴であった。ニコルの住民の大多数は二世代、三世代にわたるロンドンっ子だった。首都圏以外の地で生まれた者は、ロンドン住民約四〇〇万人のうち三分の一を超えていたが、ニコルの場合この比率はロンドン市内のどこよりも低く、八分の一であった。[8] ただし、ニコルには、かなりの数のアイルランド系ロマ〔中世にインドから欧州に移住してきたとされるロマニ語を話す人びと〕の家族が定住（あるいは半定住）していた。また苗字から判断すると一七世紀の終わりに移住してきたユグノー〔フランスから迫害を逃れて渡ってきたカルヴァン派の人びと〕の子孫と思われる人たちもいた。それでもニコルは生粋のロンドンっ子の居住地だったといっていい。

同時に、ここは犯罪者たちの住むところだとも広くみなされていた。この地区の奇妙な地理を心得てさえいれば、強盗やコソ泥は捕まることがなかったのだ。ニコルは昔からずっと辺鄙《へんぴ》なところだったが、一九世紀になってバウンダリー・ストリートの西側に巨大な倉庫群が（たった二本の狭い通路を挟んで）建てられたため、ショーディッチ・ハイストリートの商業地区から隔てられてしまった。北側にヴァージニア・ロード（あるいはロウ）ないし（オールド・）キャッスル・ストリート、東側にマウント・ストリート、南側にベスナル・グリーン・ロードとチャーチ・ストリートが走るこのごちゃごちゃした一画には、外部につながる大きな道路がほとんどなかった〔口絵地図参照〕。「ニコルにいると、壁に取り囲まれている感じがするんだ」とある住民が語っている。「まるでよその国に来たみたいで、自分はほかの人とは違うんだと思えてくる」。[9] ニコルでは、どの小路を通ればどの中庭へ出られるか、どの家なら通り抜けができるか、フェンスのどの部分を持ち上げれば隣家の裏庭へ出られるかを頭のなかに入れてさえおけば、追ってくる警官をいとも簡単に撒くことができた。こうした逃げ道を必要とした人が、この地区にいったいどれほど住んでいたのだろう――その歴史に幕を下ろさんとしていたニコルの、これは最も論議を呼ぶ一面である。

2　スラムはこうして生まれた

ニコルは、初期の歴史もまた、わからないことが多い。ニコルと呼ばれるようになったこの地は、もとはセント・メアリ・ウィズアウト・ビショップスゲート病院の庭であり、そこに大きな納屋があったらしい。一一七九年にニコルから南へ約四〇〇メートル離れたところに建てられ、セント・メアリ・スピタル病院の名でも知られていたこの病院は、「修道院解散法」により解散した一五三八年には一八〇床あり、貧しい病人を受け入れていた。一三九九年の史料には、この病院の水源としてシムコック（シンコック、あるいはスメザクック）と呼ばれる井戸が言及されているが、これは一九世紀末に建築現場から発見された小さな泉のことかもしれない。[1]

ニコルの東続きの地には、女子修道院（一一八九年に今日のショーディッチ・ハイストリートの西に設立されたホーリーウェルの洗礼者聖ヨハネ修道女会）が所有する建物と庭が広がっていたとも言われている。また、地元で根強く信じられていることだが、マウント・ストリート（一八〇〇年代初めまではローズ・ストリートと呼ばれていた）に男子修道院が建っていたともいう。実際、地元の人たちはニコルの東部区域を「フライアーズ・マウント（托鉢僧《たくはつそう》の丘）」と呼んでいた。こんな名前はカトリックの奴らが幅をきかせていた時代の名残だ——猛烈なカトリック嫌いの作家ジョージ・ボローは一八七四年、確たる証拠もないままにこんな記事を書いている。マウント・ストリートには——

愚かで迷信深い人びとの寄進に頼って、働きもせず贅沢に暮らす男たちの一団が住んでいた……。じきにその地域一帯がありとあらゆる浮浪者のたまり場になったのも当然だ。托鉢僧のまわりには、ならず者や泥棒が必ず居つくものなのだ。フライアーズ・マウントも然り。追いはぎや贋金《にせがね》づくりやジプシーらが、霊験あらたかな像を拝んで暮らす聖職者どもの保護のもとに安住していた。[2]

これとは別の説明もある。それによれば、ショーディッチ教区はロンドンの北と東を結ぶ重要な地点にあり、イングランド内戦〔清教徒革命における王党派と議会派の数次にわたる軍事衝突。一六四二〜五一年〕のさなか、キングスランド・ロードとハックニー・ロードの起点あたりに砲台を備えた堡塁《ほうるい》が建てられたという。一六四二年のことだ。これは一万五〇〇〇の兵とともに襲来するはずの王党派軍を迎え撃つために、ロンドンの議会派がシティを囲むように築いた二三の堡塁を備えた要塞の一部であった。ニコルのブリック・レーンには議会派を率いたオリヴァー・クロムウェルが築造を命じたこの要塞の、最東端から二番目の堡塁があり、マウント・ストリートはこの線上にある。ベスナル・グリーン教区の住民のなかでも故事に詳しい人たちは、ニコルのキャッスル・ストリートとマウント・ストリートの名前はこの要塞に由来すると信じていた[3]〔「マウント」には要塞の意味がある〕。また一説によれば、一七二〇年代に、この丘の付近にジェームズ・フライアーという名の農夫が住んでいた。この地が「フライアーズ・マウント」と呼ばれたのは、残念ながら、こんなしごく平凡な理由からだろう。ボローが描いたような放蕩にふけるカトリックの托鉢僧がいたからではなさそうである。

ショーディッチ教区のセント・レナード教会は一〇世紀からこの地に建っている。ジョージ・ダンス（父）の建築による現在の（三番目の）教会が、ニコルの北西の一角に礼拝所として開かれたのは一七四〇年のことだ。こうして、この地の呼び名がもうひとつ――「バック・オー・セント・レナード（セント・レナードの裏）」――増えた。

修道院解散によって、この地の修道院の庭や畑地は個人の手に渡っていった。あちこちに「プレストン・ガーデン」（ニコルの南端）とか「スワンフィールド」（のちのマウント・ストリート、現在のスワンフィールド・ストリート）などと呼ばれる小区画が現れた。「コック・レーン」（のちのバウンダリー・ストリート〜チャーチ・ストリート）が生まれたのもこの頃で、奇妙なL字型をしたこの地区は狭い小路でしか外の世界につながっておらず、この不運な地形がのちにニコルが孤立する原因となった。

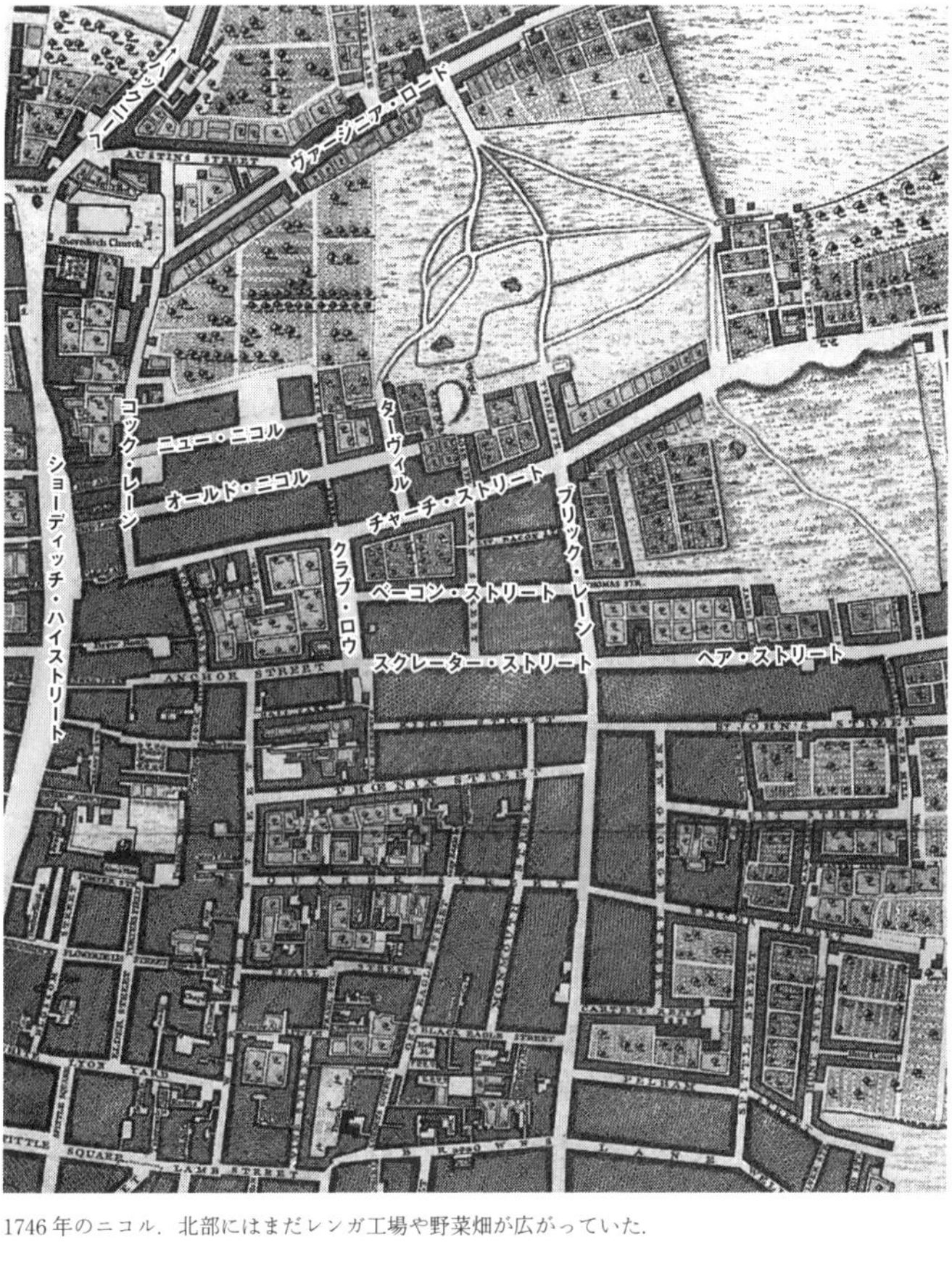

1746年のニコル．北部にはまだレンガ工場や野菜畑が広がっていた．

一六七〇年代、セント・レナード教会の裏手にある土地の自由保有権を、地元の人よりもむしろロンドン中心部の商人や弁護士が少しずつ購入しはじめた。グレイ法曹院所属の弁護士ジョン・ニコルもそのひとりで、約二ヘクタールを買った。L字型のコック・レーンにぐるりと囲まれた区画で、ここにニコルは七棟の住宅を建てた。一六八〇年、石工のジョン・リチャードソンがこの土地を借りた。借地権にはレンガ製造用の粘土を掘りだす許可がついていた。リチャードソンは王政復古期のロンドンの建築ブームにのってこの土地を大いに利用し、やがて建築業者に転貸《てんたい》して住宅を建てさせた。一六八〇〜九〇年代にかけてニコル・ストリート（のちのオールド・ニコル・ストリート）の開発が進んだ。一七〇三年まではニコル・ロウに、一七〇五〜〇八年にかけてはニュー・ニコル・ストリートに、さらにハーフ・ニコル・ストリートにも住宅が建てられていった。[4] フランスから渡ってきた二万五〇〇〇人のユグノー移民がスピタルフィールズやベスナル・グリーン教区南部に定住したのは一六八〇年代後半から九〇年代にかけてのことである。その多くは絹織物を扱う職人であった。[5] ニコルには「ロング・ライト」あるいは「ウィーヴァーズ・ウィンドウ（織工窓）」と呼ばれる開き窓を上階にとりつけた住宅が多い。手織り機を使う職人の仕事場に、できるだけ陽の光を取り入れる工夫であった。

ヴァージニア・ロードないしキャッスル・ストリートは一六八〇年代までに、マウント・ストリートは一七二五年までに、すでにできあがっていた。これら二本の通りとハーフ・ニコル・ストリートのあいだには、一九世紀初めの一〇年間は畑が広がっていたが、やがてニコルの悲劇が本格的に始まった。一七世紀末に建てられた住宅が次々と解体され、そのあとに投機目的の新たな住宅が建ち、街路がつくられて、コリングウッド、ネルソン、ヴィンセント、トラファルガー、クリストファー、サラ・ストリートなどと名づけられたのだ。四方を建物に囲まれた中庭も次々と姿を現した。そこに地元の業者たちが、測量技師の目を逃れた法律違反の住宅を建てた。たちまちスラムが生まれた。土地のオーナーは利益さえ出れば、自分の地所がどう使われようとおかまいなしだった。新しい街路の名前は、フランスとの海戦で名を馳せた名将ネルソン提督や部下らをはじめ、トラファルガー岬やサン・ヴィセンテ岬など、ネルソンが勝利を飾った地にちなんだものだった——敵の将兵がこれを知ったら大笑いしたに違いない。[6]のちの一八七〇年代、ニコルとの連想で提督の名声がそれ以上傷つかないようにと、これらニコルの街路は改名されたのだった。

一八〇四～一九年にかけては、サンダーソン・ターナー・スターテヴァントという石鹸・獣脂製造業者がマウント・ストリート沿いの土地を買い、間口がわずか二・四メートルしかないみすぼらしい住宅をいくつも建てた。このスターテヴァントこそ、ニコルの住宅建材が、あれほど早く劣化した一大要因をつくった張本人といえるだろう。投機的な業者がこのとき、従来から使われていたモルタルの代わりに、石灰を基材とした安価な建材を使ったのだ。この建材は石鹸製造の副産物からつくられるもので、地元の製造所、おそらくはスターテヴァントの工場から簡単に入手できた。このある種のセメントは「ビリースウィート」と呼ばれ、いつまで経っても乾かないため、壁が傾いて不安定になってしまうと評判が悪かった。ほかにもニコルの住宅事情をさらに悪化させたのは、犯罪行為とも呼ぶべき粗悪工事であった。一八〇〇年代初頭に建てられた住宅の多くは基礎がなく、むき出しの地面にじかに床板を敷いていた。また建材に使われたのは、粗悪な木材や石灰混じりの粘土でつくった生焼けのレンガであった。屋根の勾配のつけ方が悪いため、垂木《たるき》は腐り、漆喰も崩れやすかった。上からの湿気と地面からの湿気で、家の中はいつもじめじめしていた。

一八三六年までには、六ヘクタールのニコル全域で住宅の建築や建て替えが進んでいた。盛んな建築はなおも続き、その後五〇年間に家々の裏庭や空き地に粗末な建物が次々と姿を現し、ニコルは違法建築物と狭い住宅や作業場と、馬やロバや牛を飼う家畜小屋がひしめく、異様な様相を呈していった。測量や地図づくりの専門家もニコルの正確な地図はとうていつくれなかった。ただでさえ高い人口密度はいっそう高まった。

一九世紀半ばからの数十年間に、ロンドンの劣悪な環境問題に取り組み、労働者の住環境を改善するためにさまざまな立法措置がとられたが、いずれも効果を上げられなかった。ヴィクトリア朝時代の政府、とりわけ一八六八〜九四年にかけて四度政権についた、自由党のウィリアム・グラッドストンのとった自由主義政策は「レッセフェール（自由放任主義）」と同一視されることが多い――市場は自らルールをつくるもので、政府のいかなる干渉も受けつけないという立場だ。しかし、経済分野への不干渉は、キリスト教福音主義や道徳観と相容れない関係にあった。レッ

ニコルの開発が始まった18世紀初めに建った家々．これら古い家屋は19世紀初めの建物よりも耐久性があった．

セフェールの熱心な信奉者だと自任する人たちでさえそう感じた。実際、一九世紀後半の議会の歴史を少しでも調べれば、この時代は放任どころか、中央政府がその役割を拡大し、社会的効果をめぐって――傍若無人にふるまう市場についてはとりわけ――絶えず試行錯誤を続けた時代であったことがわかる。レッセフェールか道義的・社会的関与か。ふたつの立場のせめぎ合いは、とくに労働者階級のための住宅の分野で、あとに述べる興味深い立法措置をいくつか実現させた。一八四七〜八五年にかけて、少なくとも二五本の法案や法令改正案が議会を通り、現行法の見直しも進められた。消極的な、つまりは受け入れやすい法律をつくってさえおけば、地主や家主たちは行いを正すだろうし、貧者のための「モデル住宅」の供給に向けた民間の取り組みを促すことができるだろう――そんな期待があってのことだった。民間の取り組みの一例をあげれば、労働者階級向け住宅から、その名のとおり最低五パーセントの利益を上げることを目指した「五パーセントの博愛主義者」という事業体が生まれた。思惑どおりにことが運べば、政府が住宅を供給する必要はなく、こまごました取り決めを定める必要もなくなる。住宅問題に対するそんなアプローチに、政党間に大きな違いはなかった。当時、原案作成者が自由党であれ保守党であれ、どんな法案も決して侵してはならぬふたつの聖域があった――私有財産権と貧者の自立心である。助けの手を差しのべて貧者のやる気をそいではならないという考え方だ。そう考えれば、守る価値のある私有財産をもつ人びとは良心の咎《とが》めを感じずにすむというものだ。

低家賃住宅の質の改善と量の拡充を目指す二本の法律は早い段階で成立していた。一八五一年の「簡易宿泊所法」は、住むところのない人たちに一夜の宿を提供する無数の簡易宿泊所――フロップ・ハウスと呼ばれた民営の安宿――に登録と定期検査を義務づけた。一八八三年、ロンドン警視庁の推計によれば、二万七〇〇〇人が市内の簡易宿泊所に寝泊まりしていた。ニコルにはこうした安宿が七軒あり、およそ一五〇人が利用していた。一方、やはり一八五一年に「労働者階級宿泊住宅法」が成立した。これはイングランドおよびウェールズの地方自治体（つまり教区）に労働者階級向けの借家の建設を促すことを目的とした法律であった。用地買収や住宅建設など、この事業のために自治体が（地方固定資産税収入を担保として）資金融資を受けることを認め、建った住宅をただちに民間に譲渡する仕組みを整えたのである。公営の住宅を建設するために地方固定資産税を利用することを認めたという点で、時代に一歩も二歩も先んじたこの法律を、チャールズ・ディケンズは「英国議会がこれまでに通したなかでも最高の法律」だと称賛している。[7] しかし、この仕組みを利用したのは、全国でただ一教区だけであった。

これも早い時期に制定された法律に、一八五五年の「有害物除去法」がある。これによって教区は複数の家族が住む住居の過密を防ぐことができるようになった。この法律が定める「有害物」には、劣悪な舗装や排水、通気、給水の設備をはじめ、清潔さや修理状態といったかなり漠然とした概念も含まれていた。同法に違反した場合、四〇シリングの罰金が課されたが、これは悪徳大家たちにとっては痛くもかゆくもない金額だった。一一年後に成立した「公衆衛生法」は、教区がこうした有害物の除去を確実に実行するように政府に介入の権限を与えたのだが、政府は一度も介入しなかった。またこの公衆衛生法によって、教区は複数の家族に貸す集合住宅を登録し、過密に関する細則を策定できるようになった。しかし、ロンドンにある三八教区のうち、一八八四年までに低家賃の集合住宅を届けでたのはチェルシーとハックニーの二教区のみであった。一六本の通りを除くニコルのほぼ全域の行政を担当していたベスナル・グリーン教区は一軒も登録しないことにしたのだった。

続いて制定された一連の法律は、法案を提出したふたりの名で知られている——ウィリアム・マカラ・トレンズ（ロンドンのフィンズベリー選出、自由党下院議員）とサー・リチャード・クロス（保守党ベンジャミン・ディズレーリ内閣の内務大臣）である。「トレンズ法」と「クロス法」の違いは、前者が非衛生的な個々の住宅を対象とし、教区が地方固定資産税から費用を拠出して改善策を講じるとしたのに対し、後者は大規模な取り壊しと再建が必要なほど非衛生的な状態にある地区全体を対象とし、解体・再建の事業は、通常は地方議会などの自治体当局が行い、その費用を自治体全体が負担するものとしたことだ。[8]トレンズが当初描いた構想のひとつに、教区による貧困者のための住宅の建設・所有および賃貸を認めるという計画があった。だがこれは二年半も議会で論議された挙げ句、結局は流れてしまう。一八六〇年代末には、こうした計画は過激すぎると考えられたのだ。ポーツマス選出の下院議員で法廷弁護士のスティーヴン・ガスリーは、こう述べて反対した。「ひどい計画だ……。こうした方針をいったん認めれば、歯止めがきかなくなる。連中はきりのない要求を（議会に）突きつけてくるだろう。住宅の次は貧者に衣服を、となるだろう。まさか馬車や馬までほしいとは言わんかもしれんが」[9]

一八七六年、トレンズ法に基づきショーディッチ教区は、アンズ・プレイス（一三ページの腹をすかせたブーツづくりの職人一家が住んでいた地区だ）の数軒の住宅の取り壊しを命じた。ところが家主は下級裁判所に申し立て、件《くだん》の物件を解体する代わりに修理すればよいとの判断をまんまと勝ちとった。教区が雇った測量技師は、アンズ・プレイスを訪れたとき、「毒を盛られたように気分が悪くなった」と言っているが、[10]それにもかかわらずこんな判決が出たのだった。ショーディッチ教区は五〇〇ポンドという巨額の裁判費用を抱えこんだ（支払いには地方固定資産税があてられた）。教区医務官のヘンリー・ガウェイン・サットン医師は、修理はうわべだけの応急措置だから、ア

ニコルの街路，1880 年代に撮影.

ンズ・プレイスはじきに以前と変わらずみじめな状態に陥るに違いないと考えていた。トレンズ法適用の試みがこのような結果に終わったことは、ショーディッチ教区に仕事を怠けるほうがいい理由を与えたようなものだった。それにトレンズ法は、取り壊しによって家を失った住人の転居先については、実際的な対策を盛りこんでいなかった。それだけでも十分な言い訳になったので、どの教区も相変わらずなんら手を打たなかった。「～してもいい」ということは、同時に「～しなくてもいい」ということだったから、ロンドンの大部分の教区は惰性を選んだのだった。

一方、スコットランドのエディンバラとグラスゴーおよびリヴァプールでは、それぞれの地方条例によって住宅の買い入れ・取り壊し・再建を強制的に行う権限を与えられた運営評議会が実際に動きだし、英国史上はじめての公営住宅が誕生した。それに比べてロンドンは、そうした評議会さえなかった。それに最も近い機能をもっていたのは一八五五年に創設された「首都公共事業委員会」である。この委員会はロンドンの下水道、消防隊、街路工事、幹線道路、公園などを管理するほか、動物の疾病予防から酪農場、食肉処理場や託児所の監督、あるいは石油や爆発物の販売・保管の取り締まりまで、ありとあらゆる雑多な任務を負っていた。委員会は、それぞれ独立した三〇〇以上の団体を、二五〇を数える法令に基づいて監督していたが、衛生問題に関する権限をもつ治安判事やロンドン警視庁、あるいはロンドン学務委員会や新救貧法は管轄外であったし、首都全域の衛生・保健問題に総合的に目を配る専属医務官もいなかった。委員会の四五人の委員を選ぶのは、地方固定資産税の納税者である住民ではなく、教区であった。そのうえ、この委員会の主な事業（街路の新設など）は、それぞれ中央政府の認可を得る必要があった。帝国の首都の――しかも大英帝国の首都の――行政の、これが正しいあり方だろうか。否、と答える人は多かったが、ロンドン市政の改革は一八六〇～七〇年代を通じて、いや八〇年代になってもいっこうに進まなかった。

一八七五年、いわゆるクロス法（職人・労働者住居改良法）が議会を通過し、首都公共事業委員会は新しい仕事を抱えこむことになった。この法律はスラムのいっせい取り壊し《クリアランス》へ向けた初の試みであった。[11] ショーディッチ教区のサットン医師は、一八八二年と八三年の二回にわたり、このクロス法を適用してアンズ・プレイスの問題に対処しようとした。以前トレンズ法を適用しようと

ニコルの中庭．正確な撮影地点は不明だが，おそらくバウンダリー・ストリートに近いアンズ・プレイス．人間の居住には不適とされ，閉鎖をめぐる法廷闘争が相次いだところである．

して、失敗していたサットン医師は、今度こそアンズ・プレイスを撤去できると意気ごみ、長屋のひどいありさまを首都公共事業委員会に報告した。ところが委員会からは、この問題はトレンズ法に基づいてショーディッチ教区が対処すべきだと告げられたのだった。しかも撤去の費用は、教区内の地方固定資産税の納税者が負うべきだという。クロス法を適用した前例がないかぎり、委員会としては行動を起こすことができないというのだった。そうなると、何であれ新しい仕事は——前例がないのだから——できないことになるではないか。こうして教区と首都公共事業委員会は、問題を互いに押しつけ合った。私有地を更地にして労働者のための住宅を新たに建てる。費用もかかり論争を招くそんな事業に、教区も首都公共事業委員会もしり込みしたのである。

この法案を起草したリチャード・クロスは当初、どの地区を対象に建物の取り壊しを行うかは科学的に、つまり医療・公衆衛生の専門家の判断で決めればいいと考えていた。だが、この考えが甘いことはすぐ明らかになる。人間の居住に適するかどうかの判断は主観的なものであり、経験的事実ではないからだ。公衆衛生医務官が、ある住宅や地区の状態を見て、健康を損なわずに住みつづけることはできないと指摘しても、それを合理的な疑いの余地なく証明することはできなかったから、土地や建物のオーナーは裁判に訴えて有利な裁定を勝ちとった。さらに悪いことに、彼らのなかには住宅を荒れるにまかせ、あるいはわざと壊すなどして、クロス法が認める修理費を教区からせしめようとする者もいた（ショーディッチ教区では一〇人のうち九人がそんなことに手を染めていた）。クロス法のこの抜け穴は——これで得をしたのはきわめつきの悪徳オーナーたちだったが——一八八五年に閉ざされた。

トレンズ法もクロス法も、どうにもうまく運用できないことが明らかになったため、その問題点を探るために下院特別委員会が招集された。クロス法は複雑で費用がかかると批判された。トレンズ法の問題点は、物件の不適格性の証明に面倒で時間のかかる手続きが必要なことだった。[12] 一八八二年に成立した「職人の住居法」は、解体・再開発事業を行う場合、新たな住居を提供すべき人数を減らして退去者の半数までとし、有害物件の所有者への賠償金を減額した。首都公共事業委員会は一〇〇万ポンド近くをかけて約一六ヘクタールにおよぶロンドン各所のスラムを取り壊した。跡地には二二の住宅建設計画が実現した。計画を進めたのは（慈善家のジョージ・ピーボディやシドニー・ウォーターロウ改良産業住宅社ら）慈善活動に熱心な個人や民間企業であった。しかし、最終的にこうした事業で差し引き一三〇〇戸が失われた。また、ワンルームの貸家も少なく、極貧層には高嶺の花の物件が増えた。立ち退きを強いられた人たちは、ニコルのようにワンルームの多い地区に押し寄せたから、スラムはいっそう過密になった。新しいモデル住宅の多くは、室内の採光や換気への配慮はもとより、家庭的な雰囲気や居心地のよさともいっさい無縁の建物だった。家内工業は全面的に禁止されるか、厳しく制限された。規則や規定が多く、管理人がいるとあって、貧しいが独立志向の強いロンドンっ子たちの多くは、新築住宅への入居を申し込みさえしなかった。

ジョゼフ・チェンバレンはこうした事態を厳しく批判した——議会は「どうしようもないほどの弱気の虫にとりつかれ、立ちすくみ状態だ。主に富裕者のなかから選出された議員たちが、所有権という神聖な問題を扱うにあたって弱気になるのは常であるにしても」[13]（チェンバレンはバーミンガム選出の自由党下院議員にして煽動家、地方自治を重視しながらも「帝国自由主義」を唱えて、グラッドストン率いる自由党を分裂させた人物だ）。こうした法律がうまく機能しなかったことが契機となって、急進的な労働者団体やクラブの動きが盛んになった。なかでも「地域の権利協会」と称する団体は、一連の住宅関連法は労働者を支援して健康的な住居に住まわせるという目的を遂げられず、完全な失敗だったとして、家賃不払い運動を提唱した。ロンドンのスラムの借家人たちが、この時点で自分たちの住環境をどう感じていたかを詳しく知ることはできないが、一八八〇年代初めに数カ所で不穏な動きが起きたことを示す史料は残っている。ベスナル・グリーン教区委員のひとりは一八八三年の暮れに「このような状況から、まるでアイルランド暴動のような騒ぎが起きている」と書いている（当時、アイルランドの小作農が公正な借地料と借地権の安定化を求める運動を起こしていたことへの言及だ）。この教区委員によれば家賃不払い運動が教区内で生まれており、非衛生的な住宅に住む貧しい人たちは、週ごとに払う家賃を払わないように勧められているという。[14]

この頃、ベスナル・グリーン教区の東端にあり、デモ参加者にとっては便利な集会所であったヴィクトリア公園でも、家主を攻撃する演説がしばしば行われ、一度に二〇〇〇人もの聴衆が集まることもあった。さまざまな政党色を帯びながら、家賃不払いを呼びかけたり、公正な家賃を求めたりと、それぞれ独立した活動を続ける団体が教区内のあちこちに姿を現した。そのうち二団体は活動範囲をニコルに絞っていた。

一八八〇年代半ばの貧困者の生活環境は、過去三十数年間に施行された数々の住宅関連法のせいでいっそうみじめなものになっていた。一八六〇～七〇年代には慈善活動の一環としての民間賃貸住宅の建設を促すためにさまざまな施策が進められたものの、取り壊された住宅の数に比べれば新築住宅が足りなかった。その一方で人口増加と古い住宅の老朽化はさらに進んだから、ロンドン中心部の地価は高騰した。労働者向け住宅の問題はひどく詰まった配水管のようなものだった。だが、この排水管に必ず水を通してみせると決めていた人びとがいた。広い見識と明確な目的意識をもつ人たち——急進派、保守派、牧師、ジャーナリスト、慈善家、オックスフォード大学関係者、治安判事といった、実に多様な人たち——が、改革を推し進めようと動いた。一八八四年、この問題をあらためて検討するために王立委員会が設立された。

3 ベイト医師のジレンマ

王立委員会の提言により一八八五年に制定された「労働者階級住宅法」は、スラムの不動産オーナーに支払われる賠償金を減額し、オーナーが希望する場合、教区が不良物件を買いとる要件を撤廃した。しかし、たいした新味のない法律で、これもまた実際の役には立たなかった。この王立委員会の何よりの貢献は、委員会と同じメンバーで構成する「貧困者の住宅に関するマンションハウス協議会」を立ち上げたことにあった。教区の衛生問題への取り組みを促す監視機関である。メンバーには上流階級のお歴々が名を連ねていた――カンタベリー大主教、カトリックのマニング枢機卿、ウェストミンスター大主教、ソールズベリー侯爵、ウェイクフィールド主教、ロンドン市長、市参事会員らである。

委員会はこれまでのさまざまな取り組みがうまくいかなかったのは、ロンドンの中央行政機関が効果的に機能していなかったからだと認めたが、教区も怠慢の責めを負うべきだとした。ある委員は、教区に公衆衛生医務官を任命させるのは、オオカミにヒツジの群れの世話をまかせるようなものだと言った。[1] 医務官を任命し、報酬を支払い、そして罷免《ひめん》するのは教区の権限であった。教区内の衛生問題に取り組むために雇われた多くの医務官は、任務を忠実に遂行するか、自分の仕事を維持するかで妥協を重ねたに違いない。難しい立場に置かれながらも、ロンドンの大半の医務官は、おそらく身を粉にして職務に励んだことだろう。首都ロンドンの腐敗に勇ましく立ち向かい、命を縮めた者もいたかもしれない。だが、地位や金銭を優先する者もいたし、屋根が腐りかけていても住むところがないよりはましだという人道的判断から、劣悪な環境に目をつむった者もいたのだった。

ベスナル・グリーン教区の医務官ジョージ・パドック・ベイト医師（一八四四〜一九二五年）は、この地域（とりわけニコル）の不潔さを嫌悪しながらも、雇い主である教区の不興を買わないようにバランスをとりながら三七年間をつとめあげた——もし自分が解雇され、教区の言いなりになる医師が後任に就けば、地域の衛生状態はもっとひどくなるだろう。教区医務官のご多分にもれず、ベイトもパートタイムで雇われていた。教区は人件費を節約したかったのだ（一八五五年の法令により医務官の採用は教区に一任されており、医務官がひとりもいない教区も多かった）。長身で貴族的な面立ちのベイト医師は、ハックニー教区のキング・エドワード・ロードにある瀟洒な家に住み、そこで開業していたが、一八七五年、ベスナル・グリーン教区医務官に任命された。[2] 医務官の任務は教区内の給排水システムをはじめ、工場や作業場、食品安全や感染症対策から出生・死亡の登録、家屋の消毒、ミルクの供給、予防注射、ごみ収集、乳製品工場やパン工場、浴場、葬儀場、墓地、公衆トイレにまで目を配り、助言をすることであった。医務官はふたりの衛生検査官と（上司と部下としてではなく）チームを組んで仕事をした。検査官も、たとえば地区内一万八〇〇〇軒におよぶ現住家屋の検査など、大量の仕事を抱えていた。人口一二万九〇〇〇人ほどのベスナル・グリーン教区に検査官がふたりという体制は、ロンドンのほかのどの教区と比べてもお粗末だった（たとえば、人口二二万人のワンズワース教区では医務官六人と検査官一二人が働いていた）。ベスナル・グリーン教区のチームはといえば、ほかに頼りにできるのは常勤の事務員がひとりと、記録簿に意味不明の「流し清掃人メリック」として記されている男がひとりだけであった。

ベスナル・グリーン教区の公衆衛生や疾病や死亡について、ベイト医師が一カ月、あるいは一年ごとに作成した報告書は、綿密なデータを網羅した実に見事な記録で、公共のための支出となると、たとえ一銭でも異議申し立てをする教区委員をときに沈黙に追いやる力をもっていた。ベイト医師自身はクロス法に批判的で、いっせい取り壊しがベスナル・グリーン教区では一度も行われていないことを喜んでいた。「大がかりな解体・撤去が行われれば、貧しい人たちが大変な苦難を負うことになるのは目にみえている。友人の家に身を寄せるか、それができなければ救貧院に入るかを迫られる人も出るだろう」[3]。一八八三年六月、ベイト医師は、荒廃が進んだためトレンズ法を適用すべき物件として、教区内の二一五軒を——つまり、ある地区全体ではなく、それぞれの建物を——リストにして中央政府に提出した。リストに載った住宅の三分の二はニコル

ハーフ・ニコル・ストリートの床下通路がある家．ニコルでは10軒のうち1軒にこのようなトンネルがあった．

にあった。オールド・ニコル・ストリート全体が、ベイト医師の調査によれば、「健康に有害な状態で、人間の居住に適していなかった」。実際、多くの家が、ベイト医師が見たこともないような奇妙な間取りであった。トイレやごみ置き場のある裏庭に出るには、まず崩れかかった階段を降り、高さ一・五メートルほどしかない真っ暗な床下通路を通り、また階段を上らなければならない（ヴァージニア・ロード七〇番地の家で床下通路に出るには、腐りかけてガタガタするはしごを伝わなければならなかった）。ベイト医師によれば、一八八三年にはバウンダリー・ストリート界隈でこうした地下通路のある家が一〇パーセントほどを占めていた。さらに問題となったのは、床下スペースを宿泊施設として違法に貸している家がニコルで二軒見つかったことだ。一八八五五年以降、地下住居については、歩道レベルの窓から少なくとも三〇センチの光が差しこむこと、炉と排水口が備わっていること、部屋の高さが少なくとも二・一メートルあるべきことなどが法律で定められていた。ニコルにあるこうした床下の部屋は健康にきわめて有害だ、とベイト医師は指摘した。

　ニコルのあちこちの家で、八〇年前に行われたずさんな工事の影響が現れていた。路面から四五センチ以上低く建てられた家も多く、天気が悪いと地面に床板を置いただけの室内に雨水が流れてくるのだった。湿気は、羽目板や古い漆喰やむき出しの木舞《こまい》を伝って上階へとしみとおる。湿気をはらむと壁はせり出し、天井はたわんだ。一八八五年一二月、検視陪審員の一行がオールド・ニコル・ストリート五八番地を訪れた。この家の住人で、心臓病で亡くなったアン・クロコマーという五四歳の女性の検視を行うためであった。その家には「衝撃を受けた」と陪審員たちはのちに新聞記者に語っている。訪れている最中に、天井の一部が崩れ落ちてきたのだという。[4]

　さらにベイト医師はオールド・ニコル・ストリート四二番地と四四番地の裏庭にそれぞれ家が建っていることを発見した。四六番地の裏庭には二棟も建っていた。ハーフ・ニコル・ストリートでは、誰かが狭い裏庭に大型の鳩舎を建てていた。ヴィクトリア朝時代後期の人はよく新鮮な空気にこだわったが、ベイト医師も例外ではなかった。空気がよどめば、熱病が悪化して広がっていくと信じこんでいたのだ。ベイト医師がとくに心配したのは、ニコルの住宅や小屋や作業所が「不適切に配置」（ベイト医師はこう表現した）されているため、空気の通りが悪くなっていることだった。さらにシャーウッド・プレイス、マウント・スクエア、ターヴィル・ビルディングス、ジョージ・テラスについてベイト医師は、七棟の背割長屋（完全に合法的に建てられてはいたが）と、道路をふさいで袋小路をつくっている高いレンガ塀を取り壊すよう助言した。レンガやモルタルのせいで、ニコル全体が窒息寸前の状態であった。[5]

家の開口部はすべてふさぎ、隙間風が入らないようにする――労働者たちのそんな住み方も、ベイト医師は気に入らなかった。もっとも、関節のこわばりやリウマチによる痛みを防ぐには、賢い住み方だったろう。とくに冬のあいだは、暖をとることは贅沢に等しかった。ニコルの住民は、窓ガラスが欠ければ新聞紙やボロ布や、ときには着古した帽子を使って窓をふさいだ。夏で

オールド・ニコル・ストリート13番地で，住民が地下の通路から裏庭に出てきたところ．塀の向こう側に行商人の手押し車が多数積まれている．

も真夜中から朝の六時までの時間を除いて、窓は閉めっぱなしにしておいた。そうでもしなければ、「ロンドン・ブラック」――石炭の粉塵――が入りこみ、部屋中隅から隅まで真っ黒になるからだった。

ベイト医師は、トレンズ法を適用してこうした危険な物件を処理してほしいと願いでたが、教区は申請を却下し、中央政府は返事もよこさなかった。そこで続く四年間、ベイト医師は有害物除去法に訴え、問題のある物件のひとつひとつについて、補修や閉鎖の命令をとりつけていった。実際、それしか方法はなかった。不動産オーナーは、あらゆる法的手続きを駆使してぎりぎりまで本格的な補修工事を引き延ばそうとした。そのほうが費用効率がよかったのだ。当局者をおだて、嘘をつき、言い逃れをするのも、出費を抑えるひとつの手だった。ニコルの物件はたいてい短期契約の賃貸であったから、見こみ違いをしなければ、金のかかる改修を始めないうちに契約終了となるはずであった。そんなオーナーと同情心のかけらもない治安判事、それにやる気のない役所と役者がそろえば、労働者の住宅状況を本気で改善しようとする人たちを相手にこんな茶番を演じることができた。筋書きはこんなふうだ――誰か（たいていは匿名。元住人のこともある）が有害物の存在を教区や医務官に届けでる。検査が始まる。改善が必要なら、その有害物を除去すべしとの通達がオーナーに送付される。通知を無視するオーナーには治安判事裁判所が召喚状を発する。ただし、これは治安判事が件《くだん》の有害物が存在する（または過去に存在し、ふたたび出現する可能性がある）と認めた場合に限るとされていた。また治安判事は期限を切って貸家の補修を命じ、人が住める状態だと認められるまで賃貸を禁じることもできた。場合によっては教区が修繕を行い、費用をオーナーに請求することもできた。ただし、ベイト医師が定期的に出向いて仕事をするショーディッチ教区のウォーシップ・ストリートにある治安判事裁判所には、医務官と同じ立場で物事を考える判事は六人のうちふたりしかいなかった。それどころか、そのような措置は、自分の資産を思うままにできる英国民の権利を脅かすものだと考える判事もいた。別の判事にいたっては、ベスナル・グリーン教区は悪意に満ちた告発を繰り返しているとまで言った。敗訴するたびに、教区は裁判費用を負担せねばならず、そのうえ信用を失った。運よくものわかりのいい治安判事が改修命令を出してくれたとしても、たいていは具体性を欠く命令だった。住宅を安全に住める状態にするためにどんな改修が必要か——測量技師でも土木技師でもないベイト医師に知識がないのは当然だった。ベイト医師自身が言っているように、改修工事は「オーナーの判断で行われるから、漆喰を上塗りし、安手の壁紙を張ってごまかしてしまうのがオチだった」[6]

一八八六年六月、マンションハウス協議会が行動を起こした。ベスナル・グリーン教区内の劣悪な衛生状態について一六〇一件の申し立てを行ったのだ——不潔で壊れかけた住宅（三分の二はニコルにあった）、水道のないトイレ、違法な地下住居二軒（どちらもニコル内。おそらく三年前にベイト医師が指摘した二軒であろう）、未舗装の庭、下水の詰まりや損傷、未回収の塵芥《じんかい》、過密、ひどい悪臭などが指摘された。六カ月後、マンションハウス協議会は教区がこうした苦情のうちわずか二〇パーセントしか改善措置をとっていないと報告した。そのうえ、ひどい状態にある有害物をさらに発見し、教区に改善を求めたので、ベイト医師や衛生検査官たちは、新たに大量の仕事を抱えこむことになった。教区事務官のロバート・ヴォスはマンションハウス協議会にそっけない手紙を送った。「［貴協議会の］ご指摘は曖昧で些末《さまつ》、かつ不正確な描写を含むものが多く、当教区といたしましては、すべてのご助言に従って行動することはお断りしなければなりません」[7]

だが、ヴォスはけんかの相手を間違えたのだった。マンションハウス協議会は抜群の組織力にものをいわせて、ロンドン市内のすべての教区に「衛生支援委員会」を置き、非衛生的な状況を教区委員会に書き送る運動を始めていた。ベスナル・グリーン教区の衛生支援委員会には地元の聖職者たちがメンバーとして名を連ね、委員長のセプティマス・ハンサードはセント・マシュー教会の牧師であった。[8]ハンサードは自分が教区委員会に働きかけるから、ひどい住宅事情をどんどん報告するようにと住民に促した。メンバーにはほかにも教区内の牧師四人が加わっており、教区の中心部に立地するオックスフォード大学の高教会系奉仕施設「オックスフォード・ハウス」を連絡先として使うように申し出た。そのうえ、この施設には公衆衛生要員として熱心に働く若いボランティアがたくさんいた。マンションハウス協議会は、急進派の様相を呈しながらも政治的には保守的な団体であった。富者は貧者のためになすべきことをせよというその主張の底流に、社会は——土地の自由保有権者、借地権保有者、賃借人というかたちで——現状維持されなければならないという強烈な思い入れがあった。高貴な生まれの者《ノブレス》は、社会に対して義務《オブリージュ》を負っているとの確信である。

Barnum Interviews a Sanitary Inspector.

THE Sanit'ry Inspector friend Willing warmly greeted,
And begged both him and Barnum to be by all means seated;
And then, when asked a question, began with glibness great,
To rattle off his answer at quite a furious rate.

"You are quite right, sir," he commenced by saying;
"The public certainly is now displaying
The greatest interest in our outcast poor:
And further information to secure,
Specials are going round the courts and alleys;
Writers in print are making vigorous sallies;
Parsons are preaching on this dismal text;
Tories are jubilant, and Liberals are vext;
Whilst Radicals indulge in petty snarls,
Because the Marquis was before Sir Charles,
Who now however, with a brand new broom,
Is going round from filthy room to room.

"What's that you say?—my occupation's gone?
Bah! I long since have this conclusion drawn,
That 'tis a nine days' wonder, all this fuss,
And soon will cease, nor do much harm to us.
For we lived before through public agitation,
And know how fleeting is such indignation.
But we, of course, would wish the rookeries down?
Oh, would we? You have lately come to town,
Or you would not such ignorance display;
When Rookeries go, then we have had our day,
For, thanks to their existence, we exist—
They're gold-mines, sir, on which we all subsist.

"You do not follow me? Well, listen, then:
Say that we know some fearful fever den;
If we report against it, down it comes,
And scores of souls are rescued from the slums.
But what of that? That doesn't fill our purse;
No! Reformation is our greatest curse;
For long as ever Fever Alley stands,
A frequent 'tip' to us the owner hands;
He knows our value, and he takes good care
To pay us well for treating him so fair.
The poor are wretched—that is right enough;
But as to our protecting them—that's stuff!
Why, they don't tip us, but their landlords do,
And so for landlords we stand up all through.

A Tip-ical Song.

Now, of course, I, as a man,
Try to earn whate'er I can,
And I always stick to those who treat me kind;
And if they only pay,
Why I turn the other way,
And pretend, in my inspection, to be blind.
I've a sharpish sense of smelling,
But inside an outcast dwelling
It's astonishing how useless is my nose.
And to tell me of abuses,
Not the very slightest use is,
For it all from out my mem'ry quickly goes.
Tip! tip! tip! tip! once a week, sir!
Tip! tip! tip! tip! I don't say no!
Tip! tip! tip! tip! is what I seek, sir,
And the poor can go to Jericho.

If an Owner doesn't pay,
Why, I then report away,
And he finds his outcast dwelling quickly down;
But another takes the warning,
And I get the following morning
Quite a lot of extra tips my zeal to crown.
It is true the wretched poor
Many hardships must endure,
But I'd rather that they did it far than I;
So I go my weekly rounds,
And where misery abounds
I do my very best to keep it sly.
Tip! tip! tip! tip! once a week, sir, &c.

"I think, then, you must see what's my position,
And why I would not change the poor's condition;
Nor, long as I, and those who work with me,
Can power exert, shall reformation be.
Yes, let the papers rage, and Parliament
Demand returns; by us it is they're sent;
And we'll be careful, as you may expect,
That they shall be most grossly incorrect!
Let Harcourt make his new Municipality—
We still shall reign each in his own locality:
And still, inspired by strong self-preservation,
We'll keep the poor in foulest degradation;
We'll doom their children to a life of sin;
We'll let the fever fiend fresh victims win;
We'll crush out decency, and hope, and health,
Ay, life itself, so we can still make wealth."

教区の衛生検査を風刺する『トゥルース』誌，1883年クリスマス号．

一八八七年秋、マンションハウス協議会は中央政府に働きかけて、ベスナル・グリーン教区の劣悪な環境に関する公開調査会を開くことに成功した。自分たちは、問題のある建物を一掃するのに必要な法的権限をすべてもっていることを教区委員会に示すためであった。教区内のセント・マシュー教会の集会ホールで開かれた調査会で、ベイト医師は重要参考人としてそつのない証言を行った――教区は自らに与えられた執行権限についてよく理解していなかっただけで、意図して怠慢であったわけでないという意味のことを述べたのだ。一八八三年に自分が糾弾リストに載せた個々の家に措置はいつ講じられたのか、いや、そもそも措置は講じられたのかとの質問には言葉を濁した（「その件についてはよく覚えておりません」）。罹患率や死亡率は教区の衛生状態を表す優れた指標なのか？ ベイト医師は、今では疑わしく思っていた。実際、ニコルのひどい住宅事情について問われると、ベイト医師は教区や貪欲な不動産オーナーと同様に、住民にも責任があると述べている。「ごく貧しい者たちはきわめて非衛生的な生活習慣に陥っており、衛生改善のために何らかの設備・器具を用意しても、おそらく使わないでしょう――ごみ箱であれ、トイレのドアであれ、手すりであれ、何でも壊してしまうのですから」[9]（ベイト医師が扉のないトイレの話をもちだすと、その場にいた人たちは大笑いした）。ベイト医師の証言はなおも続いた。「失業者がみすぼらしいのは、非衛生的な家に住んでいるからでもありますが、飲酒のせいでもありましょう」。ベイト医師は立場を変えたのだった――まるで、豚が汚い小屋に入れられているのではなく、豚がいるから小屋が汚くなるのだと言わんばかりだった。

ニコルの土地の自由保有権者や借地権保有者は誰もこの調査会への出席を求められていなかった。実のところ、一八八七年当時、彼らについてはわからないことが多かった。ただひとり、フレデリック・ミーキンなる男が代理人として姿を見せ、こう証言している。「わたしは雇われ測量技師です。雇い主のグワトキン地所は、わたしが知るかぎりではニコルの一三本の街路沿いに、多くの家宅を所有しております」。グワトキンは、貸家の立ち退き通知によく記されていた大家の名前であった。エマ・アメリア・グワトキンという人は、夫に先立たれた高齢の女性で、イングランド南部ウィルトシャーのポッターンにある屋敷で暮らしていたという。[10]

ベイト医師にはこんな質問も投げかけられた——「ベスナル・グリーン教区委員のなかにもスラム住宅のオーナーはいるのかね」

いかにも思わせぶりにベイト医師はこう答えている。「知りません。知りたいとも思いません」

実は知っていたのだ。

4 旧態依然の堂々めぐり

ベスナル・グリーン教区は、おそらく最も怠惰なわけでも、どこよりも腐敗していたわけでもなかったろう。だが、怠慢と腐敗が（クラーケンウェル教区と並んで）際立っていたのは確かだった。教区行政を担っていたのは、「選ばれた」数人の小売店主たちであった。十年一日のごとく同じ顔ぶれのこのグループは、自分たちが軽蔑されているのを知っており、一八八七年一一月の公開調査会では結束して弁解にまわった。ある新聞記者が耳に挟んだところでは、彼らはかつてこんなことをつぶやいていたという――「ロンドン中でどんな噂が立っているか知っている。『ベスナル・グリーンは汚らしい地区だ。教区委員は腰抜けぞろい、しかも冷淡だ』と言われているんだ」[1]。日ごろこの新聞社はとうてい進歩的とは呼べない論調を掲げていたのだが、それでも社説でベスナル・グリーン教区の吝嗇《りんしょく》ぶりを指摘し、同じように貧しい隣接教区と比べて公共施設や衛生設備の整備がはるかに立ち遅れていると主張したことがある。「われらが教区委員会は、浴場や洗濯場の設置を拒み、路面馬車をはじめ、さまざまな公共事業にノーを突きつけてきた。こんな無気力な状態が続けば、この地区はどぶ同然になるだろう」[2]。実のところ、教区は自ら所有する物件にさえ、金をかけようとしなかった。冬のあいだ、セント・マシュー教会の集会ホールは寒い。歪みが激しく、きちんと閉まらない窓にはカーテンさえかかっていない。暖炉の火は勢いが弱く、二週間ごとの教区委員会に集まる委員や新聞記者たちはいつも凍える思いをするのだった（一八八九年二月一二日の会議中には、崩れかかった漆喰天井の、外周五メートルにもおよぶ大きな部分が落ちてきて、委員のひとりが軽傷を負った）。

ベスナル・グリーン教区委員の大半は教区内に居住していなかったが、そこで何らかの事業を営んでいたから居住者として通用した。それもあってのことだろう、中央政府につながる機関――内務省をはじめ地方政務院や首都公共事業委員会、あるいはマンションハウス協議会など――が教区の問題に介入しても、委員たちは声高に抗議するわけでもなかった。自分たちのことにしか関心がなかったからだ。そんな人たちのごく限られたグループが、教区の行政を三〇年あまりにわたって牛耳っていた。鬼籍に入るか、高齢を迎えるか、病におかされるかしないかぎり、メンバーが入れ替わることはない。ベスナル・グリーン教区の行政は「無為無策、前例踏襲を繰り返すだけだ」と評する人もいた[3]。政府の担当部局としてベスナル・グリーン教区の行政に関わっていた地方政務院は、この教区の収支の実態がつかめない――教区には数字を出す気がないのか、その能力がないのか――と苛立つことが多かった。一八八八年八月、地方政務院の会計検査官はこんなことを言っている。「ベスナル・グリーン教区委員会が提出した資料は、とうてい監査に耐えられるものではない……。まず収支の計算をきちんとしろと命じなければなるまい」[4]

教区委員のなかには声の大きい「急進派」もいたが、二、三人の例外はあっても、見たところ進歩派のこの男たちは商売敵をやじるかからかうのが関の山だった――それも、ここが肝心だが、集会ホールにいつも詰めかけている新聞記者の耳に届くように。ベスナル・グリーン教区委員会は、仲良しクラブの茶番以上のものではなかった――怒号が飛びかい、罵り合いが続くが、結局は冗談をとばして仲直りし、互いに肩を抱き合って一日が終わる。なすべき教区の仕事はいっこうに進まない（長年にわたってこの地位にある教区委員たちは、子どもや名づけ子たちを通して姻戚関係を結ぶなど、私生活上も密接につながっていた）。教区委員会は行政機関というよりも劇場に近かったのだ。しかも、役者はめったにそろわない。ベスナル・グリーン教区委員の出席率は――ロンドンではどこでもそうだったが――いつも半分ほどであった。[5]

ベスナル・グリーン教区におけるベイト医師の直属の上司であるジョウゼフ・ジェイコブズは、一八六四年から教区委員をつとめ、「衛生委員会」の長でもあった。ニコルでも有数の実入りがいいパブ――フォーニアー・ストリート六五番地にある「ヴィクトリー」という店――を経営してもう四〇年になる。ベスナル・グリーン教区の酒類販売認可業者協会の会長でもあったジェイコブズは、酒飲みとパブの店主の権利を保護すべく、疲れを知らぬ活動を続けてきた。一八八六年と八七年、パブの日曜休業と一三歳未満の子どもへの酒類の販売禁止への動きが国会で起きると、ジェイコブズは猛烈に反対し、常連客が集まる部屋で熱弁をふるった。ビールや酒を買うなら、子どもを使いに出すがいいというのが、ジェイコブズの考えだ——母親が、家事をほったらかしてまで来ることはない。今の政府のやり方は、「いらざる口出し」というものだが、嘆かわしいことに衛生委員会委員長として自分は「議会が通した法令を施行せねばならん辛い立場に置かれている」のだ[6]。ジェイコブズはベイト医師に、住宅についての苦情を治安判事裁判所に勝手にもちこんではならぬと、一度ならず「警告」した。ジェイコブズはフォルスタッフ〔シェイクスピアの作品の登場人物。大酒飲みで好色だが、憎めない老騎士として描かれている〕を気取り、常連客をニックネームで呼び、仲間内でない人間はみな、労働者の権利に干渉することばかり考えているおせっかいな連中だと考えていた——労働者はいつでも好きなときに酒を飲み、どんなむさくるしいところであれ、自分の選んだところに住む権利をもっているではないか。パブの店主と不動産オーナーと労働者は一致団結し、自分たち独自の暮らし方を変えようとしてよそ者が押しつけてくる規制や規則に反対すべきだ、というのがジェイコブズの持論だった。

ジェイコブズは賃借したヴィクトリーを経営しているだけだったが、同じパブ経営者でも、ベスナル・グリーン教区委員会や地元の「救貧委員会」の会長をつとめたことがあるトーマス・ワトソン・フランシスは実際にニコルの不動産を所有していて、そのうちの一軒では、地下室に住むパイ売りがトイレの近くで商品をつくっているところを衛生検査官に見つかっていた。同じく教区委員で衛生委員でもあった大工のヘンリー・クウェントレルもニコルで多数の物件を賃貸していて、その多くにベイト医師は警鐘を鳴らしていた。教区の東部にロイヤル・ミュージアム酪農場と称する広い牛舎と、ミード（旧ヴィンセント）・ストリート一七番地と五九番地の非衛生的な物件を所有していたウィリアム・ウォルター・バロウズも教区委員会と衛生委員会のメンバーだった。そのうえ、一八六五〜八五年のあいだは、ベスナル・グリーン教区有害物検査官の任も引き受けていたのだが、自分で自分の地所を点検していなかったのは確かである（実際、バロウズは退任にあたり、検査官としての任期中、仕事はほとんど息子にまかせていたと述べた）。

教区委員に名を連ねていたなかでニコル最大の不動産オーナーがヘンリー・コリンズ・グールドである。金物や排水設備の部品などを扱う店を持ち、一八七五年から教区委員をつとめ、教区の資産管理や経理事務を担当したこともあるグールドは、広大なグワトキン地所の一部である四二軒の家宅の借地権を保有していた。その一部のマウント・ストリート一〇七番地の物件は教区の検査官から「危険な建築物」と指摘されていた。同じ通りの五一番地については非衛生的な状態にあるとして警告を受け、また三番地、四九番地については罰金を課された。シャーウッド・プレイス九番地の物件は、ベイト医師により妨害物であると指定され、クリストファー・プレイスの七番地と九番地の物件は一八八六年六月に閉鎖が命じられた。グールドは同じ月に、ジェイコブ（旧コリングウッド）・ストリートの六軒の家のトイレに水を引くようにとの治安判事の命令に従わなかった。一八九一年九月、グールドが賃貸していた物件で悲劇が起きた。マウント・ストリート五五番地の家の屋根が落下し、両親と三歳の兄と一緒にベッドに寝ていた六カ月のジョ

ニコルの袋小路のひとつ，シャーウッド・プレイス．教区委員ヘンリー・コリンズ・グールドはここに薄汚いが実入りがいい借家を多数保有していた．

ウゼフ・ブリッグズが圧死したのだ。

グールドはジェイコブズやフランシスと同様、「サウス・ウエスト・ベスナル・グリーン保守連合会」のメンバーだった。だが同じベスナル・グリーン教区でもよその地域では、自由党員も――党首グラッドストンの主流派であれ、急進派であれ――スラム不動産の所有に関わっていた。たとえば、「急進クラブ」のメンバーで教区委員のエドウィン・ドレルは、ハックニー・ロードの近くにある汚らしい貸家を教区委員仲間のジョン・カイフィンに売っていた。カイフィンはその後もこの家を荒れるにまかせておいたので、ついには治安判事裁判所から呼びだしを受ける始末となった。一八九〇年四月、ヴィクトリア公園で衛生状況の改善を求める大がかりなデモが行われ、集まったイースト・エンドの住民数千人がスラムの悪徳オーナーたちと、手ぬるい取り締まりの実態に抗議の声を上げたが、この集会でひときわ声を張り上げたのは、誰あろうドレルであった。木箱の演壇の上から、ロンドンの教区委員の多くはスラムの悪徳家主だ、とドレルは糾弾した。ありがたいことに、本人もそのひとりだと知る者は聴衆のなかにひとりもいなかった。

グールド、バロウズ、クウェントレルらが所有する物件は、マンションハウス協議会が一八八六年六月に作成した非衛生的な住宅約一六〇一軒のリストに載り、三人は対応を迫られることになった（とはいえグールドはトイレに水を引く工事を何週間も長引かせた）。教区の衛生委員を一四年間つとめたジョウゼフ・ノリスは一八八七年の公開調査会でこんな証言をしている――「教区は腰が重く、状況の改善も非衛生的な家屋の閉鎖もちっともはかどらないと思われるでしょう。しかし、実は教区の動きが遅いのは、『特異な状況にある人びとを必要以上に苦しめたくない』からなのです」[7]。また、ノリスは、ごく最近オールド・ニコル・ストリートに行ってみたが、そこは「非常にいい状態にある」ことがわかったとも述べた。医療保健関係者はその後何年もこの発言を思い出しては面白がるのだった。

ベスナル・グリーン教区委員の多くは救貧委員会のメンバーも兼ねていた。救貧委員会は二四人の委員で構成され、教区のすべての救貧活動の統括機関として、救貧院をはじめ、いわゆる「院外救貧」や診療や薬剤の無料供与証明書の発行などに責任を負っていた。院外救貧とは貧者が今住んでいる家に住みつづけられるように、現金、食糧、石炭など生活必需品を施しに値する貧者に提供する活動であった。教区委員は連続三期つとめたのち一年間は引退しなければならない決まりがあったが、その後は再選が可能だった。ベスナル・グリーン教区では、教区委員はたいてい、この一年間を救貧委員の仕事をしながら過ごしたが、これは、委員たちにとってはしごく都合がよかった。というのも、教区委員会は救貧委員会に代わって救貧税を徴収したが、その使途については発言権がなかったからだ。ふたつの委員会のメンバーが重なることがない教区では、救貧税の使途をめぐり委員会同士の角突き合いが続いた。

教区委員も救貧委員も選挙で選ばれたが、投票資格のある貧困者は少なかった。一八八〇年代、

ベスナル・グリーン教区内のヴィクトリア公園．ヴィクトリア朝時代後期，イースト・エンドで行われる野外講演会やデモは，たいていここで開かれた．反地主集会も1880年代を通して定期的に開催されていた．

教区委員を選出できるのは、教区の救貧税を一年間納めた者に限られていた。また、救貧委員の投票資格は、少なくとも年間四〇ポンド（ベスナル・グリーンのように貧しい教区では二五ポンド）の地方固定資産税が課される物件の居住者に限られていた。つまり、教区による（一八八五年以降は、医療救済を除く）救済を受ける者は、はじめから地元自治体の選挙から締めだされていたのだ。

選挙人として名前を登録し、それを実際の投票に結びつけるには幾多の困難が待ち受けていた。まず、家賃を週ごとに払う借家人が、一年間同じ教区内に住みつづけるのは簡単ではなかった。次に、登録は毎年、本人が申請しなければならないが、働いている者にとって仕事の合間に登録に出かけていくのも難しかった。一八八七年、ベスナル・グリーン教区には人が住んでいる住宅が一万八四九三軒あり、その八〇パーセントが地方固定資産税が二五ポンド以下の――選挙権が与えられる最低レベルに達しない――物件であった。[8] 全国の救貧委員会の選挙資格を広げようとの声も上がったが、こうした提案について保守党の重鎮ソールズベリー卿は一八八六年、「まるで猫にクリームの番をさせるようなものだ」と述べている。[9]

教区委員選挙でも救貧委員選挙でも、投票資格はあっても、選挙が行われること自体を知らない人も多かった。救貧委員の選挙では警官が投票用紙を配布し、三日後に回収することになっていた。一八九〇年、ベスナル・グリーン教区で、記入済みの投票用紙を回収しにきたのは警官ではなく、「見知らぬ男」であったと苦情を申し立てる納税者が続出した。落選した急進派の候補者が登録簿を調べてみると、申し立てた人たちの投票用紙は確かに行方が知れなくなっていた。

さらには投票用紙が届かなかったとか、投票用紙を回収する警官は、進歩的な傾向がみられる住民の家には留守をめがけて来るといった苦情も寄せられた。一部の警官が買収されてそんなことをしているという、ほのめかしであった。ベスナル・グリーン教区の警察上層部の多くは、地元の保守党系団体に所属し、フリーメーソンの集会や催しで保守党の小売店主たちと交流していた。夏になると、ロンドン警視庁J管区とベスナル・グリーン教区のクリケット・チームが毎週熱戦を繰り広げるのだった。

このように親しい交流はあったが、政党政治が教区行政におよぼす影響はちっぽけなものだった。教区委員の関心は地元有力者の集まりや小さな派閥内での地位を獲得することに向けられていたのだ。地方の政治グループと中央政界の政党とをつなぐ政治理念を中心に教区の体制がまとまりを見せはじめたのは一八八〇年代後半以降、ロンドンでのことだ。[10] それまで政治理論や社会理念は、教区委員会でいっときの話題にのぼることさえなかったのである。地元の改革に熱心な人たちは独立した小グループをつくって活動の場としていた。そんなグループのひとつ「イースト・ロンドン教区改革自由先行協会」はニコルに近いジブラルタル・ウォークで集会を開き、ベスナル・グリーン教区委員の選挙にあたり、立候補者のなかで真の改革派と目される四人を押すことを決めた。そのひとり、アルフレッド・P・バーナードは薬剤師で（咳、風邪、インフルエンザ、肺結核による消耗に効くという眉唾ものの調合薬の考案者でもあった）、救貧委員もつとめており、救貧院の病棟患者が親族や友人と日曜日に一時間面会する権利を勝ちとった人道的な功績が認められて、この協会の推薦を受けたのだった。

このようなただひとつの争点をめぐる議論がもっぱらなされていたこの時代に、教区の金の使い道について異なる意見の納税者グループが次々に生まれては、あっという間に消えていった。そしてベスナル・グリーン教区委員会の関心もただ一点、教区の財布のひもを締めるか緩めるかにあったといってよかった。

ベスナル・グリーン教区に弁解の余地はあるのだろうか。地方固定資産税を低く抑えたいというその強い思いはどこまで正当化できるだろうか。ベスナル・グリーン教区の家屋所有者たちがきわめて高い地方固定資産税を納めていたことは確かである。実際、一八七〇年代から八〇年代にかけて、納税者ひとりあたりではロンドン一高い税金を納めていた。こうした地方固定資産税は街路の舗装や街灯、下水道設備や道路の清掃の費用にあてられたが、主たる使途はなんといっても貧民救済であった。救貧に要する金額は季節やさまざまな業種の景気サイクルによって、あるいは中央政府が浮浪者の取り締まりを厳しく行うかどうかによって変動した（たとえば一八八七年三月期、ロンドンは前年比六パーセント減の二一二万三六〇六ポンドの救貧対策費を計上している）。さらに地方固定資産税の税収は首都公共事業委員会、首都養護施設委員会、ロンドン学務委員会などの分担金の支払いにも使われた。納税者がとくに反発したのは、こうした中央機関への分担金の支払いであった。ベスナル・グリーンは貧しい教区で高額納税できる富裕世帯はほんの一握りであった。住民の約四四・六パーセントが「貧困」か「極貧」に分類され、「中流」とみなされたのはわずか四・二パーセントに過ぎない。[11] この教区の救貧支出が多かったのは、貧困者の数が多かったからにほかならない。ロンドンで最も裕福なセント・ジェームズ教区の納税者ひとり当たりの課税評価額はベスナル・グリーン教区のそれの七倍だった。しかし、救済の対象となる貧困者ははるかに少なかった。

　こうした教区間の格差を是正するための取り組みが進められ、一八六七年、「首都一般救貧基金」が設立されてはいた。裕福な教区が貧しい教区を補償する仕組みである。たとえば一八八五年、ベスナル・グリーン教区の救貧支出総額八万四〇〇〇ポンドのうち三万九〇〇〇ポンドはこの基金からの援助であった。しかしそれでもベスナル・グリーン教区では、地方固定資産税を納

「悲痛な叫び」はここにも——
参事会員「ああ，君，考えてもみたまえ，参事会員はお払い箱だとさ」
教区役人「はい，それに教区委員会も，教区の役人も，みんなです」
ふたり（絶望して）「ああ，ハーコートの奴め，あいつさえいなければ！

『パンチ』誌のイラスト．首都の行政改革案に泣きながら反対する教区役人や参事会員を風刺している．内務大臣ウィリアム・ヴァーノン・ハーコートは1884年に首都行政の効率化を図るため，新たな自治評議会の新設を盛りこんだ法案を策定したが，下院審議に出席した議員が平均わずか15名とあって，否決されるよりは撤回の道を選んだのだった．

める者は一ポンドにつき平均二シリング六ペンスを救貧対策に支払っていたことになる。ロンドンの平均は一シリング八ペンスであった。教区委員たちは、仲間の納税者のためにさまざまな策を練ったが、そのひとつが家屋の評価引き下げであった。負担を引きつづき軽減していくためには、救貧対策費を極限まで削らなければならなかった。

高い地方固定資産税には、隣接する同じく貧しいショーディッチ教区も苦しんでいた。しかし、進んでローンを組み、先を見据えた教区改革に取り組む教区委員会の姿勢はベスナル・グリーンのそれとは（実際、ロンドンのほかのどの教区とも）雲泥の差があった。[12]一八九六年、ショーディッチ教区はシティ・ロードに近いナイル・ストリートに、労働者階級のための区営住宅をロンドンで初めてつくることになる――アーツ・アンド・クラフツ様式の集合住宅で、その名を「自治体ビルディング」という。ショーディッチ教区の行政サービスが完璧だったわけではない。完璧からはほど遠く、というわけで、衛生状態をめぐってベスナル・グリーン教区で公開調査会が開かれた三年後には、ショーディッチ教区も同じ問題で国務大臣の注意を引くことになる。それでも、投資計画を立て新規事業を進めたショーディッチ教区は、堂々めぐりから一歩も踏みだそうとしないベスナル・グリーン教区とは対照的だった。ベスナル・グリーン教区は、自由党政権の内務大臣ヴァーノン・ハーコートが提出した、従来の教区制度に取って代わる新たな自治評議会の新設を盛りこんだ法案が一八八四年に国会で（無関心のゆえに）葬り去られたことを歓迎したし、[13]教区委員は首都全域に公平な負担を求める「地方固定資産税均衡化運動」を誰ひとりとして支持しなかった（この運動は最終的には一八九四年に目的を達成する）。ロンドンに対する国の交付金の増額を要求するほかの教区と足並みをそろえもしなかった。自らの権益を守ることに汲汲《きゅうきゅう》とし、ただ、事態を座視していたに過ぎない。

5　ニコルの不動産オーナーたち

公開調査会でベスナル・グリーン教区の恥ずべき状態が明らかになっても、教区は事態を座視しつづけた。マンションハウス協議会は、非衛生的な住宅の取り壊しを行えば納税者の負担が増えるとの教区側の主張を認めなかったばかりか、一八八三年にベイト医師がニコルの建物の少なくとも半数は見直すべきだと勧告したにもかかわらず、何ら手を打たなかったと教区の怠慢を指摘した。マンションハウス協議会の検査官は、ニコルの八本の街路沿いの住宅――もともとベイト医師のリストに載っていた建物――をすべて取り壊すべきだと判断した。最終的にこの調査会が出した報告は、ベイト医師にはなんら落ち度はないとして、ベイト医師を主任衛生検査官に任命し、さらに検査官を三名増員して体制の強化を図るようにと強く勧める内容となった。

調査会のこうした報告に不満を抱いた教区は、何カ月も経ってからようやくある決定を発表した――ベイト医師の役割は据え置き、検査官は増やさないというのだ。教区を強制的に動かすことは誰にもできなかった。確かに、地域のことは地域の人間にまかせておくほうがいいし、よそ者が勝手に采配をふるうことはできないというわけだった。ただ、マンションハウス協議会は一八九〇年に行ったベスナル・グリーン教区の追跡調査の報告で、こんな希望を表明している――労働者と、「勇気と独立心を兼ねそなえ、地域の問題に関わろうという意思のある紳士階級の人びと」が一緒になって、教区行政を担ってほしいと。マンションハウス協議会は、ニコルが「疾病と死の温床」となった責任は、教区委員会を牛耳る下位中産階級の小売店主たちにあると判断したのだった。[1]

だが、殺人的とさえいえるスラムの窮状は、長い年月のあいだに、社会のあらゆる階層の人びとが関わって根を張ったものだった。スラムの住民が幸運に恵まれて商売に成功すれば、ほぼ間違いなくスラムの物件に投資した。マウント・ストリートとターク・ストリートの北端（当時、ブリック・レーンの北端はこう呼ばれていた）の、中古衣料ショップが集まる界隈に店を持ち、ロマの女王と呼ばれたスーザン・モーガンもそのひとりだった。「ママ・モーガン」と親しまれたスーザンは商売上手で、儲けた金で家具付きの部屋を買いとり、人に貸していた。一種の老後の備えであった。スーザンはターク・ストリートのパブの隣で簡易宿泊所も経営していた（そればかりでなく金にも投資し、一〇本の指それぞれに金の指輪をはめ、イヤリングをいくつもつけていた）。また、教区内の牧師が「じゃじゃ馬」と呼んでいたメアリ・ライアンがいた。よくけんか騒ぎを起こしては、刑務所を出たり入ったりしたこの女は、行商人相手に手押し車を貸しだすなど、「いろんな商売」

をして金を貯め、オールド・ニコル・ストリートの五〇番地と五一番地の住宅を短期で賃借し、又貸ししてはかなりの利益を上げていた。儲け話に鼻が利くことにかけては、英国国教会の財務管理委員会もママ・モーガンやライアン夫人にひけをとらなかった。財務管理委員会はニコルの北西の一角、ショーディッチ教区に近いカルヴァート・ストリートに並ぶむさくるしい貸家群の大家だった。英国国教会はロンドン各地に広大な地所や建物を所有しており、そこに暮らす人びとの悲惨な状況をめぐる論争が、一八八〇年代に入ると新聞紙上で盛んにとりあげられるようになった。ニコルの惨状が世に知られるにつれ、英国国教会がスラムから莫大な儲けを得ていたことも白日のもとにさらされたのだった。

ニコルの不動産でいちばん儲けたのは誰だ?——そんな報道の先頭に立ったのが『デイリー・テレグラフ』紙のベネット・バーレー記者だ。グラスゴー出身の声高な男で、のちに戦争特派員として名を馳せるバーレーは、一八八九年秋には「貧しい者の友」という筆名で、イースト・ロンドンで最も無責任な地主や大家を暴きだす一連の報道を手がけている。バーレーは当初、女性労働者の実態調査にのりだしたのだが、やがて働く女性たちの住まいの衛生状態にこそ問題の核心があることに気づいたのだった。安価な女性労働は主に家庭内で行われていたからだ。バーレーは調査結果を報道するだけでは満足せず、人の居住に適さない住宅の閉鎖を目指す治安判事裁判所に協力した。政府に対しては、裁判所が家賃を裁定する仕組みをロンドンに導入し、公衆衛生医務官による検査に通らない住宅の家主には厳しい罰則を科すよう求めた。

そんなバーレー記者に協力を惜しまなかったのがセント・ヘリアー男爵夫人である。ニコルで食料や衣料品を無料で配り、地区内三校の飢えた子どもたちに食事を与え、遠足を企画し、靴のない子どもに靴を履かせるなどの慈善活動に取り組み、レディ・ジューンの名で慕われていた。弁護士の夫フランシス・ヘンリー・ジューンは離婚裁判所の裁判長をつとめ、セント・ヘリアー男爵の爵位を授与された人物である。ロンドン中心部ウィンポール・ストリートにある男爵の屋敷で毎週開かれる夜会には、オスカー・ワイルドやトーマス・ハーディ、ロバート・ブラウニング、マシュー・アーノルド、イーディス・ウォートン、ウォルター・ペーターといった文壇・詩壇の大物をはじめ、ヘンリー・アーヴィングやエレン・テリーら演劇界の花形やランドルフ・チャー

レディ・ジューン．ニコルで主に子どもたちのために慈善活動を行った．

チル卿夫妻〔夫は保守党大物として政界で、妻は社交界で活躍した。のちの首相ウィンストン・チャーチルの両親〕ら錚々《そうそう》たる人士が集まった。[2] レディ・ジューンは人を惹きつける強い個性の持ち主でタフな思考の人でもあった。一八九四年に刊行した夫人の著書『些細な問題（*Lesser Questions*）』には、自分が解消しようとしている貧困をつくりだしてきた社会的・経済的構造を、著者がよく把握していることが表れている。のちにレディ・ジューンはロンドン州議会に初めて選出された女性議員のひとりとなり、地方政治家として手腕をふるった。ベスナル・グリーン教区の家主たちの怠慢を糾弾するいっぽうで、首都の学校に通う七五万人の子どもたちのなかでも、最も腹をすかせた子どもたちに食事を提供しようと、「ロンドン学校給食協会」の設立に取り組むなど、その活躍ぶりは目覚ましい。だが、そんなレディ・ジューンといえども、当時の慈善活動の特徴でもあった恩着せがましく、説教くさい態度と無縁ではなかった。ニュー・ニコル・ストリート四一番地に、ほとんど目の見えない夫と障害のある息子ら、大家族で住むG夫人について、レディ・ジューンはこんな手紙を地域の学務委員会に書き送っている。「あの家の、確か四歳か五歳の、末の男の子を施設に入れたいかどうか、母親に聞いてください……。あの一家なら施しに値すると思いますよ。そうではない事情を何か知っていますか」[3]

バーレー記者の調査報道は、バウンダリー・ストリートの悪名高いアンズ・プレイスもとりあげている。ここはショーディッチ教区の医務官が三回も閉鎖を試みた、荒廃著しい一画で、「モデル住宅」とされる貸家は一八三〇年頃に建てられた老朽家屋だった。三三部屋に一八〇人とそれよりかなり多い数のネズミ（地元の人は「Bフラット」と呼んでいた）が住んでいた。バーレー記者とレディ・ジューンのふたりはこの不良物件をめぐる訴訟に関わっていて、有害物除去法に基づいて訴えでた三人の借家人――ティモシー・オブライエン、チャールズ・ソープ、エレン・シンプソン夫人――を資金面で支援し、助言していた。裁判の当日、原告たちは幸運に恵まれた。担当判事が勅選弁護士モンターギュ・ウィリアムズだったのだ。ウィリアムズも（後年、死亡記事で紹介されたとおり）「貧しい者の友」であった。保守党員を自認していたが、貧しい人が金も力もある個人や組織と争う裁判では、必ず労働者の味方をした。これは、貧困者の住宅に関するマンションハウス協議会を生んだ精神と同じタイプの保守主義であった――特権を信じ、その特権には貧しい者への義務が伴うという確固たる信念は、保守主義のひとつの特色だ（とりわけ寒いある冬、ウィリアムズ判事は白いウールの毛布を大量につくらせ、貧しい人たちに配った。毛布には自らの頭文字MWの青いモノグラムが入っていた。質入れを防ぐためだ。判事は近辺の質屋に通告を出し、自分が配った毛布を質草にとらないよう命じた）。ウィリアムズ判事はアンズ・プレイスの三人の借家人の訴えに熱心に耳を傾けた――ネズミがわがもの顔で駆けまわっている、屋根はぼろぼろで室内から空が見える、トイレに水が引かれていない、などなど。シンプソンは、自分の部屋と隣の厩舎《きゅうしゃ》を仕切るのは薄い板きれ一枚きりだと訴えた。仕切りの反対側では生地商人ジェレマイア・ロザラムの駄馬が――名前はドリー、ジェス、スポット、パンチ、ヴィック――人間よりかなりましな待遇を受けていた。

　ウィリアムズ判事は裁判所から飛びだし、馬車で行けばすぐのところにあるアンズ・プレイスへと実地検分に出かけた。「まったく、ひどいものだった」とのちに判事は記している。衛生関連施設の状態は、報告書の内容よりもずっと荒廃が進んでいた。気分が悪くなるような光景も、いくつか目にしたという。「家賃集金人のレヴィルという男に、いくつか欠陥個所を指摘すると、かなり激しい口調でこう答えた。『いや、旦那。このあたりじゃあ、何を修理しても、次の日には壊されてしまうんでさあ』」。そんなことはないだろうというのが判事の感想だった。

馬車で立ち去るとき、近くに二軒のパブを見つけたウィリアムズ判事は、「あんな汚い穴倉に住んでいれば、暖房のきいた明るいパブに惹かれるのも無理はない」と感想を述べたという。[4]

自分たちは借家が誰のものかは知らない、知っているのはエイカーズさんという集金人の代理だけだ、とアンズ・プレイスの借家人たちは言っていた。不動産オーナーが仲介人や集金人の陰に隠れて姿を見せないのは、「連中のおなじみの手口」だった。レディ・ジューンはオーナーたちの正体を明かすには、借家人たちが家賃不払い運動を仕掛ければいいと提案したが、バーレー記者は自分で調査すると言い、わずか一日で借地権保有者の名前を割りだした。課税証明書や事務弁護士らの書類から明らかになったのはナショナル・テンペランス土地建物会社という会社で、借地代として年間一七〇ポンドを土地の自由保有権者に支払っていた。バーレーはもう一週間かけて、その自由保有権者が同業のジャーナリストだと突きとめた――ハンガリーで生まれ、社交界、文学、芸術、金融などを扱う総合週刊誌『ライフ』の編集者をつとめ、ケンジントン教区のヴィクトリア・ロードに居を構えるハインリッヒ・フェルバマン博士であった。

ウィリアムズ判事はこれらの借家の即時閉鎖を命じた。訴訟は原告勝利に終わったものの、払った代償は小さくなかった。原告三人は住む家を失ったのだ。とはいえ、この訴訟を機に、ベスナル・グリーン教区のほかの地区でも借家人が大家に対して声を上げはじめた。ただ、ウィリアムズのように借家人の味方をする判事が多くはいなかったのも事実である。

まもなくバーレー記者と仲間たちは、ほとんどの場合、ニコルの貧しい住民にとって訴訟や家賃不払い運動は気の進まないものだと気づいた。そんなことをすれば、家族で住むところがなくなってしまうだけでなく、トラブルメーカーの烙印を押されて、部屋を貸してもらえなくなるからだ。ニコルのように狭く、賃貸用物件が不足している地区で、評判に傷がつくようなリスクを冒すのは無謀というものだった。ニコルに向こう見ずな人はほとんどいない。そこでバーレー記者とレディ・ジューンは、ベドフォード主教をはじめ「女性労働組合備災同盟（WTUPL）」の代表らとともに、「健康的な住宅と適正家賃を求める同盟」を立ち上げ、一八八九年一一月七日、ニコルのすぐ南のベスナル・グリーン・ロードにあるコーヒーハウス「モナーク」で発足会合を開いた。実態を新聞に書き立てると不動産オーナーたちに脅しをかけるのが狙いだった。オーナー相手の闘いは、もはや借家人たちにまかせてはいられない思いだった。

そういうわけでベスナル・グリーン教区をついに動かしたのは、マンションハウス協議会などの公的組織ではなく、『デイリー・テレグラフ』紙であった。健康的な住宅と適正家賃を求める同盟の発足から二カ月も経たないうちに、教区の衛生委員会は不良物件のオーナー一五〇人に召喚状を送付した。一八八九年一二月のコラムでバーレー記者は、地主や大家の怠慢が報道によって白日のもとにさらされた今、ニコルのあちこちで塗装や壁紙の張り替え、漆喰塗りやレンガの補修や屋根の修繕が進行中だと嬉しそうに報告している。だがバーレー記者はすっかり満足していたわけではない。「改修された」とはいえ、貸し部屋は「白く上塗りした墓」に過ぎないとも付け加えている。[5]

一方、ウィリアムズ判事も精力的にこの問題と取り組んだ。ショート・ストリート一～四番地の住宅とハーフ・ニコル・ストリートの一二軒およびニュー・ニコル・ストリートの六軒の住宅の閉鎖を決め、所有者を突きとめたのだ。五つの姓をハイフンでつなげた大英帝国でいちばん長い苗字をもつ貴族、リチャード・プランタジネット・キャンベル・テンプル＝ニュージェント＝ブリッジス＝シャンドス＝グレンヴィルである。第三代バッキンガム＝シャンドス公爵の略称で知られるこの貴族は、ジャマイカに農園を、英国内に約四二〇〇ヘクタールの地所を所有していて、ニコルの三八の物件はそのほんの一部であった。土地の自由保有権者の多くがそうであったように、この公爵も一八八九年三月に膀胱炎と前立腺疾患の合併症で世を去っていて、長女のレディ・メアリ・モーガン＝グレンヴィル（第一一代キンロス女男爵）が故人の所有地を相続した。この貴婦人はピアソン・ゴワードというよく気のまわる借地権者や弁護士たちの働きのおかげで、長いあいだ世に知られることなくニコルの物件を所有しつづけたのだが、一八九二年には強制撤去された住宅の補償金を受けとるため、隠れてはいられなくなり、やむなく世に出てきたのだった。[6]

ニコルにはもうひとり、貴族の地主がいた。治安判事でステプニー荘園の領主（ステプニーの旧

ベスナル・グリーン教区界隈の風景（小社専属イラストレーターによる）――のちに従軍記者として知られたベネット・バーレーは1889年，『デイリー・テレグラフ』紙上でイースト・エンドの悲惨な住宅事情を紹介，ニコル住民が家主に対して訴訟を起こす際にも支援した.

名ステブンヒースのコールブルック男爵とも呼ばれた）で、「トミー」の愛称をもつサー・エドワード・アーサー・コールブルックである。のちに侍従としてエドワード七世、ジョージ五世、ジョージ六世らの歴代国王に、また式服管理官としてエドワード八世に仕えたコールブルックは、王室からスコットランド国教会に派遣されて高等弁務官をつとめ、スコットランド中南部ラナークシャーのアビントン村に住み、ブリテン島内に一万ヘクタールあまりの地所を有していた。ニコルでは、バウンダリー・ストリート、キーヴズ・ビルディングス、ニュー・ターヴィル・ストリート、フォーニアー・ストリート、ヴァージニア・ロード、ニュー・キャッスル・ストリート、ジェイコブ・プレイスなど各所に貸家を持っていた（コールブルックの跡継ぎは女性ばかりだったので、一九三九年に男爵が死去すると、ステブンヒース男爵位は消滅した）。

一八八九年一一月四日、バーレー記者の暴露報道キャンペーンが山場を迎えるなか、ベスナル・グリーン教区は衛生問題に関する特別委員会を開いた。委員会では衛生検査チームを拡大し、その責任者としてベイト医師をフルタイムで採用する決議案が、賛成一六、反対三で採択された。教区委員のジョン・ヴァレンティン・ジョーンズは、二年前、自分はマンションハウス協議会の指摘を認めなかったが、いまや「金の心配より家の心配が重要だ」と考えるようになったと述べた。[7]また、衛生委員会が二週間に一回しか開かれず、組織的な視察も行われてこなかったことを思うと、恥ずかしくてならないとも付け加えた。一方、衛生委員会を二八年間も牛耳ってきたジョウゼフ・ジェイコブズはトップの座に居座った――いや、新聞に騒がれたから行動を起こしたわけじゃない。委員会はずっとちゃんと仕事をしてきたさ。あら探しをしたがる連中はどこにでもいるもんだよ。「そのとおりです」とお仲間のアルフレッド・ユーウィンは同意した。自分はこの二〇年間に三〇〇もの不良物件を取り壊してきた。恥ずべきことは何ひとつない（ユーウィンの息子はベスナル・グリーン教区で首都公共事業委員会が絡む土地の不正売却を行い、一財産築いたばかりであった）。

さて、こうして愚痴を言い、つまらぬ小競り合いを続けるお偉方たちから、ここではひとまず目を転じることにしよう。

モンターギュ・ウィリアムズ．ウォーシップ・ストリートの治安判事裁判所の判事．ベネット・バーレー記者と同じく，訃報欄で「貧しい者の友」と称された．2巻からなる回想録は，当時のスラムの生活や状態に関する貴重な目撃証言である．

第2部　スラムに生きる

6 プリンス・アーサー

ここにひとりの老人の回顧談を記録したテープがある。歴史家ラファエル・サミュエルが一九七三〜七九年にかけて録音したものだ。老人の名はアーサー・ハーディング。かなり高齢だったが昔のことをまだしっかりと覚えていた。自己憐憫や反省とはいっさい無縁、ピリリとユーモアのきいた語り口で、人びとの記憶から消え去る寸前のニコルについてめずらしい証言を残してくれた。[1] アーサーの子ども時代から思春期までの思い出話からは、ニコルの住民たちのなかでも最も目立つ一部の人たちの姿が、またこの人たち独特の行動規範や他の住民たちとの相互関係が浮かび上がってくる。一八八七年にニコルを訪れた共産主義者とアナーキストが、直感的に感じとった「奇妙な暮らしの秘密」がここに表れていた。

アーサーはキーヴズ・ビルディングスに生まれた。バウンダリー・ストリートに面した三階建ての建物で、ニュー・ターヴィル・ストリートとハーフ・ニコル・ストリートに挟まれていた。

アーサーに言わせれば「バラックのような」建物で、一二室に一二家族が暮らしていた。大きな地下室があり、浮浪者が一夜を過ごしにやってきた。家主はコールブルック男爵。目に入るものすべてが木製だった、とアーサーは振り返る——木製の階段、安物のパネルドア、室内に張りめぐらされた高さ九〇センチもある腰羽目板。ある日アーサーの父親がめずらしくやる気を出して腰羽目板にペンキを塗ったところ、近所の人たちがカンカンに怒った。木材や壁紙に巣食っていた害虫がペンキの臭いを嫌がって、いっせいに隣室に逃げていったからだ。

子どもの頃からアーサーは、ニコルの狭苦しさを感じていた。建物に囲まれた中庭や路地はどこもかしこも狭かった——みんなが住めるようにとの優しい配慮から、狭いところに「小さな家をぎゅうぎゅう詰めに」建てたのかもしれない。だが、ニコルの町並みは強欲から生まれたのだった。貪欲の具現化——これこそがニコルだったとは、当時のアーサーにわかるはずもなかった。

アーサーは一八八六年一一月二七日生まれ。両親と姉のマイティ（実名はハリエット）、それに父親が以前の二度の結婚でもうけた五人の息子のうちふたりが加わった六人家族だった。みんなにかわいがられ、「プリンス・アーサー」と呼ばれていた。キーヴズ・ビルディングスの一家の住まいは家賃週三シリング、広さ約一一平方メートルで、ニコルではましなほうだった。なにしろ部屋には家具があったのだ——テーブルとアームチェア二脚、チェスト、藁《わら》のマットレスと小さなストーブだ。必要に応じて、スピタルフィールズ教区の市場から持ち帰ったミカン箱を家具代わりに——アーサーの寝床もそうだった——使った。マントルピースの上にヴィクトリア女王の肖像画と磔《はりつけ》にされたキリストの極彩画がかかっていた。アーサーは先祖についてはまったく関心がなかったが、このキリストの聖画と母親の旧姓がミリガンだったことを考え合わせると、母親はアイルランド系カトリックだったと思われる。とはいえ、母親は宗派を問わずあちこちの教会の礼拝に出かけていった。たいていどこの教会でも礼拝が終わってから施しを受けられるからだ。ハーディング家の収入源はいろいろあったが、当時は室内でテリア犬を育て、ニコルのパブで売って暮らしを立てていた。

アーサーはやがて、近所の人たちの話から、ハーディング一族がかつてこの地域で大いに「幅をきかせて」いたことを知る。毎年数千を数える家族が首都へ流入した一九世紀半ば、一族はイングランドの南西の端コーンウォールはヘルストンからやってきた。初めはロンドンブリッジのすぐ南に広がる地区に住んでいたが、のちにスピタルフィールズ教区に移り、やがてニコルに落ち着いた。祖父は評判の籠編み職人で七人の子持ちだった。そのひとりアルバートは優れた木工職人になり、自分の店を持った。「堅気」になったのだ。アルバートおじさんは、物静かでよく働き、自分のきょうだいたちとは距離を置いていた。実際、アルバート一家はのちにロンドンの電話帳に名前が載るくらい出世した。その世代のハーディング一族で、読み書きができたのはアルバートただひとりであった。

アーサーによれば、ビルおじさん夫婦も親戚を見下すようなところがあった。タークストリートの露店で変な臭いのする薄汚い中古衣料を商って金を貯めた夫婦は、ニコルからほんのわずか東に位置するシャンボード・ストリートに居をかまえたのだ。おじさんは早死した。死因は結核だった。息子たちはみんな第一次世界大戦中に塹壕《ざんごう》の中で戦死した。

ハーディング家のほかの子どもたちはニコルにしっかりと根を下ろし、なかでもリザおばさんは青果店を開き、弟のラークやジムに手伝わせた。この弟たちはのちにもうひとりの兄弟ジャックも加わって、犬のブリーダーのビジネスを立ち上げた。リザの店はフォーニアーとマウントというふたつの街路が交わる角にあったが、やがてターヴィル・ストリートの、オールド・ニコル・ストリートに面した一画へと移り、店構えも立派になった。リザは店のオーナーであり、だからニコルでは上流階級だった。アーサーでさえ、リザおばさんは少し怖かった。自分はロンド

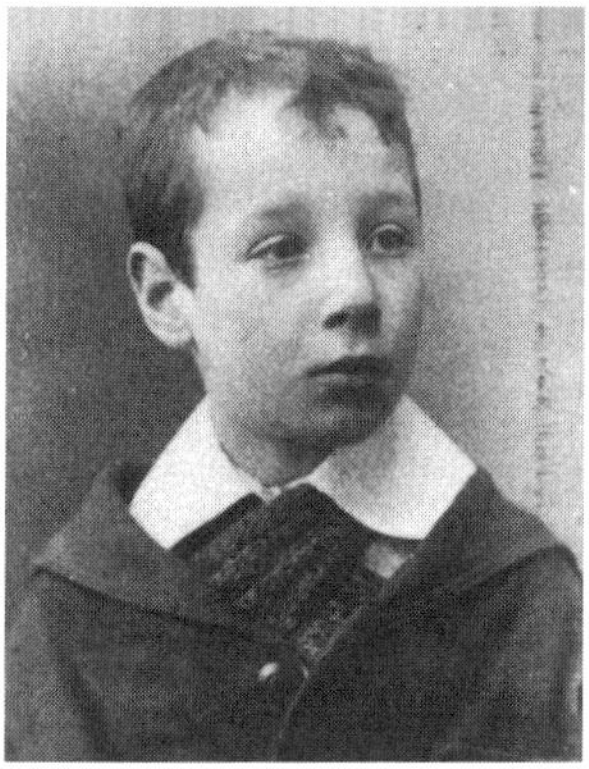

アーサー．上は1896年，トーマス・バーナード博士の施設にいた頃．下は1970年代後半，晩年を迎えて．

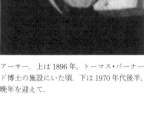

ンの下町っ子ではなく、コーンウォール人だと自負し、しかも結婚していなかったリザは、ニコルの女性としては型破りだった。地元ではかなり影響力があったが、これは掛け売りをするかしないかがリザの一存で決まったからだ。加えてリザは窃盗に関わり、盗品の売買にも手を染めていた。ロンドンの港湾地区で盗まれた商品——茶や砂糖、ときにはウイスキー——を安く仕入れ、店に並べることもあった。リザは、警官から逃げまわる窃盗犯が自由に通り抜けられるように、店の裏戸をいつも開け放しておいた。

リザには結婚にはいたらなかったものの、フィアンセがいた。チャーチ・ストリートのジャック・シモンズというパブの経営者だ。この店には日曜日の朝になるとイースト・エンドのエリートたちが集まってくる——ボクサーや芸人、競馬関係の著名人、それに派手な茶のダブルのコートと黒サテンの幅広タイでめかしこんだ「紳士気取りのお尋ね者《スウェル・モッブ》」たちだ。犯罪者のエリート集団ともいえるこの連中は「愉快な果報者《トップ・ジョリーズ》」とも呼ばれ、英雄扱いされた。

ラークおじさんは、ニコルにいくつもあるビール店の経営にも携わっていた。もっとも、きちんと免許が下りているかどうか、あやしい店ばかりだったが。実際、ハーディング一族におけるラークおじさんの主な役割は、誰かが営業免許に関する不法行為を問われた場合、身代わりに刑務所に入ることだった。怠け者のラークおじさんにぴったりの仕事だった、とアーサーは言う。ラークおじさんは無免許営業の罪で、あるときは六カ月の刑をつとめ、またあるときには五〇〇ポンドという多額の罰金を払わされた。[2]

ロンドン学務委員会の地域担当者ジョン・リーヴズの記憶によれば、ハーディング一族は「高利貸しでした。一ポンドに週五シリングもの利息をつけていましたよ。盗品の地下販売ルートも提供していました……。一族のひとりがヘマしたら［つまり刑務所送りになったら］、誰かが裁判所に出向いて証人に口止め料を渡すんです。そんなふうにかばい合って、あの一族は犯罪人たちのあいだで幅をきかせていました」

だが残念ながら、「洒落者《フラッシュ》ハリー」と呼ばれたアーサーの父親は身内の誰と比較しても見劣りがした。実際、一八八〇年代初めと比べると、暮らし向きはおしゃれをするどころではなくなっていた。自らパブを経営していた時期もあったが、アーサーにはうかがいしれない理由から客足が遠のいていき、一家はキーヴズ・ビルディングスに引っ越してきた。それからまもなく、母親が交通事故で腰を痛めた。当時三〇歳だった母親はその後ずっと（一九四二年に八六歳で亡くなるまで）腰の痛みに悩まされることになった。父親はパブに雇われる身となり、朝の六時から真夜中まで働いた。店はショーディッチ・ハイストリートの西側にあった（「ニコルのシャンゼリゼさ」とアーサーは言っていた）。パブの日給はなんと二シリング。父親は、同じ通りに店を持つ帽子職人ヒューゴ・カラメリの使い走りもしていた。カラメリは人気芸人の帽子をつくっていた。ハリーはまた、兄弟がやっていた犬のブリーダーの仕事を手伝ったり、戸棚など、カーテン・ロード界隈で卸売りされる大量生産の安物家具の製作に手を出したりもした。それでも収入が追いつかず、結局、人にものをたかって生きるようになった。息子のアーサーはそんな卑しい生き方に我慢がならなかった。小売商やレストランをまわって食料や雑貨をねだる父親のそばで、父さんのような生き方だけは絶対にすまい、とアーサーは心に固く誓うのだった。

母親はブライアント&メイ社のマッチ箱づくりの仕事をしていた。これほど低賃金で、しかもひどく単調な作業は、イースト・ロンドン中を探しても見つからなかった。父親を軽蔑していたアーサーだが、母親のことは口を極めて褒めたたえた。「母さんがどうやって家事をこなし、子どもたちを育て、やりくりしていけたのか、おれにはわからない。当時の労働者階級の男たちは無知で、よく妻に手荒いことをしていた。小さい頃、母さんの顔には殴られたあとがよくあった」。女には絶対に暴力をふるわないのがアーサーの誇りとなった。

アーサーの母親、メアリ・アンは一八七五年、一八歳のとき両親に連れられ、ふたりの姉妹とともにイングランド東部のノリッジからロンドンに出てきた。ノリッジで一家は農家に雇われ、畑仕事をして暮らしを立てていたが、労賃はすずめの涙ほどしかもらえず、地元の教会が（違法ではあったが）援助の手を差しのべてくれた。それを知った雇い主は労賃をさらに引き下げたという。両親は都会に出れば食べるものにも着るものにもこと欠かない、まともな暮らしができると夢見た。だが期待は見事に裏切られた。メアリ・アンとふたりの姉妹はイースト・エンドで暮らしていく道を何とか見つけたが、父親と片目が不自由だった母親は、ショーディッチ教区の救貧院に出たり入ったりを繰り返した挙げ句、ふたりとも救貧院で亡くなった。「じいさんにできる仕事なんか、ロンドンには何ひとつなかったからね、退屈で死んだようなものさ」とアーサーは

アーサーの父「洒落者ハリー」，壮年期と晩年.

アーサーの母，メアリ・アン．左は1928年，アーサーの息子を膝に抱いている．右はその10年後，ニコルのすぐ東に位置するジブラルタル・ガーデンズで.

言う。メアリ・アンの姉妹のカロラインは身を持ち崩し、子どもたちはショーディッチ教区でも名うての不良になった。もうひとりの姉妹のハリエットは警官と結婚し、娘たちを立派に育て上げた。教育を受けた娘たちは女性ホワイトカラー職という新世界へ入り、店員やレジ係、タイピストや秘書として働いた。ハリエットおばさんは「しっかりした立派な人だった。おふくろよりずっと格が上だった」とアーサーは振り返る。身内のランク付けとくれば、アーサーの目に狂いはなかった。ハリエットおばさんの家の女の子たちは、アーサーには近寄りがたい存在だった。

メアリ・アンはまずイースト・エンドの職業のなかでもいちばん危険できつい仕事に就いた――繊維加工場の仕分け作業だ。古着やボロ布から紙をつくるには、パルプ化する前に生地をタイプ別に分類する。だが、なにしろよれよれの古布のことだ、ノミやシラミがたかっていて、仕分け人はうつされてしまう危険があった。ビショップスゲートの「ダーティ・ディック」というパブで洒落者ハリーと出会ったとき、メアリ・アンはこれでそんな暮らしから抜けだせると思った。だが結婚生活は、一八八〇年代までにはすっかり色あせていた。夫は家を空けることが多くなり（もっとも、アーサーに続いて子どもがふたり生まれているが）、家にいても子どもたちは殴られるのが怖くて父親には寄りつかなかった。だが、怖がられたのも束の間、父親はやがて見下されるようになる（アーサーは見下すどころか、そもそも父親を無視していた）。アーサーが一〇歳になった頃、かつての洒落者ハリーは救貧院にすがるまでに落ちぶれていた。

支え合ったり、突き放したり――アーサーの一族の行動パターンは、当時の貧しい家庭の多くに共通するものだった。身内の支えは当然のこととして期待されたし、実際に援助の手は差しのべられた。親族間に張りめぐらされた相互依存の網から抜けでることもできた。だが、仕事が見つからなければ、景気のいい親類を頼るに限る——もっとも、そんな宿り木生活がどこまで許されるかわからないが。たとえばリザおばさんは懐の深い人だったから、おかげでふたりの怠け者の弟たちは、ロンドンで職探しをするという厳しい試練にさらされずにすんだ。その恩返しに、ラークは身代わりで刑期をつとめたが、ジムときたら何ひとつしなかった。アーサーの母親もしょっちゅうリザの店から商品をただでもらってきた。たかり屋を軽蔑していたアーサーだが、自分たちは「身内だから、助けてもらって当たり前」だと考えていた。リザおばさんはまた、アー

ニコルでは中古の衣料や靴の販売が盛んだった．売り手や露店はブリック・レーンの北端地域に集中していた．

サーの姉のマイティに目をかけて商売の仕方を教えてやり、イースト・エンドで商売人として自立させた。一九〇六年までにマイティは、ちっぽけな店だが青果や衣類を扱う商売を立ち上げ、金貸し業にも手を広げたが、稼いだ金はすべて母親に渡していた。[4] のちにマイティは、ベスナル・グリーン教区の東の一画のローマン・ロード沿いに貸家を一軒かまえるまでになった。洒落者ハリーが息子のアーサーについに愛想をつかされて路頭に迷ったとき、身を寄せた先はマイティの家であった。ハリーはよくロンドン南部のブリクストンまで出かけては、前妻とのあいだにもうけた息子からも金をせびった。ハリー・リッチというこの息子はコメディアンとして成功し、実入りもよかった——実際、週に一八〜一九ポンドも稼いでいたという。結局、洒落者ハリーはマイティともリッチともうまくいかなくなったらしい。一九三〇年、最後の数年を過ごしたマイル・エンド教区の救貧院で人生を終えた。八五歳だった。

父方のハーディング家にも母方のミリガン家にも、お高くとまった親戚がいた。一定の社会的地位を得た人は、身内から遠ざかっても当然だと受けとめられることが多かった。木工職人になったアルバートおじさんはベスナル・グリーン教区のなかでも東の地区へと引っ越していき、最終的には妻と息子たちを伴って、環境のよいロンドン南部のジプシー・ヒルに家をかまえた。すでに述べたが、ハリエットおばさんと娘たちもハーディング一家には近づかなかった。アーサー自身の息子たちも上流を目指し、下町訛りをなくし、「ベスナル・グリーンの連中」とはきっぱり関わりを断っていった。「血は水よりも濃い」とは考えないこうした人たちを、アーサーは恨んだりしなかった。「偉く」なった人は親戚付き合いを望まないという事実を、ただ受け入れるだけだった（これは逆の場合にも当てはまる。というわけで、アーサー自身、昔の仲間のひとりについて、「あいつはまともになっちまった。だから、あいつのことはもう忘れたよ」と言っていた）。

何でもよくできる働き者で体が丈夫、パブ通いとは無縁で、借家のみすぼらしい部屋で根気よく仕事を続ける――そんな女性がしばしば一家の大黒柱になった。アーサーの回顧談には、地に足をつけ、たくましく生きるニコルの労働者階級の女性たちの姿がある。ささやかな商売を立ち上げて成功し、独り立ちする女性も少なくなかった。当時の慈善家や初期の社会学者は、ニコルの女性をイースト・ロンドンの貧困者のなかで最も虐げられ、救済が困難な人たちだとみなしていた。だが、世を渡っていくための苦労を男に代わって背負ったのは女たちであった。なかでもぐうたらなニコルの若い男たちが妻にしたいと思うのがフレンチ・ポリッシャーだった。長い訓練や見習い期間を経ずともできる家具の艶出し《フレンチ・ポリッシュ》は、女性のほうが上手にできた。また、在宅で作業ができるし、労賃も高かった。ベスナル・グリーンとショーディッチのふたつの教区には二五〇人の女性フレンチ・ポリッシャーがおり、そのなかにはのちに独立して自分の作業所を立ち上げた人もいるという。アーサーいわく、「稼ぎがいいから、とそれだけの理由でフレンチ・ポリッシャーを嫁にするやくざな連中もいたよ」

アーサーの母親はマッチ箱づくりでは家族を養えず、ニコルで活動する女性慈善家たちの世話になった。なんといっても体が不自由なうえに、無能な亭主になかば見放され、それでも子どもたちを身ぎれいにしている。施しを与える者にとって申し分のない要件がそろっていた。アーサーはこんなことを言っている――ウエスト・エンドのご婦人方の慈善活動は、「ありゃ暇つぶしだよ。なにしろヴィクトリア女王様があと押しなさっていたんだから……。ご婦人方はとくに女の子たちにあれこれ聞いていたな。わかるだろう、いろんな問題を突きとめようとしてたんだ」[5]（アーサーはこんな曖昧な言い方で、一八八〇～九〇年代初めにかけて明らかにされたスラムにおける近親姦の問題に触れていたのかもしれない。第九章を参照）。メアリ・アンはあちこちの慈善団体から衣類を受けとると、商才を発揮し、そっくりそのままターク・ストリートのママ・モーガンのところに持っていった。ママ・モーガンはまずまずのズボン一着に五シリングも払ってくれるのだった。やがてメアリ・アンはさらに大胆になり、教会の古着バザーに並ぶ衣類を失敬するようになった――「だってバザーってのは、貧乏人のための金集めだろう？　だったらターク・ストリートの店に直接持っていって自分で話をつけて、金を頂戴したっていいじゃないか」

ほんの幼い頃からアーサーは盗みをはたらく母親を支えて力になった。アーサーはまわりの大人たちを見て、自らを頼りにする生き方を何物にも代えがたいと感じたのだった。ずっとあとになってこんな言葉を残している。「何でも自分のことは自分で決めるのさ。だから、どうにかしなくちゃならないときは、盗みにも手を出した。確かに危なっかしい生き方だがね、誰かに指図されるよりはましだ」。アーサーはのちにまっとうな中古衣料ディーラーの仕事をしていたことがあるが、この言葉はその時期を指しているのだろうか。あるいは、犯罪に手を染めながら生きてきた日々のことを語っているのかもしれない。

幼いアーサーが仲間たちと盗みをはたらく舞台となったのはショーディッチ・ハイストリート（通称「おれたちのシャンゼリゼ」）だった。それは生きていくのに欠かせないものを手に入れるためであり、戦利品を金に換えるためでもあった。ハイストリートの西側に並ぶ露店のあいだを素早くすり抜けるには、体が小さければ小さいほどよかった。ニコルとハイストリートをつなぐ二本の小路――バウンダリー・パッセージとヘア・アレー（隅に帽子屋があったので、地元ではのちにボンネット・ボックス・コートと呼ばれた）――から、よく幼い子どもの一団が姿を現した。男の子もいれば女の子もいて、みな緊張している。いまや自分たちは縄張りの外に出てきたのだ――実際、ニコルとショーディッチのシャンゼリゼのあいだには物理的にも、社会的にも隔たりがあった。「ここ、ニコルのまわりに壁を建てたがっていた奴らもいたと思う。おれたちが出てこないようにさ」とアーサーは言う。「子どもたちが出ていって悪さをしないように、こっち側に何でも［学校も慈善施設もちっぽけな診療所も］そろえておいたんだろう」。子どもたちは、捕まらないと思っていた。アーサーに言わせれば、ロンドンには子どもを追いかけて捕まえるような野暮な店主はいなかった。ロンドンっ子は子どもたちの味方だったのだ（つまらぬコソ泥被害を警察に訴えでる人もいなかった）。「ロンドンっ子は、ものわかりがいいんだ。どうして子どもを捕まえるんだね？　ひっぱたくのかい？　そんなことをしたらみんなから白い目を向けられるのがおちさ」

地域で最も困窮しているとみられる子どもたち約一二〇人は、冬のあいだ、貧民学校《ラギッド・スクール》〔一九世紀英国で、下層階級の子弟を対象につくられた学校〕のホールでパンとミルクの朝食にありついた。提供したのはオールド・ニコル・ストリートにあるキリスト教系の慈善団体「ロンドン・シティ・ミッション」で、日曜学校に日に二度出席する見返りに食事を与えていたのだった。「ニコルじゃあ、みんな日曜学校に朝と午後の二回行ったよ。おれ、讃美歌はあんまり好きじゃなかったけど、聖書は心に残ってる。『イエスは子どもたちを愛された』とか、書いてあったな。先生や教会の人たち、男の人も女の人も、みんな優しくしてくれた。いま考えると、あの人たちはなぜあんなにしてくれたんだろう――何かいいことがあったんだろうな、きっと」

　貧民学校のこの朝食が、一日に口にするたった一度のちゃんとした食事だという子どもがニコルにはたくさんいた。「食事にありつくのは幸運を頼りにするしかなかった」とアーサーは言う。「たいていの連中はいつも腹をすかせていた。盗むってことは、運を自分でつかむってことさ」。くすねた食べ物はニコルへ戻って食べ、残れば家族に分けてやった。戦利品がたくさんあるときや、めったにお目にかかれないものが手に入ったときには近所の人たちに安く売った。

　食べ物をただで、あるいはただ同然の値段でくれたのはロンドン・シティ・ミッションだけとは限らない。チャーチ・ストリートの店主たちのなかにも、食べ物を分けてくれる人たちがいた。ニコルを訪れて食べ物に群がる子どもたちの姿を見れば、誰でも心を打たれるだろう――料理店の外では蒸気で曇ったウィンドウに子どもたちが青白いしなびた顔を押しつけ、菓子屋の入り口には、口も手もべとべとに汚れた子どもたちが群がっている。通りの角の「ブッチャーズ」とい

ひもじい子どもたちのために朝食を——1886年4月17日付の『絵入りロンドン・ニュース』紙に掲載された貧民学校の様子．落ちくぼんだ目の浮浪児と悪がしこいサルのような顔をした腕白小僧が並んで座っている．同情心と嫌悪感の板挟みになった画家の心情がうかがえる．

う肉屋は、近所のひもじい人たちにパン菓子類を格安で売ってくれた。アーサーは、型崩れクッキーの入った大袋が半ペニーで買えたことを覚えている。「クラムトリー菓子店」でもケーキ類を一ポンドにつきわずか二ペンスで売っていた。そんな光景を見たある人はこんなことを言っている。「菓子屋は……子どもたちにとってはパブのようなものだ。貧しい地区には菓子屋がいたるところにあり、そこで子どもたちは、スラムのみじめさのなかば元凶ともいえる野放図でだらしのないふるまいを身につける」[6]。どんな業種でもたいていの店はウィンドウに甘い食品——菓子類、タルト類、パン菓子、ベイビーヘッドと呼ばれるプディングなど——を並べていた。子どもたちを店内に誘いこむためだ。安物のおもちゃで子どもの気を引く店やパブもあった。ときに、店主のいかがわしい思惑が隠されていることもある——子どもたちを誘いこんで盗みをはたらかせ、盗んできた品々を故買《こばい》しようという魂胆だ。アーサーによれば、チャーチ・ストリートの商店主はみんな「心がねじれて」いて、ハイストリートの小売店から商品を盗んでこいと子どもたちをけしかけては、持ち帰った盗品を現金や食料品と交換したという。宅配業者から運搬中の荷物をかすめとれば、かなりの儲けになった。ハイストリートにある大きな「ヒルズたばこ店」から眺めていれば、小包が次から次へとニコルへと消えていくのが見えただろう。運んでいたのはか細いすねの小さな足だった。

　アーサーと友人たちはすりも働き、ハイストリートで女性のバッグを狙った。とくに腕がよかったのはビリー・ワーナーだ。ビリーはニコルに住むロマの大家族の出で、誰とも組まず、見張

ニコルに住んでいたアーサー・ハーディングが「おれたちのシャンゼリゼ」と呼んだショーディッチ・ハイストリート，1896年．ベスナル・グリーン・ロードとの交差点から北に向けて撮った写真で，ニコルは写真右手の建物群の裏に広がっている．2本の小路が，イースト・エンドのまったく異なるふたつの世界をつなげていた．ジェレマイア・ロザラムの生地会社の社屋がニコル全域に影を落としている．その先に見えるのがロンドン・ミュージック・ホールの塔．

りもいらないと言って、たったひとりで仕事をしていた。ウォリー・シェパードも一匹狼だった。コソ泥が得意で、現金の入った引き出しに手を突っこむとなるとウォリーの右に出る者はいなかった。オールド・ニコル・ストリートのトミーとパッツィー・ロシュリンもすりの名人だった。みんな第一次世界大戦中にソンムの戦い〔一九一六年、英仏軍によるドイツ軍への大反攻〕で死んでいった。ただし、トミーだけは乗っていた戦艦と一緒に海に沈んだ（アーサーは、ニコルのすぐ北のコロンビア・マーケットで、この連中が入隊したロイヤル・フュジリアーズ連隊が演習する姿を見たことがあった。また、ウォータールー駅へ向かう仲間たちを見送った。みんなほろ酔い気分だった。「あいつらの短い人生で、お国に必要とされたのはあのときだけさ。たった一回きりだよ」。ニコルの住民たちは簡単な銘板――「路傍のちっぽけな祭壇ってとこさ」とアーサーは言う――に名を刻んで戦死者たちを追悼したが、銘板はすべて次の世界大戦中の空襲で跡形もなくなった）。

一方で、ニコルの子どもたちは毎日「薄暗い部屋で辛い労働を繰り返して」いた、とロンドン学務委員会の地域担当ジョン・リーヴズは述べている。[7] アーサーによれば、姉のマイティは四歳ですでに「大人みたい」だった。「今と比べりゃ、昔の子どもは生まれたときから大人びていたんだ」。[8] 六歳のマイティは、母親がマッチ箱づくりの手を休めなくていいように、食事の用意など家事を手伝っていた。アーサーは自分が「男」になったのは九歳のときだったと言っている。だが、リーヴズは誤解していた。子どもたちはちゃんと遊んでいたのだ。子どもたちのお気に入りの遊び場は、ニコルの東側、プリンセス・コートとサッチウェル・レンツのうしろに広がる裏

イースト・エンドのミュージック・ホールでは料金わずか3ペンスの天井桟敷もあった.

庭だった。噂によれば疫病で亡くなった人たちの埋葬所だったここは、建物が建ったことのない空き地で、毎年一一月に行われるガイ・フォークス祭りで近所の子どもたちがかがり火をたいても、ここなら警官は大目にみてくれるのだった。

旅まわりのロマの芸人はバウンダリー・ストリートの真ん中に、よく六席の手動式回転木馬を据えたものだった。半ペニー払えば五分間乗れる。家に金のない子どもはただで乗せてくれたこの芸人、名をホワイト・ノッブといった。

姉のマイティはときどきアーサーを演芸場に連れていってくれた。ショーディッチ・ハイストリートのスタンダード劇場も、ホクストン・ストリートのブリタニア劇場も、天井桟敷の料金はたった三ペンス。アーサーが好きだったのはジョージ・シムズ作のメロドラマだ。「ほかの人たちの暮らしぶりがわかって面白かった」という。客席からは悪役に向けて野次やブーイングが盛んに飛んだ。舞台で殴り合いが始まることもあったが、それも楽しみの一部だった。舞台がはねると、ファンの追っかけが始まる。劇場の出入り口にたむろして役者たちを待ちかまえ、その日の舞台や役についてコメントするのだ。ブライアント&メイ印のマッチ箱をつくっている女たちは、家路につくスター女優ジェニー・グレンジャーと一緒に歩いてマイル・エンド・ロードまで送っていくのが楽しみだった。

　手回しオルガン弾きやハーモニカ吹きがニコルを通りかかると、誰が音頭をとるわけでもないが、たちまち踊りの輪ができた。音楽が聞こえると、町の人たちが踊りはじめたのをアーサーは覚えていた。カップルで、あるいは大きく「みんなで一緒に手をつなぎ、ぐるぐる回りながら」踊った。[9] ニコルの広い街路で、老いも若きも一〇〇人近くが一緒に踊りまわることもめずらしくはなく、「暮らしの一部だった」。この地域を調査したチャールズ・ブースもこうした場面に遭遇している。イースト・エンドで手回しオルガンの響きが聞こえた途端、街路にいた男も女も、若い人も子どもたちも互いに手をとり、ワルツを踊りだしたという。適当なパートナーが近くに見つからず、男同士で踊る人もいた。「ぼろを着た、ときには裸足の子どもたちが、流行の三拍子《トロワトン》のステップをきちんと踏んで踊る姿は印象的だった」[10]

　少し大きくなると、アーサーと仲間たちは「荷馬車のひったくり」を始めた。通りに見張りを立て、ひとりが荷馬車の荷台に飛び乗って商品を奪い、ニコルへと逃げこむのである。冬のあいだ、とくに石炭を積んだ荷馬車がよくこの被害に遭った。「何か持ち帰った子どもには、おふくろさんも優しくする。叩くどころか、夕食を大盛りにしてやるんだ」。バウンダリー・ストリートの西側半分には生地商人ジェレマイア・ロザラムのショーディッチ・ハイストリート生地会社の広大な建物がそびえ立ち、光をさえぎっていた。極貧の地のど真ん中でこれほどの富を見せつけられることに、アーサーの母親は我慢がならなかった――「こんなところに、あんなものを建てるなんて」。そこでアーサーは仲間たちと、この世の不公平を正す仕事に手を出した。バウンダリー・ストリートの社屋に出入りするロザラムの会社の荷馬車からふんだんに盗みとったのだ。

成長するにつれ、暴力が男の子たちのひとつの選択肢となっていった。しかし、幼馴染のビリー・ワーナーやウォリー・シェパード、それに（刑務所で死ぬことになる）空き巣狙いのウォリー・サンダーズは盗みには手を出したが、概しておとなしい、暴力とは無縁の男たちであった。だが、アーサーは違った。

アーサーにとって盗みは仕事のひとつだった――そして、仕事をするのはいいことだった。たかりは悪いことだ。怠けるのも悪い。アーサーによれば、男の子も女の子も、荒っぽい子ほど、早く仕事に就いて金を稼ぎたいとじりじりしていた。そんな子どもたちは商売人よろしく、小銭をかき集めては、賢く買い入れ、売って利益を出すやり方を知っていた。スピタルフィールズの市場の青果卸商をうまく騙せばうまい稼ぎになった。野菜を一袋買ってから、傷物の野菜を拾って袋の上部に詰めこみ、店に持ち帰って苦情を言い、割引させるか、全額払い戻しをさせるのだ。

アーサーは一二歳のときには、ショーディッチ教区のセント・レナード教会とリヴァプール・ストリート駅のあいだの、二二軒のパブが立ち並ぶ界隈でドイツ製玩具を売り歩いていた。箒《ほうき》を手に、小銭を稼ぐこともできた。「ちゃんとした立派な家」の小道や階段を掃いてまわるのだ。ニコルの女の子は土曜日になると、「ユダヤ人のための火起こし」をして稼いだ――宗教的な掟により、ユダヤ人には安息日である土曜日に火を起こすなどの家事が禁じられていたからだ。ニコルの近く、デューカルとシャンボードの二本の街路のあいだには三階建ての長屋があった。ユダヤ系移民のためのユダヤ人建築家による建物で、地域では「ユダヤ人の島」と呼ばれていた。そんなわけで、土曜日の家事手伝いの仕事はたくさんあった。「ユダヤ人の島」という呼び名から、いろいろなことがわかる――当時、ホワイトチャペルやスピタルフィールズ教区、ステプニーなど、ニコルの南に隣接する地域にユダヤ人が多く移り住み、町は大きな変貌をとげていた。一八九〇年代の半ばになるとベスナル・グリーン教区の南端でもブリック・レーン沿いにユダヤ人の家や仕事場が増えはじめ、ヴァージニア・ロードの木工所にもユダヤ人職人の姿が見られるようになった。とはいえ、ベスナル・グリーンは依然として非ユダヤ人が圧倒的に多い教区であり、ユダヤ人は所々にかたまって住んでいた。

覚えているかぎり、アーサーが子どもの頃はまだ、バウンダリー・ストリートまでユダヤ人は入りこんできていなかった。「ロマやアイルランドの人たちなら、ニコルにいたよ。でもユダヤ人は見かけたことがなかった。ひとりも、だ。おれたち、ユダヤ人については日曜学校で習ったことしか知らなかった。おれ自身、（わずか二本の通りを隔ててニコルの南に位置する）ベーコン・ストリートに引っ越すまでユダヤ人に会ったことはなかった。アーサーに言わせれば、ニコルはよそ者には入りづらい地区だった。顔立ちや身なりが違えば、なおさらだ。「ニコルじゃあ、みんな知り合いだった。結びつきが強かったからね」

だが、実際には――たとえ五七〇〇人もの住民が、本当に知り合いになれたとしても――ニコルにユダヤ人は住んでいた。これは当時の地元新聞やチャールズ・ブースの調査記録『ロンドン民衆の生活と労働（*Life and Labour of the People in London*）』にちょっとでも目を通せばわかる。こんな悲しい話も残っている。一八八九年一月、ポーランド系ユダヤ人の籠編み職人、エズラ・ポティエがオールド・ニコル・ストリートの裏のミッチェルズ・コートの自室で自らの命を絶った。大家のエマ・サンズが検視官に述べたところによると、ポティエはこの五週間あまり仕事にあぶれていた。毎朝、職探しに出かけては夕方六時には帰ってきていたが、一月三一日の午後八時、色鮮やかなウールの襟巻きで首を吊り、壁のフックからぶら下がっている姿で発見されたのだった。[11]

ユダヤ人だけでなく、高齢者の姿もアーサーの目には入らなかったらしい。「ニコルでは年寄りはめったに見かけなかったが、たいていは救貧院のお仕着せを着てた」。ところが、現存する新救貧法関連の記録や新聞記事からは、ニコルには高齢者が多かったことがわかる――そもそも、老いそのものが貧困の大きな要因であった。アーサーにとってニコル住民の代表といえば、若く無学で冒険を好み、警察の厄介になったことがあり、仕事に――合法的かどうかは別問題として――熱心だった。しかし、アーサー自身が当てはまるこのパターン――町に出て、通りを歩きまわり、よく目立ち、注目されるグループ――に属する人はごく一部でしかない。ほかの大部分は家の中で仕事をしていたのだ。ニコル住民の大半は「もの言わぬ貧者」であった。[12] そのことは、のちにアーサーが語った言葉からも明らかだ。「みんなの頭を占めていたのは家賃の支払いだね。なんせ、部屋を見つけるのは並大抵じゃなかったから、なんとしてでも家賃は払わなくちゃならなかった」――粗野で無責任な若者のイメージとはまったく違う姿が浮かび上がってくるではないか。

家賃の支払いは月曜日ごとにめぐってくる。月曜日は「ブラック・マンデー」と呼ばれ、イースト・エンドの貧乏人がひどく恐れる日だった。質屋の前には早朝から女たちの長蛇の列ができる。持ち物をひとまとめにして質に入れ、一週間分の家賃を集金人に払おうというのだ。集金人はアーサーによれば、「パイプをくわえたケチな野郎でね、何かといえば罵詈雑言を浴びせやがった」。[13] とくに弱い立場にあったのは、子どもがふたり以上いる「一間借り」家族だ。嘘をついて部屋を借りる人が多かったが、「子どもが二、三人いることがばれると、すぐに追いだされた」。家賃滞納者の持ち物を容赦なく差し押さえる管財人のひどいやり方に歯止めをかける法律が一八八八年に制定されていたものの、貧しい地区の住民が即時立ち退きを迫られることに変わりはなかった。

アーサーの両親もニコルで借りていた一部屋の家賃が払えなくなり、追いだされたことがある。その日、両親と子ども三人はホイーラー・ストリートに架かる陸橋の下――ニコルのすぐ南からホワイトチャペル教区へと通じる真っ暗なトンネル道――で一夜を明かした。一月であった。メアリ・アンは九カ月の身重だった。トンネル道の片側は、いつものように、古着や新聞を敷いて何とか眠ろうとする人たちであふれている。もう一方の側はパトロールする警官のために空けておくのだ。親戚はこのとき誰も助けてくれなかった。なぜかはアーサーにもわからなかった。たぶん、父親の洒落者ハリーがさんざん迷惑をかけてきたからだろう。朝の五時頃、職場へ向かう港の労働者や馬車引きが次々に通りかかり、当時一四歳のマイティ、九歳のアーサー、四歳のメ

「あたしゃ，子犬を育ててるんですよ，旦那方のためにね．病気になれば預かって世話しますよ」――ロンドン・シティ・ミッションの牧師の訪問を受けるニコルのドッグ・ブリーダー．アーサー・ハーディング一家は一間の住まいでテリアのブリーディングもしていた．

アリを連れた身重のメアリ・アンを見かねて、お金を恵んでいった。そのひとり、ビッグ・パッツィ・コナーズは空き部屋を知っていると洒落者ハリーに声をかけ、それから自分の弁当を差しだした。

7 助けの手

アーサーの両親は、救貧委員会に救済を申し立てることも考えた。文無しが飢えや路上暮らしから逃れようと思えば、結局は救貧委員会を頼るほかなかった。ところが救済を受けるには、アーサーはロンドン郊外レイトンストーンにある教区の児童施設に移らなければならないと告げられて、両親は申請をあきらめた。かわいいプリンス・アーサーを手放したくなかったのだ。

当時、貧困者のためにさまざまな救済策が用意されていたはずだが、アーサーの思い出話ではほとんど触れられていない。アーサーの記憶にないこと自体が、多くを語っている。一八三四年の改正救貧法（新救貧法）は、労働能力のある貧民のための教区の救済策を、できるだけ受け入れにくいものにするよう構想されていた。増えるいっぽうの救貧対策費を減らそうというのである。一八三四年、イングランドおよびウェールズの人口のほぼ九パーセントが何らかの救貧措置を受けていたと推定される。一八五〇年までには、これが三分の一近く減少したのだった。[1]

新救貧法の骨組みの中心となったのは、救済を受ける困窮者の生活は、「実質的にも外見上も、最下層の自立労働者の生活と同じ程度に「望ましい《エリジブル》」ものであってはならないという考え方であった――「望ましい」とは、ここでは「好ましい」あるいは「選ぶに値する」という意味である。人びとは、たとえどんな仕事でも、賃金がどんなに安くても、教区の救済を受けるよりはましだと考えるようになった。そのため労働者の賃金が抑制されつづけたことは、新救貧法のひとつの副産物であった[2]。

新救貧法のもとで、労働能力のある貧民は院外救貧の道が閉ざされてしまった。体の丈夫な男子（一八三四年の新救貧法は、未婚の母以外の女子についてはほとんど言及していない）とその扶養家族に残されたセーフティネットといえば、救貧院しかなくなったのだ。こうして「貧者のバスティーユ」の建設が全国で始まり、ロンドンではその数が一八五〇年には三〇を数えた。

一八三四年は、貧困を生むのは個々人の道徳的欠陥であると考える人びとが勝利を刻んだ年でもあった。新救貧法を推進した人たちの理解によれば、問題は「人口過剰」であり、不足しがちな雇用ではなかった。エリザベス一世の時代〔在位一五五八～一六〇三年。旧救貧法は一六〇一年に制定された〕まで遡る教区の貧者救済システムは人びとから独立の気概を奪い、わが子をろくに育てることもできない能なしの人口が爆発的に増える結果を生んだ。貧民を男女別々の救貧院に入所させよ。そうすれば、出生率は下がるだろうというわけだ（チャールズ・ディケンズは『オリヴァー・ツイスト』のなかで、こうした主張をする人びとを「血は氷のごとく、心は鉄のごとき……実験哲学者」と呼んでいる）。

一八八〇年代、ロンドンでは毎年、平均して四五人の市民が餓死し、役所の一覧表に「窮乏により死を早められた」と記録された。なかには路上で行き倒れたケースもあるが（首都の、とくにイースト・エンドの路上では、毎年およそ二〇〇人の行き倒れが発見された）、屋内で人知れず息絶えていった人たちも多い。新救貧法はあっても（当局が仕向けたとおり）恐れをなして、助けを求めようとしなかった人たちが、結局は最も大きな犠牲を払ったのだった。

ベスナル・グリーン教区の検視法廷（英米法で、検視官が死因を判定する法廷）では、救貧院への入所を拒んで――あるいは、院外救貧や慈善団体の援助を求めたが、わずかばかりの援助では命をつなぐことができずに――餓死した人たちをめぐって定期的に公判が開かれた。そこでは耳をふさぎたくなるような悲惨な事実が語られた。「このように餓死する者がいるのは恥ずべきことです……。貧しい人たちのための救済策が講じられてこなかったのは、実に嘆かわしい」と一八八六年一月、ソフィア・ネーションという女性の死をめぐる審問で、陪審長が述べている。「立派な家の出」だった四六歳のこの女性は、家でレースづくりをして糊《こ》口《こう》をしのいでいた。ついにベスナル・グリーン教区の救貧院内にある診療所に運びこまれたときには、ひどい低栄養状態で助けるすべもなかったという。実のところ、この女性は救貧委員会の院外救貧を受けていた。援助額は不明だが、食べていくには不十分だったことは明らかだ。同じ週、七八歳のアニー・マリア・ロジャーズという女性が死亡した。家でコルセットの部品づくりをしていたこの女性の死因は「適切かつ十分な栄養が欠乏したことにより悪化した心臓病」とされた。また別の審問では、餓死した老人の妻が証言し、プライドが高い夫は救貧院に入るのを嫌がったと述べた。それに、救貧院へは夫婦一緒に入ることができないから、ふたりは別れ別れになってしまう。いったん救貧院の世話になれば、ふたたび独立した暮らしを取り戻せない。だから、週二シリングとパン二塊の院外救貧を受けながら何とかやっていきたい、と夫婦は考えたのだった。[3]

ソフィアのように、手遅れになるまで医療施設の援助を求めない人は多かった。また、せっかく求めてもなかなか支援が得られず、命を落とす人もいた。一八八八年一月、ひとつの命がニコルの入り組んだ道路のせいで失われた。ジェイコブ・ストリート二二番地に住む六九歳の真鍮《しんちゅう》細工師チャールズ・ストリングフェローは大みそかの夜、気管支炎で寝こんだ。翌日、二二歳になる娘のマリアは、無料の在宅医療支援を受けるよう教区から指示された。翌一月二日、医者が地区担当の救貧官クリストファー・フォレストを伴って往診に駆けつけたが、ジェイコブ・ストリートのどこを探しても二二番地を見つけることができなかった。実際、二二番地は八三番地でもあったのだ。扉にはこのふたつの番号がチョークで記されていた。医者と救貧官は二〇分あまり、あたりを探しまわったが、結局あきらめてニコルから立ち去ってしまった。患者の年老いてやせ衰えた妻は夫の枕元から離れられず、なかなか来てくれない医者を探しにいくどころではない。娘のマリアは仕事を抜けられず、診療時間内に診療所と連絡をとることができなかった。医者がついに街路番号の問題に気づいたのは一月四日。患者はすでに命を落としていた。入り組んだ番地の問題は教区に報告された。しかし、検視官は担当の救貧官にも医者にも責任はないと判断し、ベスナル・グリーン教区に必要なのは、地域全域に広がり、破壊し、浄化する「壮大な炎」であると述べた。[4]

その翌年のことだが、ウィリアム・ウィリアムズという、ニコル・ロウに住む六三歳の物売りが救貧院の診療所で治療を受ける許可を教区からもらった。もう数週間もひどい咳と肺の感染症に悩まされていたのだ。辻馬車に乗る金がなかったウィリアムズは、妻のサラに伴われ、教区の東端にある診療所を目指して歩いた。だが、診療所の塀まで何とかたどり着いたとき、「もうだめだ」とうめきながら倒れこんでしまう。近くにいた数人の労働者の手で診療所に運び入れられたウィリアムズは、まもなく息絶えた。

失業中の厩舎《きゅうしゃ》用務員ジョン・ジャッドという五五歳の男が、歩くこともできないほど衰弱し、手押し車に乗せられて救貧院へ運ばれてきたのは一八九〇年二月のある日のことだ。付き添っていた友人のジョン・ニクソンはハーフ・ニコル・ストリートの住民である。入院して三〇分も経たないうちに、ジャッドは息を引きとった。この件で救貧委員会の面々はひどく腹を立てたという。ジャッドは教区の住民ではなかったのに、ニクソンが自分の住所を使って入院させたからだ。救貧委員会に言わせれば、これはベスナル・グリーン教区の行き届いた福祉がよそ者に不正利用された一例であった。

行き届いた福祉どころか、ベスナル・グリーン教区は新救貧法で定められた責任をしょっちゅう放りだしていた。救済を求めてきた人たちを、隣接するマイル・エンド、ポプラー、ホワイトチャペルなどの教区へまわし、案件を押しつけてしまうのだ。また、ベスナル・グリーン教区は法律で設置が定められた救貧院内の「短期宿泊棟」――急な事情で一夜の宿を求める人たち（「出たり入ったり」を続ける放浪者もいた）のための施設――を設けていなかった。利用者は泊めてもらった見返りに、木の皮を細かく砕いてシール材をつくる作業や石割りなど、一定の作業をすることになっていた。ロンドン警視庁トップのサー・チャールズ・ウォレン警視総監は自らベスナル・グリーン教区の救貧委員会宛てに手紙を送り、貴教区は短期宿泊棟がないとの理由で臨時宿泊者の受け入れを断っていると伝え聞いたと懸念を表明した。さらに総監は、一夜の宿が必要な貧しい人たちのために、「ストランド救貧連合」が始めたプログラムを採用し、四ペンスで民間の簡易宿泊所に泊まれる利用券を発行してはどうかと提案した。[5] ホームレス問題に対処するために新たに設立された慈善団体が四ペンス利用券をあらかじめ購入しておき、必要な人に配る取り組みを始めていたのである。一八八七年、ロンドン各所の救貧院の短期宿泊施設は一四万一七三三件の出入りを記録した。こうした施設のほかにも首都には数百もの「四ペンス宿」があった。不潔で犯罪がはびこり、酔っ払いの暴力事件が絶えないと評判は悪かったが、それでも貧しい人たちはこうした安宿をよく利用した。一八八七年、ホームレスの問題はどうにも手のつけられないほど深刻化していた。ヴィクトリア女王即位五〇周年にあたるこの年、ロンドンを訪れた多くの外国人は路上生活者であふれた町を目にすることになる。猛暑に襲われたその夏、首都の貧民の多くが王立公園やウエスト・エンドの広場で露宿を余儀なくされていた。

ベスナル・グリーン救貧委員会は、救貧院内の短期宿泊施設の建設を中央政府から求められて受け流したように、四ペンス利用券についての警視総監の提案にも知らぬ顔を決めこんだ。しかし、プロテスタント系の団体「救世軍」による簡易宿泊所の建設計画には、はっきりと反対を唱えた。救世軍は路上生活者のためのシェルターを、ベスナル・グリーン教区中心部のグリーン・ストリート（この施設は「錨」を意味する「ザ・アンカー」と呼ばれた）とホワイトチャペル・ロード（こちらは「浚渫機《しゅんせつき》」を意味する「ザ・ドレッジ」と呼ばれた）につくり、教区の救貧活動を補完しようとしていた。「やれやれ、ノミ取り粉を買いだめしておかなくてはなるまいよ」——アンカーの開所を知った教区委員のジョウゼフ・ジェイコブズはこんな冗談を言ったという。シェルターは大成功だった。すると救貧委員たちはシェルターがあるせいで大勢の貧困者が教区に流れこんでくると苦情を言った。シェルターの利用者たちは新聞記者に聞かれると、ベスナル・グリーン教区では十分な援助を受けられず、短期宿泊施設もないなどと訴えた。そんな報道も救貧委員たちの気に障ったのかもしれない。

一八三四年の新救貧法の狙いのひとつに、貧民救済における地域間の格差の解消があった。長年にわたって——教区や治安判事を窓口に——続けられてきた救済システムに代えて、全国共通の仕組みを導入しようというのである。こうして「救貧委員連合」という巨大な行政機構が生まれ、地方固定資産税を納める納税者によって選出された救貧委員会が、中央政府の新組織「救貧法委員会（のちには地方政務院）」の指導と監督を受けることになった。制度を改めた人たちによれば、温情主義がはびこる狭い地方社会では、長年にわたりふさわしくない者までが救済を受けてきた（救貧法委員会の一八三四年の報告は、これを「教区による膨大な乱費」と呼んだ）[6]が、今後は勝手な裁量を許してはならないというわけだった。だが、実際は地方における長年の慣習は容易には改まらなかった。規則からの逸脱はしょっちゅう起き、依存的困窮《ポーペリズム》に厳しい目を向ける人たちを苛立たせた。

一八七一年、地方政務院は教区による救貧事業の問題点を探るべく、イングランドおよびウェールズにおける六〇〇近い救貧委員連合の実態調査にのりだした。するとベスナル・グリーン教区は救貧行政がはなはだしい混乱のなかにあることが判明した。またベスナル・グリーンはロンドンの教区のなかで、一八八七年までに法が義務づける（救貧院内の診療所とは異なる）独立した病院を建てておらず、建設の準備も進めていない唯一の教区であった。確かにベスナル・グリーン教区は、極貧の家の児童四五〇人をレイトンストーンの児童施設に送りだすという措置をとっていた。だが、救貧院の病人たちは相変わらず院内で、精神障害者や知的障害者と一緒の二病棟に収容されていた。つまり、どこか他所にいるほうが適切な救済が受けられる人たちも入っていたわけで、救貧院は超過密状態だった。一八八〇年代の半ばから後半にかけての施設の収容状況は、一一六八人の定員を平均二五〇人も上回ることもめずらしくなかった。倹約を旨とする教区の活動はどれもそうだが、こうした頑迷なやり方は長期的には納税者の負担増大につながった。より多くの教区が救貧支出を負担しあうための仕組みとして一八六七年に創設された「首都一般救貧

ベスナル・グリーン教区の救貧院．ウォータールー・ロード救貧院とも呼ばれた．1935年に解体される直前の写真．

基金」から、ベスナル・グリーン救貧委員会は、入所者ひとりにつき週五ペンスの援助を受けていた。だがそれも定員一一六八人分に限られていて、定員を超えれば、たとえひとり分でも支払われることはなかった。ある試算によれば、新救貧法の定める施設の運営を政府の指示どおりに行わなかったために、ベスナル・グリーン救貧委員会は、年間六七四九ポンド七シリング六ペンスにおよぶ損失を出していた。[7]

また、教区の救貧委員会が公共事業に貧しい教区民を雇った場合、雇用費用を首都一般救貧基金が払い戻す制度もあった。これは中央政府による優れた政策のひとつで（実際、労働者の代表の発案によるものだった）、一八八七年初めには、ロンドンのあちこちの教区がこの制度を利用し、わずかな負担で困窮者に教区の仕事をさせていた。一八八六年のクリスマスの翌日、大吹雪に襲われたロンドンで街路が通行不能になると、ベスナル・グリーン教区では大勢の失業者が雪かき作業をさせてくれと申し出た（この吹雪で、ロンドン市内で六〇〇人が死亡。ベスナル・グリーン・ロードにあるジョージ・パドック・ベイト医師の診療所では壁が道路に崩れ落ちた。近くのベーコン・ストリートでは猛吹雪のなか、雪に埋もれた男が遺体で発見された）。隣のハックニー教区の救貧委員会は土木仕事の取り決めをつくり、失業者を雇って雪かきをさせたが、ベスナル・グリーン教区は腰が重かった――ハックニーでは二、三日で道路が通れるようになったのに、ベスナル・グリーンが長いあいだ、雪に閉じこめられたのは、そういうわけだった。

地方政務院のロンドン担当検査官ロバート・ヘドリーは、ベスナル・グリーン救貧委員会に対して次から次へと苦情を申し立てたばかりでなく、視察団を引き連れて救貧院の抜き打ち調査を行うことがよくあった。救貧委員会はこれを地域の問題に対する国の介入だとして、激しく反発した。ベスナル・グリーン教区の救貧院は、独りでやっていけない人たちの「居場所」であった。入所者は高齢者や病人、あるいは養わなくてはならない子どもを抱えた人たち、それに――理由は何であれ――自暴自棄に陥った人たちが圧倒的に多い。これはロンドン市内のどこの施設にも共通する状況だ、とヘドリーは指摘している。一八八六年の年末報告書にはこんな一文も加えられた。「鉄道工事の労働者としてであれ、兵卒としてであれ、雇ってみようかと思うような男を、首都の救貧院で見つけることは難しい」[8]

全国どこの救貧院にも恐ろしい話がつきものだった。ベスナル・グリーン教区も例外ではない。地方政務院が、ベスナル・グリーン教区の救貧院は不衛生で内部が暗いと断じているほどだ。夜間には室内温度が六度まで下がることもあると地元の新聞は報じ、一八八六年一月にはふたりの入所者が寒さで命を落としたとも言われた。たかりが横行し、職員はちょっとした――有給の職員なら当然なすべき――サービスにも金を要求した。とくに高齢者は「つまみねじ《サムスクリューイング》」と呼ばれる、こうしたいじめの標的になりやすく、要求に応じなければないがしろにされた。一八九〇年の夏には、入所していた病人ロバート・ハントをめぐる事件が起き、教区中に恐怖と戸惑いが広がった。救貧院の診療所からガイズ病院へ運ばれたハントを診察した医学生たちが、患者を革ひもでベッドに縛りつけ、頭蓋にドリルで穴を開けたのだ。診断を下すためだったという。ハントは死んだ。遺族の抗議に対し病院と救貧院は、こうした診断的手術を行うにあたって同意を得る義務はないと主張した[9]。

知的障害者の病棟では階段から突き落とされる人や窓から投げ捨てられる人もいた。待合室を通るだけで、誰でも必ずシラミにたかられた。精神障害者には暴力が加えられ、子どもたちは火災で焼け死んだ。共同寝室に閉じこめられていたからだ——こんな噂を耳にして、ベスナル・グリーン教区で暮らす推定二万五〇〇〇人の極貧の人たちはたいてい、救貧院に入るよりも、他所へ移ってやりなおそうと一か八かの決心をするのだった。

地方政務院は毎年詳細な報告を発表したが、それによれば一八八〇年代、イングランドおよびウェールズの人口はおよそ二八〇〇万人で、平均するとその三パーセントが教区の何らかの救貧措置に頼って暮らしていた。冬はその割合が高くなった。だがこの数字は実際に救済を申請もしくは受給した人たちの数であって、貧困と窮乏の実態を反映してはいない。多くの貧しい人たちはほかの方法で——質屋に通い、盗みをはたらき、買収に走るなどして自力で何とかしのぐか、なけなしのものを分け合う相互扶助や慈善にすがりながら——耐えがたい窮状をしのいでいた。

地方政務院の要請で全国の救貧委員は毎年一月一日に救済受給者の統計調査を行った。一八八八年の統計によれば、救貧院の入所者の三分の一は高齢者、五分の一は成年男子の稼ぎ手がいない家族だった「巻末の補遺Ⅲを参照」。病人や——一時的にせよ、慢性的にせよ——障害のある人たちも大きな数を占めていた。救貧院の診療所を、他所で治療を受けられない人たちが病院の代わりに使っていたからだ。ニコルでほかに治療を受けられるところといえば、小規模な（主に女性や子どものための）マイルドメイ・ミッション病院のような医療施設もあるにはあったが、利用するには有力者の紹介状が必要で、しかも入院できるのは週二日に限られていたから、困窮のきわみにある人たちが気軽に行けるところではなかった。

新救貧法関連の統計を見ると、ロンドンの救貧措置対象者の割合はほかの地域と大差ないが、[10]これは政府が院外救貧の取り締まりを首都で集中的に行っていたからだ。ロンドンではほかの地域と違って、救貧院の入所者にかかる費用の大部分が、首都一般救貧基金から地元の救貧委員会に払い戻されてもいたため、教区は救貧税で賄う必要がなかった。そのため、救貧委員は救済を求める人たちに救貧院への入所を進めがちであった。ロンドンではまた、救貧院とは別の専門施設——精神科病院をはじめ、視覚障害者のための施設や熱病専門病院、それに「痴愚者」だの「正気の癲癇《てんかん》患者」だの「不具者」だのと傲慢な分類方法でくくられた人びとのための学校など——の開発が始まっていた。

ウェールズとイングランドの南西部および東部は、新救貧法による救済に頼る人たちの数が最も多い地方であった。長引く農業の不振で住民が貧困化したためだ。ロンドンへと流れこんだ大量の国内移民は、ロンドン生まれの貧民にとっては厄介な問題だった。地方政務院のヘドリーは一八八八年二月一八日にこんな指摘をしている。「地方出の人はロンドン生まれの人よりも頑健な体をしており、労働市場でロンドン人に取って代わる傾向にある。ロンドン人は港の荷運びや日雇い労働者になっても、そこから極貧状態へとあっという間に転落する」[11]。地方出身者はロンドン人よりも頼りになるし、信用できるとみなされることが多かった。また雇い主たちは、野良仕事で鍛えた筋力も重視した。地方から都会に出てくるのはたいてい一五〜二五歳の若者で、その年齢を過ぎるとロンドンで職を見つけるのは難しくなった。それにしても、ロンドンでの労働は過酷だった。教区の救貧措置に頼ることになった国内移民の四分の三は、ロンドンに移り住んでから五年以内に困窮に陥っていった[12]。労働者階級の男たちがロンドンで暮らすうちに心身ともに壊れていく悲惨なさまを、一八九〇年代にベスナル・グリーン教区で慈善活動をしていたモード・コルベットが記録している。それによると、ロンドンでは妻や子どもたちが家計を支える家が多いが、それは一家の大黒柱が雇い主から「もう年寄りに仕事はさせられん」とすぐに言い渡されるからであった。「これこそ、ロンドン生活の最もみじめな一面だろう。『人からできるだけしぼりとれ――あとはほったらかせばいい』ということか。そこにはひとりの人間への配慮が、かけらほども見られない」[13]。よく知られていることだが、イースト・エンドの労働者たちはある程度の年齢に達すると近視でも仕事に行くときは決して眼鏡をかけず、白髪があれば靴墨で黒く染めていた。職場では頑健に見えなければならなかった。

地方政務院は一八七一年の創設当初から、院外救貧の大幅削減を目指していた。院外救貧は、財政面からも道徳面からも、国全体にとって痛手だとみなしたのだ。教区の救貧官――困窮した人がまず頼る先である――は、救貧院に入るほかは選択肢がないことを申請者に申し渡すことになっていた。地方政務院のこの取り組みは功を奏し、ロンドンでは院外救貧が一八七一年の一一万六五五五件から八七年の四万四七五〇件へと大幅に減少した。

救貧政策で常に問題になったのが労働能力のある貧民だった。つまり、働いて自立できるにもかかわらず、自立していない男や女（とくに男たち）である。支配階級とその支持者たちのあいだで主流を占めたのは――徐々に時代遅れになりつつあったとはいえ――、救貧措置こそが大量の「人間の屑《くず》ども」（一八六七年、選挙権拡大をめぐる議会討論で使われた新語）を生んでいるという考え方だった――生まれつき性格の弱い「屑ども」は、働かないという選択肢ができることでさらに堕落する。確かに院外救貧を受ければ、救貧院で味わうことになる屈辱や欠乏を経験しなくてすむだろう。だから、院外救貧は働く多くの男たちを知らぬ間にむしばんできたのだというわけである。だが、別の見方をする人たちもいて、役立たずの怠け者は労働能力のある貧民のごく一部に過ぎないことを証明しようとしていた。ベスナル・グリーン・サウス・ウエスト選挙区（ニコルはその一部だった）の下院議員エドワード・ピッカーズギルは、院外救貧が呈する問題を認め、こう述べている。「依存的困窮という癌を増殖させることなく、勤勉な貧民をいかに救済するか――これは現代文明がわれわれに突きつけ、解明を求めている大きな難問である[14]」。ピッカーズギル自身、この難問の答えを見出してはいない。

一八八五〜八九年はベスナル・グリーン教区の救貧行政が危機的様相を呈した時期であった。諸教区の施設の近代化が進まず、救貧院はどこも過密状態だったが、それでも院外救貧は万策尽きたあとの対策とみなされた。中央政府の方針のもと、地元の救貧委員会にほかの道は残されていなかったのだ。全国の院外救貧の受給者数は一八七八年から一定の水準を保ちながら推移し、八一年以降は凶作や不況が続いたにもかかわらず、ロンドンの受給者数は減少した。しかし、ベスナル・グリーン教区では受給者数（大部分は高齢者）が増えたのだった。おかげで救貧対策費に占める納税者の負担額は一八八〇年の週五二ポンドから週九九ポンドに跳ね上がった。

ベスナル・グリーン教区は救貧地区が四つに分かれていた。ニコルはそのなかでも救貧措置への依存度が二番目に高い地区に属し、大工のクリストファー・フォレストが一八七九年から担当の救貧官をつとめていた。この教区ではかれこれ二〇年にわたり、救貧官をひとり増やして五人にすべきだとの声が何度も上がり、中央政府からも増員を求める働きかけがあったが、救貧委員会は頑として聞き入れてこなかった。一八八九年、増員への動きに対抗すべく納税者八〇人が「ベスナル・グリーン納税者保護協会」を立ち上げたが、結局その数カ月後にジョージ・サーグッドという男が五人目の救貧官に選出された。ジョージは、長年にわたり教区委員や救貧委員をつとめてきた人物の息子だったため、あからさまな縁故主義への批判が教区中に広がった。数週間も経たないうちに、ジョージは救貧事例の取り扱いにミスがあったとして、中央政府の調査を受けることになる。病気で失職中の男とその家族が餓死寸前まで追いこまれたうえ、自宅でふた

耐えがたきを耐える——貧しい人たちは，救貧院に収容されるよりはまし，とひどい住環境に甘んじた．フレデリック・バーナード作のこのイラストは，ジョージ・シムズ『貧者の暮らし（*How the Poor Live*）』（1883年）より．

りの救貧委員から侮辱的な扱いを受けたとして、問題になったのだった。

一八八五〜八六年にかけての厳寒期、ベスナル・グリーン救貧委員会は、一度に一〇〇人もの救済申請を断らなければならなかった。申請者のなかには、身体壮健だが失業中なので、ほんの数シリングと子どもたちが食べるパン代を稼ぐために教区の仕事をさせてほしいと頼む家族持ちの男たちもいた。救貧委員や教区委員は今までのやり方が失敗に終わったことを何とか覆い隠そうとした。事態が深刻になるにつれ、自分たちが困窮者を助けているところを目に見えるかたちで示さなければならないと感じたのだ。救貧行政という公の職務をうまく達成できなかった彼らは、代わりに個人的に慈善活動を始めた。こうした人びとは心の中にふたつの相反する欲求を抱えていたのだろう。困窮者のひどい苦しみを和らげたいという欲求と、それと同じくらい強い衝動として、スラムでの地所や店舗の所有者として、社会の最極貧層を相手に利益を出しつづけたいという欲求である。わたしたちはこれを偽善と呼ぶのだが、ヴィクトリア朝時代の公職者に顕著なこうした心のあり方を表すには、ジョージ・オーウェルの言葉を借りて「二重思考」と呼ぶほうが真実に近いだろう。『イースタン・アーガス』紙の記者を引き連れて、腹をすかせた絹織職人の家を訪れた救貧委員たちは、羊肉とパンとお茶を手土産に持っていった。「これこそ救貧委員にふさわしいふるまいであった」とのちに編集人は型どおりに褒め上げている。[15]

教区委員のジョウゼフ・ジェイコブズも救貧委員たちと一緒にベスナル・グリーン教区の救貧院を訪問している。その夜は折しも福音派の慈善団体「キリスト教社会禁酒協会」が入所者のために演芸会を開いているところだった。面白おかしい寸劇や歌の披露があり、最後には高齢の入所者ひとりひとりに丸パン一個とオレンジ二個が配られた。救貧院には大衆誌『ティットビッツ』が何部も届けられていたが、これもある教区民の寄付のおかげだという。また知的障害者の病棟ではウィリアムズ副院長によるヴァイオリン演奏会がよく開かれていた。

＊

院外救貧の削減政策は、一八八六〜八七年にかけて大きな壁にぶつかり、この時期に発生した、いわゆる「ウエスト・エンド暴動」――革命間近しとの空気が広がった数週間（第一〇章に詳述）

――の隠れた要因のひとつともなった。騒動の報を受けて教区委員のジェイコブズが震え上がっているところへ、マルクス主義寄りの「社会民主連盟（ＳＤＦ）」のベスナル・グリーン支部が教区に手紙を送りつけてきた。失業者の代表が地元マイル・エンドの空き地で集会を開き、その後デモを行う予定なので、教区委員と救貧委員各位のご出席と講演をお願いしたいとの内容だった。ジェイコブズら一同は動転した――ＳＤＦ支部の人間なんかに会ってやるものか、驚天動地の事態だ、警察を呼ぶべきだ、などという発言が教区委員会で飛びかった。そんな集会が開かれたら、ニコルの自分の店は「暴徒」どもの手で火をつけられるに違いない、とジェイコブズは言い切った。だがそんな予想に反し、結局デモ行進は平和裏に行われたのだった。

数カ月にわたる首都の混乱は、慈善活動の一大ブームを巻き起こした。たくさん与えれば、貧しい人たちも不満を言わなくなるだろう、というわけだ。ある推計では（確認はできないが）、一八八〇年代半ばにはロンドンだけで海軍予算を上回る額の寄付が集まったという。慈善事業は壮大な自由市場であり、誰でも自由に慈善家として名乗りを上げることができる、競争の激しい市場でもあった。最高のパンフレットをつくり、最も感動的な呼びかけをし、身分の高い篤志家を後援者リストに載せようとライバル同士がしのぎを削り、公然とであれ、あてこすりであれ、中傷合戦もためらわなかった。不安が渦巻くこの時代に同胞を助けたいという国民の熱意に支えられ、「慈善組織協会（ＣＯＳ）」――一八六九年、活動の組織化を目指す有志が設立した――は本領を発揮した。支援を必要とする人は、地元のＣＯＳ支部に行き、事情を説明することになった。結局、教区の救貧官に援助を求めるのと同じことである。施しに値する者と値しない者を、つまり誰を支援して自立への道を歩ませるか、新救貧法の枠内で誰を施設に収容すべきか――選択肢はこのふたつしかなかった――を決めるのは、いまやCOSであった。COSは一八三四年の新救貧法を推進した人びとの基本的価値観に立ち返ろうとしたのだ。貧困を生むのは個々人の道徳的欠陥であり、問題は人口過剰であって不足しがちな雇用ではないという数十年も前の考え方を、COSは科学を用い、戸別訪問をして受給者の状況を記録し、分析するといった近代的調査手法を使って立証しようとしたのだった。

　COSにとって都合の悪いことに、疲れを知らぬ勤勉な調査員たちによる実地調査はまったく別の見解を裏づけていた。低賃金、日雇い労働、劣悪な住環境、飲酒癖などが互いに影響しあい慢性的貧困を生むという、構造的問題が明らかになったのだ。広く受け入れられ、COSも支持していた考え方によれば、多くの場合、収入の範囲内で暮らしていけるかどうかは、大酒を飲むか飲まないかで決まった。しかし、調査によると、人は貧困の辛さを紛らわすために酒を飲むのだった。酒を飲めば腹はすかないし、体も温まる。いやなことも忘れられる。自信も湧く。友だちもできるし、楽しく過ごせる――つまり、酒は多くのものを補ってくれたのだ。夫婦間暴力などの犯罪や自殺、育児放棄《ネグレクト》や児童虐待、路上での殺傷事件などにおける貧困と飲酒の相互関係をめぐり、さまざまな情報に基づいた議論がかわされるようになった。[16]

　だが、COSはこみ入った議論などまっぴらだった。ことは簡単だ――貧困を生むのは道徳の欠如か不運の連続のどちらかであり、解決法も簡単だというわけだ。ＣＯＳが人間の本性を悲観的にとらえる頑固な態度に固執したため、活動を支えていたメンバーの多くはＣＯＳとたもとを分かち、貧困問題の包括的な解決策を新たに探ろうと別の道へと進んでいった。斬新的な社会改革を目指す「フェビアン協会」をはじめ、当時相次いで設立されたさまざまな社会主義組織に関わった人たちも多く、なかでもシドニー・ウェッブ〔労働党の基盤となったフェビアン協会に草創期から関わった社会運動家〕やのちにウェッブの妻となるベアトリス・ポッターはよく知られている。

血の通っていないやり方を繰り返し批判されたＣＯＳのベスナル・グリーン支部長Ｗ・Ａ・ベイルワードは、一八八八年二月一一日付の『イースタン・アーガス』紙に反論を寄せた。それによると、一八八七年一〇月一日までの一年間に同支部が扱った救貧事例は七六六件で、困窮者三八六人を救済し、病人一四九人に医療援助を行い、そのほかには「自立の手助け」をした。また、門前払いした大部分は、新救貧法が適用される事例であり、地元の救貧委員会が対応すべきであった。ベイルワードはオックスフォード大学ベリオール・カレッジの出身で、無差別救貧を抑制することで貧者の人格形成を目指すという、気高い理想を実現すべくベスナル・グリーン支部に赴任したのだったが、この地域のあちこちの教会が「貧乏人を甘やかしてさらに貧乏にしている」ことに腹を立てていた。[17]ベイルワードはウェストミンスター教区のヴィクトリア・ストリートに住んでいたが、それでもベスナル・グリーン救貧委員にも選出されていたから、財布のひもを締めて貧者の根性を叩きなおすという理想を、ふたつの土俵で実行に移すことができたのだった。

ＣＯＳ（慈善組織協会）は多くの敵をつくり、ＣＡＳ（慈善暗殺協会）の異名まで頂戴することになった。ベスナル・グリーン教区内のある牧師は、貧者の救済に携わる「すべての人を監視するスパイのようなものだ」とＣＯＳの悪口を言っている。[18] ＣＯＳは慈善団体による救貧活動の効率化に完全に失敗した。ニコルは慈善の精神であふれかえってはいた。一五〜二〇の団体がひしめき、苦しみを緩和しようと競い合っていたのだ。どれも善意に満ちた団体であり、活動に携わる人たちの多くは自分の健康や、命までも危険にさらしながら感染症や害虫がはびこるじめじめした地域で働いた。おかげで窮地を救われた人は多かったろうが、彼らの働きは、ニコルの五七〇〇人の住民が抱える問題に解決の糸口さえ提供しなかった。慈善活動の果実を味わったのは、与えられた側よりも、むしろ与えた側だった――自分は人の役に立っていると自負を強め、経験を広げ、標準的中流生活の束縛からの解放を実感したのだ。貧者の側から言わせれば、どの慈善活動に頼れるかはわからなかったし、施しを受けることは自尊心が許さなかった。これも全体として慈善活動がうまくいかなかった理由のひとつであろう。施す者と施しを受ける者とのあいだには文化の違いがあった。困窮のきわみにある者はなかなか救いを求めなかった――パンも服も長靴も、薬も石炭も、蝋燭《ろうそく》も必要だ。だが、牧師の説教を聞き、講話に参加し、小冊子を読み、うるさい質問に答えて暮らし向きのことを話さなくちゃもらえないというなら、空きっ腹も寒さも、もうちょっと我慢しよう。そういうわけで、新救貧法と慈善活動のあいだの深い割れ目にはまりこみ、命を落とす者はあとを絶たなかった。

8 霧のなかの幻影

だが、アーサー・ハーディングは違った。すでに見たとおり、アーサーは九歳のとき、凍える寒さのなか、家族と一緒に陸橋の下で一夜を過ごすことになった。親切なパッツィ・コナーズがニコルの南のベーコン・ストリート三七番地の借家を紹介してくれたので、一家は次の日そこに落ち着いた。二日後、母親が出産した。アーサーは赤ん坊の泣き声と臭いが耐えられなかった。親にかまってもらえない寂しさもあり、アーサーはひとりで路上生活を始めた。近くのスクレーター・ストリートの借家に住むユダヤ人一家は、アーサーが階段の下で寝ていても文句を言わなかった。地域を巡回する夜警たちは火のそばで眠らせてくれたし、ときどき何か食べさせてくれた。母親は腰痛と乳児を抱え、ベーコン・ストリートの三階の部屋から出られない。アーサーは浮浪児だった頃を思い出して、路上で暮らすのは「とくにめずらしいことではなかった」と言う。「そんな子どもは何百人もいたさ。おれもシラミがたかって、汚い子だった。だけど母さんは具合が悪くて、おれのことまでかまっちゃいられなかったんだ」[1]

アーサーはキングズランド・ロードの警察署の警官たちに感謝している。まだごく幼い頃から、アーサーは迷子になると警官たちの世話になった。詰め所に連れていかれ、食べ物をもらい、おもちゃで遊んだ。家まで送ってもらったこともある。警官たちにしてみれば騒ぎを起こした酔っ払いを連行するより、子どもの相手をするほうがよほど楽しかったに違いない。路上暮らしは三週間ほど続いたが、やがて警察はアーサーをトーマス・バーナード博士が運営するイースト・エンド児童ミッションにゆだねた。ステプニー・コーズウェイにあるこの施設は、孤児や捨て子たち八〇〇〇人にとっての家であり、活力に満ち、開放的だとして、ロンドンでも指折りの施設に数えられていたが、一八七〇年代の末にはライバルからの反感を買い、慈善組織協会（COS）の締めつけを受けたこともある。アーサーはこう語っている。「九歳からもう少しで一二歳になるまで、子ども時代の大半をバーナード先生のところで過ごした。土曜日ごとに家に帰してもらえた。家にいたのはほんの二、三時間だった」

バーナード博士の施設でアーサーは読み書きを学んだ。アーサーは自分が普通よりも一段上の人間だと自負していたが、それはこの施設で教育を受けたからだった。短期間だが地元の公立学校《ボード・スクール》にも通った。アーサーは学業で傑出した能力を発揮した――もう教わることは何もなかった。「勉強は得意だった。みんなに褒められた……。目立つほうだったな」。これで「一生の仕事」に就ければ申し分ないことはわかっていた。醸造所か鉄道駅か薬局で働くのもいい。

「糞収集人《シット・レーカー》」とか「馬糞掻き《スパロー・スターヴァー》」とか呼ばれる道路清掃人になるのもいいだろう――「ロンドン市自治体《コーポレーション・オブ・ロンドン》」〔いわゆる「シティ」を指す〕に雇われ、長く働いて出世していくのだ。

だが、アーサーは一所にとどまることができなかった。落ち着いてしまうのが恐ろしく退屈だった。また、不景気な家具工場の「屑《くず》みたいな」仕事など、割に合わないと強く感じていた。「きつい仕事さ、まるで奴隷労働だ。若者なら長くは続けられないよ」。アーサーは、姉のマイティが探してくれたハックニー教区ホクストンにある木工所の仕事を三日通っただけで辞めてしまった。次にショーディッチ教区のデッキチェア工場で週八シリングの仕事に就いたが、迷惑行為の疑いをかけられ、警官が職場に尋問にやってきたので居心地が悪くなり、一月で辞めた。ホワイトチャペル教区のハンベリー・ストリートの作業所でガラス吹きをしたときは、やけどを負い、一週間も入院することになった。次の職場は木製家具の製作所だった。雑用係として働くうちに、工場や仲間の従業員から金をくすねる術を覚えた。

やがてアーサーは、「クラークス・コーヒーハウス」に入り浸るようになった。ブリック・レーンとヘア・ストリート（現チェシャー・ストリート）の角にある店だ。店主は片目のチャーリー・ウォーカー、かっぱらい一味（主に荷馬車の荷を狙う乱暴な連中で、結核で若死にする者が多かった）の親分だ。この仕事が気に入ったアーサーは、じきにチャーリーの仲間に加わった。多いときは三〇人ほどが一団になり、盗みをはたらき、盗品を売買し、ブリック・レーンの小売店主を脅してまわった。ついに逮捕されたのは一九〇二年二月。アーサーは一二カ月の重労働を課され、ロンドン西部ウォームウッド・スクラブズの刑務所で刑期をつとめた。
釈放後いくらも経たないうちに、アーサーはふたたび刑務所送りになる。当時アーサーの親友だった「ピーキー」はニコル育ちだが、父親はロンドン港務局に勤めるホワイトカラーだった。ピーキーは学校をさぼり（ついに読み書きができるようにはならなかった）、ものを売ったり、物乞いをしたりしていたが、将来は鉄道の仕事に就きたいと言っていた。一九〇三年四月のある日、ふたりは誰かのポケットから何か失敬しようと町に出かけた。アーサーは見事に成功、ある見習い印刷工のポケットからまんまと財布を抜きとった。ところが意外や意外、この被害者は警察に届けでたのだった。犯行はばれてしまい、アーサーとピーキーは逮捕された。アーサーは二〇カ月の刑、見張り役だったピーキーは従犯として九カ月の刑を受けた。こうして一生の仕事に就く希望は儚《はかな》く消えた。その一年後、ピーキーは敗血症で短い命を終えた。通夜に出たアーサーにピーキーの母親はこう言った。「『この子、あんたみたいな人間になるくらいなら、棺に納まるほうがよかったんだ』。おれ、何年経ってもこの言葉が忘れられなかった」[2]
少年院が生まれてまもない時期であった。アーサーはイングランド南東部のケントにある少年院に送られ、そこで大工仕事を習い、チャールズ・ディケンズの本を読みながら刑期をつとめあげた。「少年更生協会」がアーサーの再出発に手を貸そうとした。道徳的に腐敗した環境から抜けでて――ただし、そこの住民の多くは、アーサーこそ腐敗の元凶だと感じていたし、幼い頃からアーサーを知っているブリック・レーンの店主たちに言わせれば、アーサーが「いないとき」

のほうが、地域は安全だったのだが――危険な仲間と決別すべきだと判断し、出所にあたってはウェールズの首都カーディフまでの交通費を手渡してくれた。[3] アーサーはカーディフからカナダ行きの船に乗ることになっていたのだ。ところが、アーサーの気が変わった。「ずっと歩いて家に戻ったさ。おれ、あのときを最後にもう二度とベスナル・グリーンから出ようとは思わなかった」

アーサーは仲間うちでちょっとしたヒーローとなった。「おれ、ほかの奴らより頭がよかったからな。タフな奴だと評判になった……。いわゆる将来のビジョンなんかはなかったが、生きていくことにかけては絶対の自信があった」。アーサーは偽金の使用《スナイド・ピッチング》にも手を貸した。一八六二年発行のフローリン銀貨と見分けのつかない偽金がつくれるビリー・ホームズとは友だち同士だった。やがてアーサーはもっと威勢のいい連中と付き合いはじめ、敵もつくった。ギャング同士の抗争に身を投じたのである。ブリック・レーンのグループが初めて拳銃を手にしたのは一九〇四年。当時は拳銃一丁がたった四～五シリングで買えた。激しい抗争が続き、命の危険を感じることさえあった――自分や自分の身内が侮辱されたら、あるいは侮辱されたと感じたら、復讐しなければならなかった。とくに恐れられていたのはベイリー一家だ。五年越しの抗争で一家は、アーサーを自分たちのボスを狙撃した犯人に仕立てようとした。ベイリー一家についてアーサーはこう述べている。「あいつらはニコルで育った人間だった。そこらのコソ泥なんかじゃないよ。もっとも、連中のひとりは押し込み強盗をやらかして長い刑をくらったがね。あの一家は物騒な奴らだった。父親のアルフはけんか早い男で……。要するに、ごろつきだった。ナイフで人を刺したりとかさ……。盗みはしてないんじゃないか。だから、稼ぎは悪かった。やたらに暴力をふるう、まるで野蛮な連中だったよ」。自分はあいつらとは別だ、とアーサーは思っていた。暴れまわればスリルを味わえたが、自分が暴力に訴えたのは、何かしら立派だと思える目的があったときだけだ、とアーサーは語っている。

アーサーは口がとてもうまかった。判事の前で滑らかな舌をふるい、何度か起訴を免れている。（盗むか買うかして）手に入れた法律関係の古本を独学で学び、専門家も舌を巻くほど言い逃れがうまくなった。それに、アーサーには、どこか信じたくなるようなところがあった。一九〇六年四月、アーサーは中央刑事裁判所の被告席にいた。ダニエル・コーディという男に発砲したとして起訴されたのだ。ベイリー一家がらみの傷害事件であった。被告に不利な証拠は決定的のようだった。証言台に立ったアーサーは、あのうっとうしい夜、薄暗い街路で引き金を引いたのは自分ではなく、知り合いのユダヤ人アイゼンバーグだったと供述した。そして陪審団は、ユダヤ人のアイゼンバーグではなく、ロンドンっ子のアーサーの言い分を信じたのだった。[4]

一九〇八年、アーサーは、「犯罪防止法（一八七一年）」に基づき、かねてからアーサーに目をつけていた警官に逮捕された。その日曜日の午後、ブリック・レーンに来た理由を説明できなかったからだ。犯罪防止法はニコルでは「蠅取《はえと》り紙」と呼ばれていた——これで捕まったら最後、刑罰を逃れるのは無理だった。アーサーはふたたび一二カ月の重労働を課された。前科がふたつもあれば当然の判決だ。警視庁犯罪捜査部（ＣＩＤ）は二〇代前半のアーサーをこう描いている。「最もずる賢く危険な犯罪者だ。数多《あまた》の窃盗犯グループを束ね、重ねてきた数々の暴力行為は、仲間内で恐怖の的となっている……少年から成人へ移行する微妙な時期にある若者を惑わす悪い手本である」[5]。それから数十年後、アーサーは思い出話をテープに吹きこみ、ＣＩＤに復讐を果たす――イースト・エンドの犯罪捜査部のなかで誰が最も巧みに偽証したか、署内で最も暴力的だったのは誰か、地元のゆすり屋から定期的にわいろを受けとり、給料の足しにしていたのは誰か、名前を挙げていったのだった。

　アーサーが関わった騒ぎはこれだけではない。「黒んぼ《ダーキー》クーン」――本名アイザック・ボガード――といえばスピタルフィールズ教区あたりで知らぬ者なしのポン引きで、アーサーの友だちをけんかで打ち負かしたこともあった。といってもボガードは黒人ではない。ユダヤ人で、裁判所や刑務所のお役人たちの「ご機嫌取り」を自称していた。実際、ボガードは売春婦たちの稼ぎで食べていたし、強盗や女性に対する暴力、警官への暴行などの罪で九回も有罪判決を受けている。カウボーイに扮するのが好きという、当時のイースト・エンドではめずらしい趣味ももっていた。アーサーはポン引きが大嫌いだった――「あいつらは男の面汚しだ」。どんなことがあってもポン引きとは酒を飲まない。話をするのもお断りだ。一九一一年九月のある夜、ショーディッチ・ハイストリートのすぐ南にあるパブ「ブルーコート・ボーイ」に出かけたアーサーと仲間七人はクーンを襲った。仲間のひとりがボガードの喉に切りつけ、アーサーはボガードの顔にビールグラスを叩きつけた。「クーンの顔がまるでイングランドの地図みたいになったよ」

騒乱、故意による凶悪な傷害、暴行の罪で法廷に立ったアーサーは、乱暴をはたらいたことは認めたが、あれは正当防衛だったと主張した。陪審員は納得せず、アーサーには五年の懲役刑が言い渡された。

続く一〇年間の大部分をアーサーは刑務所で過ごし、一九二〇年代になると、スト破りの用心棒を集めたり、その一方でスト破りの労働者に脅しをかけたりの仕事があった。警察の手先としてギャング同士の抗争の邪魔をしたこともある。一九三〇年代～四〇年代、アーサーはゆすりをはたらき、金属くずや古着を商った。また、六人の子どもを持つ父親となり、郊外のレイトンストーンで暮らしていた時期もある——少しは堅気になったのだ。のちにアーサーはサー・オズワルド・モズレー〔英国ファシスト連合（BUF）創立者。一八九六～一九八〇年〕のグループに入った（モズレーはアーサーを「おじさん」とさえ呼んでいた）。これは暴力が取り結んだ縁であり、モズレーがアーサーに金を握らせるいっぽうで、英国ファシスト連合を監視する側からもアーサーが報酬を受けとっていたためであった。アーサーはロンドン警視庁の「秘密捜査班《ゴースト・スクワッド》」にも協力し、第二次世界大戦後の闇市で大儲けした連中の内偵にあたった。刑事《スリット》に垂れこむ《スクウィーク》などとは、許せない行為だったから[6]、ベスナル・グリーン教区のかつての仲間たちはアーサーから離れていった。それを思うとアーサーはむかっ腹が立った。なんといっても生まれ育った町は、レイトンストーンあたりの「取り澄ました」地域に比べると居心地がよかったのだ。「子ども時代を過ごしたイースト・エンドのほうが、ずっといい町だったな」——アーサーはそんな言葉を残している。一九八一年八月、アーサーは九五歳で亡くなった。

ある意味で、アーサーはマルクスが定義した「浮浪労働者《ルンペンプロレタリアート》」という擬似理論の権化であった。マルクスとエンゲルスによればルンペン——ドイツ語で「ぼろを着た者」——とは、犯罪者、浮浪者、物乞い、売春婦、放浪者、裏社会の女、福祉対象者、あるいは呼び売りや行商や鋳《い》掛《かけ》屋など、非生産的で「役に立たない」労働に携わる者を指した。こうした人たちは「どんな階級にも入らないごみ、滓《かす》」だ、とマルクスは書いている。[7] 下層階級の「滓」は労働／賃金システムの外側で生き、労働者階級《プロレタリアート》からは疎外されている。彼らは伝統的な雇用を意識的に拒否したか、あるいは個人的な弱点をもつゆえに、労働市場全体から締めだされているから、自活する道を何とか探さなければならない。アーサーは正規の仕事に雇われることができず、また雇われたいとも思わなかった。頭がよく、体が丈夫で、若く元気はつらつ、基礎教育も受けていたアーサーなら、イースト・エンドのたいていの貧しい若者がとうてい望めないような就職機会が、確かに特別にいいわけでもないし、年齢が上がるにつれて不確かなものになったかもしれないが、得られただろう。だが、アーサーは自分でそんな機会をつぶしてしまった。いずれにせよ、生きる道としてアーサーは犯罪を選んだ。誰の指図も受けず、自分ひとりを頼みとして生きる——そんな信条を金科玉条としたアーサーは、まっとうな仕事をきわめる努力をするよりも、自分より要領の悪い人たちを食い物にする、わが道を行く人生を選んだのだった。

アーサーは仲間たち、つまり自分が属する階級に背を向け、あくまでも好きなように生きたという点で、ルンペンの定義を満たしている。マルクスによれば、ルンペンはプロレタリアートにとって大きな問題であった。というのも、ルンペンは目先の自分の利益を得ようと、求められればプロレタリアートの天敵――警察、資本家、軍隊――の側につくからだ。ルンペンは反革命主義の一大勢力であった。マルクスによれば、連帯意識がまったくないルンペンは当然ながら誠実でなかった。確かにアーサーは、何かを変えようとは思わなかった。ただ、頭と体力を使ってこの不公平な社会のシステムにたわみをつくり、自分が必要とするもの、ほしいものを手に入れようとしていただけであった。アーサーの一族は、極貧の隣人たちを利用して――助け合うどころか高利で金を貸し、協力するどころか暴力を用いて――儲けることにかけては、ニコルで指折りの一家だった。だが、そのどこが悪いのか。結局、強者が生き残るのだ。そんなシステムに異議を唱えるのはバカかよそ者だけだった。しかし、これは自分でも気づかなかったことだが、何度も犯罪をおかしたアーサーは、どんな力にも支配されないヒーローになるどころか、何年も独立を奪われ、囚人という奴隷のような隷属状態に身を落としたのだった。

アーサーは政治とは無縁であった。「政治にはまったく関心がなかったよ……。毎日、生きていくことで精一杯だったから」[8]。ところが、あらためてこの問題をよく考えてみたアーサーは、自分の家族がずっと保守党を支持していたことに気がついた。自由党は自由貿易を支持していたから「外国の味方だ」とみなしたのだ。アーサーの家族や知り合いはみな、外国の安い輸入品や労働力は国内の労働者を脅かしていると考えていた（スト破りに堂々と手を貸していた男の口から、こんな言葉が出るとは意外だが）。アーサーに言わせれば、保守党は金と力があって気前のいい人たちの党だった。急進派や自由党員は社会の下のほうの層の人たちが多いから、当然「自分たちの得になることしか考えなかった」。だがアーサーは、のちに考え方を変えた。自分たちは少なからず騙されていたと感じたのだ。「おれたち、教育がなかっただろ、だから大英帝国が世界を支配するとかいう話を聞かされて信じこんでたんだ」。そんなアーサーも、一四歳のとき、ボーア戦争〔英国とオランダ系アフリカーナー（ボーア人）が南アフリカの植民地化をめぐって争った戦争。第一次は一八八〇～八一年、第二次は一八九九～一九〇二年〕で戦おうと入隊を志願している（が、年齢がばれて断られた）。「自分の国がとてつもなく金持ちだったってこと、人生も終わる頃になって気づくなんて、まったくひどい話さ」[9]。「心底では保守党支持者」を自認していたが、一九七〇年代には労働党に投票したとアーサーは言う。子どもたちには「誰にでも機会が与えられる国で育ってほしい」と考えたからだ[10]。

物理的環境と家庭環境は、アーサーという人間の形成にどの程度与ったのだろうか。一九世紀末のスラムの暮らしに関心を寄せた専門家の多くは、ニコルのような環境の最悪の影響は子どもたちを悪に染めることだと考えた。アーサーの幼馴染の多くは第一次世界大戦で戦死している。もし戦争から生還していたら、彼らは犯罪の道に走っていただろうか、それともちゃんとした仕事に就き、結婚して郊外に住んだだろうかと考えても、むろん答えは出ない（「黒んぼクーン」は出征し、勲章をもらった）。アーサーはニコルの子どもたちのなかで、長じて暴力的犯罪者になった者たちの思い出も語っているが、そこから推測すれば、将来子どもが粗暴な犯罪に走るかどうかは物理的環境や物質的窮乏よりも、犯罪者一家として知られたファミリー——キング家、ベイリー家、ハーディング家、ほか少なくとも三家族——に育ったかどうかが、大きく影響したといえよう（粗暴な犯罪とは、危険なまでに非衛生的な家を賃貸して儲ける犯罪とは、まったく異なるタイプの犯罪である）。アーサーの話に出てくるのは、面白がって暴力をふるう連中だ。彼らは、そんなことをしてどれほどの金になるかどうかに関係なく脅しをかけた。アーサー自身の気持ちのなかでは、子ども時代のニコルには三つの顕著なタイプの犯罪行為があった。いずれも「よそ者」に危害をおよぼすものではない。まず、万引き、かっぱらい、盗品売買など。次に派閥争い。これはときに何日も続くことがあった。たいていは地元の門閥と取り巻き連中が長年繰り返す抗争の一部である。そして、路上でのさまざまな迷惑行為があった——ばくち、露店の無許可営業、パブの時間外営業、占いなどだ。締めつけはますます厳しくなり、犯罪防止法（一八七一年）によって「常習犯」の、あるいは一八七九年に制定された同名の法律により「常習飲酒者」の烙印を押されただけで取り締まりの対象になった。

　ニコルは独特な形の孤立した一画だったため、盗みや盗品売買を生業にして成功した者にとっては住みやすい町だった。彼らの多くは店を持っていた。アーサーのリザおばさんもそうだった。もうひとり、自力で盗みの腕を磨いて大いに稼ぎ、盗品の売買にも長《た》けていたチャーリー・バーデットという男は、バウンダリー・ストリート一八番地の魚屋の店主でもあった。「気さくな奴だった」とアーサーは言う。この気さくなチャーリーは、のちにマズウェル・ヒルで押し込み強盗に入った先で家人に発砲し、一一年の刑期をつとめることになる。一八八〇年代の末頃は、盗まれた馬の売買をしたり、自分でも馬を盗んだりしていたチャーリーは、ニュー・ニコル・ストリートにあるパブ「ファイブ・インク・ホーンズ」裏手の広い厩舎《きゅうしゃ》を商売に使っていた——数知れぬ馬やロバが盗まれてここに連れてこられ、ここから売られていった。チャーリーはまた犬泥棒でもあった。高級住宅街ベルグラヴィアで貴婦人の小間使いから稀少種の犬を盗んだときは、ロンドン警視庁の（切り裂きジャック事件の捜査官として有名な）アバーライン警部がチャーリーの家を捜査し、見事な純血種六匹を発見した。すべて盗まれた犬だった。チャーリーは刑務所に出たり入ったりを繰り返したが、留守のあいだは細君のサラが商売を引き受けた。サラは商いがうまく、やがてチャーリーの魚屋はロンドンのその地域で名の通ったフィッシュ・アンド・チップスの店に発展し、チャーチ・ストリートに移転した。父親の名をもらった長男チャールズは、名前だけでなく（魚の商いと泥棒稼業の両方の）仕事を父親から受け継いだ。一八九一年一月、私服警官がジェイコブ・ストリート八番地のチャールズの居宅を捜索すると、郊外のチンフォードで盗まれた二頭の小馬を裏庭で見つけた。チャールズには五年の刑が課された。

ほかにもニコルで店を開いていた一部の商人が、盗品売買に手を染めていたことを示すさまざまなエピソードがある。一八九一年二月、チャーチ・ストリートにある質屋兼雑貨屋にふたり組の押し込み強盗が入った。犯人たちは現行犯で捕まった。あわや持ち去られるところだったのは、途方もない値打ち物の数々だった——金貨、銀貨、銅貨あわせて二五九ポンド、それに三〇〇ポンドに相当する宝石類やチャールズ二世のクラウン貨である。すべて二階の一室の鍵のかかった引き出し——犯人たちにこじ開けられていた——で発見された。貧しいこの地域のちっぽけな店にこんな財宝がしまわれていたのだ。おそらく盗んできたものだろう。質屋兼雑貨屋は盗品をさばくのにもってこいの表看板であった。

だが、ヴィクトリア朝時代末期の人びとが恐れたのは、押し込み強盗よりも路上で強盗や窃盗の被害に遭うことだった——「堅気の人」にとって町が安全かどうかという問題だ。のちにニコルは「ひったくり《コッシュ・キャリアー》（今でいう路上強盗《マガー》）」の巣窟だと悪評が広がるが、そんなことを言われる筋合いはないとアーサーは言い張った。ニコルの住民には、上流のお偉いさんをこん棒《コッシュ》で脅し、金品をひったくるような根性はないというのだ。確かに、これから紹介するとおり、ニコル界隈で起きた暴力事件の不運な犠牲者たちは「紳士階級《トッフス》」からはほど遠い、ただの労働者で、盗む価値のありそうなものをたまたま身につけていただけだった。

一八八七年の大みそかの夜、マウント・ストリートの先のマウント・スクエアに住む一八歳の行商人ロバート・ラトレーは、アルフレッド・ウォレスをベスナル・グリーン・ロードからニコルの南端のリトル・ヨーク・プレイスに引きずりこんだ。ウォレスはニコルにほど近いストーク・ニューイントン教区のデフォー・ロードに住む左官工であった。ラトレーと仲間三人はウォレスから二ポンド一五シリング八ペンスを巻き上げたばかりでなく、履いているブーツまでとりあげ、着ているものも置いていけと迫った。さらに、「人殺し!」「警察を呼ぶぞ」と大声を出したウォレスに一団で殴る蹴るの暴行を加えて頭蓋骨を骨折させ、その場から逃げだしたが、途中で巡査と鉢合わせしてしまう。裁判で有罪判決が下ったラトレーは一五カ月の重労働と鞭《キャット》打ち二〇回の刑を課された。共犯の仲間は三人とも捕まらなかった。

一八八八年四月二八日土曜日、もうすぐ真夜中になろうという時刻に、三〇歳の靴づくり職人ジョン・ヴィンセントは仲間ふたりと共謀し、クラブ・ロウで石工のジョン・コーフィールドを襲い、たばこ入れと九シリング六ペンスを奪った。前科があったヴィンセントはペントンヴィル刑務所で一八カ月の刑期をつとめ、その後三年間、警察の監視下に置かれることになった。

一八八九年七月、二〇歳の仕立て職人ジョン・シェイと二三歳の彫り物師ジョン・コリンズは、チャールズ・リンネルという大工を襲い、喉を締め上げて金品を奪った。リンネルはバウンダリー・ストリートの住民で、ホイーラー・ストリートのアーチ道を通って家に帰る途中だった。シェイとコリンズは警察に捕まったが、もうひとりいたはずの共犯者は行方をくらました。

一八九〇年一〇月の深夜、マウント・ストリート育ちの一九歳のチャールズ・メイジャーは、酔っ払って道を歩いていたウィリアム・ホーアを襲った。仲間五人も襲撃に加わった。治安判事モンターギュ・ウィリアムズは、ベスナル・グリーン教区に引っ越してまだ一週間という被害者にこんな注意を与えている。「酒を飲みに出かけて酩酊し、懐に金を入れていたら必ず強盗に遭うことは、この界隈では太陽が昇るくらい確かなことですよ」[11]。しかし、一八八五〜九五年にかけての新聞報道や裁判記録を見ると、ニコルで起きたこのような加害者と犠牲者が互いに知らぬ者同士の事件の件数がベスナル・グリーン教区のほかの地区やホワイトチャペル教区、港湾部と比べてとりわけ多いとはいえない。これらは確かにいとわしい暴力事件だが、イースト・エンド全般の治安を背景に考えれば、ニコルがよそ者にとって、夜間であれ、とりわけ危険な地域だったとは言い切れないだろう。

ニコルで起きた犯罪がとくに凶悪だったわけでも、際立って数が多かったわけでもないことは、警察の記録も裏づけている。一八九〇年、ロンドン警視庁ベスナル・グリーン管区（J管区）の警視は、バウンダリー・ストリート界隈におけるこの年前半の逮捕件数の詳しい報告を行った。住民数五七〇〇のこの地区で、逮捕件数は二二四件。そのトップは酔っ払いの乱痴気騒ぎ（七二件）、次は公務執行妨害（三五件）であった。逮捕の内訳は次のように続く――ギャンブル三三件、窃盗一四件、女性に対する暴行九件、不法所持八件、妻に対する暴行七件、すり四件、強制わいせつ三件、器物損壊二件、自殺未遂二件、盗品授受一件、刺傷一件、傷害一件、強盗一件、育児放棄一件、ほか二〇件。[12]

文書記録が犯罪の実態を正確に反映しているかといえば、そんなことはない。いつの時代でもどの国でも犯罪統計につきまとう暗闇は、被害者自身が何かを隠そうとしたり、警察や司法関係者を信頼できないと感じたりすればいっそう深まることになる。とはいえ、一八七〇～九〇年代初めの警察や裁判所の記録も、ニコルで起きた犯罪の大部分を占めたのは酔っ払いの乱痴気騒ぎ、夫婦喧嘩、犬泥棒、市場で売られる家禽の虐待、子どもに法定予防接種を受けさせない、あるいは学校に行かせないなどの育児怠慢、パブの営業法違反などであったことを裏づけている。

確かにニコルの町は荒廃し、悪臭を放ち、騒音が響いていた。しかし、通りのあちこちで犯罪が横行していたわけではない。中産階級や下位中産階級の人たちはニコルで開かれるさまざまな催しに、なんのためらいもなくやってきた。たとえば、「スター貯蓄貸付協会」は毎年一〇月になるとハーフ・ニコル・ストリートのパブの二階で、ハーモニカ演奏付きの夕食会を開いた（教区委員のジョウゼフ・ジェイコブズが吹く『青い目のネリー』は素晴らしいと評判だった）。「福音禁酒協会」もオールド・ニコル・ストリートの伝道所で定期的に集まりを開いていた。会合では、四八年間というもの一滴も飲んでいないので今は健康そのものだと胸を張る教区委員のジェームズ・ミルバーンの身の上話や、ホロウェイ夫人が歌う「勇気もて、節制の救命艇をこぎだそう」という曲を聴くことができた。フリーメーソンの一組織の「ロイヤル・ラット・クラブ」も年に二回、オールド・ニコル・ストリートのパブ「プリンス・オブ・ウェールズ」で祝いの会を開き、地元の牧師や救貧税徴収官やベスナル・グリーン教区の主だった店主たちが出席していた。社会の柱ともいうべきこの人たちが、ニコルの迷路に足を踏み入れた途端に襲われるなどと信じていなかったことは明らかだ。看護師や宗教団体のメンバーらの話によると、制服や僧服で通りを歩いても、襲われるどころか、下品な冷やかしの言葉を浴びせられることもなかったという。住民の小口預金を扱った、ニコル・ストリート・ペニー銀行の支配人J・F・バーナードも、毎日集めた金を持ってショーディッチ・ハイストリートを歩いたが、二三年間というもの、一度も襲われたことはなかった。[13] 住民の多くが警察に白い目を向けていた（昼間でさえ、ひとりでこの地区に立ち入る警官はいないとイースト・エンドでは言われていた）にもかかわらず、五人の警官が自分の意思でニコルに移り住んでもいる。

ベイト医師による死亡者記録からも、ベスナル・グリーン教区が凶悪犯罪の巣であったなどとはとうていいえない。殺人は教区内で年間二、三件しか記録されていないのだ（ただし、多くの検視官が事故と記録し、のちに問題視されるようになった赤ん坊の窒息死については疑問が残る）。実際、ベスナル・グリーン教区の住民を悩ませたのは暴力を伴う凶悪犯罪というより、「粗暴なふるまい《ラウディズム》」だった。人を押しのけたり、悪口を言ったりといった執拗な嫌がらせは、いたずらというよりも悪意ある行為であった。女性が、とりわけ身なりのよい女性や恋人と連れ立って歩いている女性が、標的にされた。ハックニー・ロードで「日曜のいたずら」におよんだ少年三人は、それぞれ三週間の禁固刑を申し渡されている。三人は、通りがかった女性にわざとぶつかり、気に入ったひとりを取り囲んで逃げ道をふさぎ、しまいには嫌がる相手の顔にパンチを見舞ったのだった。水鉄砲のようなちょっとした道具を使って、晴れ着姿の女性に泥水を浴びせることもあった。女性のコートや帽子や髪の毛は台無しになる。そんな道具がベスナル・グリーン・ロードの土曜市で数百個も売られていた。一八八八年六月付『イースタン・アーガス』紙にこんな社説が載った。「ロンドンの乱暴者は無類のいたずらをする。きちんとした身なりの人に汚物をかける。若い女性とみれば、卑猥な言葉を投げかけて側溝に押しやる」

とはいえ女性といっても、路上で嫌がらせを受けたり、犯罪の犠牲になったりしていた人たちばかりではない。当時、イースト・エンドの夜を彩ったのは「路上の売春婦」たちであった。春をひさぐ女が男を暗がりに誘いこみ、数ペンスもらって立ったまま行為に及んでいるところへ共犯の男が現れて金品を強奪する。男をパブへ誘い、相手の飲み物にちょっとした薬を仕込み、その後持ち物を失敬する手口もあった。

五七歳の呼び売り商人トーマス・エドワーズはそんな犯罪の被害者だった。ブリック・レーン沿いのニコルの端の下宿屋に住んでいたエドワーズは、一八八八年七月二一日の深夜、目を腫らし、顔中血だらけになって帰宅した。仲間の下宿人たちに助けられて床に就いたが容体が悪化し、三日後に脳出血で死亡した。エドワーズはホワイトチャペルの女どもに一服盛られ、金品を奪われ、頭を蹴飛ばされたのだと語る目撃者が一〇人現れたが、不可解なことに検視官は法廷で誰にも証言させず、陪審団は事故死の評決を下した。[14]

五八歳のジョン・スパローが商用でイングランド南東部のコルチェスターからロンドンにやってきたのは一八九〇年一〇月のある日のこと。クラブ・ロウの路上で横たわっているのが発見されたのは夜になってからである。酒を飲んだか、薬を盛られたかで意識は朦朧《もうろう》としていた。顔と後頭部に傷を負い、襟元まで血だらけであった。助けを申し出た通行人に、被害者はこう語った——この界隈のパブで（「どの店かはわからない」）見知らぬ男女と酒を酌みかわしたことしか覚えていない。気がつくと懐中時計とその鎖と現金一七ポンドが「なくなっていた」。スパローは助けを拒み、ベスナル・グリーン・ジャンクションの鉄道員から二〇シリング借りて家に帰ったが、その夜のうちに死亡した。

こうした例はあるにせよ、徒党を組んで乱暴狼藉をはたらく強盗のイメージが広く神話となってニコルにまとわりついていったのは二〇世紀になってからのことである。きっかけをつくったのは、ドナルド・マコーミックなるジャーナリストの一九五九年の著作『切り裂きジャックの正体（*The Identity of Jack the Ripper*）』。面白半分に書いたこの本が有名になり、マコーミックは切り裂きジャック事件研究家に転じたが、その後、この事件については専門家が次々と現れ、論争が繰り返されている。マコーミックは「オールド・ニコル・ギャング」という存在をでっち上げ、みかじめ料を払おうとしない、あるいは払うことのできないイースト・エンドの売春婦たちを泣かせてきたと言われる、名もなきギャングにレッテルを貼ったのだった。[15]

ニコルの南、目と鼻の先にあるホワイトチャペル教区で連続殺人が起きた当初、こうしたギャングが犯行に関与したという噂がまことしやかに流布し、これが記事になった。一八八八年四月三日にエマ・スミスが、八月七日にマーサ・ターナー（あるいはタブラム）が、八月三一日にはメアリ・アン（あるいはポリー）・ニコルズが殺された。前代未聞の残忍な犯行だと言われ、『デイリー・テレグラフ』紙はニコルズ殺害の翌九月一日付の記事で、これら三件の連続殺人の最も説得力のある解として、「深夜の路上で常習的に女たちを脅迫するギャングの、ひとりあるいは複数の男たちの犯行」だとの見方を示した。記事はさらに、昨今リヴァプールの新聞が書き立てている「ハイ・リップ・ギャング」のような一味がこの界隈にも存在し、最近殺害された女性たちと同じ階層の、自分たちに用心棒代を払わない女に復讐しているのだと警察は考え、そうした見方に沿って捜査を進めていると報じた[16]〔「切り裂きジャック事件」では少なくとも五人の女性が犠牲になったとされる〕。「ジャック・ザ・リッパー（切り裂きジャック）」の署名入りの手紙が書かれたのは、その二五日後のことである。セントラル・ニューズ・エージェンシー社に送りつけられたこの悪名高い偽の手紙を書いたのは、やり手のジャーナリストであった〔とされる〕。彼の頭のなかにはリヴァプールのギャング団「ハイ・リップ」の名前が残っていたのだろう。同様にマコーミックも、ポリー・ニコルズという犠牲者をなかば思い出しながら、あるいは悪魔を連想させる「オールド・ニック（old Nik）」という言葉と「オールド・ニコル」を結びつけて、「オールド・ニコル・ギャング」の存在をでっち上げたのかもしれない。当時、徒党を組んだ非行少年たちがうろついていたことは事実で、「メア・ストリート・ラウディーズ」「ハックニー・ロード・ラフズ」「コロンビア・ロード・ラーカーズ」、キング・エドワード・ロードの「モンキー・パレード」などといったグループが新聞記事に一、二度登場したことはあるが、オールド・ニコル・ギャングに言及した新聞はひとつもなかった。それでいてこの名前は、ホワイトチャペル教区の連続殺人事件を包む誤報やでっち上げの、濃い霧の一部になっていったのである。

　さらにマコーミックの頭のなかには、一八七〇～九〇年代初めにかけてニコルの二、三家族とそれぞれの取り巻きが繰り広げた派閥抗争があったかもしれない。ナイフやこん棒を手に派手な騒動を繰り広げたのはギャングたちだ。大半は若い男たちだったが、ニコルには男性顔負けの乱暴をはたらく女性もいた。地域の警官は重傷者でも出ないかぎり、介入しなかった。ただし、こうした抗争を繰り広げたのは、ニコルの住民だけではない。ノーフォーク・ガーデンズ（カーテン・ロードに近い現在のデアハム・ガーデンズ）をはじめ、ニコルの北のコロンビア・ロードやホクストン・マーケット、ワッピングやセント・ジョージ・イン・ザ・イースト教区など、ロンドン中東部地区のギャングたちも争いに加わった。ニコルの一味は「村の若者」を名乗り、「よそ者」襲来の報が届くやいなやオールド・ニコル・ストリートの空き家の屋根によじ登り、煮えたぎる湯やレンガを降らせるのだった。

そもそも何がそんな抗争を引き起こしたのか、警察や治安判事には見当もつかなかった。地元の教会の牧師アーサー・オズボーン・ジェイにはギャング連中の知り合いが二、三人いたが、それでも抗争の原因を突きとめることはできなかった。ただ、争いはいったん始まると、原因となった事件がみんなの記憶から消え去ったあとも、何世代にもわたって続くことは知っていた。さらにジェイは、「当地の典型的な抗争にはアイルランド的要素」が関係しているに違いないとも述べている。[17] 英国国教会の牧師とその教区内に住むアイルランド系二世、三世のあいだの文化的隔たりは大きすぎたのだろう。ジェイはついに内輪同士の殴り合いについて理解を深めることができなかった。ジェイは次のような皮肉な一文を書いている。

この通り［オールド・ニコル・ストリート］には、ライバル同士の二家族が住んでいる。考え方の異なるふたつの集団、他者から忠誠と尊敬を受ける権利を競い合うふたつの家族ともいえよう。それぞれ多くのメンバーを抱えている。二家族はときに結束して新参者を抑えこもうとする。だがその一方で、いったんこの結束が破られ、合意が吹き飛んでしまうと、筆舌に尽くしがたいほど熾烈な派閥抗争が続くのである。[18]

ある抗争中に、ニコルでポンペイと呼ばれていた男が斬りつけられて頭にけがを負い、二カ月も入院する羽目になったことがある。斬りつけたのはホクストン・マーケットの若者グループのひとりで、逮捕され、六カ月間刑務所に入れられた。ほどなくして、今度は街頭の抗争でニコルの若者がひとり殺された。一八九二年七月のことである。犠牲となったのはシャーウッド・プレイスに住む一七歳のチャールズ・クレイトンで、ある水曜日の夜、徒党を組んでホクストンの市場へ繰り出した三、四〇人の若者のひとりだった。一団はライバル集団――その名前は明らかになっていない――を探しだし、ポンペイのけがの仕返しをしようと東へ向かって進み、ベスナル・グリーン教区中央のセント・マシュー教会の近くまで来た。けんかのそもそもの原因は、ある証言によれば、最近行われたボクシングの試合だったという。ライバル集団のメンバーが参加した試合に不正があったかどうかが問題になった。別の証言によれば、けんかの原因はライバル集団のメンバーに心移りした女にあった。ニコルから東へ約八〇〇メートル先のメープ・ストリートで、乱闘は始まった。「がんばれ、やっちまえ」と「村の若者」たちは互いに声を掛け合いながら戦ったが、やがてクレイトンが襲われた。背中、鼠径部《そけいぶ》、腕を刺され、ホワイトチャペル教区のロンドン病院〔現ロイヤル・ロンドン・ホスピタル〕に運ばれたクレイトンは、四日後に腹膜炎を起こして死亡した。事件の目撃者探しは困難をきわめた。目撃者が現れても、検視官を前にしての証言は曖昧なものばかりだった。クレイトン自身でさえ——病院で事情聴取に応じたが——襲った者たちの名は明かさなかった。「きわめていまわしい事件」だった、と検視官は述べている。襲撃者が誰であったかは、いまだにわかっていない。

アーサー・ハーディングによれば、警察は「罪のない」一般の人たちにとばっちりがおよばないかぎり介入しなかった。酔っぱらい同士の乱闘にも家庭内での暴力にも、住民が通報しなければ、警察は耳をふさぎ、目をつむったのである。警察が介入しなくても、たいていの派閥抗争はやがて燃えつきた火のように終息していった。ロンドン警視庁にとっては犯罪の「封じ込め」が、事件の捜査や犯罪の撲滅よりも現実的な対応だったのだ。人手不足や病気やけがによる欠勤など、警察が抱える深刻な問題に世間の目が向けられるようになったのは、「切り裂きジャック事件」が頻発した「恐怖の秋」以降のことである。

ベスナル・グリーン管区のジェームズ・キーティング警視は、事件の起きた一八八八年当時の管区の状況をこんなふうに語っている――「あの事件が起きるまで区内で起きた重大犯罪は一件だけでした。六〇九人いる部下のうちのひとりがマイル・エンド教区で押し込み強盗を逮捕した際、斬りつけられ、こん棒で殴られた事件です。けがは致命的ではありませんでした」。警視が述べたこの報告は、同年一〇月一三日付『イースタン・アーガス』紙で公表された。ただし、報告からは同じ頃に起きた民間人同士の傷害事件四件、強盗二件、強盗未遂二件、女性に対する(性暴力ではない)暴行二件、母親による子どもの虐待一件、身元不明の赤ん坊が遺棄され死亡した事件が漏れていた。この幼児遺棄事件は当時の地元紙で大々的にとりあげられた。キーティング警視が上司によく思われようとして、あるいはロンドン警視庁がイースト・エンドを完璧に把握していることを示して神経質な一般市民――および議会――を安心させるために、犯罪発生件数をわざと少なく報告した可能性は残る。「恐怖の秋」にまつわる興味深い事象のひとつは、殺人事件が起きるたびに、犯行現場がいかに静まり返っていたか――巡査たちはパトロール中に何も見ず、何も聞かなかった――が強調されたことだ[19](そのため連続殺人の不気味さに拍車がかかった)。ホワイトチャペル管区(H管区)の警官のパトロール区域は、イースト・ロンドンのほかの多くの管区よりもかなり狭かった。殺人が起きた夜、巡査たちが、のちに証言したとおり規則に従い定刻にパトロールしていたとしたら、殺人者が犠牲者に声をかけ、殺し、臓器を切りとるなど損傷を加え、現場から立ち去るまでにほんの数分しかなかったことになる。

イースト・エンド全体の警備が十分に行われているかどうかの問題は、連続殺人が起きる前から紙面で論争が続いていた。マイル・エンド・ロード・イーストに住むJ・E・ハリスは一八八八年一月七日付で『イースト・ロンドン・オブザーヴァー』紙に手紙を送り、イースト・エンドは街灯も巡回も不十分だから、暗くなると「ごろつきども」が大っぴらに通行人をカモにしていると訴えた。切り裂きジャックが三人目の犠牲者の命を奪った直後の九月三日、ホワイトチャペル教区の住民ヘンリー・ティバッツは『デイリー・ニューズ』紙に、当地域の警備は「情けないほど不十分だ」と主張する一文を寄せた。オズボーン・ストリートとファッション・ストリート界隈でけんか騒ぎを目にしたが、死人が出てもおかしくないほどの激しい暴力沙汰だったのに、「肝心のとき、近くに巡査はひとりもいなかった」――警察の「不在は顕著であった」――という。教区の中心部にある社会福祉施設《セツルメント》「トインビー・ホール」に滞在していたオックスフォード、ケンブリッジ両大学の関係者は切り裂きジャック事件の発生を受けて、自警グループを組織し、町内を巡回しはじめた。武器も持たず、ひとりで回ることが多かったという。のちにメンバーのひとりは、強盗や暴力行為がなかったことに驚いたと語っている。「われわれトインビー・ホールの人間は、誰ひとりとして怖い目に遭っていません。夜間に立ち入ると危険な地域がロンドンにあるなどという噂は、まったく信じられませんよ。確かに、道路脇でシャツとズボン姿で昏睡状態に陥っている人を助けたことはあります。田舎のちゃんとした商人でしたよ。女か酒が原因の不始末でしょう」[20]

同様に、ホワイトチャペル管区のトーマス・アーノルド警視（のちにベスナル・グリーン管区のキーティング警視が早逝したため、後任に就いた）は、イースト・エンドの治安は一般市民が報道によって信じこまされているほど悪くはないと主張し、ジェームズ・モンロー警視総監宛ての内部文書でこう記している。「けんかや乱闘は、ホワイトチャペル管区の下層階級のあいだで実際に起きており、将来もなくなることはないと考えます。しかし、発生件数は予想に反して、あるいは管区内に居住していない者が一般に考えるよりは、はるかに少ないのであります」[21]。いずれにしても、残された文書が互いに矛盾するため、イースト・エンドで実際にどのくらい厳しい警備が行われ、どの程度犯罪が起きていたのかを判断するのは難しい。

記録文書は、警察とニコル住民とのあいだの関係についても、ふたつの相反する見方を示している。記録から導きだされる結論は、かなり陳腐だが、次のようなものだ――人柄が優れ、勇気があり、よく働く警官は住民にとっては貴重な存在であったが、その一方で腐敗し、乱暴で、暴力行為を取り締まるどころか挑発する警官もいた。警官が住民に求められて、犯罪の防止や捜査とはなんの関係もないさまざまなサービスを行った記録もたくさん残っている。たとえば一八九三年二月の深夜、ジェイコブ・ストリート一三番地に住む四九歳の魚屋ウィリアム・ローリンは、ショーディッチ・ハイストリートをパトロール中の警官に近づいて、家まで送ってくれないかと頼んだ。ローリンはその夜ずっと酒を浴びていただけでなく、どうしたわけか片足から血が出ていたからだ。警官はローリンを抱きかかえるようにしてニコルの家まで送り届けると、医者を呼びにいった。医者は足にできた潰瘍《かいよう》が出血の原因だと気づいた。致命的な傷を負っていたのだ。

家庭内で重大な事故が起きると、まず呼ばれるのも警官だった。医者の助けはなかなか得られず、医者にかかっても医療費が途方もなく高額だった時代である。検視官の調査報告書からは、医者がなすべき仕事を怠った場合、市民が警官を頼ったことがはっきりと浮かび上がってくる。一例をあげると、一八九二年一月のある夜、オールド・ニコル・ストリート二一番地に住む七七歳のレベッカ・フィットが気管支炎で重篤の状態に陥ったときのこと。近所の人や内縁の夫が近所の医者に往診を頼んだが断られたため、巡査が呼び入れられ、フィットの臨終に立ち会った。巡査は、引きつづいて行われた検視官の尋問にも答えなければならなかった——警官は付託された仕事とはほど遠い業務をこなすことを期待されていたわけである。

しかし、意外にもニコルの多くの住民は警察を恐れ、嫌っていた、といくらかでもこの地区で暮らしたことのある人たちはみな記録している。ロンドン警視庁の協力者ではないと認められないかぎり、住民からまったく信用されず、話しかけても返事もしてもらえなかったとの、教会関係者や慈善家、地域で働く役人たちの報告も数多い。ジェイ牧師によれば、ニコルの住民は、警官というものは不利な証言をして、人の命と自由を危険にさらすことしか頭にない「まったくの悪人だ」と考えていた。[22]

ニコルには「仮出獄許可証《チケット・オブ・リーヴ》」所持者——仮釈放処分を受けて外に出てきた人——がほかの地域よりも多く住んでいた。オールド・ニコル・ストリートだけで一時期は六四人いたとされる。常習犯や常習飲酒者としていったん登録されると、次はかなり長期間の禁固刑を受けることになった——もっとも、これはまじめな判事が審理を担当した場合の話である。そんな事態にならないこともあった。なかには、ロンドン警視庁の存在を地元行政への中央集権的な押しつけだと感じて、反感を抱く判事もいたからだ。また、個人の権利に無頓着で、犯罪歴のある者を不当に扱うような警官がいたことも、警察に対する不信の原因となった（アーサー・ハーディングに対する告発の多くが上級裁判所での審理を待たず棄却されたのも、こうした事情が背景にあったからだ）。不当逮捕や不必要な実力行使を訴える市民の声がロンドンのあちこちで上がった。そうした扱いに挑発された逮捕者が法廷で抗弁すると、その事実は歪曲され、「逮捕に抵抗し」「警官を襲った」ことになった。こうした不当で暴力的な逮捕への異議申し立てが増加したため、一九〇六年には王立委員会による調査が行われることになる。

ニコルでも、筋の通らない逮捕に抗議して小競り合いが起きることがあった。残っている記録文書からは、不法行為に走ったのがどちらの側かを見極めるのは難しい。よく知られたある事件がそのことを物語っている。一八八八年七月末の日曜日の午後、ニコルを巡回中の警官が、街路で賭けゲーム「ピッチ＆トス」——違法とされた無数の屋外ゲームのひとつ——をしていた少年を逮捕しようとした。それを見た少年の父親リチャード・レアリーは怒り心頭、わが子の救出にのりだした。警官は増援を頼みにいき、すぐにレアリー一家が住むオールド・ニコル・ストリートに引き返した。父親のリチャードによれば、警官たちはこん棒を振りかざして襲いかかってきたという——この点は目撃者たちが裏づけた。彼らは警官に負わされたという切り傷や打撲傷が消えないまま法廷に現れたのだ。一方で、警官の証言によれば、集まってきた数人が、小石やレンガのかけらを自分たちに投げつけた。また、リチャードか、あるいは隣に住む二二歳のメアリ・ハントが（どちらであったかは誰も特定できなかった）、少年を逮捕した警官の頭をめがけて重さが約三キロもある石材を二階の窓から投げ落としたという。結局、リチャードは一カ月の重労働を課された。隣人のハントのほうは一〇シリングの罰金という軽い刑ですんだが、これは治安判事が事件についての警官の報告を全面的に信用していなかったからかもしれない[23]（他方、両足と片腕がない二八歳の行商人トーマス・パワーがチャーチ・ストリートで泥酔し、治安を乱したとして起訴され、五シリングの罰金を課された事件では、警察は人手不足で、警官はみな働きすぎのはずだが、なぜこんなことで逮捕するのかと警察の優先順位のつけ方に首を傾げる人が多かった）。

一八八七年の五月の祝日《バンク・ホリデー》にも、ニコルでおなじみの逮捕者の救出作戦がマウント・ストリートでちょっとした暴動に発展していた。泥酔していたとして逮捕された二〇代の男四人と女ひとりが、互いを救出しようとして騒ぎが広がったのだった。逮捕者は翌朝、法廷で禁固刑や罰金を課された。首席判事によると、この祝日に起きた逮捕・審理件数は「通常と大きく変わらず」二九件であった。イースト・ロンドンの広さを考えれば多すぎるとはいえない。しかし、起きた犯罪を実際に反映しているとも考えにくい。どのような犯罪がどの程度起きていたのか、それは家の中にも入ってみなければわからないのだった。

9 家庭のなかへ

ニコルに限っていえば、一八八五〜九五年の一〇年間に殺人事件はたった一件しか起きていない。オールド・ニコル・ストリート四番地の貸し部屋に内縁の妻アビゲイル・サリヴァンと住んでいた製靴職人ジェームズ・ミューアは三九歳、大酒飲みであった。一八九一年一二月一六日の夜、部屋に戻ってきたミューアは口喧嘩の末、妻の胸に——隣に住むセリーナ・ルイスの目の前で——ナイフを突き刺した。サリヴァンは数分後に息を引きとった。

ミューアはよく酒を飲んでは夫婦喧嘩をしていたから、近所の人たちはそのたびに止めに入っていた。殺人が起きたときはミューアの取り押さえにも協力したのだが、いざ判事の前での証言となると、誰もがしり込みした。これは権威への抵抗だったのか。いや、むしろ住民たちは乱暴な酔っ払いが、もし釈放されたら仕返しにくると恐れたのだろう。だが、結局ミューアは起訴され、中央刑事裁判所で開かれた公判では、被告が酔って妻を脅していたと多くの住民が証言した。

ミューアは有罪となり、一八九二年三月一日に処刑された。[1]

隣人のルイスはこう証言している。「殺してやる、ってよく聞く言葉です。この町ではみんなしょっちゅうそんなことを言っています」。ニコルでけが人が出る原因は、たいていは夫婦の「どなり合い」であった。「切り裂きジャック」が次々と犠牲者の命を奪い、国中に恐怖が広がるなか、女性にとって実はどこよりも危険な場所は、相変わらず、家庭であった。

ニコルの家の中では始終ひどい事件が起きているとの悪評が広がっていた。統計学者チャールズ・ブースは、「家庭生活における残虐行為に関していえば、ロンドン中を探してもオールド・ニコル・ストリート界隈と並ぶ地区はないだろう」と言っている。ロンドン学務委員会のニコル担当で、ブースに資料を提供したジョン・リーヴズによれば、この地区の子どもたちは、「子どもらしい遊びをしたことがない。子どもだという自覚もないようだ。年端《としは》もいかぬ子どもたちは大人のようにふるまい、ひどい虐待を受けている」。[2] 記録を見れば、家庭内での暴力や争いの原因がアルコールにあったことがわかる。

夜、酒を飲んだ夫が帰ってくると家族がパニック状態に陥る家は多かった。妻や子どもたちは酔っ払った大黒柱の怒りを招きかねないものを、大あわてで隠す。ハーフ・ニコル・ストリートに住む五〇歳の真鍮細工師《しんちゅう》トーマス・ジョーンズは、自宅に作業台や旋盤《せんばん》を備えていたが、ほとんど使っておらず、家族はもう何年も前から身体的暴力を受けつづけてきた。ジョーンズは酒が入ると家族をよく殴った。妻サラを裸同然で家から追いだしたこともある。一八八五年五月の

「判事さま，何かの間違いです．うちの人，蝿１匹殺せないんです」
「ここから出たら，礼に行くぜ」

深夜、リビングに干してあった洗濯物を大急ぎで片づけていた妻サラは、帰ってきた夫に殴られ、鼻の骨を折った。一〇代の娘と、すでに結婚していた息子が母親を助けて巡査を見つけ、ジョーンズを逮捕してもらった。息子はのちに判事の前で証言し、母はずっと働いて子どもを育ててくれた、自分たちはすでに仕事も覚え、給金をもらえるから、父にはもう何も期待していないと述べた。父親は重労働三カ月の刑を受けた。サラは法律上の別居が認められた。

治安判事裁判所の判事たちは、夫や恋人から暴力を受ける犠牲者たちに大いに同情し、被告に厳しい判決を言い渡し、妻には別居を認めることが多かった。たとえ女たちが証言を翻《ひるがえ》し、告訴を取り下げようとしても、判事たちにはお見通しだった。

一八九〇年一〇月、ニコルの住民でアリス・クールソンという女性が恋人のウィリアム・モリス（ミード・ストリート居住）から暴力をふるわれ重傷を負った事件の公判で、「貧しい人の友」と呼ばれたモンターギュ・ウィリアムズ判事はこんなことを言っている。「この地域の人たちは、まったく奇妙な原因でけがをする。テーブルや椅子やナイフにぶつかった人、石の上で転んで頭に裂傷を負った人、といろいろだ」[3]。ウィリアムズ判事は、夫婦間暴力がしばしば単なる事故にすり替わることを、皮肉をこめて述べたのだった。妻が初めの陳述を覆し、訴えを取り下げようとするのはよくあることで、モリスが被告となった裁判でも被害者のクールソンは出席しなかった。ウィリアムズ判事は、週末の夜によくホワイトチャペル教区のロンドン病院を訪れたが、そこでは酔った夫に暴力をふるわれ、手当てを受けている女性たちをたくさん見たという。女性はたいてい警察を呼ばないでちょうだいと看護人に頼むのだった――「わたしが悪かったんです。うちの人、本当はいい人なんです」[4]

一八八八年六月、ジェイコブ・ストリートに住む三七歳の労働者ジェームズ・カノンは、妻エンマの頭を蹴った容疑で法廷に出頭した。だが、エンマは裁判所に行こうとしない。召喚を受けてしぶしぶ出廷したエンマは、ヘンリー・ブッシュビー判事に自分は告訴したくない、「ジェームズはいい夫です」と訴えたのだ。しかし判事は頑としてそんな証言を認めなかった。結局、被告は重労働六カ月の刑を受けた。かつて英領インドで弁護士として働いた経験から、女性に対する暴力の問題に深い関心を寄せ、寡婦殉死《サティー》の習慣について論文を発表したことがあったブッシュビー判事は、原告が男性で被告が女性という場合は寛大な判決を下す傾向があった。たとえば一八八五年五月、夫の目をめがけてミルク入れを投げつけたとして訴えられたオールド・ニコル・ストリートに住むキャサリン・マクマホンに対しては、謹慎を誓わせただけであった。酔った挙句の夫婦喧嘩で、先に手を上げたのは夫だったという妻の言葉を受け入れたのである。

言うまでもなく、家庭内暴力の犠牲者に対する法的救済措置は当局が通報を受けてはじめて現実のものになる。トーマスとサラのジョーンズ夫妻の場合、暴力を止めるべく動いたのは子どもたちであった。こうした家族の介入が受けられない女性のために、一八四三年にはすでに支援団体が設立されていて、法的に認められた保護を受けるようにと最も貧しい女性たちを促していた——「婦女子を保護するための法の改善と強化に取り組む連合機関」である。この団体の創設・運営に関わったのは、すでに動物の権利保護や動物実験反対をはじめ、禁酒主義などを掲げて活動していた人たちで、法的保護の対象をさらに高等な動物に広げようというわけだった（最初の「動物虐待禁止法」が制定されたのは一八二二年、夫や父親がふるう暴力に初めて法的制限を設けた「婦女子加重暴行防止・処罰法」が議会を通過したのは、三一年後の一八五三年であった）。連合機関の調査官たちは訴追手続きを手伝い、治安判事裁判所に出頭する原告に付き添って元気づけ、被告の脅迫から守った。一八七七年、夫のローレンスに襲われ、暴行を受けたとして訴えでたバウンダリー・ストリートのエレン・ウィズリントンも、連合機関に助けられた女性のひとりである。夫には重労働六カ月の刑が申し渡されたが、公判のあいだずっと連合機関のイースト・ロンドン担当がエレンのそばに座っていた。

連合機関が主に支援したのは労働者階級の女性であった。中産・貴族階級の女性にそのような支援が必要だとはみなされなかったのだ。家の中で暴力をふるうのは、真の男らしさに欠け、道徳観も未開人に近い労働者階級の男たちに決まっているというわけだ。こうした見方に異論を唱える人はめったにいなかった。ただし、イングランド南部バークシャー選出のJ・ウォルター下院議員は議会でこう述べている。「尊敬する諸先生方には離婚裁判で明らかになることに目を向けていただきたい。もしすべての家庭の秘密が暴露されたなら、女性に対する残虐な暴力行為は決して下層階級だけのものではないことに気づかれ、危惧の念を抱かれるに違いありません」[5]

連合機関の設立は労働者階級の私生活に介入しようという、初期の取り組みであり、異論も多かった。一八九四年までは、育児放棄や児童虐待が疑われるケースでも、治安判事の令状がないかぎり、警察には個人の家庭内に立ち入る法的な権限がなかった。また、一八八九年までは、育児放棄や虐待をした親を告発できるのは救貧委員会に限られていた。それも、救貧委員が虐待などに気づけば、の話である。一八七〇年代初めのこうした状況に、ロンドン・シティ・ミッションの牧師ジョン・マシアス・ウェイランドは憤懣《ふんまん》やるかたない思いであった。ある日、伝道活動で地区を歩きまわるうちに、ニコルでも最も貧しい路地デヴォンシャー・プレイスにさしかかった。一軒の家の扉を叩く。戸口に出てきたのは小さな女の子だ。顔が、煤《すす》を塗ったように黒い。

「お母さんかお父さん、いる?」と訊くと、「いないよ」と子どもは答えた。「母ちゃんはいない。

コレラで死んだ。ダスティおじさんが仕事に連れていってくれるんだ。あたし、たくさん稼いでるよ、週一〇シリングも。ビリー・マトンは親方よ」[6]。子どもは疲れた表情で、気分も悪そうだったので、ウェイランドは様子を知ろうと子どものあとについて屋根裏部屋へ上がり、そこで「ダスティおじさん」から驚愕の話を聞かされた――ダスティは救貧当局からポルという この女の子を引きとって、「黒人ポル」に仕立てあげ、ロンドンのあちらこちらや海岸のリゾート地で「黒人ミンストレル・ショー」を公演しているという。話しているあいだも、ダスティとその一座は粗末な鏡が二枚ついた化粧テーブルの前で、焼きコルクや獣脂や黒い粉を顔や手に塗りたくり、付け鼻をぴったり装着して黒人に扮していた。「あたし、黒人やらないときは、『すてきなジュディ・オカリガン』を歌うんだよ」とポルは自慢げに語った。当時、「黒人に扮した芸人」のショーが流行っていた。ベスナル・グリーン管区の警官たちも演芸会で黒人に扮したほどだ。ポルはショーに出演して、週に一〇シリング稼いでいた。「でも働きすぎで声がかれちゃったし、ずっと踊ってるから足が痛いの」とポルはウェイランドに訴えた。「この子、仕事ができなくなったら路地裏のデルばあさんのところに残していくしかないな」とダスティがつぶやく。「それはひどいじゃないか」とウェイランドが言うと、一座はいっせいにヴァイオリンを弾きはじめ、下品な歌を歌って、説教くさい抗議を冷やかすのだった。

法律上、ウェイランドにできることは何もなかった。せいぜいベスナル・グリーン教区の救貧委員会に届けでることくらいだったろう。救貧委員会が何らかの手を打つかどうかはわからない。

外に出たウェイランドは角を曲がったところで、「鬼ばば《インプ・ウーマン》」と呼ばれている女に足止めされた。ジン浸りの寡婦である。女は自分の生業をウェイランドに暗に批判されたことに腹を立てた。自分の三人の子どもや近所の子どもたちを、この界隈でも最低の演芸場《ペニー・ガフ》に貸しだし、子どもや精霊、天使や猫やカエルの役をさせていたのだ。息子はサルに扮してクリスマス無言劇《パントマイム》に出演、週に一ギニー〔二一シリングに相当する金貨〕も稼いだという。舞台衣装には金がかかったから、女は子役たちに無理矢理ジンを飲ませ、大きくなりすぎないようにしていた。[7]

若年労働の年齢制限が一〇歳から一一歳に引き上げられたのは、一八九三年（年齢制限がそれ以下の国はヨーロッパではイタリアだけであった）。政府の推計では、ロンドンの学童の六・五〜八パーセントが働きながら学校へ通っていた。ロンドン学務委員会の調査官たちは、親が子どもを働かせていてもたいていは大目にみてやった。一家が救貧院の世話にならずに暮らしていくには、子どもたちの稼ぎがどうしても必要なことは、百も承知だったからだ。たとえば、アーサー・ハーディングの姉のマイティは一〇歳になると、週二日だけ登校することをロンドン学務委員会のジョン・リーヴズから認められた。母親は体が不自由で、マイティの給料が一家を支えていた事情を、リーヴズは知っていたからだ。アーサーはニコルの公立学校の先生たちが好きだった。「教育のある人たち」は優しかったという。「おれたち生徒のひどい暮らしを、先生たちはみんな知っていたんだ」[8]

一八七〇〜八〇年代、政府が――教区というかたちをとって――個人の生活に介入することは実際にはほとんどなく、あるとすれば行きづまった一家が救済を求める場合に限られていた。救済を受ければ、夫婦、親子は別れ別れになった。つまり、救済と家族の神聖なつながりとの相殺取引であった。一八八八年、地方政務院は全国の救貧委員に対し、育児放棄や虐待は発覚次第起訴すべしと通達を出した。つまり、育児放棄や虐待を知っていても救貧委員はなかなか法的措置をとらなかったし、そのことを政府も把握していたのだった。新救貧法を統括する当局が児童虐待をなかなか起訴にもちこめなかったのには理由があった。一八八九年まで夫婦は互いに相手に不利な証言をすることが許されず（ただし、反逆罪裁判あるいは夫婦間暴力をめぐる審理は例外）、子どもには「証拠能力」が認められていなかった。それでも一八八八年六月、ほかでもないベスナル・グリーン救貧委員会が、幼い息子に嚙みつくなど暴行を加えたアニー・フーパーを起訴することに成功した。ニュー・ニコル・ストリートに住むこの三一歳の籠織りの女は重労働三カ月の刑を申し渡され、息子のジェームズは救貧院で暮らすことになった。

徐々にではあるが、夫の妻に対する有無をいわさぬ権力は、法律や上級裁判所の判決によって削りとられていった。だが、親子のそうした関係は不可侵のプライバシーに属し、国も手出しのできないものと長く考えられていた。こうした関係を変えることになる立法措置には反対の声が多かった。たとえば、近親姦関連法は（立法化の試みが一八九九年以降、四回も失敗したのち）、一九〇八年にようやく制定されるまで存在せず、家庭内でのわいせつ行為は、強姦・性的暴行に関する当時の現行法に基づいて告訴された。

さまざまな性犯罪から子どもを守る道が開かれたのは、一八八五年に「刑法改正法（CLAA）」が成立して以降のことである。CLAAは、福音主義者や児童福祉運動家やフェミニストたち、また禁酒や「社会浄化」を掲げて、英国（とくに大都市）の風紀を正そうした人たちの積年の活動が実を結んだものといえよう。だが、最終的に政府を動かしたのは、長年にわたる熱心な呼びかけやデータ収集よりも、ある意気盛んなジャーナリストが巻き起こした一大センセーションであった。性にまつわる事柄に関して成人男性が享受していた特権に首を突っこみたくなかった政府も、もはや逃げ腰の態度はとれないほど、世論が沸騰したのだ。そのジャーナリストとは『ポール・モール・ガゼット』紙編集者のウィリアム・T・スティード。ある路上で一三歳の少女エリザ・アームストロングを母親から五ポンドで買い、それを一連の記事にしたのだ。こうした行為が実際に行われていることを証明し、政府は行動を起こすべきだと訴えるための記事であった──少女たちを性的搾取者から守らなければならない。同時にこれまで法の網を逃れてきた逸脱行為やいかがわしい行いを法の裁きにかけなければならない（CLAAには悪名高いラブシェール修正条項が加えられていた。同性愛行為を、たとえ成人男性同士の合意のうえでの行為であっても、法的に禁止する条項であった）。スティードの連載記事は「現代バビロンの乙女たち」と題して始まった。一八八五年夏のことだ。それから数週間も経たないうちにCLLAが成立、女性の承諾年齢が一三歳から一六歳に引き上げられたほか、性的暴行や強制売春、若い女性の人身売買などの取り締まりや告発を容易にする法整備が進められた。[9] スティードのセンセーショナルな報道が気に入らない

人たちは、「ベッド・スティード」のあだ名をつけて悪口を言ったが、児童保護活動に熱心な人たちは喜んだ。子どもの性的搾取に関して国家が沈黙を破るなら、どんな方法であれ大歓迎であった。『ガゼット』紙はこの連載記事のおかげで飛躍的に部数を伸ばした。スティードは強制わいせつ目的の誘拐の嫌疑で裁判にかけられ、一八八五年一〇月に重労働三カ月の刑を受けたが、これで同紙の販売部数はさらに増えた（スティードは、エリザを買いとったのは暴露記事を書くためだったと申し立てたが、判事はこれを刑の軽減理由として認めなかった）。

スティードはまた「国家自警協会」という団体の設立にも一役買った。この協会は昔気質の父権主義者と、ジョゼフィーン・バトラーやミリセント・ギャレット・フォーセットといったモダンなフェミニストたちが、互いにいささか居心地の悪い思いをしながら集まったためずらしい寄り合い所帯で、CLAAが全国津々浦々で確実に施行されることを目指していた。自警協会の地域支部は、強姦、性的暴行、公然わいせつ、路上や職場での女性や少女に対する性的嫌がらせなどの告発に力を入れた。また、若い男性が性的暴行の被害を受けた場合は、女性や少女が被害者である場合よりも、犯人に重い刑が下っていると指摘するなどして、女性に対する性犯罪を真剣にとりあげるように、警察や司法機関に働きかけた。この協会のベスナル・グリーン支部「自警委員会および純潔協会」は教区全体の性道徳の向上を目指したが、思うように活動ができなかった。というのも、遠まわしの表現しか使えなかったからだ——取り締まりたかったのは、その性質をはっきり口にすることがはばかられる行為だったのだ。しかも、自警委員会によれば、そんな行為がベスナル・グリーン教区の路上で、公園で、路地裏でかなり大っぴらに行われていた。前章で述べたとおり、このあたりでは女性や少女が路上で嫌がらせや暴言を——たいていは性的な——受けることがよくあり、自警委員会は「ごろつきたち」の行為を治安判事裁判所に訴えでるべく、働きかけた。

CLAA制定の背景には、強姦・性的暴行に関する現行法のもとで、近親姦的なわいせつ行為を起訴しやすくするという意図もあった。近親姦は、当時も今も、犯罪のなかでは最も見えにくく、またそれだけに最も憶測を招きやすい行為である。[10] 労働者層の家庭生活は社会問題になりうるとみられ、とくに熱心に調査された。より裕福な家庭はそうした調査の対象にならなかったから、スラム以外の地域について、近親姦が行われているか（いないか）はめったに問われなかった。

ヴィクトリア朝時代の立派な家庭のなかで、性行為の強制がどの程度行われていたかは永久に知ることができない。だが、スラムから戻った慈善活動家や社会運動家の多くは汚い言葉を耳にし、若い男女が大っぴらに触れ合い、戯れ合い、酒を飲む姿を目にし、性に関してスラムの住民たちは理解しがたいほどだらしなく、あけすけな態度をとると衝撃を受けた。人目もはばからず、あっけらかんとした様子に、スラムでは親子がひとつの部屋に暮らしているのだから、家族は互いを性の対象として見るようになるのだろうと多くの人は考えた――少なくとも、夫婦の営みを間近で目撃する子どもたちは、そのせいで堕落するのだと。

この点に関してアーサー・ハーディングは曖昧だ。アーサーは二回ほどついでにといった調子で近親姦に触れているが、矛盾したことを言っているのだ。家族が一部屋で暮らしていても、回想録の録音が行われた一九七〇年代と違って、当時は互いを「邪悪な目」で見る者はいなかった、家族の前で裸になって体を洗っても恥ずかしいとは思わなかった。「メンタリティ」が違っていたからだという。ところが、ニコルの東側のジブラルタル・ガーデンズに住む人たちについては、「兄妹が夫婦として暮らしていて、頭のおかしな子たちがいた」と語っている。「困ったことにイースト・エンドのスラムではどこでも家族が一部屋に住んでいた。男の子も女の子も同じ部屋で暮らす。だから、大きくなれば、往々にして男女の仲になるんだ」[11]

スラムにおける性についての恐ろしいイメージと不安が、具体的な証拠もないままに広がったのは、貧困と近親姦についてのひとつの見解が、一八八〇年代半ばに二度行われた貧困者の住宅に関する調査報告書に記されて、しばしば引用されたからだ。実際に起きたことについて詳細が明らかにされたことは、一度もない。一八八三年、プロテスタントの教派のひとつである会衆派教会のアンドリュー・マーンズ牧師が『ロンドンの見捨てられた人びとの悲痛な叫び（*The Bitter Cry of Outcast London*）』と題する衝撃的な冊子を発表し、そのなかで「近親姦はありふれたことだ」と言い切った。ただそれだけだが、この一文で読者には十分だった。

その二年後、熱心な社会改良家として知られたシャフツベリー卿がこの「痛ましい問題」に切りこんだ。労働者階級住宅に関する王立委員会でのことである。「諸君がこうした部屋に足を踏み入れると、そこにはベッドが二台あるかもしれない。しかし、普通は一台だ。その一台のベッドに家族がそろって寝るのである。多くの場合、それは父親と母親と息子であり、父親と娘であり、兄弟姉妹である。これがどれほど重大な結果を招くのか、言葉にするのは難しい」[12]。王立委員会に証人として招かれたクラーケンウェル刑務所の牧師は、犯罪の原因をめぐる独自の研究を行っていて、自分が見つけた近親姦の事例にはすべて一部屋居住が関係していたと証言した。ただし、一部屋居住が必ず近親姦につながると言ったわけではない。スピタルフィールズ教区のクライスト教会の牧師も、自身の「個人的観察」から見て、過密居住が近親姦の原因になることは「疑いようがない」と言い切った。だが、委員会から質問されたほかのふたりの牧師はこの見方に同意せず、自分たちが見聞きしたかぎり、近親姦の原因となるのは酩酊であると主張した。バンヒル・ロウにあるセント・ポール教会の牧師はこの問題に大いに関心を寄せ、こう言っている。

「わたしは、市内で働く伝道者や聖書朗読者、慈善活動に携わる女性たちだけでなく、長年にわたり貧しい教区と関わりつづけている医療関係者に聞いてみましたが、そんな事例はひとつとして知らない、とみな判で押したように証言しています」[13]

クラーケンウェル教区セント・フィリップ教会のアルフレッド・T・フライアー牧師は、労働者階級の家庭には何かとルーズな面があると指摘し、それだからこそ地域社会は性行動に――中産階級の住む地域ではとうてい不可能なほどの――厳しい監視の目をそそぐことができると述べた。「ここではある種の公共意識が働いています。この意識が悪事を抑制するのです。不心得者はみんなの前で恥をかくことになりますから」[14]。同じく委員会で証言したロンドン学務委員会（シティおよびセント・ルーク、セント・ジャイルズ、クラーケンウェル教区の貧困地区を担当）のT・マーチャント・ウィリアムズも、こうした見方に同調し、経験によれば近親姦の事例は「自分が思いこまされていたほど、しばしば起きているわけではありません」と述べている。「というのも、その種のことが他人に知られれば、最下層の人びとのあいだでさえ、近所中から非難の声が上がるからです。たとえばある父親が自分の子どもと性交渉をもったケースは、教区全体の知るところとなりました」。「住民はそれを、おぞましい行為とみなしているわけですか」と質問者に念を押されたウィリアムズは、「決まって、そのとおりです」と答えた。[15]

フェビアン協会の中心的メンバーで、社会調査をよく行ったベアトリス・ウェッブは、一九二六年に刊行された回想録のなかで、イースト・エンドの作業所や女工たちの暮らしについて一八八〇年代末に書いた自分の報告書から、近親姦をめぐる以下のような記述をすべて割愛しなければならなかったと記している。

一間の貸家において、近親姦は広く行われている。調査に協力してくれた若い女性たちは、知的障害があるどころか、わたし自身の友人たちに負けず劣らず機知に富み、温かい心の持ち主だった。そんな人たちが、父親や兄弟の子どもを生む云々と言って冗談をかわしているという事実こそ、劣悪な社会環境が人柄や家庭生活におよぼす影響のぞっとするような一例であろう……。また、幼い子どもに対する暴行も、めずらしくはない例であった……。はっきりと言おう。スラムの一間の借家に暮らしていれば、人柄も知能もごく平均的な男女がいかがわしい関係を結んでしまうのは、ほとんど避けがたいことだ。あるいは常軌を逸した関係でさえも。[16]

一八八四年、「ロンドン児童虐待防止協会」（のちの一八八九年五月、全国三一の地方組織が合体して「全国児童虐待防止協会」、略してNSPCCとなった）の設立が弾みとなり、児童保護のさまざまな方策が検討され、近親姦をめぐる論争が続いてはいた。かなり率直な意見がかわされた。問題は重大で、婉曲表現を使う余裕はなかった。同協会のイースト・ロンドン支援委員会の記録は大方消失してしまったが、第二年次、第三年次の報告は残っており、そこから担当の委員が、悲惨な事例にどのように対応したかを垣間見ることができる。一八九〇年一二月三一日までの一年間に、NSPCCのイースト・ロンドン担当者は五四一件の育児放棄や虐待の事例を扱った。そのうち一九七件が飢え、遺棄、あるいは「危険なまでの育児放棄」、一〇七件が「子どもを不必要に苦しめた」詳細不明の事例、九〇件が暴行傷害、八九件が「同情を呼ぶためのひどい露出」――つまり、子どもにみすぼらしい服を着せて物乞いに利用すること――、そして、五八件が「女の子に対する言語道断のわいせつ行為」であった。NSPCCのイースト・ロンドン支援委員会の冊子は、こうした事例を歯に衣着せず、真正面からとりあげている。年次報告にこう書かれていた。

女の子に対する不自然な、人の道に外れた犯罪に関していえば、暗い報告をしなければならない……。多くの場合、罪を犯すのは被害者の父親か近親の男たちである。こうした言語道断の背徳行為を行った者には、それぞれ六カ月から八年の懲役刑が課された。[17]

男の子に対する近親者による性的暴行について、NSPCCは何も記録を残していない。おそらく一九世紀末に生きる人たちにとって、近親姦に関連した同性愛は考えもおよばないほどひどい行為だったのだろう。子どもに対する性的暴行事件の裁判では原告の九三パーセントが女の子であった。[18]

NSPCCの調査官――イースト・エンドでは「虐待会の人《クルエルティ・メン》」の俗称で呼ばれていた――は、

聞き取りを続けるなかで「幼い母親」たちに出会った。家族によって妊娠させられた子どもたちである。また四〜一五歳という年齢で、「人の道に外れた扱いを受け、生涯傷を負う」少女たちがいることも知った。調査官たちはまた、「救出された」子どもたちの多くが性的な事柄に関して「早熟」なことに衝撃を受けた。「この子たちは汚い罵り言葉を浴びせられながら育ってきたから、シェルターに入った当初はひどい言葉づかいをする。罵り言葉が子どもの愛らしい口から飛びだすといっそう汚く、恐ろしく聞こえる」[19]――この一文から、ヴィクトリア朝時代の人びとが大事にした「無垢な子ども」という、いささか薄気味の悪いイメージから、スラムの子どもたちがいかにかけ離れていたかが見えてくる。

平均的な「虐待会の人」といえば、年齢は三七歳くらい、警官や陸軍下士官、学務委員などとして働いたことがあった。彼らは協会から俸給を受けて仕事をする専門職に就いていたのであり、無償で奉仕していたわけではない。大多数の人は禁酒運動をはじめ「社会浄化／道徳監視」運動に携わってもいた。動物虐待や生体解剖の禁止を訴え、活動してきた人たちも多い。ほかの小規模な児童愛護団体――「英国国教会の迷子・浮浪児支援会」「(身体障害者のための)支援・思いやり同盟」「若年使用人と友人になるための首都連合」など――から移ってきた人たちもいた。調査官たちは、あらゆる社会階層の無慈悲な親を探しだし、起訴する仕事に邁進しようと決意を固めていた。おそらくそれだからこそ、ＮＳＰＣＣは労働者階級からもレッセフェール(自由放任主義)を主張する不干渉派からも大きな反発を受けずに事業を進めることができたのだろう。そうでなければ、不干渉を唱える人たちは、児童虐待防止運動は下層階級の自由と生活様式を今まで以上に侵害するものだと主張できたはずである。NSPCCは行った調査をかなり綿密に分析しており、それによれば、貧しい家庭では育児放棄の事例がほとんどを占めた（親の深酒と貧困により、子どもたちは食事も衣服も靴も十分に与えられなかった）が、幼児に対する暴行事例は年収や家族の規模に関係なく発生した。とくに地方でのNSPCC調査官たちの働きは注目に値する。拳固をふるったり足蹴にしたりするだけでなく、熱い火かき棒やゴム管や鞭《むち》を使って自分の子どもに暴行を加えたとして告発されたのは、聖職者や医者や役人と、その妻たちであった。[20]

一八八七年、NSPCCは「検視官に協力しよう」キャンペーンを立ち上げている。一歳未満

スラムの家族に召喚状を手渡す全国児童虐待防止協会（NSPCC）の調査官．人びとは明らかにポーズをとっている．ジョージ・シムズ『ロンドンの暮らし（*Living London*）』より．

の子どもがベッドで窒息死する事件が急増し、その多くが死因審問で事故死と判定されていたことに懸念が広がっていた。全国的な統計によれば、生きて生まれた赤ん坊一〇〇万人につき、一八八一年は一三〇人が、九〇年には一七四人がベッドで窒息死した。ベスナル・グリーン教区では一八八七年に検視が行われた乳幼児死亡事例のうち六件に五件が窒息死だった――一部屋に住む家族の全員が一台のベッドで寝ているあいだに、両親や年上の子どもたちが乳児に覆いかぶさったために起きた事故とみられた。[21] こうした事故は週末に多いことから、原因は父親の深酒だと指摘する報道も多かったが、そこにはより暗い側面もあるのではないかと憂慮する声も聞かれた。大半が事故死として扱われることを知っていれば、望まない子を始末するのに、窒息死にまさる方法があっただろうか（実際には、保険のかかった子どもの死亡率は、標準生命表に示される率よりも低いことが、プルデンシャル生命保険の調査から明らかになったのだが）。貧しい人はたいてい、埋葬のために保険に入っていた。満足な墓に入れないことは、物乞いとして生きることよりも恥ずかしいと考えられていたからだ。また、貧しい人たちの多くは、みすぼらしい葬式を出したと言われないようにと子どもにも保険をかけていた。[22] ハーフ・ニコル・ストリート二六番地の貝売り露店商の妻、ワット夫人はすっかり意気消沈してしまった――末の息子の葬式が質素で簡単すぎたと「みんなから批判された」からだ。あんな「みすぼらしい」葬式に、地元の葬儀屋は三〇シリングも請求してきたのだった。夫人は出産を間近に控え、気管支炎で寝こんでいたが、支援ボランティアが見舞いに訪れると、葬儀屋への支払いがまだ八シリング残っているが、払ってやるものかと息巻いていたという。[23]

親たちはなぜ食費や住居費を削ってまで、毎週毎週保険料を払いつづけるのか。これは社会問題の研究者たちにとっては謎であった。人口密度が極端に高いニコルでは、幼児がベッドで窒息死する件数がロンドンの平均値よりもかなり多かった。一八八五年一二月、ハーフ・ニコル・ストリート一五番地に住む二ヵ月の女の子アニー・ムーアがベッドで窒息死した。母親が寝ているあいだに覆いかぶさってしまったためだという。死因審問では、子どもに保険がかけられていたかどうかが問題になった。隣に住む人が証言し、亡くなったあの子も、これまで母親が生んだ一〇人の子どもたちも（その半数はごく幼くして死んだが）、誰ひとりとして保険に入っていなかったと断言した。その翌月になると、ベスナル・グリーン教区の検視官は、就寝中の幼児窒息死事件に忙殺されることになった。地元新聞も紙面が足りず、審問記録をすべて掲載できなかったほど件数は多かった。寒さがことさら厳しかったのだ。どの家でも、寒さしのぎに幼い子どもたちをありったけの布でくるんだので、ときに毛布で気道がふさがれてしまう。ニコルのチャンス・ストリート一七番地に住む行商人ハリエット・エヴァンズは赤ん坊のアリスを大人用のショールと帽子でくるみ、ベッドに寝かせたところ、朝になるとアリスは息が止まっていた。[24]

NSPCCが乳幼児の死亡に重大な関心を寄せたことが引き金となって、窒息、栄養不良、ひきつけ、事故などで死んだ子どもの死因審問もしばしば開かれるようになった。亡くなった多くは、ほったらかされていたか、年上の子どもに世話をされていた。一八八九年四月、オールド・

ニコル・ストリートで一四カ月のアニー・メルトンが、火にかけた鍋の煮えたぎる湯を浴びて致命傷を負った。両親が働きに出ているあいだ、隣に住む五歳の子どもがアニーの子守りをしていたのだ。

イースト・エンドの検視官や治安判事は、極貧の人たちの身に降りかかった悲劇的な事件に、たとえある程度は過失が原因だったとしても、たいていは同情的であった。一二月の、凍えるようなある日の早朝のことだ。ある労働者が仕事に出かける途中、バウンダリー・ストリートの氷雨であふれた側溝に、生まれたばかりの女の子を見つけた。裸だった。女の子はすぐさま救貧院の診療所に運ばれたが、一二日後に死亡した。探しだされた母親のカロライン・シェファードは二二歳、失業中の家事奉公人であった。産後の手当てをしたコロンビア・ロードの医者が、シェファードの住んでいたブリック・レーンの借部屋のどこにも赤ん坊がいないのに気づいて通報したのだった。シェファードは赤子を野ざらしにした罪で一カ月の実刑判決を受けた。刑を軽くするに十分な事情がある、と判事は考えたのである。[25]

一八八九年八月、NSPCCは「児童虐待防止法」を議会で通過させた。いわゆる「児童憲章」である。こんな法律を通せば、ヴィクトリア朝時代の最も神聖な聖域である「家庭」が破壊されるではないか、と野党は反対した。法案の批判者が問題にしたのは、配偶者が互いに不利な証言をすることを認める条項であった――人間社会における最も緊密な絆を断ち切るものだと考えたのだ。審議に八週間もかかり、その内容はNSPCCが当初望んだものとはいささか違っていたが、ともかく法案は成立し、国家が個人の生活に介入する新たな道が開かれた。「虐待」が具体的に定義され、「残酷な行為」が個別に指定された。配偶者同士が相手に不利な証言をすることも認められた。個人の家を捜索し、ひとたび虐待が認められれば子どもを保護する権限が治安判事に付与された。子どもを養育する能力や意思が親にないと判断されれば、国が介入して「親代わり」となり、子どもを救貧院などの施設に入所させることもできるようになった。[26]

当時、家庭内の事件は、暴力的な攻撃や性的暴行のケースを除き、裁判にもちこむのはできるだけ避けるべきだとみなされていたから、NSPCCも公判にもちこむより勧告や警告や監督によって、親子の家庭生活を改善しようと努めた。たいていの場合、警告が十分な抑止効果をあげた。[27] NSPCCが設立から四年半のあいだに調査にあたった事例はロンドン全域で一一〇〇件を超えるが、そのうち公判までもちこめたのはわずか一八〇件。一方、全体のおよそ四分の三の事例が親に対する厳しい警告にとどまった。[28]「虐待会の人」の訪問を受けたのちも常習的に犯行を繰り返す人はまずいなかった、とNSPCCは発表している。だが、それを証明する手立てはなく、この主張を額面どおりに受けとることはできない。というのも、NSPCCが自分たちの説得は完全に成功したわけではないと認めていたら、喉から手が出るほどほしい資金や寄付金が集まらなくなったかもしれないからだ。育児放棄や虐待の通報の半分以上は近所の人から、四分の一は警官や救貧委員、教師、学務委員会の調査官から寄せられたものだった。NSPCCの報告によれば、通報の一〇パーセントは匿名でなされ、八三パーセントが事実に基づいていた。間違った通報は悪意に根ざしていたというよりも、誤解の結果であった。[29]

「虐待会の人」たちは、さしたる反発も受けずに仕事を進めることができた。現存するNSPCCの記録によると、調査官が暴力をふるわれることはほとんどなかったものと思われる。NSPCCは調査官たちに、思慮深く丁寧な態度に徹し、「うるさく干渉していると思われるような」行動はいっさい避けるようにと強調した。[30]貧しい人たちは渋々ながら、育児放棄や虐待の査察や調査に協力したのだろう。人びとが互いに注意深い目を向け、関心をもっていたことが、多くの場合、NSPCCへの通報につながったのだった。住民は詮索好きで、互いの生活をよく知っていると多くの慈善活動家たちがスラム社会の特徴を指摘しているが、NSPCCはこれをうまく利用したのであった。しかし、貧困問題の根深い構造的原因に取り組むには、さらに組織だった行動が必要だとの声が次第に高まっていった。すでに一八七〇年代末〜八〇年代にかけて、ニコル問題を解決するためのさまざまなアイディアや戦略を唱える人びとが、この町に侵入しはじめていた。

1887年，ニコルのワンルーム住居．衛生検査の一環として描かれたスケッチ画2枚．家具が多く見えることから，この地区では余裕のある家族が住んでいたと推測される．

第3部 対策

10 象を突っつく——社会主義とアナーキズム

貧困がいかに生まれたか、どうしたら撲滅することができるかを自分たちは知っていると確信したふたりのアナーキストが、考えを広めようとバウンダリー・ストリートに移り住んできた。フランク・キッツとチャールズ・モウブレーである。フランク・キッツ（一八四九〜一九二三年）は染色工で、妻と六人の子どもとロンドン中心部のキングス・クロスの貸間に住んでいたが、やがて自分の家が警察の監視下に置かれたことに気づいた。キッツは家に小型の印刷機を置き、チラシや小冊子を刷りだしてはロンドン中の労働者に配っていたのだ。一緒に活動していたのが、仕立て職人のチャールズ・モウブレー（一八五七〜一九一〇年）である。ふたりは一八八五年、印刷業をバウンダリー・ストリート三六番地に移し、同時にモウブレーも家族と一緒に引っ越してきた。モウブレーには織物工として家で働く妻とのあいだに四人の子どもがいた。この家の二軒先にアーサー・ハーディング一家の住まいがあった。

ふたりがこの通りを選んだのは家賃が安かったからだ。それに、この界隈には警察が立ち入らないと(まことしやかに)噂されていたから、ささやかな政治ビラ印刷所にとっては聖域になるに違いなかった。おまけに、隣室に住んでいるふたりは耳が聞こえず、口もきけない物乞いであった。印刷業の秘密が嗅ぎつけられ、漏れる心配はまずない。

キッツとモウブレーは、革命が起きるとなれば、最も貧しい人びと、つまりルンペンが政治に目覚めなければならないと考えた。ルンペンは(実際に存在すると仮定しての話だが)、労働組合、労働者のクラブ、急進派の集まり、講演活動などとはいっさい無縁で、どこからも影響を受けない人びとだった。「泥棒、極貧者、売春婦たちにこそ、われわれは働きかけるべきだ。刑務所の門を開く――これこそ革命の第一幕となる」とキッツは信じていた。[1] 露店商、行商人、物乞い、日雇いの港湾労働者、前科者、失業者、低賃金の家内労働者らが数多く住むニコルこそ、革命にうってつけの町ではないか。

一八三六年からニコルで活動してきた、特定教派に属さないキリスト教系慈善団体ロンドン・シティ・ミッションの牧師、ロバート・アリンソンによれば、ニコルに暮らす赤貧の人びとのなかには、社会主義に魅力を感じる者も少なくなかったという。「貧しさに押しつぶされ、やつれた顔を引きつらせ、目をギラギラさせながら、『革命だ! 革命が必要だ』と叫ぶんですよ……。なにしろ、ここで煽動的な演説をしようと思えば、もってこいのネタがごろごろありますから」[2]。ニコルでアリンソンは、聖書の話をするために訪問した先で、往々にして革命への期待を感じとった。

ストレートに表現しなくても、「なかば覆い隠し、抑えこみながら、そんな気持ちをもっている人びとは、愛想をつかしているのです、女王陛下にも王室にも、政府や主教たちや教会や聖職者にも。わが国の社会のほぼあらゆる側面を全面的に変えるまで、彼らは『転覆だ、転覆だ、転覆だ』と叫びつづけるでしょう」。しかし、アリンソンはこうも述べている。「だがこれは、この町の人たちの一般的な特徴とはいえません。革命精神は、彼らのそんな状況から予想されるほどには広がっていません。住民の大部分は、驚くべき忍耐力でわが身に降りかかる困難に耐えています」

キッツとモウブレーが浮動層への呼びかけに用いた方策のひとつに街頭演説がある。ふたりとも演説が上手で、無関心な通行人の注意を引きつけ、理論上の概念を労働者の生活に結びつけてうまく説明することができた。極貧の人びとの意識を呼び覚まし、組織化するために用いたもうひとつの方策は、精力的なビラ配りだった。精巧な機械をそろえる余裕のないふたりは、古い手動印刷機を使った。また、道の舗装をはがしてインクの練り盤や製版用の石板代わりに使い、ミカン箱をひっくり返して椅子代わりにした。灯油は高かったので、蝋燭《ろうそく》の下で仕事をした。のちにキッツはこう語っている。「夜になるとビラ貼りに出撃した。せっかく配っても、われわれの力作を警察がめちゃくちゃにすることもあったが、ともかくイースト・エンド中に刺激的な宣伝文をばらまいた」[3]。キッツとモウブレーは実にさまざまな種類の呼びかけを行った。ふたりが配って歩いた宣言文のひとつ「闘いか、飢えか」は、日雇いの港湾労働者に一致団結してストライキを起こそうと呼びかけ、別の「陸軍、海軍、警察に物申す」は軍国主義反対、常備軍の廃止を訴えていた。「われわれは人口過剰か」と題するパンフレットでは、労働者が家族計画さえ実行すれば貧困はなくなるという時代の先端をいく考え方や、「海外移住（貧民の子どもを植民地へ送りだすこと）」に異を唱えていた。唯一望ましい「海外移住」とは、「役立たずの」貴族や資本家階級が出ていくことだとふたりは主張した。

ふたりはまた、バウンダリー・ストリートから、衣料・製靴業界の労働環境に的をしぼり、低賃金・重労働反対の声を上げた。さらに家賃不払い運動を通してロンドン全域で活動する「家賃・衛生状態の改善を求める地域の権利協会」と連携し、同協会の分派の「反仲介業者旅団」なる団体を立ち上げた——家主の代理人や仲介人による強制退去や差し押さえ（家賃滞納者の持ち物を押収すること）に対抗するための組織だった。スラムの不動産オーナーを批判したこの運動は、『デイリー・テレグラフ』紙記者とレディ・ジューンが協力して展開した同様の運動とは、まったく無関係に進められた。互いに相手の存在を知っていたかどうかもわからない。注目すべきは、当時さまざまな政治的目的をもつ煽動家や慈善家たちが、社会の不正義と闘おうと労働者階級に統一と協働を呼びかけながら、自分たちは相互協力に失敗していることだ。常に争点をただひとつに絞った運動が多かった。それに、カリスマ活動家はほかのカリスマ活動家の出現を歓迎しない傾向があった。

そういうわけで、日雇いや家内労働者を組織化し、労働組合を結成しようというキッツとモウブレーの活動も、ほかの運動と連携することはなかった。同じ方向を目指し、結局はより大きな成功をおさめた人たちに、アニー・ベサント、チャールズ・ブラッドロー、カニンガム・グラハムがいる。彼らが率いた運動はイースト・エンドのマッチ製造会社、ブライアント&メイ社で働く少女たち——一日一二時間働いて賃金は週四シリング、マッチに含まれるリンによって顎《あご》の骨が壊死《えし》する職業病におかされることもあった——を支援し、一八八八年七月、ついにストライキ決行に成功して、賃上げと労働環境の改善を勝ちとった。最終的にこの運動は、ロンドンのマッチ製造工一三〇〇人の組合の結成にいたった。その翌年、ストをもう一度成功させようと女性労働組合備災同盟のメイ・E・エイブラハムがニコルにやってきて、家内工業でマッチ箱をつくっている女性たちに、組合に入ることの利点を訴えた。マッチ箱づくりの過酷な仕事について、ニコルの女性たちはこんなふうに言っていた。「あたしら、生きるためにこのひどい仕事してさ、命を削ってるんだ」[4]

エイブラハムはアイルランド系労働者階級の若い女性で、レディ・エミリア・ディルク（チェルシー選出の下院議員をつとめた自由党急進派サー・チャールズ・ディルクの夫人）の秘書として働いていたが、のちに裕福なテナント家に嫁ぎ、その後初の女性工場監査官に任命され、内務省入りした。一八八〇年代半ばから後半にかけて、エイブラハムはレディ・ディルクとともに全国をめぐり、主に低賃金で働く女性労働者たちに労働組合の結成を呼びかけた。当時の英国内の女性組合員はおよそ五万七八〇〇人。初めのうちレディ・ディルクとエイブラハムは、その数をかなり増やすことに成功した。ふたりの考え方によれば、労働組合運動は闘争や階級対立を煽るものでは決してなく、むしろ、臨時雇い労働者を啓発する力があった。未組織の労働市場の特徴である、気の滅入るような個人主義や競争心は、組合活動を通して根絶されるだろう。実際、レディ・ディルクは労働組合を、一種の高級な母親学級のように描いてみせた。

他人と一緒に、他人の利益のために働くことは、それ自体が教育です。責任感は自尊心を呼び覚まします。組合員はみなそれぞれ特定の業種の経済状況を理解しようと努めなければなりません。そうすることによって理性が刺激され、研ぎ澄まされるのです。自分自身の行動や所属する労働組合の方針に対する働きかけが、やがて賃金労働者となる自分の子どもたちの将来に直接的な影響を与えることを、女性たちひとりひとりが次第に理解していくことでしょう。[5]

伝記作家によれば、レディ・ディルクは声がきれいだった。講演をすると、締めくくりにはいつもその声を張り上げて熱弁をふるったという。極貧地区には少々そぐわないしゃべり方であったろう。[6] レディ・ディルクとエイブラハムのコンビにとって、ロンドンは最も期待はずれの場所だった。一八九九年、全国の女性組合員は一二万人になっていたが、ロンドンにはたった二〇〇〇人しかいなかった。

一八八〇年代、慈善事業の世界は多くの活動家たちであふれかえっていたのだが、社会主義の世界についても同じことがいえた。キッツとモウブレーの政治活動は、当時の社会主義運動の軌跡に側面から光を当てるものとして興味深い。キッツはごく貧しい生まれだった。ロンドン北西部ケンティッシュ・タウンで家事手伝いとドイツ系移民の婚外子として生まれたキッツは、幼い頃から使い走りやポーターとして働きはじめ、早くから政治集会に参加した（フランス革命の彩色画でベッドまわりの壁を飾っていたという）。同じ世代の仲間はキッツを「アナーキストというよりも反抗的な気性であった」と振り返っている。[7]「大柄でがっしりした体格、ふさふさした髪の毛はあめ色の巻き毛、目は青く、たくましい顔立ちで、いつも楽しげな表情をしていた。社会に対して不満や恨みを抱いているようには見えなかった」。[8]染色工のところで年季奉公してはという話があったが断った。作業所の決まりきった仕事や序列社会や監督への服従にはとうてい耐えられないと思ったという。そういうわけでキッツは生涯、どこにも属さず熟練染色工として働いた。一〇代の終わりから二〇代にかけては仕事を探して全国各地を歩きまわった。キッツは仕事をするうえで自由を求めたのだが、すでに多くが経験していたように、自由の代償はきわめて大きかった。

一八七〇年代の初め、ロンドンには急進主義に傾きがちな労働組合や労働者のクラブや協会が多数存在した。多くは寄り合い所帯で、選挙権の拡大、農地の国有化、禁酒、あるいは共和主義といった単一の目標を掲げていた。こうした団体のすべてではないにしろ、多くは世俗主義・反強権主義の色合いが濃く、ニコルにごく初期の社会主義革命的な感情が流れていたことは、ロンドン・シティ・ミッションの牧師ジョン・ウェイランドの回想録からも垣間見ることができる――牧師は、ニコルのデヴォンシャー・プレイス一一番地で、六人の「改造屋《トランスレーター》」（履き古した靴やブーツを再利用に向けて修理する職人）グループと出会った。六人を率いていたのは独学の「熱心な実証哲学論者」であった。実証哲学（コント哲学とも呼ばれる）は神学よりも理性と論理に重きを置く考え方で、それによれば「大いなる存在」とは神ではなく人間であった。実証哲学を確立したオーギュスト・コント（一七九八～一八五七年）が「人類教」を考案したのは、人間社会を律する法を見出し、それを向上させたいという思いからだった。ウェイランドによれば、デヴォンシャー・プレイスの無名の製靴職人は、「考え深い、哲学的な頭脳をもっており、神の啓示に対する系統だった反論を構築し、地域の不信心者どもから『来たるべきお方』として尊敬され、巧みな論法と力強い議論で名声をとどろかせていた」

この製靴職人の信奉者のひとりにロリー・ポリーという男がいた。街頭の菓子売りで、同じく街頭で羊の脚肉を商っていた妻とともにニコルに住んでいた。ポリーはウェイランドに向かって、自分はトマス・ペインの著書『理性の時代』（一七九三～九四年）を借りて読んで以来、聖書を信じられなくなったと言った。「書いてあるのは牧師の嘘八百ばっかりだ。何にも役に立ちゃしない。おれたちを抑えつけて、金をふんだくるだけさ……」。次にポリーは『理性の時代』を隣に住んでいる乗合馬車の清掃人に貸した。この男はのちにウェイランドにこう語った。「おれ、仕事場はもちろん、このあたりでいちばんの物知りになった。おれたちがどんなに『支配階級』に抑えつけられてきたかわかったよ。今じゃ、自分たちの権利ってものを知ってる。おれは富の分け前を自分のものにするよ。富はもともとそれを生みだした人民のものだからな。そのために闘わなくちゃならないなら、当然のつとめは果たそうじゃないか」。この男の妻も夫と同じ意見だった。「みんないろんなことを知りはじめたから、もう宗教に抑えつけられはしないわ」

この頃、「英国世俗協会」の支部がニコルのさるコーヒーショップの一室で発足した。ペイン、バイロン、シェリー、ヴォルテールらの胸像が並ぶ手入れの行き届いた部屋には、辞書と聖書が備えられていた。辞書は会員の集まりで聖書の謎を解明するために使われるのだった。支部は当初三〇人のメンバーで始まったが、その数はすぐに一八〇人に増えた。会員たちは「自由思想家」を自任し、「新しい道徳体系の確立が可能になるまで革命と破壊を続ける」ことが目標だ、とウェイランドに語ったという。会員たちはそうした趣旨のビラを刷り、ニコルのあちこちで配り歩いていた。スラムの底流に無神論的な反抗精神を見出して、非常に不安になったウェイランドは、すぐさまあとを追いかけてビラを回収し、代わりに教会の教えを説く冊子を置いて歩くのだった。[9]

最も貧しい労働者のあいだで共和主義や極端な急進主義が急速に広がった要因のひとつには、一八七一年夏の港湾労働者の賃金の引き下げがあった。これを機に「労働者保護同盟」が結成され、首都圏内に五四もの支部がつくられた。同じく一八七一年にはピケ張り〔労働争議において、スト破りなどを防ぐために事業所を取り囲むこと〕が違法とされた。この新しい犯罪に問われて、鞭打《むちう》ち刑や罰金刑など実刑判決を受ける人が急増し、全国的に怒りが広がった。さらに同年五月、パリ・コミューン〔一八七一年フランスで樹立された世界初の社会主義政権。七二日間存続した〕のメンバーや支持者ら（控えめに見積もっても）二万人がフランス政府軍に虐殺されたこと、また英グラッドストン内閣がパリの労働者政権を認めようとしなかったことも、急進主義が貧困層のあいだで過激な勢いを得た要因となった。

キッツは（謎めいた父親と関係をもちつづけていたらしく）ドイツ語を話すのも書くのも上手だったから、国内で大きくなった共和主義・急進主義的な団体と、一八七〇～八〇年代初頭に母国での弾圧を逃れてきた大陸の社会主義者や共産主義者、アナーキストたちを結ぶ重要な懸け橋となっ

1870年代初頭，ジョン・ウェイランド牧師は世俗主義者や急進派のグループがニコルで定期的に会合を開き，トマス・ペインの著作を読み，来たるべき英共和国について討論していることを知った．

た。キッツの政治的交友関係は、まず「成人男子参政権同盟」に参加し、ソーホーのあちこちのパブで開かれていた集会に顔を出すことから始まっている。一八七〇年代の末には、ドイツ人アナーキストのヨハン・モストと共同で、「英国革命協会」を設立する。モストは一八七八年にビスマルク〔ドイツ帝国首相。在職一八七一～九〇年〕の取り締まりを逃れてきた活動家で、キッツに多大な影響を与えた。政府と国家は、それがいかに選ばれ、いかに構成されているかに関わりなく、常に労働者の敵であり、働く者の労働の実りと自由を奪う方法を必ずや見つけるものだと説いたのである。あらゆるかたちの権威は、本質的に独裁へと退化するという考え方であった。

一八八一年、モストは殺人煽動の容疑で裁判にかけられ、重労働一六カ月の判決を受けた――アナーキストの刊行物『ディー・フライハイト（自由）』で、ロシアの革命勢力による皇帝アレクサンドル二世の殺害を称賛し、ヨーロッパ各国元首にも同じ運命をと呼びかけていたからだ。キッツはモストの弁護費用を工面し、同誌の英語版を七号発行するなど、アナーキストとしての自らの共感を社会主義のより幅広い目的と融合させることに大きな不満もなく取り組んでいるようだった。また、モストが収監されていたあいだにキッツは「労働解放同盟（LEL）」――旧来の共和主義・急進主義者と社会主義者、共産主義者、アナーキスト（多くは大陸から逃れてきたか、大陸の革命の影響を受けていた）の理論家が志をひとつにした組織――の共同創設人となった。一八八三年には五〇〇〇人のメンバーを擁していたLELは、すべての成人への選挙権付与、言論の自由、常備軍撤廃、無償公教育などを求めるいっぽうで、あらゆる生産手段の公有化も掲げていた。

キッツがLELのメンバーになっていたモウブレーと出会ったのは、ちょうどこの頃である。イングランド北東部のダラムのビショップ・オークランドで生まれ育ち、ダラム軽歩兵隊で軍務についたのち、仕立て職人として自立したモウブレーは、見事な体軀の持ち主だった——背が高く、スポーツ選手のような体格で、髪は黒くふさふさとし、目は輝いていた。ある仲間はモウブレーを「公衆を前に語らせたら、労働者階級出身の演説家のなかでは最も雄弁なひとりだ」と評している。[10] しかし、アメリカ人アナーキストのエマ・ゴールドマンは別のモウブレー評を下していた——演説はうまいが知性は劣っている、熱弁がどれほどの思考や分析に支えられているかは疑問であると。

モウブレーは仕事の機会を求めてロンドンに出てきたが、働く条件が次第に悪化していくのを感じた。出来高払いの賃金は下がりつづけ、仕事の環境も劣悪化するいっぽうだったのだ。一連の工場関連法が新たに成立し、職場は新設の大規模な中央機関の監督下に置かれることになったものの、ニコルの典型的な仕事場、すなわち、家族が住む部屋を取り締まるのは難しかった。実際、一八九三年までベスナル・グリーン教区に職場検査官はいなかった。

ニコルに移り住んだモウブレーは一文無しに近かったから、申し込んだわけではないにしろ、ロンドン・シティ・ミッションの支援対象者リストに加えられた。ときおり訪れたのは、ニコルで活動する牧師のロバート・アリンソンである。一八八二年から地域で断酒運動を進め、酒を断つと誓った人が署名できるよう、いつも「約束の書」を持ち歩いていたアリンソンはこう回想している。

モウブレーさんのところにはよく行きましたが、いつも礼儀正しく出迎えてくれました。頭がよく、物知りで、宗教のこともある程度知っていましたから、会話は弾みました。でも、暮らしは、貧しさとの絶えざる闘いでした……。やがて社会主義に惹かれるようになり、公然と提唱するようになりました。そのときから、波乱の人生を送ることになります。社会主義からアナーキズムへ……。わたしが個人的に知っていることから言わせてもらえば、貧しさが――絶え間なく続き、身も心もすり減らすいまいましい貧困が――今の彼をつくりあげたのです。[11]

モウブレーは、イースト・エンドに仕立て職人の組合をつくる運動に参加した。団結して賃金と職場環境の改善を求めるためであった。「国際男女仕立て工組合」の後援のもと、モウブレーは労働者のクラブや街頭で演説を続けたが、やがて組合活動は資本主義システムの一側面に過ぎないと考えるようになった――システムそのものを打ち壊し、取り替えなければならない。労働者の賃金や職場条件が改善されたなら、革命は勢いを失ってしまうではないか。

この当時のモウブレーはオーストリア人の無政府共産主義者ヨーゼフ・ポイカートの影響を受けていた。ポイカートは一八八四年からロンドンで亡命生活を続けていたが、当時ウエスト・エンドで吹き荒れていたアナーキスト同士の「兄弟争い《ブリューダー・クリーク》」に巻きこまれていた——一部に思想対立もあったが、主に性格の違いによる争いだった。ポイカートはヨハン・モストが主宰する「インターナショナル・クラブ」（当時トッテナム・コート・ロードに近いラスボーン・プレイスのスティーブンズ・ミューズにあった）から除名されたのち、対抗して「クラブ・オートノミー（自治）」を立ち上げた。気軽な討論ができ、社交の場ともなるこのクラブは当初、モストのクラブからさほど離れていないシャーロット・ストリートにあったが、のちにすぐ近くのウィンドミル・ストリートに移転した。当時のクラブ・オートノミーの様子や常連たちについて、次のような証言がある。

かなり薄汚い、家具もろくにないクラブでした。常連やビジターのために置かれていたのは簡素なつくりのベンチと数脚の椅子、そしてテーブルだけ。誰でも自由に入ってきて討論に参加していいことになっていて……。クラブ・オートノミーでかわされる激しい脅迫の言葉がたとえ半分でも現実のものとなったら、支配者や金持ちで、安らかな最期を迎えられる人はほとんどいないことになったでしょう……。男のメンバーはたいていつばの広いソンブレロ帽をかぶり、赤いネクタイを締めていました。女の人たちはほぼみんな髪をショートにして、ソフト帽に安物の短いスカートという格好で、男っぽいコートの胸に赤い花飾りを留め、飾り気のないブーツを履いていました。[12]

仲間内の「争い《クリーク》」で思想の違いはそれほど重要ではなかったが、あえていえば、ポイカートは無政府共産主義の「プリンス」と呼ばれたピョートル・クロポトキンの考え方に共鳴していた。クロポトキンの考えでは、一九世紀半ばにミハイル・バクーニン（ヨハン・モストが信奉していた）が唱えた集産主義的アナーキズムは時代遅れであり、独裁の可能性をはらんでいた。個人による獲得と所有を無制限に認める点で、集産主義的アナーキズムには将来の不平等や支配の種が含まれるというわけである。代わってクロポトキンの信奉者たちが提唱したのが相互扶助主義、すなわちコミュニティが生産手段を共有する、協同的な生産と交換のシステムであった。地理学者でもあったクロポトキンは、チャールズ・ダーウィンの著作は相互扶助主義の根拠づけになると考えた。つまり『種の起源』（一八五九年）や『人間の由来』（七一年）には、「適者生存の闘争」とはまったく別の解釈があると主張したのである。母国ロシアで弾圧を受ける前のことだが、クロポトキンは動物学者を伴ってシベリア奥地の調査に赴き、一八九〇年には「ダーウィンの著作からわれわれが予想していたような、同じ種の動物たちのあいだの厳しい競争を見つけることはできなかった」と書き記している。それどころか、協調とさまざまな利他的行動を見たという。クロポトキンは、『人間の由来』のダーウィンの言葉を引用している——「共感能力の最も優れたメンバーを最も多く含む集団は、最も栄え、最も多くの子孫を残すことになろう」[13]。クロポトキンによれば、政治経済学者はダーウィニズムや他の進化理論を勝手に利用し、非情な信条の裏づけとしてきた。その一方でロシアの優れた自然科学者たちは、人類発展の主要因として相互扶助の考え方を発展させたのだが、ロシアの著作は翻訳されていないため、国外ではほとんど知られていないという。クロポトキンのロマンティックな経歴と人柄、そしてその理想主義に、キッツとモウブレーも大いに惹かれたのであった。

当時のめまぐるしい世界では人と人との関係もうつろいやすいものだったが、興味深いドラマも少なからず生まれている。キッツとモウブレーはその後「社会主義同盟」に参加し、そこでウィリアム・モリスと出会った。アーティストであり、詩人であり、熟達した工芸職人でもあるモリスはユートピア構想を抱く社会主義者で、アーツ・アンド・クラフツ運動を提唱し、一八八四年に社会民主連盟（SDF）から枝分かれした社会主義同盟の実質的な指導者となった。SDFが、

MURDER!

WORKMEN, why allow yourselves, your wives, and children, to be daily murdered by the foulness of the dens in which you are forced to live?

The average age of the working classes is some 29 years, and the average age of the rich 55 years.

It is time the slow murder of the poor, who are poisoned by thousands in the foul, unhealthy slums, from which robber landlords exact monstrous rents, was stopped.

You have paid in rent the value over and over again of the rotten dens in which you are forced to dwell. Government has failed to help you. The time has come to help yourselves.

PAY NO RENT

to land-thieves and house-farmers, who flourish and grow fat on your misery, starvation, and degradation.

A MASS MEETING

WILL BE HELD IN

VICTORIA PARK

(NEAR THE BAND STAND)

On Sunday, July 26th, at 3 p.m.,

When the following Speakers will address the meeting in support of a No Rent Campaign:—

D. J. Nicoll, W. B. Parker, S. Mainwaring, C. W. Mowbray, J. Turner, R. Jane, and E. Hall.

Hurrah! for the kettle, the club, and the poker,
Good medicine always, for landlord and broker;
Surely 'tis best to find yourselves clobber,
Before paying rent to a rascally robber.

フランク・キッツとチャールズ・モウブレーがつくった家賃不払い運動のパンフレット

やがては国家社会主義〔国家主導による社会主義体制への移行〕にたどり着くと信じて労働者の代表を議会に送りこむことに力をそそいだのに対して、モリスと社会主義同盟は、選挙制度と戯れるのではなく、革命を希求した。当初、モリスが思い描いた革命は、キッツとモウブレーが考えていたものと似ているように見えた。モリスは議会制度に反対していた。といっても、国家社会主義を目指したわけではない。求めたのは自治による新世界であった。モリスの唱える革命とは、精神の革命なのだった――人類は個人主義と搾取の暗黒時代から共同体意識と協力の時代へと移行するべきだと考えたのだ。モリスによれば、社会主義者の第一のつとめは、社会主義を定義し、労働者に説明することであった。「教えれば、人びとはやがてそれを欲するようになる。次に組織化すれば、人びとはそれを主張するようになる」[14]。ある程度の力の行使は避けられない、それは資本主義が引き起こす竜巻のようなものだと認めながらも、モリスは革命の血なまぐさい側面を嫌悪していた。

一八八五年二月、モリスは初対面のキッツをこう評した。「イースト・エンドの住民はたいていそうだが、彼も幾分かアナーキズムに、いや、破壊主義に染まっている。しかし、わたしは好感をもった。彼の住まいを訪れて、背筋の凍るようなおぞましい暮らしを目の当たりにすれば、あのような路線をいくのも不思議ではない」[15]。ニコルは、モリスが思い描いた世界とはあまりにもかけ離れていた。モリスは牧歌的な環境のなかで、美しく実用性に富んだ質の高い工芸品をつくる職人が、それなりに報われる世界を夢見ていたのだ。ニコルはその対極を体現していた――ブルジョア向けの見かけ倒しの品やマスマーケット向けの安価な衣料品の生産。機械化された作業に黙々と従事する労働者。そんな労働者が暮らす安普請の荒れ果てた家々。

　モリスはロンドン近郊サリーのマートン・アビーに工場を持ち、自らデザインした服地や絨毯、タペストリーや革製品などをつくっていたので、キッツを染色工として雇い入れようと考えた。だが、キッツは政治活動に没頭していた。モリスが公衆の前で話す経験を積み、ロンドン中で最も虐げられた人たちと近づきになれたのは、キッツのおかげである。モリスは演台に立っても存在感が薄かったし、労働者たちに自分の言葉で話しかけるのが苦手だった。自分とイースト・エンドの人びととのあいだには、容易に埋まらない文化の溝が横たわっているとひしひしと感じていたからだ。他方、キッツは地域の人たちを理解し、人びとを惹きつける力もあったから、スラムの街頭に人を集めてはモリスに演説をさせた。聴衆はモリスの話にいくらか当惑しながらも、演説にはよく耳を傾けた、とキッツはのちに述べている。一方で、モリスは聴衆からあまりいい印象を受けなかった。二年間スラムでの活動を続けたのち、モリスは、「平均的な英国人労働者の恐るべき無知と感受性の欠如に打ちのめされてしまうことがある」と日記で気持ちを打ち明けている。そう書いた二カ月後、ニコルから北へ四〇〇メートルほど先の街角で演説に立ったモリスは、「無教育の、おしなべて愚かな人間がどれほど無知であるかを、またそのため議論についていく能力をどれほど欠いているかを……新たに知る機会」を得ることになった[16]。モリスがこのとき聴衆として頭に描いていたのは職人階級である。この階級こそ、労働組合や議会改革を支持する立場から、自分が提唱する社会主義という広い理想へ転向させたい、とモリスが望んでいた人たちだった。聴衆に交じっていた臨時雇いの非熟練労働者たちのことをどう思ったかを、モリスは一度も語っていない。

しかし、キッツは違った。やがてキッツは、抑圧され、最もみじめな境遇にある労働者を目覚めさせるのに演説やビラ配りがどれほど効果があるのか疑いはじめた——社会主義者やアナーキストたちがやっていることは「藁《わら》一本で象を突っついているのと変わらない」のではないか。[17]

クロポトキンもキッツと同意見だった。ロンドンに集まっているのは、急進的共和主義路線をいく旧弊な現実主義者や孤立主義者ばかりだ、と苛立ちをあらわにしている。アナーキスト革命や国際友愛主義の種を蒔いても、さっぱり芽が出ないロンドンにクロポトキンは、「こんな墓場のような場所に比べたらフランスの監獄に入れられるほうがましだ」と吐き捨てた。[18]

とはいえ、「象を突っつく」運動はその後もしばらく精力的に続けられたが、警察は次第に監視を強め、合法的デモや野外集会を妨害するようになった。一八八五年九月二〇日、モリスとモウブレーは言論や集会の自由をテーマに演説をした。場所はマイル・エンド教区のドッド・ストリートとバーデット・ロードの角にある、よく集会が開かれる広い空き地である。ふたりが主要道路をふさいでいるとの理由で警察が突入したとき、集会はすでに閉会していたが、参加者たちは手荒に追いちらされ、垂れ幕などを運んでいた者は身柄を拘束され、幕は押収された。悪意訴追と警察による偽証を生まれて初めて——モウブレーは経験ずみだったが——目の当たりにしたモリスは、心底衝撃を受けた。「ウエスト・エンドの裕福な方々に向けて申し上げたい。警察はイースト・エンドの貧しい人びとに対しては、信じられないほど手荒く、残酷になります」[19]。目の前に立っているのがあの有名なウィリアム・モリスだと治安判事が気づくと、告発は取り下げられた。

一八八六年前半、革命の歯車がついに動きだしたかに見える一時期があった。一八八四年に始まった不景気は終わりが見えなかった。一八八六年にはロンドンにおける労働組合員の失業率が、八〇年代初頭に基準とされた二〜三パーセントを大きく上回り、一〇パーセントを超えた。この数字が当てはまるのは熟練・半熟練の常勤職に限られたから、臨時雇いの非熟練労働者の状況は推して知るべしであろう。過去三〇年で最も寒かった二月八日の月曜日の午後、建設現場や港湾での業務が一時中断され、ロンドンで初めて失業者による一連の大規模デモが行われた。ウエスト・エンドの住民は驚き、震え上がった。スラムの貧しさやひどい状況のことは読んで知っていた。だが、従順でおとなしく、政治に無関心だとみなされているわが国の労働者が自分たちの組合をつくり、横断幕を掲げてデモをするとは！　しかもそこに書かれている宣伝文句は、わが国の文明の社会的・経済的基盤に異を唱えているではないか！　トラファルガー広場《スクエア》では、ライバル同士のふたつの労働者グループがそれぞれの主張を展開していた。「公正貿易」派は外国製品に関税をかけ、国内製造業と農業を守れと訴えた。社会民主連盟（ＳＤＦ）もそこに来ていて、市場が十分な雇用を提供できないなら、国家が労働能力のある男子に仕事を与えるべきだと主張した。首都公共事業委員会はさまざまな事業計画を立てているではないか。なぜ失業者を雇わないのか。

　モリス率いる社会主義同盟のメンバーも大挙して参加していた。ライバルグループは互いにぶつかり合い、警官隊と衝突した（デモ隊は数で警官隊にまさっていた）。だが、やがて集まったおよそ二万人の一部が暴徒化した――セント・ジェームズ地区で建物の窓ガラスを割り、ピカデリーで商店を略奪した挙げ句、ハイド・パークでは馬車を襲い、乗客から金品を強奪して馬車を打ち壊したのだ。現場を目撃した社会主義者たちによれば、先に一方的な力で襲いかかってきたのは警察隊だった。ペルメル街を通るデモ隊に罵詈雑言を浴びせて煽り立てる人たちもいた。活動家たちは、集会にはノンポリのごろつきが入りこんでいたと主張した。労働者の集まりやデモに決まって群がるのは、暴動と略奪以外に関心がない連中――ルンペン――なのだ。のちに、治安妨害と共謀の容疑で訴えられたＳＤＦの幹部の裁判で、陪審団は、社会主義各派の活動家と暴徒は無関係であるとの被告の主張を認め、国中が驚いたことに無罪評決を下した。実際、逮捕者のうち、少なくとも三分の一は季節要因による不景気にあえぐ熟練・半熟練の職人であった。

　虐げられてきた労働者階級が力をつけ、暴力を使って権力を握るかもしれないという大きな不安が、数週間にわたってロンドン全域に広がった。だが一八八六年を通して、これほどの規模の騒動は二度と起きなかった。デモはこの先一八カ月にわたり何度も繰り返し行われたものの、いまや警察の大部隊が出動態勢を整えていたし、陸軍の一部さえ投入されることになった。ＳＤＦが失業者に呼びかけ、「ロンドン市長の行列《ロード・メイヤーズ・ショー》」のあとについて街路を練り歩くデモを企画したのは一八八六年秋のことであった――「スラムから出よう、そして粛々と、堂々と公道を行進せよ」。この企画はすんなり運んだ。ところが翌年の「血の日曜日」――一八八七年一一月一三日――、ロンドン中心部で大きな暴動が起きた。失業率は依然として記録的に高く、労働能力のある貧民のための救済措置は救貧院以外ないという法律が依然としてまかり通っていた。英国史上に残る衝撃的な暴動事件となったこの集会が開かれたのは、トラファルガー広場である。アイルランド国民党のウィリアム・オブライエン議員の逮捕・収監、および同月八日にチャールズ・ウォレン警視総監が同広場での集会を禁止したことに抗議するための大集会であった。集まった大群衆に騎馬隊が突っこんだのは午後三時二〇分前。その一時間半後、銃剣を装着した近衛歩兵部隊が襲いかかった。近くのチャリング・クロス病院で待機していた『デイリー・テレグラフ』紙記者は、負傷者が続々と運びこまれたと語っている。一〇人中九人は頭皮や頭蓋骨にけがをしていた。警棒で殴られた傷であった。銃剣で突かれた人もいた。それも多くは背後からだ。この記者は倒れた人が、拳やこん棒で殴られ、踏みつけにされるのを目にしてもいる。[20] ひとりが死亡し、ふたりが重傷を負い、のちに傷がもとで亡くなった。一日中濡れた制服を着たまま馬上で過ごしたベスナル・グリーン管区のジェームズ・キーティング警視は、激務がたたったのか、一六カ月後に四六歳の若さで他界した。

モウブレーは血の日曜日事件にはいっさい関わっていない。一八八六年夏の終わり頃、モウブレーは社会主義同盟の運動員としてイースト・アングリア地方をめぐり、ノリッジで失業者の集会をいくつか企画し、成功していた。当時、モリスに「社会主義は燎原《りょうげん》の火のように広がっています」とも書き送っている。[21] ところがモウブレーは翌年一月一四日、仲間の社会主義者とともに逮捕された。ふたりの呼びかけで集まった群衆が、ノリッジの貯蓄銀行の建物や市場の店を壊したとして、当局に告発されたのだった。ふたりは暴動を煽動し、治安を乱した罪で有罪となり、モウブレーは九カ月の禁固刑を申し渡された。モリスは、もし有罪が実証されたとしても――されてはいないが――この判決は「ひどい」と批判した。自分のように「それなりの社会的地位のある」者が街頭演説をして逮捕された場合、治安判事は訴えを却下するか、ごく軽い罰金刑を下すことにモリスは気がついたのだ。だが、モウブレーのような労働者階級は厳しい判決を受けるのだった。モリスによれば、判決は犯した罪ではなく、被告の社会的地位を反映していた。モリスはモウブレーが刑務所にいるあいだ、妻のメアリ・モウブレーと子どもたちを支援するための委員会を立ち上げ、ノリッジでのモリスの裁判を皮肉る戯曲を書いた。『立場の逆転、またはナプキンの気づき（*The Tables Turned; or, Nupkins Awakened*）』と題するこの作品は一八八八年一〇月一五日、ファーリンドン・ロードの社会主義同盟本部で上演されている。

モウブレーの逮捕は、社会主義同盟の一部の無政府共産主義派が煽情的なレトリックに傾き、「行動プロパガンダ」――暗殺による革命を提唱する過激な理論で、大陸ヨーロッパやアメリカのごく一部のアナーキストが取り入れていた――に共感しはじめる要因のひとつとなった。この理論によって、アナーキズムのすべての運動は、人びとの意識のなかで爆弾闘争などの残虐行為と永遠に結びつけられることになる――敵対者にとってはありがたいことだった。

過激な者がさらに多く生まれる契機となったのにはもうひとつ、一八八七年一一月一一日、シカゴで四人のアナーキストが処刑された事件――「ヘイマーケット事件」あるいは「シカゴ殉教者事件」と呼ばれる――があった。シカゴでは同年五月四日、八時間労働制を求める集会がヘイマーケット広場で開かれ、そこに爆弾が投げこまれて警官八人が死亡する事件が起きていた。犯人とされたうち四人が殺人罪で有罪判決を受け、処刑された。裁判で検察側は、被告が爆弾を投げ入れたことを立証しようともしなかった。被告たちは、あの集会を呼びかけた組織のメンバー

「労働の果実はいつになったら手にできるのか?」――アナーキストのポスター

だというだけで、有罪となったのである。アナーキストだから処刑されたのだった。「血の日曜日」にトラファルガー広場に集まった人たちは、直前に起きたこの処刑に大きく動揺していた。「シカゴ殉教者」の誕生を機に、それまで政治には冷淡で無関心だった労働者がアナーキズムの旗のもとに集まる動きが工業化社会全般に広がり、多くの活動家たちはこれで行動プロパガンダが正当化されたとみて、自信を深めた。

モウブレーが出所したのは「シカゴ殉教者の日」の数週間後のことである。頬はこけ、やせ衰え、人が変わっていた。政治活動についての考え方も変わっていた。ビラを配り、街頭で革命の理想を説くだけでは満足できなかった。「確信をもって言えるのは、決意の固い人――つまり決死の覚悟で行動を起こす人――が数人いれば、支配者たちを無力化できる。ただし、一九世紀文明のおかげで手が届くものとなった力の使い方を知っているならば、ということだ」とモウブレーは書き記している。ここでいう力とはダイナマイトのことである。「ポケットに入れて持ち歩き……都市全域を、軍の全部隊を破壊することができる」とモウブレーは述べ、さらに「労働者と支配者のあいだに血なまぐさい対立の兆候が見られるなら、どこであれ……ガトリング銃、手榴弾、毒性のあるストリキニーネ、鉛」を使えと呼びかけた。[22]

激しい言葉である。モリスはこうした激情のほとばしりに嫌気がさしていた。社会主義同盟内部の無政府共産主義者たちが暴力支持へと立場を変えていったことがモリスの決断を速めた。一八九〇年の年末、モリスは自分が設立に一役買った社会主義同盟に決別を告げた。だが、キッツとモウブレーに対しては変わらぬ友情を抱きつづけた。その友情はのちの一八九二年四月、モウブレーがさらなる災難に見舞われたときに証明される。

英国でも大陸でも、アナーキストのサークルにはスパイが潜りこんでいた。外国大使館は革命を志す自国民を監視するために密偵（パリでは「蝿《ムシャード》」と呼ばれた）を雇い、警察はおとり工作員を使っていた。ロンドン駐在のあるアメリカ人記者が、ロンドン警視庁のウィリアム・メルヴィル警部に案内されてクラブ・オートノミーで開かれた仮面舞踏会に行ってみると、クラブ関係者はみな仮面をつけた警部の正体がわかっていて、礼儀正しく出迎えたという[23]。メルヴィル警部はまた、衛生検査官を装って、アナーキストがよく利用するニコルの安い貸間にも出入りしていた。当時、イースト・エンドにはアナーキストのクラブが五つあった。ニコルに近いキングズランド・ロードのクラブが最大で、一〇〇〇人以上の会員を擁していたが、内部事情に詳しい人によれば、「ほかのクラブと同様に」会員の多くはスパイだったという[24]。

ロンドン警視庁のおとり工作員のひとりにオーガスト・クーロンという男がいた。ロンドンや国内各地をはじめ大陸の各都市で信用できる同志として何年もアナーキスト組織の活動に関わっていたクーロンはあるとき、イングランド中部ウォルソールにあるメンバー六人の組織に、爆発物の組み立てに関する指示書を、頼まれもしないのに送りつけた。ロシア皇帝襲撃を図った革命勢力を支援するとの名目であった。そこで警察がウォルソールのアジトに踏みこむと、件《くだん》の六人の男たちとともにさまざまな部品が発見された。警察は見つかった部品は爆発物を組み立てるためのものだと主張し、爆発物所持の罪で三人に一〇年の刑が下された。これが陰謀であるとする告訴は早くに取り下げられていた。

当時モウブレーは、社会主義同盟が以前から発行していた機関紙『コモンウィール』の印刷と発行を引き受けていた。アナーキストのデイヴィッド・ニコルを編集者に迎えたこの機関紙は、「無政府共産主義の革命的機関紙」との副題を掲げてリニューアルされていた。ウォルソール事件を記事にとりあげたのもデイヴィッドで、あいにくモウブレーが結核末期の妻を看取るために仕事を休んでいたときだった。「この男たちに生きる資格はあるのか」と題した一八九二年四月九日付のこの記事は、ウォルソール裁判の判事ヘンリー・ホーキンズに死刑執行人《ハングマン》のあだ名をつけて「野蛮なけだもの……ハイエナのような奴」と呼び、内務大臣やメルヴィル警部をも口汚く罵っていた。デイヴィッドとモウブレーは殺人煽動の容疑で裁かれることになったが、モウブレーが自宅で逮捕されたのはメアリが息を引きとった四時間後のことである。モリスはデイヴィッドは正気を失ったのかとひどい記事に憤慨しながらも、モウブレーが妻の葬儀に参列できるようにと五〇〇ポンドの保釈金を工面した。

一方、デイヴィッドは、告発はまったく不当であり、自分が訴えられたのはウォルソール事件が警察のでっち上げであることを裏づける文書を山ほど持っているからだと主張した。オーガスト・クーロンがロンドン警視庁に工作員として雇われ、ありもしない陰謀を煽動した。また、これを証明する書類は自分が逮捕されたときに押収され、その後、杳《よう》として行方が知れないのだと。

『コモンウィール』紙の囚人たち――中央刑事裁判所にて
社会主義系の新聞紙上において殺人を煽動した罪に問われた被告席のチャールズ・モウブレー

ジャーナリストの一部に、モウブレーを煽動罪で告発するのは苛酷にすぎるのではないかと受けとめる向きもあった。なにしろ問題の記事が書かれたときも、印刷されたときも、モウブレーは『コモンウィール』のオフィスにはいなかった――実際、妻の病気で何週間も仕事を休んでいた――のだから。陪審団は結局、モウブレーに無罪、デイヴィッドに有罪の評決を下し、デイヴィッドは一六カ月の刑を受けた。

メアリ・モウブレーの葬儀は、さながらアナーキストの決起集会になった。また絶好の宣伝ともなった。ホワイトチャペル教区のバーナー・ストリートにあった国際労働者クラブから東部郊外のマナー・パーク墓地まで、メアリの棺を乗せた馬車に続いて数千人が歩みを進めたのだった。

一八九三年一一月になって、ロンドン中心部メイフェアのティルニー・ストリートにあるホーキンズ判事の家の前で奇妙な爆発が起きた。小さな装置が爆発したもので、フランスのアナーキストがよく使う種類の酸が使われていたという。だが、ある記者が指摘したように、「ホーキンズ判事はアナーキストだけでなく、ほかのいろいろな犯罪者にも嫌われていたし、事件の全容は解明されていない[25]」

『コモンウィール』紙が掲げる激烈な訴えは、頭のおかしな連中の主張としてアナーキズムを英国の政治の周縁へと追いやった――この追放状態は今なお続いている。活動家たちが行動プロパガンダを少しでも受け入れれば、警察が組織の内部に送りこんだスパイが、さらに暴力的で血なまぐさいレトリックを浸透させるのは他愛もなかった。こうしてひとつの印象が形づくられていく――アナーキズムは、その理論も、提唱者も、すべて目指すところは人殺しだと。スパイの存在により、もともと組織の内部に巣食っていた疑心暗鬼がいっそう深まっていった。同志たちが相互に不信を抱き、中枢が壊れていったのだ。革命よりも、内部抗争、悪だくみ、非難の応酬、パラノイアにエネルギーが費やされた。モウブレー自身も警察のスパイだとの疑いをかけられた――「ダイナマイトのことをあれほど大声で言い立てるあいつは、穏健派を煽動して暴力に走らせ、やがては法廷に引きずりだして刑務所に入れるつもりだろう」。モウブレーにとっては辛く、腹立たしい言いがかりであった。

一八九二年の春以降、英国内でアナーキストによる爆発事件が起きたのは一回だけである。一八九四年二月、二六歳の仕立て職人マーシャル・ブールダンがグリニッジ天文台の近くで自爆した事件であった。[26] 一方、大陸では残虐な事件が相次いだ。フランスやスペインでは一八九二年の春以降、レストラン客やオペラの観客、教会に通う人たちが大勢、アナーキストの仕掛けた爆弾で命を落としていた。結局、英国のアナーキストが暴力的だったのは、印刷された紙の上だけのことだったが、それでも主だった社会主義者が離れていく十分な理由となった。アナーキズムは社会の不正を正す方策として有効なのだろうか、有用なのだろうか——疑いの目を向けるようになった社会主義者も多かった。アナーキズムは英国という不毛の地にいっときあだ花を咲かせた外来種と呼べるだろう。社会主義同盟のブルース・グラシャーは当時を振り返ってこう述べている。

アナーキズムの誕生とそれが伝播していく様には、どこか謎めいたところがあるのではないだろうか。その時代の政治的状況や産業の発展段階によって説明できることはほんのわずかに過ぎない……。社会主義がしばしばそうであったように、アナーキズムが国内において自ずと芽を出し、根を下ろしたことは一度もない。アナーキズムは社会主義運動の内部でのみ、いわばその枝に寄生しながら、育ち、広がっていったのである……。アナーキズムは人間の生来の傾向ではなく、人が習得する、しばしば非常に不安定な精神状態だ。アナーキストとは、個人主義思想で頭が混乱した社会主義者か、社会主義思想で頭が混乱した個人主義者のどちらかなのである。[27]

モウブレーはアナーキストを自任しつづけたが、実際は労働組合活動家と一緒に仕事をし、どこでも求められれば演台に立って失業者の支援や労働者の権利を訴え、わずかばかりの支援しか提供しないケチな新救貧法を攻撃してまわった。一八九四年、モウブレーはアメリカへ渡り、東海岸各地の労働者のコミュニティで講演し、仕立て職人としてボストンに落ち着いた。ふたり目の妻とロンドンから連れてきた子どもたちが一緒だった。やがてモウブレーは酒を飲みはじめ、ニューヨークに移って酒場を開いた。だが、数年ののちウィリアム・マッキンリー米大統領暗殺事件に続いて、政治活動をする移民の取り締まりが始まり、モウブレーは好ましからざる人物として本国に送還された。のちにロンドン東部フォレスト・ゲートに住んだモウブレーは、相変わらず熱弁をふるう煽動家ではあったが、アナーキズムとはきっぱりと決別したようだった。当時の好戦的愛国主義《ジンゴイズム》に感化されたモウブレーが、国内労働者の収入を安定させ、就職の機会を確保するための手段として求めたのが「公正貿易」と「関税改正」であった。反対派、つまり自由貿易支持者から保護主義と呼ばれた関税改正とは、輸入品に課税して、国内に入ってくる製品や食料に制限を課す政策だ。世界各地で生産者が力をつけてきていた。とりわけ英国にとって脅威となったのは、急成長するドイツとアメリカの効率的な経済であった。

思えばモウブレーは長い道のりを歩んできたものだ。政治活動を始めた当初は「万国の労働者よ、団結せよ」のスローガンのもと、国際友愛主義を信奉したのだが、いまや外国人に恐怖心を抱き、自国の労働者を美化するようになった。晩年は保守党の関税改正推進派から資金提供を受け、各地を講演してまわった。一九一〇年一二月九日の夜、モウブレーは逗留中のイングランド北部ブリドリントンのホテルで亡くなった。翌日には講演の予定が入っていたという。週内に迫った総選挙では反社会主義、反アイルランド自治を掲げる候補者に投票するよう、地元の人たちに訴えることになっていたのだ。現職の自由党下院議員サー・ルーク・ホワイトが、地域の検視官でもあったため、モウブレーの検視を監督した。

一方、キッツはアナーキズムを最後まで捨てず、議会制民主主義や労働組合を認める立場の社会主義に戻ってしまった昔の仲間に、苦々しい思いを抱いていた。キッツに言わせれば、左派はその目的を骨抜きにされた。キリストの教えに基づく平等社会に向けて漸進的進歩を呼びかけ、一八九〇年代に影響力を広げたキリスト教社会主義者（キッツは「迷信家ども」と切り捨てた）によってブルジョア化されてしまったのだ。キッツはまた、もうひとつの漸進主義グループであるフェビアン協会も軽蔑していた。フェビアン協会はロンドンの公共事業の共同所有を唱え（「連中はガス水道社会主義者」だとキッツは皮肉った）、労働者階級の男女を地方議会やロンドン学務委員会や救貧委員会へ送りこむことで階級間の不平等を小さくしようとしていた。キッツの考えでは、国家は、あるいは国家のどんな組織であれ、資本主義の痛みを伴う副作用をいくらか和らげはしても、それ以上のことは手に余るのであった。

キッツは、ニコルとニコルの住民にとって、革命は高嶺の花だったと結論づけている。かつて、泥棒や物乞い、売春婦こそ真っ先に革命の先頭に立つべきと考えていたキッツは、バウンダリー・ストリートでこうした人たちと気のおけない親交を結んだ末に、底が浅く狭量な彼らの考え方に失望したのだった。縄張りにこだわり、好奇心に欠け、保身と損得にしか関心を示さない人びとを見て、キッツは計り知れないほど落ちこんだ。バウンダリー・ストリートについてキッツはこう書いている。「住民たちは、縄張りに侵入したわれわれに白い目を向けた。警察のスパイか、と疑ったのだ……。モウブレーがそうではないと安心させると、疑いは軽蔑に変わった。おれたちの町で印刷所を開くなんて、頭がおかしいんじゃないかというわけだった」[28]。極貧であることの最も悪い点のひとつは、仕事と住居をめぐる熾烈な競争にある。それは仲間意識を打ち砕き、人は生きのびるために金を稼ぐこと以外、何も考えられなくなる。そのことをキッツはほとんど理解せず、また同情もしなかった。ニコルにも思いやりが行きかい、共同体としての意識が根を張っていることにキッツはまったく気づかなかったのだ。

11 声を上げる——露店・予防接種・義務教育

フランク・キッツら活動家たちの火を噴くような弁舌も大陸の理論も、スラムの住民を真に奮い立たせることはできなかった。最も貧しい労働者が連帯して声を上げるきっかけとなったのは、ベスナル・グリーン教区で起きたちょっとしたいざこざである。露店商や行商人を立ち上がらせるという芸当を、ほかでもないベスナル・グリーン教区がやってのけたのだ。団結し、組織的に抵抗する露店商たちの動きは、世論や報道機関からかなりの同情を集めもした。

一八八八年一月、教区はジョージ三世時代〔一七六〇～一八二〇年〕に遡る古い条例を復活させ、路上営業の取り締まりを強化することにした。対象地域は、主にベスナル・グリーン・ロードだが、ニコルのすぐ南のスクレーター・ストリートやブリック・レーンの一部も含まれていた。長らく埃をかぶっていた条例を突然もちだして、一字一句厳密に守れというのである。これは、教区委員会を牛耳る小売店主や商人の陰謀だと人びとは受けとめた——景気が思わしくないから、安物を売る商売敵を界隈から追いだしたいのだと。教区は、屋台や露店商の手押し車は通行の妨げになるだけでなく、ばくち打ちや売春婦ら、望ましくない連中が通りに寄り集まるからだ、と取り締まりの理由を述べ立てた。とくに日曜日の午前中が問題だ、一一時までには街路から退去すべしと。だが、安い商品をわずかずつ買い、不安定な家計をやりくりする日雇い労働者たちが一週間分の買い物をするのは、まさにこの時間帯だった。

教区はいつも金に困っていたが、それにもかかわらず街路検査官という有給職を新設し、ジョン・エンジェルという男を任命したうえ、「街路規制委員会」を組織した。治安判事裁判所に訴えられたひとり、ウィリアム・ベアードはベスナル・グリーン・ロードで瀬戸物の露店を開き、その売上で何とか六人の子どもを養っているひどく貧しい男であった。そのベアードに五シリングの罰金が課されたことに教区委員の急進派三人が憤慨し――日銭暮らしの貧しい人たちが困っているというのに、こんなやり方は強引すぎる――、法廷に出向いてベアードの罰金を肩代わりしたので、教区委員会は大騒ぎになった。

次に街路規制委員会は、教区内に数多《あまた》あるコーヒー・スタンドを、毎朝七時半までにすべて撤去すべしと命じた。朝のこの時間はまさに書き入れどきである。労働者はここで安くて温かい飲み物を飲み、何かしら腹に入れて仕事に出かけるのだった。規制の理由を教区は、コーヒー・スタンドが「無知と悪徳」を引き寄せているからだと説明した。犯罪者や売春婦が集まってくるのだという。制限時間をせめて八時半にしてほしいと七〇〇人ほどの住民が請願書を出したが、教区は聞く耳をもたず、すぐさまコーヒー・スタンド店主二三人に召喚状を送った。そのうち二一人がそれぞれ一〇～二〇シリングの罰金（と別途経費）を課された。

古くからあるクラブ・ロウの家畜市場も取り締まりの対象であった。条例を守らせようとやってきた警官は、二〇〇人ほどの「荒っぽい若者たち」から罵詈雑言を浴びせられた。この市場にはロンドン各地から若者がやってきて、老舗《しにせ》の鳴き鳥売りに混じって、ハトや犬や白ネズミなどを売っていた。

一八八八年二月、「ベスナル・グリーンの行商人と露店商を守る会」が設立され、創立総会がヴァージニア・ロードの「ビーズリー・コーヒー・ハウス」で開かれ、治安判事裁判所で検察当局と闘うという設立目的が高らかに宣言された。そのために会として弁護士を雇うという。近隣の二教区——セント・ルークとセント・ジョージ・イン・ザ・イースト——でも似たような取り締まりが始まっていると聞きつけた「守る会」は、ほかの露店商グループに接触した。こうした運動があちこちに広がり、やがて「ロンドンの行商人を守る同盟」が結成され、メンバー約五〇〇人がニコルの一角に集まり、吹雪をついてデモ行進を行った。

夏になると、八〇店ほどの露店が並ぶスクレーター・ストリートでの取り締まりが厳しくなった。教区に言わせれば、食べ物屋が残していく大量の野菜くずや肉や魚の切れ端などを、教区の費用で処分しなければならない。八月一九日の日曜日、警官二三人と街路検査官のエンジェルが、規則どおり午前一一時までにすべての屋台が撤去されているかを確かめにやってきた。すると露

クラブ・ロウの家畜市場

1895年夏，日曜日の朝，北のニコルに向かって撮ったブリック・レーン．最初の角を左に曲がればスクレーター・ストリートへ出る．

店商たちは、同情した住民数百人が野次を飛ばすなか、罵りながら警官を押しのけ、解体された屋台を通りの少し先まで運んで組み立てなおし、店を開いた。とはいえ、頑固に反抗すれば、屋台は押収された。たとえば、きれいに飾ったポニーに屋台を引かせてハーブ茶を売っていたモスは、売り物の茶を残らず溝に捨てられ、屋台で通行を妨げたとして罰金五シリングと経費二シリングを課された。だがモスは、屋台が返ってくるとスクレーター・ストリートに戻って商売を再開した。警官の姿が見えたら、今度はすぐさま逃げられるように、馬の鞭《むち》を手に持ったまま茶を売りつづけたという。

何ごとも自分の目で確かめたいモンターギュ・ウィリアムズ判事は一八八九年三月九日、スクレーター・ストリートを実際に歩いてみて、教区の主張には根拠がないとの結論に達し、それ以後は、呼びだされた露店商に召喚費用のみ（二シリング）を課すことにした。やがて件《くだん》の条例は休眠状態に戻ってしまう。教区委員の商店主たちも、自分たちが始めた闘争に興味を失ったようだった。

四年後、地域の失業者たちが直接行動に訴えはじめた。社会主義やアナーキスト組織とはつながりのない動きであった。仕事にあぶれた労働者の一団が、ベスナル・グリーンとショーディッチの教区委員会に押しかけ、教区の仕事に自分たちを雇ってほしいと直談判におよんだのだ。運動の先頭に立ったのは製靴職人のジョン・ジェワーズ、塗装職のチャールズ・ウィリアムズ、馬車引きのランバート・ヘザーといった人たちだ。また、一団は救貧委員会の傍聴席に陣どり、老

ブリック・レーンの屋台

朽化して不潔きわまりないと悪名高いベスナル・グリーン教区の救貧院の補修を求めた。それにはわれわれ地域労働者を直接雇ってほしい、われわれは救貧院の清掃・塗装・補修を正規賃金で引き受けようという訴えであった。ジェワーズは家賃を滞納したことがあった。住んでいたのはホクストンの「約束の地（この界隈には、ある住民が教区に遺贈すると約束した物件があったが、残された寡婦が手放そうとしなかったため、こう呼ばれていた）」の「楽園《パラダイス》コテージ3」というふざけた名前のついた借家である。ジェワーズのわずかばかりの持ち物を差し押さえに執行官がやってくると、五〇人ばかりの失業者がバリケードを築いて阻止した。コテージの外では応援に駆けつけた群衆が「ラ・マルセイエーズ」や「イングランドの飢える貧者たち」を歌った。

ジェワーズたちは教区からささやかな勝利を

勝ちとった。一八九三年、ベスナル・グリーン教区が、地方固定資産税の納税者が絡む契約上の不祥事が相次いで報じられたのを受けて、労働者の雇用という新手法を取り入れることに同意したのだ。道路清掃人やごみ収集人が、週二四シリングの世間並みの賃金で雇われた。労働時間も妥当なものであった。石工や舗装工など、技術者には週三六シリングが支払われた。

加えて教区は渋々ながら、とりあえずの職業紹介事業もスタートさせた。失業者一三〇〇人が職を求めて登録した。教区は求人内容の詳しい情報がほしい、と地域の雇用者宛てに一五〇〇通の手紙を出したが、返事をよこしたのはたった五人とあって、この試みはまもなく取りやめになった。その後、教区は直接雇用も廃止してしまう。これには経費が一二〇〇ポンドもかかった、と教区は不満であった。そもそも失業は中央政府が対処すべき問題だ、というのが教区の言い分だったのだ。

貧苦にあえぐニコル住民の激しい怒りを買った政策が、このほかにもふたつあった。子どもの予防接種と通学の義務化である。一八五三年に制定された「ワクチン法」によって、生後三カ月未満の乳児に天然痘の予防接種を受けさせることが義務となっていた。また、のちの補足法によって、一四歳以下の子どもに予防接種を受けさせることを拒めば、厳しく罰せられることになった。こうした強制的な医療措置に反対する声が――多くは個人の権利の侵害だとの理由から、あるいはそこに階級的偏見を感じて――全国的に広がり、「予防接種反対同盟」が結成された。その支部のひとつ、「強制的予防接種撤廃のためのロンドン協会」によれば、ベスナル・グリーン教区の組織は非常に活発で、さまざまな階層の数百人もが定期的に集会を開き、予防接種反対のデモを行っていた。ロンドン協会は自分たちの主張をこうまとめている。「予防接種の科学的説明はいっさい提示されていない。われわれの敵対者であり、この措置を強制する政府は、予防接種とは何かを定義したことがない。予防接種の提唱者たちの見解は相互矛盾をきたしているが、反対の立場の著述家たちによりこれは……やがて廃れ、忘れ去られるインチキ療法の一種であると証明されている」[1]。医療関係者の多くは、このような考え方が理解できなかった。また、貧しい人たちがどれほど反対しているか、反対の本質が何かも理解できなかった――生命を救う力がある予防接種を、政府が用意してくれるのに、なぜ反対するのか。なにしろ予防接種を受ける側は一銭も払わなくていいのだ（公的支援が貧者の自立心を損なうかどうかという、古くからの議論は、予防接種義務化論からは消え去っていた）。

ベスナル・グリーン教区は、一八七〇年の天然痘の大流行で大きな犠牲を払った。ロンドンでは一万一〇〇〇人（全国では四万四〇〇〇人）が命を奪われている。翌一八七一年にワクチン法が改正され、子どもの予防接種を拒んだ親は、最高二五シリングもの重い罰金を、断るたびごとに課せられることになった。一八七〇～七一年にかけて、ニコルで天然痘が蔓延するさまを取材したあるジャーナリストは、住民は国による医療介入を危惧し、疑心暗鬼に陥っていると報告している。

ハックニーからショーディッチ教区にかけて、われわれが通った多くの教区で伝染病が猛威をふるっていた。住民は家族を病院に入れるのを嫌がったため、情報収集は困難をきわめた。ある地区では貧しい人たちが結束し、役人とおぼしきよそ者には、いっさい情報を与えないという厳粛な協定を結んでいた。ここの人たちは、患者を家で看護したいと言う。子どもに天然痘の予防接種を受けさせまいと頑固に断りつづける人も多い。その理由や、彼らの奇妙な考え方を聞かせてもらうのは、興味深い経験だった。その言い分ももっともだ、とうなずける場合もあるのだ。細心の注意を払って患者を診ているとはいえない医者も、一部にいるのだから……。もし、貧民がきちんと予防接種を受けなければ病気は何らかのルートで広がり、いずれ富裕者も苦しむことになるのは火をみるよりも明らかだ。[2]

大金を投じて労働者の家庭生活に介入する本当のわけを、ここから感じとることができる。無私無欲とはほど遠い理由であった——貧しい人たちの感染を許せば、天然痘は野放しになり、豊かな層にも広がってしまう。さらにいえば、貧しい人たちが疑心に駆られたのは、予防接種の実施が救貧委員会の仕事だったからでもある。予防接種も、新救貧法と同じく、支援や配慮に見せかけた貧乏人いじめのひとつではないかと疑われた。医療関係者のあいだにも不安はあった。予防接種事業を進めるにあたり、救貧委員会は経費削減の誘惑に駆られるかもしれない、あるいはよくある教区の無能ぶりをさらけだすかもしれないとの心配であった。

一八八九年四月付のある検視官の報告からは、予防接種の問題をめぐる地域の医者たちの足並みの乱れがうかがえる。バウンダリー・ストリートに住む失業中のポーターの妻アンナ・マシューズは生後一九日の娘を抱いて眠りについた。子どもはその日、予防接種を受けたばかりであった。朝になると、赤ん坊は息絶えていた。死因審問でアンナは、その夜自分はまったくの素面だったと言った。この一年、夫は仕事がなかったので、「酒なんてものは買えなかった」のだという。証言したある医者は、死因はけいれんだと考えられるが、それを引き起こしたのは予防注射だったかもしれないと述べた。[3]

罰金が課されるにもかかわらず、ベスナル・グリーンとショーディッチ教区の人びとは予防接種の規則に反抗しつづけた。一八九八年の時点で、この二教区の幼児の三分の二以上が予防接種を受けていなかった。

貧しい家の子どもたちに広く教育を施す政策も、多くの人は一時の風潮に過ぎないとみなした──個人の自由の侵害だし、なんの益ももたらさないとわかれば、そのうち廃れるだろう。それに、金がかかる。一八七〇年に「初等教育法」が施行される前、ロンドンには七五万人の子どもがいた。この子たちは親が希望すれば、この分野で最大規模の運営体である英国国教会の「全国学校《ナショナル・スクール》」や非国教会の諸教派が運営する「英国学校《ブリティッシュ・スクール》」、あるいは「貧民学校《ラギッド・スクール》（路上で暮らす最も貧しい子どもたちのために各種慈善団体が運営。ここに通う子どもたちは衣服も満足に与えられずに不潔で病気がちで、ほかの子どもたちと一緒にすることはできないとされた）」か「私塾《ディム・スクール》（多くは女性が自分の家に子どもを集めて教えていた）」に、わずかな費用で通っていた。

初等教育法によって全国に学務委員会が創設されたあとも、学校教育は多様性を保ち、英国国教会や慈善団体などが運営するさまざまな学校は、新たに大量に生まれた「公立学校《ボード・スクール》」と併存しつづけた。学務委員会の調査官には、子どもが、どの種の学校であれ、在籍している学校に必ず登校するように、また学校に通っていない子どもの親に対しては公立学校への入学を強制する権限が与えられた。初めのうち、学校教育は無償ではなかったが、極貧の人たちはほぼ確実に授業料の払い戻しを受けることができた（当時のロンドンの授業料は平均週二ペンス）。だが、払い戻しには時間がかかるうえ、見ず知らずの役人に家の収入や支出を詳しく説明する必要があった。バウンダリー・ストリート界隈では毎週、八〇～一〇〇軒が授業料払い戻しの件で担当官の訪問を受けていた。五～一〇歳（一八九三年以降は一一歳）の子どもは、慢性疾患を患っているとか、自宅から約三・二キロ以内に学校がないなどといった「妥当な理由」がないかぎり、フルタイムで通学しなければならなかった。一〇～一三歳までの生徒は、その子の就労が家計の維持に欠かせないと証明されれば、半日だけの登校が認められた。

不登校が続く子どもの親は警告Aを受けとった――このまま出席状況の改善がみられなければ警告Bが発せられるとの通知である。警告Bを受けると、親は特別に招集された「B委員会」の

ロンドン学務委員会は，児童の長期欠席の理由を調べるための「B委員会」を招集した．

前で、不登校の理由を釈明せねばならない。それでもなお子どもが登校しない場合は、親は裁判所に呼びだされ、治安判事が義務教育を支持していれば、最高二シリング六ペンスの罰金を課された（たいていの判事は義務教育に反対で、たとえばモンターギュ・ウィリアムズ判事は、親を罰しない方針を終始貫いた）。オールド・ニコル・ストリートに住むひどく貧しい花売りは、子どもたちの不登校の件で一四回も召喚された。出頭したこの男は、ダルストン駅で花を売るには子どもたちの手伝いがどうしても必要だと弁解した。

一八八九年一〇月、ベスナル・グリーン教区の男子生徒たちが、強制登校、学校での体罰、宿題の押しつけに抗議して立ち上がった。八日火曜日、一五歳前後の少年四、五〇〇人が教区内の街路を練り歩き、「鞭打ちやめろ」「時間短縮」「宿題いらない」などとシュプレヒコールを上げたのだ。先頭に立ったふたりの生徒は、赤い帽子をかぶり、赤旗を掲げていた。赤い帽子と赤旗は自由を求める闘争の象徴だ、とのちにふたりは新聞記者に語ったという。ふたりに続いて、公立学校や教会系学校など、さまざまな学校の生徒がデモに加わった。デモ隊は学校の建物の近くを通りかかると、中にいる生徒たちに、授業なんか放りだして運動に参加しようと呼びかけた。翌日にはハックニー教区の生徒たちがデモに参加した。警察が出動し、起訴するぞと警告しながらデモ隊を追い払ったので、結局子どもたちの反乱はかけ声倒れに終わった。

しかし、人びとの反抗はたいていの場合、より個人的で、ばらばらだった。ジョン・リーヴズはニコルの学務委員会の仕事を一六年も続けた人だ。最初の仕事は「家庭調査《スケジューリング》」であった。担当地区内の賃貸価格が年二五ポンドに満たないすべての家を訪問し、住んでいる学齢期の子どもの数を調べる。各戸訪問は私服で、身分証明証を持たずに行われた。ある日、マウント・ストリートのセント・フィリップ教会の牧師館を訪れ、この世帯に子どもは何人いるかと訊くと、牧師のロバート・ラヴリッジは、家庭生活がそのようなぶしつけな質問で乱されるとは言語道断だと憤った。貧しい家庭は——中産階級の家とは異なり——こうした個人情報を調査官に提供する法的義務を負っていて、これを嫌がる人は多かった。激しく反発する人もいた。リーヴズは「雑言を浴びたり大声を出されたりはしょっちゅうでした」と当時を語っている。訪問先の家に近所の人が来て、嫌がらせをされることもあった。「まったく不愉快な仕事でしたよ。こちらとしては、冷静に、毅然として仕事を進め、あの人たちの怒りがおさまるのを待つしかありませんでした。

やがて、われわれが警察の協力者ではないことや、われわれを警戒する理由は何もないことをわかってくれましたが」[4]

そこここで起きたこうした衝突は、感動的な演説や強烈な個性の指導者に率いられた大規模な労働争議とはまったく別の動きであった。一八八〇年代の大規模な港湾ストやブライアント&メイ社から譲歩を引きだしたマッチ工場労働者のストは、一時的にせよ、世の中の流れを労働者優勢に逆転させたように見え、ウエスト・エンドの人びとは震え上がっていた。しかし、そうした運動とは別に、ベスナル・グリーン教区で起きた一連の動き――露店商をめぐる騒動、教区に雇用を求める動き、予防接種や義務教育への反発など――は、極貧の人びとには団結し、自分たちで立ち上がる力があることを示していた。貧しい人たちは、社会主義者やレッセフェール（自由放任主義）論者が考えていたような愚鈍な大衆では決してなかったのだ。港湾ストの英雄と呼ばれたベン・ティレットは世紀末になってこう述べている。「困窮のきわみにある人たちは多くの場合、欠乏のために意欲を失い、少しでもよくなりたいという望みさえもてない状態だ……。こうした退廃の泥沼から革命のハイエナどもが姿を現してきた。したがって、社会主義政府はこの『滓《かす》』を処分する方法と手段を考えなければならない」[5]。だが実際には、エドワード朝時代（一九〇一～一〇年）にロンドンの行商人組合は一〇〇〇人超のメンバーを擁していたし、市内の行商人七五〇〇人の大多数が、地元の業界保護団体と何らかの関係を保っていた。これらの団体は特定の政党とつながっていたわけではなく、選挙が始まると行商人はそれぞれ自分の屋台に青（保守党のシンボルカラー）や、オレンジか黄色（自由党のシンボルカラー）の幟《のぼり》を立てて、支持する候補を応援した。ベスナル・グリーン・サウス・ウエスト選挙区は一八八五～一九一一年のおおよその期間、自由党急進派のエドワード・ピッカーズギルを議会に送りつづけたが、一九〇〇～〇六年の六年間は、反移民を掲げる保守党員サミュエル・フォード・リドレーが選出されている。断定はできないが、おそらくリドレーの議会での排外的な主張が地元行商人組合に支持されたのだろう。彼らは一九〇六年になるとふたたびピッカーズギルを支持したが、一九一一年以降は社会党〔一九一一～二〇年まで存在したマルクス主義政党〕候補支持にまわった。

貧困にあえぐロンドンの人びとの政治的行動は複雑で矛盾に満ちていた――これはほかのどんな社会階層にも当てはまることだろう。貧しい人たちは当然保守党びいきだったとか、生まれつき政治に無関心だった、と当時も今も言われているが、よく調べてみるとそんな通説は裏づけに乏しいことがわかる。

アーサー・ハーディングによれば地元のパブで政治談議は禁物だった。パブはどこも店主が保守党員で、保守党議員の写真を店内に掲げていたから、保守党を批判することは許されなかったのだ。そんなことをすれば必ず殴り合いになった――一八八九年の夏の初めに起きたある事件がこれを物語っている。ジョウゼフ・ジェイコブズのパブ「ヴィクトリー」で、保守党員の店主の教区委員再選祝いが開かれた。店内ではライバルの自由党候補支持者の一団が、盛んに野次を飛ばしていた。殴り合いが始まったのは真夜中近く。乱闘の最中、ジェイコブズの支持者のひとりが顔を殴られて負傷した。ジェームズ・メイズ（通称メイス）という三〇歳の男で、ターヴィル・ストリートのマイルドメイ・ミッション病院から退院したばかり。心臓が弱く、片肺しかないため、興奮や動揺を避けるようにと言われていた。けがを負ったメイスはマイルドメイ病院に何とかたどり着き、自分で入院手続きまでしたが、三日後に亡くなった。死者まで出した事件が起きたのち、ニコルで噂が飛びかった。乱闘が起きたのは、ジェイコブズがのちの死因審問で主張したように街路ではなく、ヴィクトリー店内で、閉店時間後だったというのだ。検視官のロデリック・マクドナルド医師は、この点を深く追求しない方針を固めているとも噂された。ジェイコブズのような地元有力者の評判に傷をつけたり、恥をかかせたりするのは適当でないと考えたからだという。[6] こんな事件が起きてもジェイコブズは胸を張ってこう言っていた――「うちのお客さんは政治に関心なんてないのさ。ここの人たちはがみがみ吠え立てる社会主義なんかに見向きもしない。みんなまっとうな労働者で、社会主義者や店荒らしなんかじゃないんだ[7]」

だが、労働者の多くは進んで投票に出かけたし、パブで政治談議ができないなら、クラブに行けばよかった。一八八〇年代末、会員制クラブが一大ブームを巻き起こしていた。チャールズ・ブースの調査記録『ロンドン民衆の生活と労働』によれば、当時イースト・エンドには（教会や慈善団体系の、あるいは純然たる社交目的のクラブとは別の）政治クラブが三二あった。そのうち二二は自由党急進派系で、保守系は六、社会主義系は三を数え、アイルランド自治を支持するクラブもひとつあった。住民の全体的な傾向として気づいたことを、ブースはこう語っている。「自由主義とか共和主義とか、あるいは急進主義というよりも、わが国政党政治の公式、非公式な枠組みの外にあり、したがって彼らの投票行動は予測がつかない。また、まとまりのない未組織の社会主義もかなり広がっている」。熟練工も半熟練工も政治クラブに熱心に集まった。ブースは、「全体的にクラブの人びとは弁証法的な激しい議論に情熱を傾ける」と指摘している。[8] ロンドンの最貧困層が一夜の宿に利用する簡易宿泊所でも、政治や神学をめぐる討論が盛んに行われていたとの報告もある。教えを広めようと宿泊所を訪れた宣教師たちは、熱心な議論がすぐに始まることに驚いたという。最低の生活を強いられた人たちは、抽象的な問題には興味もないし、理解力もないと考えられていたのだった。[9]

ニコルは参政権をもつ住民の割合がきわめて高かった。住民の八〇パーセント以上が恒常的貧困にあえいでいたことを考えれば、これは奇妙な現象だ。一八八〇年代末から九〇年代にかけて、ベスナル・グリーン・サウス・ウエスト選挙区では二一歳以上の住民男性の四六パーセントが選挙人名簿に載っていた（全国平均は六〇パーセント）。オールド・ニコルに限っていえば、一八八七年には住民男性の八五パーセントが選挙権をもっていた。一八九一〜一九〇一年のあいだ、ベスナル・グリーン・サウス・ウエストと、同じく貧しいポプラーの二選挙区は、選挙権をもつ住民の割合がイースト・エンドで最も高かった。[10] 社会的・経済的に底辺に追いやられていた住民男性のこれほど多くが選挙権をもっていたという例外的な状況は、この地区の住居の不幸な歴史に関係していた。

一八六九年に制定された「救貧税査定および徴収法」は、週ごとの家賃の一部を内税として家主を通じて納税していた労働者階級の大部分に、図らずも選挙権を与える結果になっていた。それというのも、この法律によって家主は借家人すべての氏名を選挙管理当局に届けでることが義務づけられ、その結果、「世帯主」あるいは「居住者」として家主が届けでた主たる、または支払い能力のある借家人がそっくりそのまま選挙人名簿に加えられてしまったのである。その一方で、又貸しの連鎖の末端の借家人はなかなか登録されなかった。名簿はのちに改定弁護士《リヴィジョン・バリスター》によって見直され、貧困者（医療措置以外の何らかの救貧措置を受けた者は自動的に選挙権を失った）、居住一年未満の者、英国籍のない外国人が弾きだされた。一八九一年にも、時の保守党政府がベスナル・グリーン教区の選挙人名簿を徹底的にあらためため、前述の三点を根拠に四分の一を削除させた。教区は家主が提出した名簿を十分に精査しなかった、と改定弁護士から苦言を呈された。とはいえ、ニコルの成人男性——一八九一年の調査によれば全一五七四人——のうちの約六三六人が選挙権を維持し、スラムの行商人の半数以上、労働者の三分の一以上、織物・製靴業者の二九パーセントが一八九二年の議会選挙の選挙人名簿に残ったのだった。[11]

参政権の歴史の研究者によれば、「選挙権年齢に達した男性は、選挙人名簿に登録され、同じ屋根の下にほかの成人男性が暮らしていないかぎり、その名前はほぼ間違いなく名簿に残った」。というのも、その男性は「主たる借家人」とみなされ、家賃を支払っている以上は地方固定資産税を納めているものとみなされて、戸主選挙権を与えられたからだ。「参政権や選挙人の登録は、一世帯がひとつの住居を占めている場合は、あまり問題にならない……。世帯の専有部分が狭く、住居がいかに粗末であろうとも、選挙権が付与される」のであった。[12] 対照的に、ベルグラヴィア、メイフェア、ケンジントンなど富裕層が住む地域では、成人男性の約三七パーセントしか選挙人名簿に名前が載らなかった。この地域には豪壮な大邸宅《マンション》やタウンハウス（地方の貴族や地主たちが都市に住んだ家）が立ち並んでいることから、住み込みの使用人を擁する一家の住まい《ファミリー・ホーム》では、おそらく、父親ただひとりに戸主として選挙権が与えられ、息子や兄弟をはじめ、同じ屋敷内に住む成人男性は誰も与えられなかったのだろう。地方固定資産税を納めているとは考えられないからである。

　選挙権をもつニコルの男たちはわざわざ投票に行っただろうか、あるいはどんな理由で誰に投票したのか——残念ながらこれらについてのデータは残っていない。ベスナル・グリーン・サウス・ウエスト（や同様に貧しい有権者が多かったポプラー）選挙区で急進的自由主義が広がったことを考えれば、投票権をもつ貧しい労働者が左傾化していたと推測したくなるだろう。[13] では、ニコルの高齢者や仕事に就けない職人たちも、大方の分析どおり急進的自由主義を支持したのだろうか。臨時雇いや未熟練の労働者たちはどうか。地方自治について、また予防接種反対運動や植民地政策、自由貿易や関税改正、よりよい救貧政策など社会的進歩について、彼らはどんな票を投じたのか、棄権することはなかったのか——答えは誰にも、永久にわからない。秘密投票システムは文明がもたらした偉大な成果のひとつだが、そのために泣かされる歴史家もたくさんいるのだ。

12 スラムを科学する――チャールズ・ブースの貧困地図

露店商の取り締まりを機に騒動が起きた際、ロンドンの人びとは底辺の人たちの味方についた。露店商を支援するための請願書には一万人が署名し、支援集会にはどこも大勢が詰めかけた。地域紙も全国紙も、露店商の取り締まりを画策したとして小売店主層を非難した。そのうえニコルの住民たちが示したささやかな抵抗には、思いがけない方面からも支持が寄せられた。海運業界の大立者で、素人統計学者のチャールズ・ブースである。一八八六年春、当時四六歳のブースはひとつのプロジェクトに着手していた。のちに全一七巻からなる『ロンドン民衆の生活と労働』として結実した社会調査である。大きな影響をおよぼしたこの著作は、一八八九～一九〇三年に「貧困調査」「産業調査」「宗教的影響力調査」の三シリーズとして発表された。第一巻「イースト・ロンドン」の執筆のためにニコルを取材に訪れたブースは、スクレーター・ストリート、クラブ・ロウ、ブリック・レーンに立ち並ぶ市場にすっかり心を奪われてしまった。日曜日の朝を迎えたスクレーター・ストリートの賑わいを、ブースはこう描いている。「ハトやカナリアやオウム、ウサギやモルモットを売り買いする人たちで街路はいっぱいだ……。人混みのなか、貝売りが商品を満載した手押し車を押していく。道路脇には移動式の射的や『サリーおばさん』と呼ばれる的当てゲームが並んでいる。ちょうど、どこぞの男が二輪馬車に立って乗り、封をした封筒にしまいこんだ競馬予想を捨てるところだ」。角を曲がってすぐの「ブリック・レーンを訪れるなら土曜日の夜がいい。実際この通りは、雨が降りつづいて売り買いする人たちが屋内に引っこんでしまわないかぎり、毎日夕方になると隅から隅まで人であふれ……ゆらめく灯り、山と積まれた安い惣菜品、呼び売りたちの甲高い声……と賑やかな光景が繰り広げられる」[1]

ブースはいわゆる二重生活を始めた。サウス・ケンジントン（のちにはマーブル・アーチのすぐ北）の家に家族を置いたまま、イースト・エンドのあちこちに宿をとりはじめたのだ。いったん近所の事情に通じると、すぐに別の住まいに移り、一所に長く住みつづけはしなかった。一八八〇年代、スラム見物はサイクリングやブリッジや魚釣りと同じくれっきとした気晴らしのひとつで、これを楽しんだ裕福な紳士は何もブースが初めてではない。ものめずらしげに見知らぬ町を歩きまわり、別世界の景色や音や匂いを味わう人たちは特権階級に大勢いて、ブースはそのひとりに過ぎなかった（わざわざめかしこんでスラム見物に出かける人もいた。「豪華なディナーを終えた夜会服姿の男女が、知りうるかぎり最も貧しいスラムに案内されてやってきては、住人の家をのぞきこむなど、許しがたい行動に出ることがあった」と、一八八〇年代の末にホワイトチャペル教区の社会福祉施設で働いていた若い学生はのちに思い出を語っている)。[2] スラムで過ごした時期のブースの日記の原本は残っていないが、妻メアリが回想録を書くために清書した部分からは、ブースが滞在先三カ所の暮らしを楽しんだことがうかがえる。ショーディッチ教区での滞在についてメアリはこんなふうに書いている……。「チャールズはイースト・エンドの暮らしを存分に楽しんでいる……。そこに住んでいる人たちも、夕方の散歩も、食べ物さえも気に入ったようだ……。食べ物といえば、その種類も、食事時間も、わたしたちの階級が慣れ親しんでいるものと違うけれど、あちらの食べ物……イースト・エンドの下宿のおかみさんが出してくれるオートミールのおかゆや厚切りのバタ付きパン……のほうがチャールズにとってはおいしいらしい」。[3] しかし、ブースはただ楽しんでいたわけではない。鋭い知性をはたらかせ、ロンドンに巣食う貧困の真の原因と規模を突きとめようと心に誓っていたのだ。経済が停滞し、社会が危機に直面した一八八〇年代の半ば、憂慮すべきさまざまな統計が発表されていた。ブースは、ロンドン住民の二〇パーセントが悲惨な貧困にあえぎ、欠乏状態にあるという、当時、定説となっていた労働組合や社会主義者の見方に疑問を感じていた。

ブースの著作の第一巻は、「貧困調査」シリーズ第一作として一八八九年四月に発表された。ロンドンの一万三六〇〇本の街路をブース自身が、あるいは「主事《セクレタリー》」と呼ばれた選び抜かれた助手が調査し、その結果をまとめ、刊行にいたった労作である。調査には、牧師、慈善家、家賃集金人、慈善団体の活動家、警官ら実にさまざまな立場の人たちが手を貸してくれた。一軒一軒を訪問し、口頭、あるいは書面での証言を集めてくれたのだ。情報収集でとくに力を発揮したのは、貧困家庭の生活を誰よりも間近から見ていたロンドン学務委員会の調査官たちであった。ブースは貧しい人たちから話を聞きだすには気配りや思慮深さが必要だと訴え、学務委員会による「家庭調査」は「細心の注意を要する手続き」であり、「横柄なふるまい」をいっさいしてはならないと注意した。『ロンドン民衆の生活と労働』は公刊に際して人名と街路を仮の名で表している。たとえばハーフ・ニコル・ストリートは（皮肉な響きもするが）「サマー・ガーデンズ」、バウンダリー・ストリートは「カッターズ・ロウ」、オールド・ニコル・ストリートは「バクスター・ストリート」、マウント・ストリートは「ファウント・ストリート」と表記された。

ブースは、科学的調査方法を使って現実の問題の本質と規模を明確に提示する、公平無私な研究者を自任していた。問題をどう解決するかは、あとで誰かほかの人が決めればいい。いま求められているのは、良識と事実と統計データであり、不用意に使われることが多いデータの真の意味を突きとめなければならないと。つまりブースは、極貧の人びとの苦しみをひどく悲惨なお涙頂戴の物語としてではなく、事実として示したかったのだ。当時広く読まれたスラム探訪記事から、新しい様式の文芸作品が生まれていた。たとえば『ロンドンの見捨てられた人びとの悲痛な叫び』は、貧困のありさまに心を痛めた牧師アンドリュー・マーンズがスラムの実態を白日のもとにさらすために書いた本で、世に出るや否やベストセラーになった。そのほか人気を博した作品にジェームズ・グリーンウッドの『裏町の深み――そこで見た不思議な闘い（*Low-Life Deeps*）』や『ロンドンの七つの呪い（*The Seven Curses of London*）』、ジョージ・シムズの『貧者の暮らし』『ロンドンの悲惨（*Horrible London*）』などがある。
ブースが政治的・哲学的にどのような考え方を基本としていたかは、ごく近しい友人たちにも、いや妻にさえ、よく理解されなかった。義理の息子はブースを「ユニークな人」で「身なりもそうだが、頭のなかの考えも一風変わっていた」と評している[4]（ブースは長身でやせており、服装はみすぼらしかった）。『ロンドン民衆の生活と労働』第一巻の書評のひとつに、ブースの「厳密な公平性」を指摘した記事がある。[5]しかしブースは、実はある政治的動機をもって調査にあたっていたのだった。「無力感」を克服したかったのである。まったく非の打ちどころのない資本主義体制が無力感のゆえに一時的に機能不全に陥っている、とブースは考えていた。第一巻の序文にこう書いている。

貧民が働くときに置かれている不利な立場、および貧困がもたらす悪に関しては、大いなる無力感の存在を指摘せずにはいられない。賃金労働者は仕事を調整することができず、自分が提供しようとする働きに見合った報酬を受けとることができない。製造業者も販売業者も競争の範囲内でしか働けない。富者は、その根源に手をつけないまま、困窮を緩和することができずにいる。この無力感を和らげる第一歩は、問題をよりはっきりと提示することであろう。[6]

ブースは、貧困問題は途方もなく過大評価されていると考えていた。恒常的貧困というものがもし存在するならば、それは無気力、怠惰、飲酒、心身の衰弱の結果だろうと予想していたのだ。ただし、もしそうではないとするデータがあり、それが信頼できるものなら、喜んで別の見解を受け入れようとも述べている。そう言っておいてよかったのだ。恒常的貧困者は二〇パーセントだとする説を、ブースは信じていなかったのだが、一八八九年には自身の調査班によって、この数字はイースト・エンドでは三五パーセント、ニコルでは実に八三パーセントであることが明らかになったからだ。

こうした調査の過程で直面するかもしれない社会問題に関して、ブースはどのような問題であれ、解決策を提案する意図はないと表明していたが、のちに老齢年金構想をめぐって激しい議論が持ち上がったときには、その推進に向けて力強い主張を展開した。「限定的社会主義」のひとつのかたち(ブースはこう呼んだ)であるこの構想は、貧者のなかでも最も弱い立場に置かれた、(ブースに言わせれば)「まともな」人びとが自立し、尊厳をもって生きることができるように手を差しのべるためのものであった。公的支援の対象を「まともな」つつましい高齢者に限定するこうしたやり方は、自立を——妨げるどころか——促すというのが、ブースの考えであった。どの政党ともつながりをもたず、個人や団体からの社会的・金銭的支援ともいっさい無縁であったブースだからこそ、国家による年金制度構想をこれほど簡潔に提示できたのだった。だが、ブースの友人たちは動揺した。一八九一年一二月、ロンドン中が深い霧に包まれたある夜、ブースが年金構想について演説したジェルマイン・ストリートの講堂内部にも霧が立ちこめていた。顔も見えぬ聴衆のなかから、次々に反対の声が上がる。ブースに賛成する者はひとりもいなかった。「敵意ばかりを感じた講演会だった」とメアリは記録に残している。[7] 別の理由でブースから距離を置きはじめた人たちもいた。たとえば義理のいとこにあたるベアトリス・ウェッブ（ベアトリスは『ロンドン民衆の生活と労働』の「貧困調査」を担当した六人の調査員のひとりであった）は、何らかのかたちの社会主義――ウェッブ夫妻の場合はフェビアン主義――こそ社会問題を解決する唯一の方法だと考え、市場の力に傾倒するブースに愛想をつかしたのだった。

リヴァプールの裕福な穀物商の家に生まれたブースは、宗教的には、家族と同じくユニテリアン――英国国教会に属さないプロテスタントの一派で、教義の追究には重きを置かず、神よりも人間に関心を寄せ、人間の性善説を信じ、堕罪を否定する宗派――であった。のちにブースは、家族や周囲の多くの人たちと同じく、オーギュスト・コントが唱えた実証哲学の影響を受ける。コントは、実証的方法論で社会が動く法則を推論する新しい学問領域を開き、これを「社会学」と名づけた哲学者であった。こうした「実証哲学の影響を受けた宗教」は、ヨーロッパにおいて、信仰こそ失っていたがひたむきな気持ちをもちつづけていた多くの人たちを結ぶ懸け橋となった。

ブースは学業を終えるとすぐに実業界に入り、ブース船舶会社を設立して独自の財を築いたが、やがて心身に不調をおぼえ、仕事とは無関係の趣味に打ちこむようになった。とくに興味をもったのが統計学である――一八八一年の人口調査から推定される数字は何を意味するのか。データの解釈は理にかなっているのか。次回一八九一年に行われる人口調査に加えるべき新たな設問とは？　こうした疑問を胸に抱えながら、ブースは王立統計学会のメンバーとなり、一八八五年には学会の調査に参加した。ロンドンの失業者のためにと寄せられた莫大な寄付金の最善の使い道を検討する調査であった。社会主義が台頭するなか、各種慈善団体は（ブースによれば）誤ったデータに基づいて寄付金を浪費していたのだ。貧困と欠乏をめぐる王立学会の調査を通して今まで知らなかった世界に触れたブースは、さらに深く知りたいと願った。『ロンドン民衆の生活と労働』はそんな願いから生まれた。

現代の——とくに、ブースがその誕生に大きく貢献した社会学の分野の——学者たちは、一貫した論理的基礎を欠くとしてブースの調査に批判的である。だが、ブースがいわゆる一匹狼だったからこそ、『ロンドン民衆の生活と労働』に寄せたブースの文章は読んで面白いのだ。現代の読者にとって本書の魅力のひとつは、純粋な統計データにこだわりながらも、自分はそんなものとは無縁だと思っていた道徳主義的批判に傾くブースの葛藤がページごとに読みとれるからだろう。グラフや図表のあいだから悦に入った語り部がしょっちゅう顔をのぞかせ、冷静な統計学者の邪魔をするのだ。また、この本が何より興味深いのは、当時、極貧にあえいでいた人びとの暮らしに対して中産階級が抱いていた不安がはっきり表れているからだ。妻が働くこと、富や名声や地位に野心を抱かないこと、住まいを転々として、無計画な結婚やだらしのない交際をし、経済観念がなく、家庭生活への関心も低く、所有や蓄財にも無関心なことは、どれも中産階級にとってはとんでもないことだった。[8]この著作からは洞察力やさりげない皮肉、あからさまな蔑みの念や厭世的気分、またそのいっぽうで、ロンドンを調査するという大仕事への戸惑いを読みとることができる。包括的・実証的な情報を明確に示そうと志しても、うまくいかないことが多く、緊張が生まれるのだった。全一七巻を通じて著者は、自分の仕事は信頼に足る資料であると胸を張りながらも、社会には決して知りえないこと、あるいは空想や噂や大雑把な一般化を通してしか語れないことがあると認めている。最も貧しい——「黒く塗りつぶした」——街路の調査についてブースは、「わたしは満足すべきだったのだろう」と述べている。

若い頃のチャールズ・ブース

ロンドンの他の地域における黒く塗りつぶした街路についても同様に十分な報告ができたのかもしれない。だが、できたとしても、こうした地域は教会関係者でさえ立ち入るのが難しく、資料はほとんど手に入らない。加えて、画一化というものをわれわれはしばしば目の当たりにする。これら街路にはすべてに共通するある種の傾向がある……。どこでもそうだが、ある地域全体が悪いというわけではなく、酒や愚行や不運が原因で苦しむ者たちが混じって暮らしていることが多い。悪徳よりも貧困が幅をきかせている地域を見れば、さらに悪い地域もおおよそ同じような状態だとみることができよう。[9]

ブースはときどき、こんふうに白旗を上げるのだった。

「貧困調査」シリーズの冒頭で、ブースはひとつの注意点を挙げている。この調査はロンドン学務委員会の調査官に大きく依存していたため、対象となったのはイースト・エンドの人口の約二分の一～三分の二に過ぎないということだ。つまり家族単位の暮らしをしていない住民の状況については、多くを推測するほかなかった。ブースは「女性の仕事」についてや、女性労働者が圧倒的に多い産業についても数多くの論文を書いているが、そのなかでも、『ロンドン民衆の生活と労働』はこの偏りが色濃くにじむ作品となった。この調査は基本的に男性の大黒柱が働いている世帯を対象にしており、男性世帯主以外の労働は程度の差こそあれ、補助的なものとみなされたのだ。ブースもこれに気づいていて、調査班が接触できた家庭の経済状況はおそらく平均以上だろうと指摘し、報告ではこの部分を調整しようとして、幾分悲観的すぎる文章を書いたとも認めている。とはいえ、ロンドンの、とくに革命の機運についてのブースの報告は読者を大いに安心させたのだった。ブースはこう結論を下している。「無教養の一団がスラムから出てきて現代文明を圧倒するなどといった話を耳にするが、そんな一団など存在しない。確かに無教養な者はいる。だが、ごく少数だし、その比率も低下している。彼らは面汚しではあるが脅威ではない」[10]

ブースが目指したのは労働者階級を構成するさまざまな要素をできるだけ整理し、「滓《かす》」の部分を分離することであった——こうした連中は向上心のある大多数の「真の労働者階級とは文化的に異質であり、富のより多くの分配を求める彼らとは性格を異にしている」[11]

ブースの見立てによると、夫婦と子ども三人の世帯が「自立してまともな暮らし」をするには週に一八〜二一シリング必要であった——これが、ブースが考案した有名な「貧困ライン」である。ここで、「貧者」とは苦労しながらかろうじてこの程度の生活ができる者であり、「極貧者」とは家賃を支払い、家族や扶養者を食べさせるために必要な週一八シリングを稼ぐことができず、「慢性的窮乏」の状態にある者である。

さらにブースは調査員が作成した四六冊のノートをもとに、のちに色分けされて有名となる独自の社会的階層区分を考案し、イースト・エンドの住人九〇万九〇〇〇人を八つのカテゴリーに分類した。

階級A——最下層（ごく稀に仕事に就く労働者、浮浪者および準犯罪者）、イースト・ロンドン住民の一・二五パーセント（一万一〇〇〇人）

階級B——極貧（その場かぎりの臨時所得）、一一・二五パーセント（一〇万人）

階級C——貧困（不規則所得）、八パーセント（七万五〇〇〇人）

階級D——貧困が混じっている（規則的な少額所得）、一四・五パーセント（一二万九〇〇〇人）

階級E——労働者階級的な快適さを享受（規則的な標準所得、貧困ライン以上）、四二パーセント（三七万七〇〇〇人）

階級F——ゆとりがある（高級労働）、一三・五パーセント（一二万一〇〇〇人）

階級G——富裕／下位中産階級、四パーセント（三万四〇〇〇人）

階級H——上位中産階級、五パーセント（四万五〇〇〇人）

色分けしたA〜Hまでの社会階級と相互に関連づけて参照するため、ブースはまた、収入と労働の規則性を次のように分類した——（一）ごく稀な仕事、（二）臨時雇いの仕事、（三）不規則な収入の仕事、（四）規則的な低賃金の仕事、（五）規則的な標準賃金の仕事、（六）高賃金の仕事、である。ブースは、この六タイプの労働ははっきりと区別できるものではないと強調している。「これらは相互に微妙に侵食しあっている。実のところ、区分けというものは具体的な事実というよりも感情の機微を表すものでしかないといえよう」。景気がひどく悪化し商売が不振になれば、職人や事務職でさえ、港湾労働者と仕事を奪い合うだろう。それゆえブースは、ロンドンの港湾地区は労働市場全体の「苦悩をはかる一種の計器」の役割を果たすと考えた。[12]

イースト・エンドの階級のなかでは階級Aが最小であるとブースはみていたが、それとても「ごく大雑把な判断」に過ぎないと認めている。「この階級の人びとはひとりずつ数えることができない……。表に示した数字は、簡易宿泊所の利用者や町に住む最下層の人たちから得た推計値の合計であるが、これに加えて、浮浪者を数えるべきであろう。住所不定で、夜になればどこであれ寝泊まりする浮浪者は、おそらくどんな人口調査の対象にもなりえないだろう」[13]。つまり、これは科学的とはとうてい呼べない調査であった。それに、階級AとBをめぐるブースの説明は

ロンドンの港湾地区で，その日の仕事をもらおうと選ばれるのを待つ臨時雇いの労働者．

色眼鏡と無縁でなかった。階級Aの人たちについて、ブースは「野蛮な生活。極度の窮乏状態に陥ったり、ときに暴飲暴食したりと、浮き沈みの激しい暮らし。食べ物はきわめて粗末。唯一の贅沢は飲酒だ」などと評したうえ、気前のよさや分かち合いの精神や仕事への意欲について、階級Aの特性をさらに詳しく述べ立てている。

彼らがどう暮らしているかを説明するのは難しい。ものを拾って生活し、手に入ったものを分け合うことが多い。一夜の宿賃三ペンスが手に入らないと……夜中に街路に放りだされ、朝になると共同炊事場に戻ってくる。ぼろを着て通りをうろつき、ときに物乞いをし、ときにごろつきになり、仕事のない者の面汚しといえる……。彼らはなんの役にも立たず、なんら富を生みださないどころか、かえって損なうことが多い。触れるものすべてを劣化させ、個人としておそらく向上することはできないだろう。

階級Bについてブースは、夫に捨てられたか、先立たれたかして独り身となった女性を除く大部分は、「不甲斐ない腰抜けか、怠け者の大酒飲みだ」と言っている。階級Bの平均的男性は、週三日ほど低賃金の臨時仕事をするが、そのため妻や子どもたちの稼ぎが家計に不可欠である。「気の向いたときに働き、好きなときに遊ぶというのが彼らの理想だ……。規則正しく単調な文明生活に耐えることができず、求める刺激を路上生活に見出すのである」[14]。ブースによれば、元兵士の多くは階級AかBに属していた。つまり階級Bは、「この階級に生まれ、そのなかで生き、死んでいくというよりも、身体的・精神的・道徳的な理由からいい仕事に就けない事情が重なり合った結果」としてこの階級にいるとみた。

ある職種（たとえば港湾での肉体労働など）の季節性変動の影響を最も多く受けるのは階級Cであった。大多数はまじめに働き、それなりの技術ももっているが、不景気になると階級Bと低賃金の臨時仕事を奪い合うことになる。好景気であれば、階級Cの男性は労働分類（五）の「規則的な標準賃金の仕事」の範疇に入ることもできるが、個人的な弱点（金があれば無駄づかいする、大酒を飲むなど）があるために階級Bに転落する危険に常にさらされている。階級Cをブースは、「よく働くが、苦労の絶えない人たちであり……道徳の点からみてほかのどんな階級にも劣らないが、ふがいなく、先見の明がない……。だから、大多数は特定の業種団体に属さない、いわば無力な人たちで、この階級から指導者や組織が自然に生まれることはないだろう」と位置づけた。

階級Dはときに仕事の奪い合いに直面し、景気の影響を受けることもあるが、一定の収入と呼べる程度の賃金を得ている。階級Dの男性は主にガス労働者、港湾労働者、馬車引き、ポーターであり、「全体として、人に頼らず立派に子どもを育てているきちんとしたまじめな人たちだ。彼らの仕事には熟練や知性は必要ない……。やりくり上手の妻がいれば、この階級の男たちは世間体を保って暮らしていけるだろう」

階級Eは最も人数の多い区分で、小売店主や家内工業の熟練工が多く、週二二～三〇シリングを稼得《かとく》するから、妻は働く必要がない。階級Eの家庭では、娘を奉公に出し、息子に親の仕事を継がせることが多い。ブースのみたところ、この階級は決して施しを受けようとせず、階級Dとともに、イースト・エンドにおける中産階級ともいうべき層を構成している。

階級Fは主に工場長、倉庫管理者、河川・港湾の貿易業者といった人たちで、週三〇～五〇シリング稼ぐ。息子たちは事務員になり、娘たちは高級店で働くことが多い。

イースト・エンドの階級Gは主に事務員、実業家、「下級専門職」であり、階級Hは使用人を雇用し、環境のよいハックニー教区に集中して住んでいる。

人はなぜ極貧の状態に陥るのか。ブースは三つの主な要因にたどりついている――雇用の問題（働き口が少ない、賃金が低いなど）、習慣の問題（無駄づかいや飲酒など）、境遇の問題（病気、けが、高齢、大家族など）である。階級AとBについてブースは、その四パーセントは「怠け者」で、貧困は自分で蒔いた種だとしながらも、一四パーセントは習慣、二七パーセントは境遇、五五パーセントは雇用が原因で貧困に陥ったとした。階級CとDに浮浪者はおらず、一三パーセントが悪い習慣に陥っており、一九パーセントが不幸な境遇にあり、六八パーセントが雇用問題を抱えていた。

ブースは、自ら考案した首都のこの社会・経済構造モデルを表現する見事な手法を思いつく。こうして生まれたのが、八つの階級ごとに首都の街路を色分けした「貧困地図」である。これは一九世紀を象徴する最も――美しいとはいえないが――印象的な図像のひとつとなった。黒く塗られた街路には「（階級Aに相当する）最下層の労働者、浮浪者、準犯罪者ら不穏分子が密集して住んで」いる。ダークブルーは、極貧の（階級Bに相当する）「主に臨時雇いら、その日暮らしの人びとが住む」地域だ。ある地域で犯罪や悪習慣による貧困と「誠実な」慢性的貧困とが入り混じり、判然と区別がつかない場合、ブースはダークブルーの地域を黒で縁取った。ライトブルーは標準的な貧困（階級CとD）を表した。パープルは貧困と小規模自営業が見分けのつかないかたちで混在する地域で、階級BからFまで、さまざまな人たちが住んでいた。ピンクは「労働者階級的快適さを享受できる」層を表し、階級E、F、およびGの、使用人を雇っていない人びとが住む地域であった。赤は一～二人の使用人を抱えるゆとりのある層を、黄色は三人以上の使用人を雇い、資産価値一〇〇ポンドを超える家屋に住む富裕層を示した。

ブースの貧困地図はふたつの正反対の性質をもっている。ひとつは野放図に広がる都市を秩序だてて評価しようとする試みであり、気が遠くなるようなエネルギーと意志の強さのあかしであった。損得勘定を抜きにした緻密な努力と、深みに欠けるとはいえ、鋭い思考が生んだ労作であることは間違いない。だが同時に、無謀な変わり者の仕事だともいえる。少なくとも、おかしな考え方が横行する、まともではない社会が生んだ作品なのである。一見、経験主義に基づいているが、実はそうではない。この地図を見て、それが現実の生きた経験を語っていると本気で考える人がいるだろうか。図表化するために富の分配を単純化してしまえば、ブースが著作で示したきわめて複雑な調査結果や曖昧な結論は骨抜きにされてしまうのだ。

ブース自身も、『ロンドン民衆の生活と労働』の内容を地図に表すこと、とくに住人それぞれの「個性」を社会的・経済的な失敗や成功に関連づけることには限界があると認めている。

千差万別の、限りなく複雑な境遇をグラフで示そうとすれば、ごく控えめにいっても、きわめて不完全な表現にしかならない。虹色の色分けも然り、実態を完全に表してはいない……。表現にいま少しの融通性をもたせようとして、随所で各色を混ぜ合わせた。とくにダークブルーの地域をしばしば黒で縁取ったが、そこでは極貧状態に加えて、それよりもさらに悪いことが混在し……。忘れてならないのは、街路はどこも、程度の差こそあれ、さまざまな特徴が入り混じっているということだ。全体として見れば、黒く塗った街路にも階級AからFの人びとが、あるいは階級Gの人さえ、住んでいるのである。[15]

そんなわけでパープルは利用幅の広い便利な色として使われた。「これらの街路にはさまざまな特徴を見ることができる……。ほとんどどの建物にも貧困の混在が認められることがあり……。また、建物ごとに判断がつきやすい街路もある……。貧困が通りの一方の端にしか見られず……それがパープルに変わり、東の端に行き着くあたりでピンクに変わる地域もある」[16]。こう述べてからブースは、パープルの街路の特徴は大きな住まい、元来そこの住人になるはずだった階級がもはや暮らさなくなった家があることだと付け加えているが、説得力に乏しい。

ブースの貧困地図は、存在したことのないある都市をめぐり、丹念にでっち上げた空想の産物といえる。道徳上の弱点（あるいは人格的欠陥）と経済的運命とをあくまでも関連づけようとすれば、たとえば黒く縁取られた黄色の街路は、調査した数年間に「ちゃんとした《レスペクタブル》」家庭内で知能犯罪やアルコール依存などが多発したことを反映することになるのだろうか。あるいは、悪徳家主が住んでいる街路は何色で表せばいいのか。ピンクか赤か黄色にし、黒で縁取りをすべきだろうか。ブースはその種のことについては何も言及せず、ただ、「階級Aを犯罪者と混同してはならない。犯罪者は——有罪判決が下りた者だけでなく、少なくとも犯罪者気質の者は——すべての階級にいる」と述べているだけである。とはいえ、ブースとその調査班にとって、道徳とは貧困の原因として、または貧困との相互関係においてのみ、考慮の対象とすべきものであった。だが、もし悪習が富をもたらすとしたらどうだろう——答えは出ていない。

　この貧困地図上に、黒とダークブルーのひときわ大きな五つの染みをつくっているのがニコルである。マウント・ストリートとオールド・ニコル・ストリートは真っ黒に塗りつぶされ、「きわめて粗野で狂暴な階級」が住んでいるとされた[17]——不名誉なインクの染みである。そのほかの街路はダークブルーだが、バウンダリー・ストリートだけはパープルだった。ここでは盛んな商売や事業活動のおかげで、黒やダークブルーの住民の影が薄くなったのである（この通りの一八番地で魚屋を開いていたチャーリー・バーデットは荒っぽい男で、押し込み強盗中に発砲したとして刑務所送りになった。攻撃的犯罪性と健全な事業感覚を持ち合わせたこんな男の住む場所を色分けするとすれば、黒で縁取ったパープルにすべきだろうが、そんな組み合わせはブースには考えもおよばなかった）。

セント・フィリップ教会のラヴリッジ牧師は貧困地図を目にして憤慨した。教会のあるマウント・ストリートとオールド・ニコル・ストリートが真っ黒に塗りつぶされていたからだ。「バウンダリー・ストリート界隈の住民はひどく貧しいが、それでもどちらかといえば品行方正だって？　……そんなのは悪質な嘘っぱちだ」[18]。ブースのためにニコルの情報を集めたのは、ラヴリッジのライバルの牧師、アーサー・オズボーン・ジェイと、教区内のすべての所帯を年に三回は訪問していると自慢する副牧師のルパート・セントレジャーだった。「貧乏人の家に来て、あれこれ聞きだしてどうするんだい？」ニコルで家庭訪問をすると、セントレジャーはよくそんな言葉を浴びせられた。だが、いったん警察と組んでいるわけではないとわかると、たいていは歓迎され、質問に答えてもらえた。あるとき、扉を何回も叩いてから家の中に入ってみると、住人の女性がベッドに寝ていたことがあった。セントレジャーは声をかけずに外に出てきたが、翌日になって、街路で当の女性になじられた。「あんた、昨日あたしの部屋に入ってきただろ？　酔っ払い女のところに、何だって入ってくるのさ。そんなの紳士のすることじゃないよ！」セントレジャーは、あはは笑って聞き流した[19]。貧しい人たちが調査の対象になって特権階級の視線にさらされても、それは当然だと考えていたからだ。結局、困っている人たちを助けるための調査なのだから。

ブースの調査記録に残るセントレジャーの手書きのノートは、みじめなエピソードのカタログだった。苦労し努力を重ねる人や、酒におぼれ絶望に落ちこむ人たちの身の上話の数々である。

セントレジャーは、落ちぶれた人たちの物語にとくに興味をもっていた。たとえばハーフ・ニコル・ストリート一八番地に住むリードは六〇代、「下品な、むさくるしい感じの男」で、「ドイツの奴らがみんな死んじまえば、おれたちの仕事が忙しくなるんだが」と言っているという。ドイツから海を渡ってくる玩具のせいで、商売が思わしくないのだった。職人を一八人も抱えていた父親から玩具製作を引き継いだものの、事業に失敗したリードは、今では掃除人として働く妻の稼ぎで暮らしている。

同じ通りの四番地の裏部屋に住んでいるギャヴィガン夫人は、以前は眼鏡技師の妻としてかなりいい暮らしをしていた。ところが鬱病を患う夫には自殺衝動があり、ハンウェル精神病院に入院中で、今は子どもたちと孫ふたりを抱えて、他人の家の洗濯や掃除をして働いている。孫のひとりは履いていく靴がないため通学できない。「訪問者があると、この子はテーブルの下に隠れ、『学務委員会から来たんじゃないよ』と言わなければ出てこなかった」とセントレジャーは記している。

七番地の一階には「哀れな未亡人」がふたり住んでいた。フラハティー夫人はロンドン中心部のハットン・ガーデン教区生まれ、父親は仕立て職人の親方として六〇人もの職人を雇っていた。その父の意に染まぬ結婚をしたため勘当されたフラハティー夫人は、ニコルへ越してきて二年、洗濯や雑役をして労賃を得ている。今は家賃を七シリング六ペンス滞納し、まともな衣服はすべて質に入れてしまった。同室のジャクソン夫人はホルボーン教区に近いスノー・ヒルに生まれ、今はセント・ポール大聖堂裏のパーテルノステル・ロウで花や果物を売っている。セントレジャーが調査に訪れた日、ジャクソン夫人は一銭も稼げなかったと言っていた。しかも、両足がびっしょり濡れている。履いているブーツは左右ちぐはぐだ。一度に片方ずつしか買えなかったのだ。どちらも粗悪品のため、雨水の浸入を防げない。二枚のエプロンとハンカチーフは家賃の支払いにあてるため、質草に化けていた。

二〇番地の二階に住むのは、ユグノーの血を引くコカール氏。八〇代の繻子織《しゅすおり》職人で、かつては織機を六台も持っていた。ニコルで機織《はたお》りを続けて四〇年、二度妻に先立たれ、今では耳が聞こえず、息をするのも苦しい。最初の妻が首を吊った部屋にそのまま暮らしている。

セントレジャーのお眼鏡にかなったのが、四〇番地のメイ夫人だ。「上品」で「礼儀正しく」、「あきらかに良家の出」と思われるメイ夫人はイングランド南東部ブライトンの実業家だった親を失い、職を求めてロンドンへ出てきたが困窮し、今は他人の家の子守をしていた。子守先の子どものひとりは「知的障害があり、満足に話すことができない」。この子の母親はバウンダリー・ストリートに住むリチャードソン夫人、世間から「だらしのない医者」と噂される男の妻である。メイ夫人は、自分はリチャードソン夫人を助けているのだと言っていた。週四シリング六ペンスを家主に払っていたメイ夫人は、「家具付き」と言われて借りたのに、実はむき出しのぼろぼろの部屋だった、と「あからさまな軽蔑の念」をこめて訴えたという。[20]

セントレジャーが訪れる先々で病人が待っていた——はしか、呼吸器系の疾患、そして何より

この写真が撮影された1895年には，絹織物で生計を立てている職人がわずかだが残っていた．かつてイースト・エンドでは何万人もが絹織物業に従事していた．

多いのがリウマチだった。病人たちはベッドに寝たきりになっているか、ベッドがなければ床に寝たきりになっていた。「ノーブル夫人。未亡人。慢性関節リウマチで床に寝たきり。できるときは針仕事をする。事故で障害を負った息子ひとり。もうひとりの息子は製材所勤務。孫ひとり。移り住んで九年。極貧」。「スポール。馬車引き、リウマチで寝たきり。妻と子ども八人。子どもたちのうちひとりが働いている。ひとりは病身で、余命短いとみられる」。「デイヴィス。リウマチを患う妻と子ども五人。ひどい住居——窓は壊れ、床は腐り、壁は崩れ落ち、虫だらけ。煙突が詰まり、室内に煙が充満……。家賃週三シリング九ペンス。滞納分の支払いに毎週三ペンス。大家のトンプソン夫人は家賃に関してきわめて厳格。一家は身のまわりのものを裏庭にも置いている」。「ベイツの家では子どもがドアに出てきて、『今日はだめ』と言った……。祖母が横たわっていて……。表札のそばに四隅に飾りのついた黒十字……。二回目の訪問。実に貧しい。椅子職人。妻と子ども五人。子どもふたりははしかにかかり、妻は病気がちだ」。「パーソンズ。帽子屋。六七歳の妻は慢性関節リウマチで寝たきり。ひどい痛みに苦しんでいるというが、朗らかで話し好きだ。［バプティスト派の有名な聖職者］スパージョン牧師やパーマストン卿も自分と同じ症状を訴えていると言っていた[21]」

セントレジャーの報告を読んだブースは自らニコルへ出かけていった。一八九一年二月の寒い日だった。人びとが二カ所に固まって、教会の集会所が開き、その日のスープを配りはじめるのを待っているのが見える。一カ所に女性たち、もう一カ所に子どもたちが集まっていた。この人たちは、この寒さをどうやってしのいでいるのだろう、とブースは不思議でならなかった。

わたしは何回も人びとのそばを通りすぎたが、そのたびに同じ顔ぶれの婦人たちを見かけた。子どもたちの顔も毎回同じに見えた。凍てつく寒さのなか、ひたすら待っている。子どもたちは、粗野だがみじめな感じではなく、それなりに元気な様子だった。婦人たちは非常に寒そうだった。無理もない、帽子もショールも身につけず、家の中からそのまま出てきたようなエプロン姿なのだから。寒風のなか、腕や髪の毛を覆うものとてなく、スープを入れる壺を手にぶら下げ、しゃべりながら順番を待っている。角を曲がったところで、ふたりの男の子の話し声が耳に入った。

「飯、食った?」

「うん」

「なに食った?」

「スープ」

そこでわたしは口をはさみ、「おいしかったかい」と訊いてみると、すぐに答えが返ってきた。

「まずかった」


ブースは歩きつづけた。凍った泥の詰まった溝をまたぎ、焼きいも売りの車やオレンジを山積みした荷車のそばを通りすぎる。オレンジはこれからリヴァプール・ストリートで売る商品だ。果物の包み紙が歩道にも車道にも散らばっていた。「道端に犬の死骸を見つけた……。少し先で猫が二匹、殺し合いをしたような恰好で死んでいる。三匹の死骸はどれも人や車に押しつぶされていた。ただ、ほかのあらゆるものと同じく凍っているから無害である」[22]。ここは、「いわば貧困がびっしりと詰まった地区だ。家々も、ここに住む不運な人たちもみな打ち砕かれ、みじめな状態にある」とブースは記録している[23]。

ブースはニコルに典型的な階級AとBへの対応策を考えていた——ささやかな提言だが、政策立案者の参考になるかもしれない、というわけだ。ブースによれば、「社会が患う病気とは、産業界における貧困者と困窮者の無制限の競争」であった。ブースの下した診断である。[24]ヴィクトリア朝時代後期の資本主義を悩ます慢性疾患について、これがブースの下した診断である。[24]つまり、階級CとDの暮らしを脅かし、社会的・経済的前進を阻むのは、搾取的な経済構造でも、法外な家賃を請求する家主でも、安い輸入品でも、地方や大陸ヨーロッパからやってくる移住者たちでも、心ない救貧官や慈善家でもないとブースは考えたのだ。階級Bこそが脅威なのだった。「極貧の者たちは、金持ちにとっては感傷的なまなざしをそそぐ対象に過ぎないが、貧しい者にとっては押しつぶされるほどの重圧になるのである」[25]

一方、階級Aの「野蛮な準犯罪者たち」はまったく救いようがないとブースは言う。これはマルクスとエンゲルスと、またルンペンという彼らの類型概念と大筋で一致する考え方であった。ただ、ブースは、階級Aは労働者階級のなかでもごく少数だから、大きな脅威にはならないとみていた。

だが、この連中にのっとられると、町は「黒く」なり、「破滅のとき」を迎える。だから黒く塗った街路は取り壊すべきだとブースは考えた。取り壊せば、階級Aは聖域を失う。「粘り強く彼らを追いちらすこと——これこそ、彼らとの闘いにおいて国家が進めるべき政策である。というのも、分散させれば、必然的に彼らはよりよい影響を受けることになるからだ」[26]。ブースの考

1890年代の焼きいも売りと家具商人.「ロンドンっ子は悲しい運命をたどっている」――チャールズ・ブースの『ロンドン民衆の生活と労働』は,進化論に照らしてある種のタイプの労働者の「絶滅」に言及している.

え方によれば、人は不運な出来事や性格上の欠陥によって階級Aに落ちこむことがあるにしろ、「Aとしての特質」は主として世代を通して伝わっていくものであった。一八八〇年代末の進化論は、精神的特性には身体的形質と同じく、ある種の遺伝的根拠があるとする傾向があった。人の精神的・身体的な適応/不適応をめぐる概念は、レッセフェール（自由放任主義）政策だけでなく、社会主義的な国家介入論から無政府=相互扶助主義まで、多様な議論のよりどころとして利用されていたのである。ブースは、階級Aの性格は生物学的な「汚れ」であると言っている。「かなりの程度で遺伝することは疑いないようだ」。男の子は思春期になると「自然に」ふらつきまわるようになり、女の子も「自然に」売春に走る。ただし、「汚れを落とすことができれば、彼らのなかにも優れた者が見つかるかもしれない」とブースも認め、「いずれにせよ、同情すべき事例は多い」と締めくくっている。階級Aに関してブースは、子どもたちを両親の影響から引き離すなど、政府が家庭生活に対する「締めつけ」に力を入れるべきだと主張した。またこの点で、公立学校や孤児のための施設を運営するトーマス・バーナード博士の貢献は大きいと称賛し、職業訓練校や少年院開設に向けた運動も高く評価した。

ブースの考えでは、国の将来にとってはるかに大きな問題は階級Bであった。というのも、この階級は「沼地」のようなもので、その上に労働システム全体が構築されているからだ。ブースはマルクスと同じように（ただし、まったく別の理屈によって）、資本主義経済には失業という「余地」が幾分か欠かせないことを認め、被雇用者のある程度の移動の柔軟性を許容したが、もっと重大なことに、それは雇用者の都合を慮った結果であった（急進的な『スター』紙は一八八九年五月七日付の書評でブースの著作をとりあげ、ブースは無意識にマルクスを引用したと指摘し、イングランド銀行に金準備が不可欠なように、失業者は、実は資本家が利益を得るためになくてはならない存在になっていると持論を述べている）。ところが、「無能な余剰労働人口《レイバー・プール》」を多数抱えたことで、国家経済の健全性は損なわれたとブースは考えたし、こうした人びとを労働力として抱えこむことは雇用主の利益にもならなかった。ブースに言わせれば、階級Bは、CからEまでの各階級の堕落を加速させる存在だった。階級BはAよりも数が多く、複雑であった。「Bとしての特質」は先天的なものではない。ただし、親から受け継いだ心身の弱さや犯罪的素質のゆえに階級Bに陥る人もいる。「全体として階級Bの人間は、慣れ親しんできた快適さや地位の喪失にひどく苦しんでいると見受けられる」とブースは述べている。

階級Bにどう対処すべきかを検討した末、ブースは次のような結論に達した――保護主義や国家支援による海外移住、あるいは流入貧民の排除や家内工業の規制・禁止といった政策は、いずれもうまくいかない。それどころか、問題を大きくするだけだ。国が今なすべきは、階級Bの存在そのものを規制することだ。そのために、ブースは労働者共同体《コロニー》を推奨した。そこでは階級Bのすべての世帯が満足な家に住み、十分に食べ、暖かく暮らすことができる。自給自足の生活で、毎日、朝から晩まで教育や訓練を受ける。自分たちで家を建て、食料を畑で育てる。「彼らは国家に仕える者」となる。そのなかから「大望を抱く」者が出てくれれば、社会の主流に、自尊心のある自立生活に復帰させればいい。

ブースの産業共同体構想は、労働能力のある者の救貧院収容について、一八三四年の新救貧法の基本的考え方となった「劣等処遇の原則」から少しの進歩もみられない。ブースにとって新救貧法は――公立学校や病院や慈善団体と同様に――「個人主義的国家」が繁栄を続けるための「社会主義的」介入であった。もしこの種の社会主義が問題解決に役立つなら、それも結構だというわけだった。

わが国で個人主義がうまく機能しないのは、社会主義が中途半端だからだ。国家社会主義は、能力のない者に適した仕事を見つけて彼らの生活を管理するのだが、これが完全に遂行されれば、深刻な危険が取り除かれる……。ほんの一握りの人びとの生活に国家が徹底的な介入を行えば、究極的には残りすべての人びとが社会主義的介入を受けなくてもすむようになるのである。[27]

実験的な作業施設をイースト・エンドで立ち上げようというブースの提案は、結局は実現しなかった。

個人の自由が損なわれること——ただそれだけを心配していたブースだが、階級Bの人びとをこうした収容施設に住まわせるために強制以外にどのような方法があるかという肝心な問題には答えを出していない。ブースはただ、階級AとBが「常に困難の度を増しつつある世界で、新たな居場所」を見つけられなくなる状況が次第に生まれることを望んだ。つまり階級AやBは絶滅亜種のように、やがて死に絶えていくだろうと期待したのであった。

衝撃的な、とくに現代のわたしたちにとっては、身も凍るような見解である。というのも、こうした見方がどこに行き着くかを——ブースは知らなかったが——わたしたちは知っているからだ。実際、『ロンドン民衆の生活と労働』を読んだ多くの人は収容施設の提案に賛成し、さらに極端な立場をとった。『サタデー・レヴュー』紙は階級Aの撲滅に熱心に賛同した。「全滅させる以外に方法はない」と同紙は主張し、ブースはついでにすべての慈善活動の自制を訴えるべきだったと付け加えた。「弱者は救貧院に入れておき、怠け者は飢えるにまかせるという、全体としてみれば非情な決意こそ、長い目でみれば、より大きな効果があるからだ」と記事は論じ、最後にこう締めくくっている。「極貧者のなかには生きるための闘いで障害を負った人たちが大勢おり、こうした人たちには援助や哀れみの手を差しのべるのが妥当であろう。だが、口実をつけては規律や戦地を逃れる怠け者も多い。こうした連中をどうすればいいというのか」。『スペクテーター』誌もまたかなり熱心で、「滓のような犯罪者ども」は、警察によって「存在を絶たれるべき」だと論じた。[28] この論者たちはおそらく「たいていのひとは生存の権利をもっておらず、高級な人間にとっての一不幸である」〔原佑訳『権力への意志』下巻 ちくま学芸文庫、一九九三年〕というニーチェの一文を読んでいたのだろう。また、さまざまな進化論の著作にも目を通していたに違いない。ブースの調査班のひとりアーネスト・アヴェスは、イースト・エンドの労働者階級は大部分がすでに絶滅に瀕していると明言した。「全体の結論としてほぼ間違いなくいえることは、過度に分化した製造業が無秩序に広がり、加えて大黒柱の男性がいない家や女性の雇用が多い地区で、コックニー、つまりイースト・エンドの労働者階級は悲しい定めに向かっているということだ」[29]

階級AとBについてのこうした計画と、失業や不規則・不安定な雇用を引き起こす要因についてブースがとりつづけた曖昧な態度とのあいだには、かなり大きなずれが認められる。ブースにとって、高齢者や病人や幼児は問題ではなかった。ブースが頭を抱えたのは、主に労働能力のある成人男性および、それほど知られてはいないが、女性の問題である。彼らが仕事に「適さない」状態になったのは、どの程度まで不運や性格の弱さや将来性のない業種での雇用のせいなのか。あるいは、「運命的性格」はどの程度まで原因といえるのか――そもそも運命は性格に悪影響を与えるだろうか。確かにブースは、不潔な住居やスラムのひどい状態を鮮やかに描きだした。だが、ごく平均的な労働者が――男性であれ、女性であれ――いったん悪循環に陥ると、健康だけでなく自尊心をむしばまれ、たちまち社会的・経済的・道徳的にどん底に沈んでしまうという環境論を打ちだしたことはない。「階級Bを完全に描出するには想像力が必要だ」とブースは述べているが[30]、それでこと足れりとはできない。この人たちに国家による厳しい介入を受けさせるというなら、単に想像をはたらかせるだけでは不十分だろう。セントレジャーの記録のような『ロンドン民衆の生活と労働』のための取材で集まった数々の事例からは、ニコルには昔はいい暮らしをしていた人たちが大勢いたことがわかる。家賃が安いから、あるいはマッチ箱づくりや靴づくり、服の仕立てや行商といった底辺の仕事をして、いくばくかの金を稼ごうとこの地区に流れ着いた人たちもかなりいた。この地区で生まれて長年住みつづけ、絹織物業などの斜陽産業で働く者もいれば、家具製造の弱肉強食の新事業に携わる者もいた。ニコルでは、女性が世帯主の家庭が平均より多かった。物乞いの大多数は、こうしたシングルマザーであった。夫に先立たれた、あるいは捨てられた女性たちはたいてい夫婦間暴力の犠牲者で、子どもを大勢抱えているとブースとセントレジャーは同情をこめて指摘している。だがこうした女性たちは「無能な余剰労働人口」なのだろうか、それとも、ただ糊口《ここう》をしのぐためにようやくありついた仕事を頑張っている人たちととらえるべきか――これについてふたりは一言も語っていない。当時の評論家のご多分にもれず、ブースも調査班のメンバーも、労働を成人男性の権利だと考えていた（組合運動の男性指導者たちも例外ではなかった）。女性や子どもが労働の世界に入れば――安い賃金で働き、卑しい屑《くず》仕事もためらわずに引き受けるから――家庭だけでなく国家経済の構造まで台無しにされてしまうというわけだった。経済的に自立した女性は、粘り強く独立心があると称賛されながらも、ロンドンの労働者階級を苦しめる病弊だともみなされた。結局のところ、彼女たちは社会の「滓」の一部なのだろうか。条件さえ整えば、この女性たちは真の労働者階級に再吸収され、希望と品位をもって暮らしていけるのか。それとも、階級AやBの状態から永遠に抜けだせないのか。どんなかたちであれ、救済は可能だろうか。

13 ファーザー・ジェイ——スラムの牧師

チャールズ・ブースの調査班の一員として仕事を終えた二カ月後、ルパート・セントレジャーはエセックスの小村リッジウェルで働くことになり、新しい任地へと去っていった。ショーディッチのホーリー・トリニティー小教区〔教区内に存在する個々の教会が管轄し、活動する範囲を指す〕で働いた二年間は、尋常ならざる上司、アーサー・オズボーン・ジェイの奇抜なやり方にさぞかし悪戦苦闘を強いられたに違いない。ボクシングを愛してやまない、英国国教会の高教会的な牧師であったジェイは、ウエスト・エンドの上流婦人たちに（少なからず紳士たちにも）人気があり、イースト・エンドの数ある教会のなかでも並はずれて困難な仕事が待ち受けるこの小教区で働くべく、自分はロンドン主教に真っ先に選ばれたのだとよく自慢をしたものだった。ただし、これは虚言であった——ジェイの華やかな経歴を彩る数多《あまた》ある汚点のひとつである。

身長一八〇センチを超え、プロボクサー並みの体軀を誇るジェイ牧師は、黒いロングコートにシルクハットといういでたちでニコルの通りを大股で歩き、自分を「ジェイ先生《ファーザー・ジェイ》」と呼び、住民にも同じように呼ぶよう求めていた。ブースの調査員のひとりは、「けんか早く、思慮に欠け、暴力的でさえあり、いくらか下品なところもあり」、男性に好かれるタイプだとジェイを評しているが、本人も、自分は「女性よりも男性とうまく付き合ってきた」と認めていた。[1] 慈善活動に熱心なご婦人たちがこれを聞いたらがっかりしたことだろう。

赴任当時二八歳だったジェイ牧師は、ロンドン主教がホーリー・トリニティー小教区への任命を考えた三番手の候補であった。一八六七年にショーディッチのセント・レナード小教区から独立したホーリー・トリニティー小教区は、ジェイが来た当時は存続が危ぶまれる状態にあった。セント・レナード小教区に戻してはどうかとの声も教会上層部で出ていたほどだ。実際、ないがしろにされたホーリー・トリニティー小教区には教会堂の建物さえなく、ここ数年はチャーチ・ストリート五六番地の厩舎《きゅうしゃ》の二階を週単位で間借りして活動の場としていた（家主は地元で有名なボクサー、ビル・リチャードソン。ボクシングで稼いだ金の大部分を投資して、そのころにはスラムの悪徳家主になっていた）。ここは馬糞の臭いがしみついていて、階下からはときどき馬のいななきが聞こえる教会だった。会衆が集うスペースは奥行およそ一二メートル、その先にささやかな空間が続いており、そこが内陣だった。大物政治家グラッドストンの家で家庭教師をしていたこともある前任の牧師ヘンリー・ヘンダーソンは、この教会を貧しい教区民が身を寄せる場にしようと足踏みオルガンを設置し、絵や花を飾るなど、できるだけのことはした。自身も教会に住みこみ、夜になると簡易ベッドで寝る生活を続けたが、一八八六年四月、鉛筆を手にしたままデスク脇に倒れているところを発見され、三日後に五五歳で世を去った。ジェイによれば、当時ホーリー・トリニティー教会の存在はまさに消滅寸前だったという。だが、事実は違う。ヘンダーソンは地味だが思いやりのある活動を一七年間も積み重ねたのであった。おそらく、教区民のあいだで暮らしを続ければ、寿命が縮むことも知っていただろう（ニコルに住みこんだ英国国教会の牧師はほとんどいない）。感染症の流行時、病気の子どもを抱えて救急馬車に乗りこむヘンダーソンの姿が何回も目撃されていた。

ジェイ牧師がホーリー・トリニティー教会で初めて礼拝を司式した一八八六年の大みそか、周辺に住む数千人のうち、扉を開いて堂内に入ってきたのはたった一四人だった。会衆は、「これまでは礼拝に来れば、ヘンダーソン先生から食料や石炭を買うための四シリング券をもらえました」と口々に言う。ジェイはこれを聞いてびっくりした。そんなことは、教会に寄せられた献金の乱用にほかならない。ジェイは即刻、大盤ぶるまいをやめると宣言した。ヘンダーソンの礼拝は、古代ギリシャ語をちりばめた説教を挟んで終了までに二時間かかった。ジェイは礼拝を短縮し、「無学な人でも参加しやすい」ように式次第も調整した。「ここには祈祷書を使いこなせる人はひとりもいない」からだった（ある高齢の女性は、礼拝中は司式者と同じ動作をしなければならないと思いこんでいたらしく、牧師の動作をそのまま真似ていた）。[2] ジェイはロンドン主教の許しを得て、日曜日の夕礼拝の式次第を大幅に短縮し、詩編一編、講話一回、讃美歌一曲のみとし、「立つ」「座る」

「跪《ひざまず》く」などの動作の指示を随所に入れた。

「ジェイ先生は女性や子ども向けの活動にあまり熱心ではなかった。でも、雇われていたアイルランド系の家政婦はとても優しく、子どもが行けば誰にでもロールケーキをくれた」とアーサー・ハーディングは思い出を語っている。だが、これはジェイ牧師の方針――施しをするなら、対象者を厳しく調べ、重点的に与えるべきだ――に反していた。ジェイは女性や子どものための活動を、地元に詳しいふたつの女性宣教グループにまかせた――高教会派の「キルバーン修道女会」と、低教会派で一八六〇年代後半からニコルで慈善活動をしてきた「マイルドメイ女子奉仕会」である。後者は医療支援が必要な女性をはじめ妊婦や乳児を抱えた母親を援助してきたのだが、そんな活動には改宗者を呼びこむという期待がこめられていたため、ニコルの人びとから敬遠された。ジェイは、助手たちが遊んだりふざけたりするのをいっさい許さなかった。ヘンダーソンの助手だった女性は、路上で友だちと縄跳びをしているところをジェイに見つかり、クビになっている。ヘンダーソンのもとで続いていた「母親会」に顔を出したジェイは、その実態に呆れはてた。「わたしが知っているかぎり最高に騒々しく、めちゃめちゃな集会」[3]だったのだ。三人の大柄な中年女性が床の上で転がりながら、キャッキャッと笑ったり悪態をついたりして遊んでいた。女たちのなかに裁縫ができる者はひとりもいないし、喜んですることといえば「おしゃべり」だけだとジェイは嘆いた。軽薄な女どもに愛想をつかしたジェイは、母親会を改革して連《れん》祷《とう》を唱え讃美歌を二曲歌う集会とし、笑い声を立てることを禁止した。

ジェイ牧師のまわりにはニコルを甘くみるなといさめる者がいた。「あんな地区では何もできはしない。高望みは禁物だ」とか「あそこの住民なら、最後の審判を告げるラッパが鳴り響くまで無気力のままだろう。それから奮起したとしても時すでに遅し、だ」などと、主教たちの見方は冷ややかだった。[4] さらに、ニコル界隈には英国国教会の教会がすでにふたつ——マウント・ストリートのセント・フィリップ教会とショーディッチ・ハイストリートのセント・レナード教会——あり、どちらも信者数は多くないのだから、これ以上、教会は必要ないとの声もあった。だが、彼らは金を集めるジェイの驚くべき能力を知らなかった。ジェイは新たに教会を建てるために掲げた目標六〇〇〇ポンドのうち五〇〇〇ポンドを、一八カ月もかからずに集めてみせた。そればかりか、クリスティアン王女（ヴィクトリア女王の第五子）、ローヌ侯爵（女王の義理の息子）、オールバニ公爵夫人（女王の義理の娘）といった高貴な人々の理解と支援もとりつけた。大金持ちのミス・ベッツィー・ダッシュは新しい教会堂の建設に向けて一〇〇〇ポンドを約束してくれたし、慈善家のレディ・イーディス・ヘザービッグや資産家のイヴリン・シャスターは金銭面・人脈面で支援してくれただけでなく、ジェイのニコルでの活動を実際に手伝った。定礎式には体調のすぐれないクリスティアン王女に代わって、ソールズベリー卿の奥方とオックスフォード大学モードリン・カレッジの総長が出席した。スラムに立ち現れた名士たちを、住民は面白がって迎えたようだ。白い毛皮に身を包み、馬車から降り立った貴族の女性に、冗談まじりに声をかけた若者もいた。「すげえな、そのコート。アイスクリームみたいだ！ まさか昨日強盗《クリック》してきたばかりじゃないよな」。ジェイは自分の誕生日に夕食会を開き、教区民のなかから三〇〇人を選んで招待もした。主賓席に、インド北西部にあったシク王国の最後の君主マハラジャ・ドゥリーブ・シング（ジェイの父親はシングのお抱え牧師だった）やベッドフォード公爵らが綺羅星のように並ぶ盛大なお祝いだった。それ以降、公爵は自分の鹿園の鹿を週に二頭ずつニコルに送り届けることにした。慈善団体がそれで鹿のシチューをつくり、子どもたちに食べさせた――鹿肉はいつも食べている羊の頭や豚の臓物や牛の胃袋とは比べものにならないくらいおいしい、とニコルの子どもたちは大喜びだった。

新しい教会堂の建設地に選ばれたのは悪名高いオレンジ・コート――ここは闘鶏や闘犬、素手

ジェイ牧師（1895年）

での殴り合いやコイン投げに人気の一画で、警察に追われて逃走する盗人たちが戦利品をしばし隠しておく場所でもあった。オールド・ニコル・ストリートからオレンジ・コートに入るには狭いトンネルのような入り口を通らなければならない。ある日曜日の朝、ふたりの警官がここから入っていくと、途端に二階の窓から火格子《ひごうし》が飛んできたという。先を歩いていた警官はどっと倒れたが、幸い大きなけがは負わなかった。このスラムは、その裏路地が地元の人にとっては逃走にうってつけだった。レンガ塀をひょいと乗り越え、路地に面した家々の開いたドアから入り、そのまま裏口から出れば、まんまと追っ手を撒くことができた。オレンジ・コートを訪れたある人は、ここを「このひどい町の隠れた地獄」と呼んだ。[5]実際ここは、地元では「小さな地獄《リトル・ヘル》」と呼ばれていた。一八八七年二月、この路地を取り巻く住宅の下水設備を衛生検査官が調べたところ、地下の配管システムがでたらめで、レンガ造りの汚水溜めもすでに満杯となり漏れでていることがわかった。その一年後に教会の建築が始まったのだが、これらの欠陥は、そのときはまだ放置されたままだった。ジェイが雇った建築家リチャード・ラヴェルは、互いに複雑に絡み合ったパイプ群と古くなった汚水溜めのスケッチを残している。オレンジ・コートに面して立ち並ぶおんぼろ家屋の荒廃ぶりもすさまじかった。住民のメアリ・ポープがここで自ら命を絶ったのは一八八七年七月のことだった。部屋の壁に釘を一本打ちつけ、そこにかけた紐で首を吊ったのだ。担当の検視官によれば、梁《はり》や戸口上部の水平材にロープを掛けたら家が傾いてしまうことを、メアリは知っていたに違いない。洗濯屋のメアリは、家賃が滞っていたため、預かっていた衣類を一包み、二シリングで質に入れてしまった。その金で小麦粉を安く仕入れ、呼び売り商人の亭主に売りさばいてもらおうと考えたのだ。だが、小麦粉は売れなかった。預かった衣類の返却日に、メアリは切羽詰まって自殺したのだった。

新しい教会を建てるには、オレンジ・コートとオールド・ニコル・ストリートに隣接する二区画の住民およそ五〇〇人に立ち退いてもらわなければならなかった。週単位で借りていた人たちに補償金は出なかった。家屋解体業者は、「屋内に一歩足を踏み入れた途端、ノミやシラミにたかられる」と文句たらたらだ。かゆいかゆいと騒ぐ業者を尻目に、住民たちは、「そのとおりさ、この時期はとくにひどいんだ」と言って、立ち去っていった。

新しい教会堂の誕生は、ジェイ牧師を上層部との相次ぐもめごとに巻きこんでいった。ジェイが建設補助金一六〇〇ポンドにお構いなく工事を進め、主教区の事務方に乱暴な態度をとり、こそこそとペテンまがいの策略を練っていることを、ロンドン主教はすべてお見通しだったのだ。教会上層部の予定では、ホーリー・トリニティー教会は簡素な伝道所になるはずであった。ところがラヴェルの設計によれば、本格的な聖堂が献堂される。しかも、新聖堂にはカララ大理石を使い、ローマからモザイク細工を、ドイツからは最高級のステンドグラスを取り寄せるというではないか——実際、見事な聖堂が完成した。画家で彫刻家、王立芸術院の会長でもあったレイン卿が、イングランド中探してもこれほど美しい内装の教会はないと（ジェイによれば）断言したほどである。確かに、ちょっとした伝道所以上のものが建ったわけだ。どうしてこうなったのか見当もつかないロンドン主教はつむじを曲げ、一八八九年四月の献堂式への出席を断った。ジェイが主教側に謝罪の意を伝えるまで、主教の機嫌はなおらなかった。

地元の貧しい人たちは、よそよそしく、冷ややかなイースト・エンドの英国国教会の教会になじめないでいる（たとえばショーディッチ教区のセント・レナード教会は荘重な新古典主義建築の典型だった）――そんなふうに信じていたジェイ牧師は、住民たちが自分たちも神の恵みに与る資格があると感じるような、暖かな雰囲気に満ち、美しく彩られた教会を提供したかった。ジェイと助手たちはまた、イースト・エンドにおける普遍の真理――教会に着ていくまともな服がないときほど、貧しい人たちが貧乏を辛いと思うことはない――を理解していた。それに、ニコルの住民は美的センスに欠けるなどと考えてはいけない、というのもジェイの持論だった――人びとは上質なものと無価値なものを見分ける目をもち、「何であれ、高価でなければ評価しない傾向がある」[6]

完成したホーリー・トリニティー教会は聖堂が二階に位置する、国内で稀有なつくりであった。一階と地下は、ジェイ牧師が力をこめたメンズクラブと体育室《ジム》が占めている。貧しい人に信仰を強制してはならない、とジェイは固く信じていた――労働者が信仰の光に照らされるまでには、ゆっくりとした過程が必要だ。牧師は、郊外に逃げだすのではなく、貧しい人たちのあいだで暮らし、信頼を勝ちとらなければならない。そうすれば、貧しい人たちの世界や文化と聖職者の世界との懸け橋が築かれる。そこで初めて貧しい人たちは信仰に導かれるのだ。メンズクラブの会費は週一ペニー。ニコルに住む一八歳以上の男子は誰でも入会できた。一ペニー払った会員は、

オールド・ニコル・ストリートのホーリー・トリニティー教会. 1889年献堂. その聖堂内部は, レイトン卿からイングランドで最も美しいと評されたが, 厳格なプロテスタントからはローマ・カトリックに近いとして痛烈に批判された.

ドミノやカードゲーム、チェスやビリヤードを楽しみ、各種の新聞雑誌を読むことができる。レモネードやお茶やコーヒーが飲めるカウンターもあった。だが、いちばんの魅力はボクシング・リングのあるジムだった。グローブやダンベル、パンチングボールが用意され、鞍馬《あんば》、平行棒、吊り輪、空中ブランコなどの練習設備も整っている。こうした施設を設けることで、ジェイはボクシングが健全なスポーツであり、賞金目当ての違法な格闘技とは無縁なものだと巧みに宣言したのである。そして飲酒とも。ニコルに昔からある二軒のボクシング・ホールは酒場の延長のようなものだった。だが、ジェイのジムはアルコール類を禁じた。これは実に見事な戦術だった。というわけで、イースト・エンドのボクサーが何人もこのジムから巣立っていった――立派な指導者に導かれ、二階で祈りを捧げる信者たちに見守られながら。しかもここは、かつて素手で、時には死ぬまで戦う賭けボクシングが盛んだった地区のど真ん中である。壁には絵や写真も飾ってあった。その半数は磔刑《たっけい》のキリスト像、残りの半数を上半身が裸のロンドンの有名ボクサーが写った写真が占めていたが、時とともにホーリー・トリニティー・クラブ出身者が取って代わっていった。この施設からは多くのエンターテイナーもまた巣立っていった――コメディアンのハリー・リッチをはじめ、空中ブランコの次代のスター、ネロ・アンド・ネローニやレヴァーノ、アンライバルド・トリコリーニなどだ。

一方で、一八八〇年代半ばにイースト・ロンドンで始まった大学生のセツルメント運動を、ジェイ牧師は注意深く、批判的な目で観察していた。彼らの失敗から学ぶつもりでいたのだ。セツルメント運動はオックスフォード大学ベリオール・カレッジを中心に広がったひとつの考え方から生まれた。よき市民であることは神の意思を実地に行うことだという思想で、これを「たゆみなき利他主義」[7]と呼んだ人もいる。つまり信仰とは、自らの魂の状態を顧みる内省を通してではなく、むしろ行動によって表明されるものである。それによれば、壊れた社会を修復することも、受肉によって示された神の人間に対する愛の現れの一部であった。こうした観念論《イデアリズム》は、神は受肉によって内在する神となったと信じることで、善行や正しい生き方について従来の福音主義とは異なる見解をもっていた。神は別個な存在で、人間はひとりひとりがキリストの贖罪を通して神と和解するのだというよりも、神は「すべてのなかに生きておられる」[8]ととらえたのである。

セツルメント運動のなかでも最も大きな影響をおよぼした二施設が、一八八四年にイースト・エンドで活動を始めた。そのひとつがトインビー・ホールである。主教座聖堂参事会員サミュエル・バーネット牧師と妻ヘンリエッタが運営するこの施設はホワイトチャペル教区でも最も貧しい過密区域の真ん中にあった。大学ふうの建物からなり、工芸学校やギルドや画廊（今日のホワイトチャペル・ギャラリー）を擁し、さまざまな夜間講座が開かれた。同じ年、そこから徒歩二五分ほど先のベスナル・グリーン教区の真ん中にオックスフォード・ハウスが開設された。ここにも「荒っぽい青年」や労働者のための各種クラブがあり、親睦会や講座が開かれていたが、その雰囲気は世俗的に見えるトインビー・ホールとは異なり、明らかに宗教的・高教会的であったという。

セツルメントの活動を通して大学生たちは階級間の懸け橋となり、必要とする者に技術を教え、貧しい人たちの暮らしをじかに学ぶはずであった。上流階級《ジェントリー》は長いあいだイースト・エンドをほったらかし、商店主階級が牛耳る教区委員会にすべてまかせきりにしてきた。いま求められているのは新たな指導者《スクワイア》である。彼らは賢く統治し、自分たちの理解する文明をスラムにもたらし、自らがモデルとなって労働者の自己改造を促すだろう。ここに住みこむことで学生たちも多くを得るはずだ——教育の仕上げにあたり、まったく異質の世界を経験できるのだ。オックスフォード・ハウスで過ごした学生たちの多くは聖職者を目指していたし、大学卒業後は、従来どおり神学大学に進むよりも、こうした新しいかたちの研究をしたいという者も多かった。トインビー・ホールやオックスフォード・ハウスで働いた学生たちの多くは教師になった。階級間の関係や経済の問題をきわめ、新しい学問分野である社会学の道に進もうと決心した者、あるいはイースト・エンドにそのまま残り、自分が始めた講座やクラブの運営を続けた者も多い（そのひとりで、のちに労働党内閣の首相として社会福祉制度の充実に努めたクレメント・アトリーは、ステプニーでヘイレイベリー私立学校《パブリックスクール》の社会福祉施設を運営していた時期に社会主義者になった。一方、経済学者として社会保障制度の構築に貢献したウィリアム・ベヴァリッジもトインビー・ホールで活動した）。

ただし、こうした利他的活動の背後には、あまり純粋でない——ときに見え透いた——動機が入り混じっていることもあった。セツルメントの活動は布教の一環だ、と一八八九年からオックスフォード・ハウス館長をつとめ、のちにロンドン主教となったアーサー・フォーリー・ウィニントン＝イングラムは、一八九五年の「働く者たちのクラブ」と題する論文ではっきり主張している。加えてこの論文からは、労働者階級の若者に無駄な時間を過ごさせないという、もうひとつの目的が透けてみえた。壮青年層が活動で多忙であれば、恋愛に夢中になることもないだろう。結果として結婚前の軽率な行動が減るから、ベスナル・グリーン教区で目立つ早婚は減り、それに伴いロンドン一高い出生率も下がるだろう。セツルメントの活動は、生まれてくる子どもの数を減らし、より「教養のある」父親の育成に貢献できるというのだ――生殖能力の最も高い年頃の男女は別々にしておけというわけで、これは一種の去勢であった。[9] 一八八七年、セツルメント運動の成果としての女性向け社会福祉施設第一号が（貧しい家の娘たちに余暇活動を提供し、母親や主婦を支援するために）開設され、次第に数を増やしていった。こうした施設は男女分離が徹底していたが、この点で未婚の男女が自由に気安く交際していたスラムとは対照的であった。男女別々の世界に住んだ若者たちの同性同士の人間関係《ホモソーシャリティ》が、同性愛《ホモセクシュアリティ》にどれほど近いものだったかは、当時の婉曲表現の霧に覆い隠されてわからない。トインビー・ホールに住んでいたある活動家は、仲間のひとりについてこう書き記している。「彼は同性愛を、自分たちが目指す新しい理想の重要な一部としてとらえていた……つまり同性愛は、階級の壁と因習を打ち破り、同志としての結びつきを強める精神的・社会的にプラスの力になりうるというのだが、こうしたとらえ方はある意味で一八八〇年代の社会主義のロマン主義的な側面を表すともいえる」[10]

曖昧な点がより典型的で、のちの世代がとかくの想像をめぐらすことになるのが、オックスフォード・ハウスの創設に貢献したセント・ポール大聖堂付牧師ヘンリー・スコット・ホランド（一八四七〜一九一八年）の考え方だ。臨時の集会所として使われた小屋を訪れたホランドは、生まれて初めてスラムに足を踏み入れた感想をこう述べている。

ロンドンの荒っぽいこの地区を、短時間でも見ることができて実に面白かった――酔っ払いがうごめき、汚い罵り言葉が飛びかい、悲惨さと不潔さが充満する暗くすさんだ街路の光景は刺激的だ――突然、明るい光が目に入る。人でいっぱいの小屋だ。さまざまな色、ぬくもり、音楽、花々、そして、張りつめた、ひたむきな顔、顔、顔。勇敢で感動的な仕事が、敏感さと熱意をもって絶え間なく進められている――そのすべてに神は生きておられる。素晴らしいことだ――われわれの豊かでまじめな暮らし、心地いい談話室、安定した気安さと、なんと対照的であることか……。こうして現実の厳しさに少しでも触れることは確かに素晴らしい。[11]

面白かった、刺激的であったと述べること、ロンドンの貧しさを感じとり、その感覚に陶酔することと自体が、オックスフォード・ハウス、いやセツルメント運動そのものがうまくいかない理由のひとつだ、とのちにホランドは気づくことになる。大学の社会福祉施設は移り住んできた若者たちに教育を施し、彼らの役に立っている。教養はあるが、無気力な若者の強壮剤として機能しているのだ。しかしこの運動は、小さな成功を重ねてきたとはいえ、イースト・エンドが必要とするものを提供していない。この活動は主に「定職に就いていない金持ちと……貧しい紳士たちの生活の拠点《ホーム》になっている」ことにホランドは気づいたのだった。トインビー・ホールやオックスフォード・ハウスは「こうした不幸な若者たちに健全な影響を与える。労働者との接触を通して、若者は人の役に立つことを経験し、希望と活力を得る」[12]のだが、労働者階級を自らの闘いに赴かせ、勝利へ向けて奮い立たせるという点では何もしていない、とホランドは結論づけた。
そう考えたのはホランドだけではない。ジョージ・パドック・ベイト医師もオックスフォード・ハウスは本来の目的を果たしていないと感じた――ベスナル・グリーン教区に移り住んだ慈善家たちは、貧困者といっても上のほうのほんの一部と接触しているだけで、社会からのけ者にされ、どん底に追いやられた人たちに近づく方法さえ見つけられずにいる。要するに上の層の一部を把握しただけで、生々しい現実に触れるのを怖がっているのだ」[13]。この種の文化的支援事業は恩着せがましいところが顕著であるとジャーナリストで作家のウィリアム・ア・ベケットは看破した。ベケットは言っている。「ジョーディッチやハックニー教区の行商人たちが、上流階級に応分の娯楽を提供するために会（ソサエティ）を組織するとしたら、はたしてわたくしどもの心は浮き立つでありましょうか」[14]
ジェイ牧師も同感だった。外からやってきた人たちは、スラムの文化をわかろうとも、受け入れようとも、ましてやその価値を認めようともしない。これは大失敗ではないか。多くのエネルギーと善意と金が、成功するはずがない事業にいたずらにそそぎこまれている。ジェイは「のけ者」たちに手を差しのべるための正しい方法をすでに実地に経験してきたが、同時にこうしたやり方が伝統重視の人たちの反発を買うことも知っていた。ジェイは司祭に叙任《じょにん》された一八八二年以来ずっとイースト・エンドにとどまり、八四年からは、のちに問題が起きた「セント・マーティンズ・ミッション」の活動に参加した。マイル・エンド教区のバーデット・ロード沿いにあったこのミッションは、オックスフォード大学モードリン・カレッジによるセツルメント事業の一環として、主に同カレッジからの資金援助で運営されていた。創設者のロバート・ドリング牧師が当初思い描いたのは、この地区の郵便配達員に、スラムのひどい状態から、また家庭やパブや悪い仲間から離れて、読書をしたりくつろいだりする場所を提供することだった。このアイディアからやがて上階に礼拝室のあるミッション・ハウスが生まれ、ドリングはモードリン・カレッジの学生に呼びかけて、年齢層別の各種クラブや日曜学校の運営を手伝わせた。だが、ドリングは社会主義者であり、高教会派でもあったため、教会上層部から疎んじられた。バーデット・ロードでスタートしたこのめずらしいかたちの慈善施設(ここでドリングは二年間、無給で働いた)にも冷ややかな目が向けられ、やがて教会からの支援は打ち切られてしまう。地元ではドリングの活動を救おうとの声も上がったが、ロンドン主教は頑として認めなかった。ジェイがホーリー・トリニティー教会の牧師に任命されたのは、モードリン・カレッジとつながりがあったからだった。ジェイがこの人脈を維持できれば、裕福なカレッジからの資金援助を期待できるかもしれないと教会上層部が気づくのに時間はかからなかった。

ドリング牧師のセント・マーティンズ・ミッションという幼芽から、ジェイ牧師の実験的な活動が育っていった。ホーリー・トリニティー教会のメンズクラブには規則がほとんどなかった。細かな規則はないほうがいいとジェイは知っていて、禁止したのは飲酒、賭けごと、罵り言葉、それに「バンカー」という(勝敗が腕前ではなく運で決まる)カードゲームだけだった。それ以外に会員に求められたのは、入るときにジェイと握手をし、出ていくときにも「失礼します」と言って握手をすること――それだけだ。ジェイはキャップとガウンという学界の正装で入り口に立つのだった。自分から宗教の話をもちだすことはなかったが、ジェイは訊かれれば何でも答えた。

日曜日の午後三時一五分前ともなれば、安息日の午後をクラブで過ごす三〇〇人あまりの会員が短い祈りの会――後刻上階の聖堂で開かれる会とはまったく別の――にいそいそと集まってきた。この祈祷会では帽子はかぶったまま、パイプもくわえたままでいいとされた。陽気で元気の出る讃美歌が、リード・オルガンの伴奏付きで歌われた。自信のある会員は独唱したり、聖書を朗読したりした。会が終わるとお茶とバタ付きパンがふるまわれた。ジェイの知り合いの上流婦人が参加して歌を歌ったり、オルガンを弾いたりすることもあった。この祈りの会は実に多様なゲストスピーカーを迎えている。近いところではステプニーやウスターの主教たちがいた。アフリカのズールーランドや日本からはるばるやってきた主教たちもいた。ロンドン主教は五〇分間にわたる説教で、持てるものを放棄することの素晴らしさを説いた。持てるものとてほとんどない会衆は、それでも反発することなく、熱心に耳を傾けた。

ジェイ牧師に従う信徒たちのなかには礼儀正しく、穏やかな者もいれば、うまく導いて行いを改めさせせなければならない者もいた。ごく少数だが、出入り禁止を申し渡された猛者《もさ》もいる。ジェイはニコルの最貧層の男子、とくに青年の指導に心血をそそいだ。前科者も多く、ほとんどが失業中か臨時雇いの仕事をしていた。完全雇用の場合も、週給はわずか八〜一〇シリングであった。たいていは若い既婚者で、手も顔も汚れたまま、ぼろの作業用ズボンを履いてやってきた。シラミがたからないように、みな髪を短く刈っている。「長いあいだ、わたしたちのクラブは冷たい目で見られ、無言の軽蔑という抵抗を受けてきました……。ここに来たら人と握手しろだって？　おれ、そんなことしにここに来たんじゃないよ。羽を伸ばしにきたんだ……などと言う人もいましたよ」とジェイは当時を語っている。[15] ニコルで活動するために来たよそ者の常にもれず、ジェイも警察とはなんの関わりもないことを住民に納得してもらわなければならなかった。ジェイが見たところ、問題は、ニコルの「道徳的環境」のもとでは純粋な利他行為などとうてい信じられないことだった。こうした環境が住民から思いやりを失わせ、徳の概念を粉砕してしまったのだ、とジェイは感じた。魂胆は別にあるのではないか、とどこまでも疑り深いニコルの住民に、ジェイはほとほとうんざりしたのだった。

メンズクラブの会員はほとんどみな、入会当初は偽名を名乗った。トーマス・マッカーシーとかマイケル・オドノヴァンなどというありふれた名前がよく使われた。ニックネームしか明かさ

ホーリー・トリニティー教会メンズクラブの夜

ない者もいた――酔いどれジャック、ダンファンカス卿、人気者、ヒョウタン野郎、用心棒、ウスノロ。ほんの数人だがならず者が入会したために、クラブの存続自体が危うくなったこともある。盗みに長《た》けた「アイルランド人トミー」や、分厚い週刊紙『絵入りロンドン・ニュース』でスタッフを殴り、床に叩きのめした氏名不詳の男、リトル・ヨーク・ストリートで強盗をはたらき、一八カ月の刑を受けたマウント・ストリートの行商人ロバート・ラットレーらである。自分はあちこちでうまく盗みをはたらいてきたと吹聴し、いっときクラブに出入り差し止めとなった少年ボコはしょげるどころか、教会の前で声を張り上げ、歌うのだった。「ああ、ジェイせんせーはいいひとだよー！　してることはおれたちの邪魔ばかり」

ニコルの人たちのユーモアのセンスに、手厳しい皮肉と鋭い観察力が入り混じっていることにジェイは感銘を受けていた。説教で死後の世界について話すと、ある高齢者はこんなことを言った。「わたしら、これから地獄になんか行きませんさ。もう地獄に住んでるんだから」。別のひとりはこうも言った。「そうですとも、神さまはおれたちを心にかけてくださる——なにしろご自分でここに来ないときは、警官をふたり送ってくださるんだ」。ジェイも気が向けば辛辣なジョークを口にした。ある目撃者によれば、やりこめられた住民たちは顔をしかめていたという。

夜一〇時、ガス灯が消されるとメンズクラブは一夜の宿を求める人たちの宿泊所に変わった。室内には梯子《はしご》の付いた木製の寝棚がつくりつけてある。とくに冷えこんだ夜は、脱いだブーツを枕代わりに、ベンチや床に寝る者も現れた。害虫対策に硫黄が燃やされ、宿泊者は朝になると誰もかれもが体を洗い、消毒剤を使って寝床をきれいにする。ジェイ自身も、同じ部屋の一方の端の、室内を見渡せるように一段高く設けた木造りの壇の上に体を横たえた。こうすれば夜のあいだも秩序は保たれる。ジェイは宿泊者の会話に耳をすませ、その様子に目を凝らして、彼らがどんな人物か知りたいと思っていた。「絶えずぬかりなく監視の目を光らせておく」ことで、ジェイは「不埒《ふらち》な、堕落した者たち」が「群れ集まる」ことのないように万全を期しているつもりだった。[16] こうした報告を本に書くことで、ジェイは、俗事に通じた読者に向かって、クラブに泊まった者のあいだに「恥ずべき行為（ヴィクトリア朝時代後期にはこう呼ばれていた）」が起きていた、と暗にほのめかしていたのかもしれない。[17]

ジェイ牧師は宿泊者を受け入れる前に、ひとりひとり簡単な面接を行い、「浮浪者お断り」の方針を貫いた。一時的に「どん底に落ちた」者、つまり失業中の労働者に支援の対象を限定したのだ。路上暮らしを続けてきた者は蚊帳《かや》の外だった。ジェイは、酒に溺れて身を持ち崩した者の多いことに関心をそそられた。ホーリー・トリニティー教会に一夜の宿を求めてきた人たちのなかには、かつてウエスト・エンドの豪邸に暮らしていた医者や弁護士、執事らがいたのだ。泊まりにきた者が生粋のロマであることがわかると心を動かされたし、路上生活に落ちぶれた元兵士たちの数の多いことにも衝撃を受けた。

大勢が泊まる部屋には悪臭が立ちこめていた。そんなところに寝泊まりして三年、ジェイ牧師はすっかり健康を損ねてしまう。「嫌な臭いのする空気を吸いこんできたせい」で、インフルエンザで六週間も寝こんだのだ。回復の見こみは薄いと思われた。教区民が五〇人ほど訪れたが、ジェイは見舞いの品々を「大体どれも自分にはふさわしくない」と言って受けとらなかった。横たわったままのジェイの部屋の窓から、ニコルの町の物音が聞こえてきた。人びとの会話も耳に入った——「ジェイ先生はもう危ない、あんなに太っていてはインフルエンザにも勝てまいよ」。子どもたちは、横たわって死んだふりをするだけという遊びを考えだし、「ジェイ先生ごっこ」と呼んだ。

回復にあたってジェイ牧師は医師たちから、宿泊者と同じ部屋で寝るのはやめるように言われた——人びとが吐く息をはじめ、ガス灯のマントルや硫黄バーナーが放出する有害物を吸いこんではならない。そこでジェイはさらに資金を募り、正式な宿泊所を建て、スタッフも置くことにした。教会のすぐ隣に建ったこの施設は「トリニティー会館《チェンバーズ》」と命名された（大学の社会福祉施設《セツルメント》のような名前だ）。収容人数は九二人。二シリング六ペンス払えば、狭い個室に一週間滞在できた（大部屋のベッドは週二シリング）。宿泊者は熱い風呂を浴びることもできる。キッチンや談話室も備わっていたほか、難破船の船員が身を寄せるためのスペースもあった。ジェイのこの施設はボクシング・ジムと同じく、ニコルのほかの民間宿泊所にとって手ごわい商売敵となった。

ジェイ牧師は男たちの多くに、軍隊に入るか（「軍隊生活なんてみじめな飼い犬の暮らしだ」と言う者は多かった）、それともカナダかオーストラリアへ移民として移送されるか、よく考えなさい、と最新式の安全な移動手段の話をしているような調子で説いていた。ボクシング・ジムの壁ではこのふたつの新世界へジェイの手で送りだされた成功例の写真がひときわ異彩を放っていた。ただし、ジェイはミス・アニー・マクファーソンにはとうていかなわなかった。ニコルの端、クラブ・ロウとベスナル・グリーン・ロードの角で福音主義系の職業学校を開き、困窮した青年たちに基礎的学校教育を施し、手に職をつけさせていたマクファーソンは、この二五年間あまりに、貧しい少年少女六〇〇〇人を余剰労働力とみなして、植民地に送りだしたという。その数は、マクファーソンが世を去るまでに一万二〇〇〇人に達していた。マクファーソンとジェイが互いに尊敬しあっていた、とは言いがたい。マクファーソンが開く福音集会は成功し、五三〇人ほどの信者が集まっていたが、それを知ってジェイは心穏やかでなかっただろう。[18]

ジェイ牧師はさらに資金を集めていった。教会を西側へ拡張するためである。ジェイによれば教会には現在、常に三〇〇人を超える人たちが集まっていたし、ある収穫祭では会衆席が混み、押し合いへし合いのなかで女性がひとり腕を折った。混雑するなか、礼拝中に跪こうとして膝蓋《しつがい》骨《こつ》を折った女性もいた。資金がうまく集まった理由の一端は、ジェイの達者な筆づかいにあった。ホーリー・トリニティー教会に赴任して最初の一〇年間に、ジェイは浩瀚《こうかん》な書物を三冊と小冊子を発行して有力ジャーナリストの目にとまり、お褒めに与っていた。ジェイの宿泊所で取材の一夜を明かした『デイリー・テレグラフ』紙のジェームズ・グリーンウッドは、口をきわめて称賛

ジェイ牧師がつくった宿泊所，トリニティー会館．間仕切りで仕切られたスペースにベッドが置かれていた．料金は週2シリングから．

している。『ホーム・マガジン』誌は「世界を動かす男たち」シリーズでジェイの特集を組んだし、『テンプル』誌は「ショーディッチの救世主」との称号を献呈した。キリストの再臨の象徴ではないかというわけだが、インタビューを受けた本人が記者たちのそんな印象をあえて否定しようとしなかったのは確かである。

教区民の性格、教区民が貧困にあえいでいる原因、それを解決する最善の策――これらに関するジェイ牧師の見解は一貫していない。活字になったものを見ると、教区民の忍耐強さを称賛もしているが、欠点に容赦ない批判を加えてもいる。教区民は「間違った法律による不正の犠牲者、つまり現代世界の殉教者にほかならない……［また］世界で最も貧しく、善良な人たち」と言ったかと思えば、ほかの個所では「鈍重で頑迷、無知をさらけだし、倫理感覚がまったく欠如し、底なしの深みに陥った」連中と呼んでいる。ジェイはまた、低賃金労働や悪徳家主、時代遅れで怠惰な英国国教会――何をするにも腰が重く、何をしても中途半端――こそが、「美徳や良識というものがいっさい不可能になる環境」をつくりだしたとして非難を加えているが、その一方で教区民の多くに「遺伝的欠陥があり、汚れた血が流れている」とも信じていた。さらに、聖職者が常駐する教区制度に立ち戻らないかぎり、社会問題は解決できないとも言っているが、年金、疾病手当、有資格者への住宅補助など、国家の全面介入を求めもしている。論理的な話になると、ジェイは風の吹くままになる羽根だった。ジェイは大げさな表現を駆使して熱烈な名文を書いた――資金集めにはこうした文句が不可欠であった。感動的な文章を書く必要があったことが、ジェイの著作が著しく一貫性を欠いている背景にある。

ニコルでジェイ牧師は自身の小さな世界をつくりあげ、それをよしとしていた。だが、そうするなかで敵をつくってしまっていた。

14 汚れた血──貧困の優生学

一八八九年二月二五日月曜日の夜、ジェイ牧師のボクシング・ジムで体重六〇キロ未満の者ばかりの若者八人によるトーナメント戦が行われていた。賞品は大理石の大時計だ。ジェイがこれまでに開いたなかで最大規模の試合である。戦いは佳境に入っていた。六〇〇人を超す観衆が盛んに声援を送る。ハックニー教区内の女子修道院の院長まで観戦していた。そんな状況に憤りを覚えたのがセント・フィリップ教会のラヴリッジ牧師である。彼は賛同者に呼びかけ、ジェイのトーナメントをめぐるスポーツ紙の記事を、ロンドン主教をはじめ、ベスナル・グリーンとショーディッチ教区の有力者に送りつけた。ジェイは青年たちを集め、(セミ)プロ・ボクサーを育成しようとしているが、家庭から息子を奪われた母親たちは泣いている、というのがラヴリッジの訴えだった。しかもジェイは、盗みをはたらき、刃物を持ち歩くことで知られている男たちまで迎え入れている。警察による特定個人の追跡に協力しないばかりか、牧師としての影響力を発揮してモラルの高い人格を育てるという、本来のつとめをおろそかにしているというわけだった。これを聞いたロンドン主教は教区の最貧地区で何が起きているのか詳しく知ろうとジェイに手紙を送ったが、これに対し、自分は褒められこそすれ、苦情を言われる筋合いはないというのがジェイの返事であった。なにしろ、罵り言葉も暴力も用いず、一滴の酒も供さずに労働者階級の男たちを大勢集めているのだから――キリスト教徒による活動はかくあるべきではないか。やむなくロンドン主教はそれ以上追及しないことにしたが、「善意の人たちの反感を買わないように努めよ」と助言している。[1]それでもめげることなく、ジェイはホーリー・トリニティー教会で「キリスト教徒はボクシングをしてもいいか」と題する説教を行い、批判的な人たちを招いて、メンズクラブのメンバーたちのそばに座らせた。「ボクシングは頭をはたらかせる健康的な娯楽である」とジェイは主張した。健康を増進し、自制心やスポーツマンシップを養うスポーツだ。その日の礼拝で最初に歌われた讃美歌はいかにも勇ましい『砦《とりで》を守れ』であった。[2]ショーディッチのボクサーたちの力強い歌声がとどろき、招待された人たちは圧倒されたという。

　ジェイ牧師とホーリー・トリニティー教会の評判が高まるにつれ、ニコルにあるほかの教会は存在感を失っていった――副牧師時代を含め、一八七一年からセント・フィリップ教会で働いていたラヴリッジ牧師は、腹の虫がおさまらなかった。ラヴリッジはもともと、ホーリー・トリニティーを単独の教会として維持することに反対していたのだ。隔絶されたスラムに今ひとつ別の教会を増やす必要はない、と地区内の諸教会を地図で示しながらロンドン主教に訴えたことがある。それによれば、ベスナル・グリーンとショーディッチ教区界隈の主な裏通りには非国教会——バプティスト派、メソジスト派、会衆派——の教会が多かった。「非国教会派に対抗する有力な立場を築けないいまま、ベスナル・グリーン教区の裏通りにわれわれの教会を増やしても意味がない。あたり一帯の非国教会派は表通りへの進出を絶えず狙っているのだ」とラヴリッジは書き記している。[3] 礼拝出席者数の調査によれば、ベスナル・グリーン教区の人口一二万六五九一人（一八八一年の人口調査による）のうち、九八八五人が非国教会諸派（収容人数一万一〇〇〇人）の朝夕の日曜礼拝に、七三三九人が英国国教会の礼拝に出席していた（総収容人数は一万四〇〇〇人）。一八八六年一〇月二四日の日曜礼拝の状況を見ると、セント・フィリップ教会では朝礼拝に一二一人が、夕礼拝に二八五人が出席し、まだジェイが赴任する前の、干し草置き場であったホーリー・トリニティー教会では、朝礼拝に四一人、夕礼拝に五〇人が出席していた。ジェイは、新築後の教会は四〇〇人を収容できるし、毎週それだけの数の会衆が集まると主張していた。しかし一八九八年三月のある日曜日の夜、ある人が抜き打ちで調査したところによると、六〇人ほどしか集まっていなかった。

この界隈では英国国教会のどの教会も、収容可能な人数の半分ほどしか人が集まらず、非国教会派の教会のほうがいくらか参加者が多かった。会衆の多さでひときわ抜きんでていたのはショーディッチ・バプティスト礼拝堂《タバナクル》だ。ニコルの北端に新しく建った大きな教会で、日曜日の朝は一〇三三人、夕方は一四八六人もがここに集まり、ウィリアム・カフ牧師の説教に耳を傾けた。[4]

ホーリー・トリニティー教会の聖堂の下のボクシング・リング．ジムや宿泊スペースもあった．

その多くはニコルの人たちではなく、主に上層労働者階級や下位中産階級の人たちで、市内のほかの地域からやってきたのだった。カフはシンプルで実践的な希望に満ちた説教をしたが、それは霊的な目覚めを促すというよりも、自己啓発運動と共通点が多かった。この界隈でカフの会衆ほど立派な身なりの人はいなかった。この人たちが教会に出入りするたびに、ハックニー・ロードで交通渋滞が起きたが、これは先の見こめないこの地区でバプティスト派が勝ちとった華々しい成功のしるしであった。ラヴリッジ牧師が非国教会派の人気の高まりを警戒したのも、ちゃんと理由があってのことだったのだ。

ラヴリッジ牧師は齢七〇歳に近く、歯は抜け落ち、難聴で片方の目が見えなかった。ライバルのバプティスト派牧師エドワード・スミス――セント・フィリップ教会から東に二ブロック離れたジブラルタル・ウォーク・チャペルの牧師――は、「愛すべき紳士、理性よりも感情の人で、あらゆるタイプのたかり屋の餌食になっている」とラヴリッジを評している。また、「慈善事業への献身はラヴリッジの長所でもあり短所でもある」と言った人もいる。際限なき慈善行為をどうみるかで、評価が決まるというわけだ。この評者はさらに、「外見も態度も、また教会運営も、まるで几帳面な老女のようだ」と手厳しい意見を付け加えている。[5] セント・フィリップ教会に集まる信徒は少なかったが、ラヴリッジは牧師としてニコルの子どもたちの指導に心血をそそいだ。大きな全国学校――英国国教会を基盤とした学校システムの名残で、当時多くの論議を経て、公立学校に取って代わられつつあった――を運営しながら、働く子どもたちのために夜間学校や日曜学校をセント・フィリップ教会で開いていたのだ。生徒数は二〇〇〇人。「おチビちゃん」と呼ばれるごく幼い子どもたちの教室もあった。セント・フィリップ教会は築五〇年の、格別に薄暗い建物だった。ラヴリッジは金さえあれば慈善事業に使い、建物の維持管理をあとまわしにしたから、教会の床にはいつも紙吹雪やコメが散乱している。結婚式後の片づけが行き届かないのだった。

　冬になるとラヴリッジ牧師は生徒たちに無料で一〇〇〇食を提供し、毎年クリスマスには教区民六〇〇人を招いて盛大に祝った。だが、ラヴリッジの大盤ぶるまいで際立っていたのは、なんといってもエセックスの田舎への遠足だった。毎年八月、ニコルの貧しい子どもたち約一五〇〇人と高齢者や病人およそ五〇〇人が荷車に乗せられ、北東へ向かった。茶を沸かす容器や架台式テーブル、それにバタ付きパンも大量に運ばれた。一行はエッピング・フォレストに近い草地に陣どり、そこでラヴリッジは五〇人の助手と一緒にお茶とバタ付きパンをふるまう。子どもたちは大喜びではしゃぎまわった。やがて大人数の一行は荷物をまとめ、ニコルへと引き返すのだった。

こうしたラヴリッジ牧師の活動は、ジェイ牧師の著作にはその片鱗すら紹介されていない。会衆派とロンドン・シティ・ミッションが、ニコル・ストリート貧民学校やオールド・ニコル・ストリートの福祉施設を共同運営し、盛んに活動していること、またほんの数百メートル離れたバプティスト礼拝堂にはカフ牧師の説教を聞きに一〇〇〇人以上が集まることも、ジェイはまったく触れなかった。ジェイによれば、ニコルは長年にわたり「教会と呼べるものがひとつもないまま、放っておかれた」のであった。[6] 真実は正反対である。宗教はニコルを外側から包みこみ、迷路のような路地の奥深くまで浸透していた。だが、ニコルの大人たちはたいてい、うまいやり方を心得ていた——物質的に得るものがないかぎり、どの教会にもとりこまれないようにしたのだ(「このわたしが教会に座っているのをお得意さんやライバルが目にしたら、きっと商売に失敗して物乞いにきたと思うに決まってますよ」とある商店主はジェイに語っている)。[7]

ニコルの人びとが心の拠りどころにしたのは民間の言い伝えやロマの占いなどだった。一般家庭にしつらえた「礼拝室《チャペル》」で、カトリックの儀式が行われることも稀ではなかった。デヴォンシャー・プレイス一一番地の小さな聖堂は、アイルランド出身の女性が自宅の奥の部屋につくったもので、同郷人が入りきれないほど集まった。安物の低いテーブルを上質の絹布《けんぷ》で覆った祭壇には、細かな細工の施された十字架が飾ってある。壁際には聖水入れと聖母マリアの絵が置かれ、その足元に造花が供えられていた。

ロンドン・シティ・ミッションのスタッフは、年老いて耳の聞こえなくなった貝売りからこんな話を聞いてもいる――「旦那さん、おれ学問はないけどよ、寝てるあいだに死なないようにするには、マットレスの敷き方が肝心だよ。床に対して十字の配置になるようにするんだ。よくわからんが、そうすりゃ、なかなか死なないんだそうだ」。地域の占い師たちは、「浮浪者取り締まり法」に触れたとしてしばしば訴えられ、治安判事裁判所で裁かれた。ニコルの東隣のジブラルタル・ガーデンズに住む三七歳のエマ・マチンは、料金をとって占いをしたとして一四日間勾留され、重労働を課せられた。マチンはエスター・ピクルズという女の運勢を占い、まもなく大金が転がりこむが、その前に「黒い貴婦人」と対決しなければならないと告げたのだった。一方、ニコル・コートに移り住んできた「星占いの女」は、借りた部屋に若い女性たちを集めては一二宮図《ゾディアック》の説明やタロット占いをしていた。エジプトふうのスカーフをかぶり、飾りのたくさんついた大ぶりの珊瑚《さんご》のネックレスをつけたこの女は、未来を見通す力がつく「運命のパウダー」(三ペンス、実はレンガの粉)や容姿を抗いがたいほど美しくする「ダマスクローズの濃縮エキス」(六ペンス、実は頬紅とラードを混ぜて小箱に入れたもの)や「愛の心」(一〇ペンス、安物の香水)を売ってくれるのだった。「おバカな女の子たちは騙されたいんですよ。カード占いや星占い、生まれたときの天宮図なんか、誰も信じちゃいません。でもあの子たちは面白がっているんだし、誰に害がおよぶわけでもありませんから」――これが女占い師の言い分であった。
オールド・ジョー・リー夫婦は、ショーディッチの「ジプシーの王と女王」と呼ばれていた。マウント・ストリートに最初に住み着いたロマの子孫だという。ジョーは馬やロバの「治療師」であった。行商人ら、家畜に頼って生計を立てている人たちはみな、飼っている動物をジョーのところに連れてきて治療を受けさせ、もっとよく働くようにしてもらうのだった。[8]
キリスト教の伝統的な教えに対して、ニコルの人たちは、激しいとはいえないものの、根強い反感をもちつづけていた。ベスナル・グリーン教区のセント・マシュー教会から家庭に派遣される看護師は、はじめのうち教会関係者だということを伏せておいた。三〜四回訪問し、訪問先の「家の空気をつかんで」から身分を明かし、宗教の話を始めるのだった。教会に雇われた看護師だと知られれば、たいていの家で訪問を断られるだろう。たとえ病人がいても、中に入れてもらえない。[9] ニコルの住民を教化しようとした社会主義者や共産主義者やアナーキストによると、たいていの住民は勧誘に訪れた人を礼儀正しく無視するか、困惑しながらもしばらく我慢して話に耳を傾けるのだった。

＊

ボクシングで若者を惹きつけて得々としていることも問題だったが、それとは別にホーリー・トリニティー教会には憎悪を向けられる理由があり、ジェイ牧師のもとには中傷の手紙が山ほど送られた。非難の声はロンドン主教にも届いた。英国国教会にはカリスマ性のある「典礼主義者」——高教会派が何人かいて、ロンドンのスラムで活動しており、ジェイもそのひとりだったのだが、高教会派が執り行う儀式はローマ・カトリック教会の典礼に酷似しすぎているとみる人が多かったのだ。ある中立派の人が、ホーリー・トリニティー教会の日曜日の夕礼拝にこっそり出席し、その様子を見て、こんな感想を述べている。「まるでカトリックの大聖堂のような雰囲気だった……。堂内には聖画や聖像がたくさん飾られ、祭壇は飾りつきの鉄製の柵で仕切られていた。あのジェイ氏が祭壇上に立ち、両手を広げて会衆を祝福する——まさにカトリックの儀式だ。ほとんどの会衆は跪《ひざまず》いていた」[10]。だが、この人たちは実際、何を拝んでいたのだろう——神なる父と子と聖霊か、それともショーディッチの救世主か。

一八三〇～四〇年代、英国国教会内部にひとつの運動が起き、教会は分裂の一歩手前に追いこまれる経験をした。オックスフォード運動（あるいはトラクト運動）と呼ばれるこの運動は、最も初期のモデルの位階制度への立ち返りを提案した——主教をキリストの一二使徒の継承者とみなす「使徒継承」の概念を重視する立場である。この考え方によれば、一六世紀半ばの宗教改革とその後の英国国教会の漂流によって、キリスト教はその源泉から切り離されてしまった。数世紀にわたる歴史を遡ることによって、英国の教会は最も初期の教義と正統的な慣行とのつながりを取り戻すことができるだろう。また、これは重要な点だが、オックスフォード運動の支持者たちは、国家は教会の問題に関していかなる役割も果たすべきではない——国家の霊性は主教たちだけにまかされるべきであり、主教の権威を損なってはならないと主張した。

　一八八〇年代になると、当初の分裂含みの状況は様変わりしていた。オックスフォード運動の初期の提唱者の多くは実際にローマ・カトリックに改宗したが、ほかの多くは「アングロ・カトリック」あるいは「高教会派」として英国国教会にとどまっていた。彼らは、使徒継承や国家の介入といった問題よりも、典礼や儀式の意味、あるいは貧者救済や社会的分裂の修復に教会が果たす役割に深い関心を寄せた。そのなかには、社会主義を何らかのかたちで受け入れた者も多い。広教会〔英国国教会における考え方の一傾向。寛容の精神を説き、教会のなかでは多様な立場が認められるべきだと主張した。高教会、低教会に対置される〕や低教会派の人たちは、高教会派の考え方を反啓蒙的だと批判した――奇跡とか神のしるしとか聖霊とか、不可解なキリスト教神秘主義に立ち戻ってしまったではないか。ベスナル・グリーン教区でオックスフォード・ハウスを共同設立し、地域の衛生問題に関心を寄せたヘンリー・スコット・ホランド牧師は、高教会と低教会の哲学の衝突についてこう書いている。

　人が奇跡からどれほど重点を移そうとも、キリストが示された教えは本質的・必然的にこの超自然的要素を含んでいるのだ。わたしたちはこの要素を受け入れ、〔認め〕なければならない。わたしたちが知るあのひとつの物語のなかに記録されているイエス・キリストについて判断を下し、超自然的要素を割愛してしまうなら、書き記されたすべての事柄は意味を失い、頼むに足る確実性を有するものは何も残らない。これは人生全般に、そして当然ながら結局は復活の信仰に影響を与えるのである。

ホランドは続けて論じる——広教会や低教会の人たちは、理屈をつけて福音の超自然的な要素を説明しようとし、そこに書かれていることは比喩として解釈すべきだと言う。そして、人間中心主義的・非神秘主義的な新約聖書の解釈を、社会の進歩と結びつける。だが、福音を文字どおりに受け入れる高教会の人びとも、苦しみや不正を終わらせるために、つまり社会の進歩を速めるために、献身しているではないか。「神が人のかたちをとって現れた受肉をより深く信じれば、社会の疲弊により深い関心をもつようになる……。受肉とは、何よりもまず、概念ではなく行為、人びとの心を照らす思考ではなく、神の意思による行為なのだから。社会改革者になるには自分の信仰を曖昧にしておかなければならないと昔から言われてきたが、わたしたち〔典礼主義者〕は一貫してこれに反対してきた」[11]。一八八九年、ホランドは「キリスト教社会同盟」という社会主義系組織の共同主宰者となった。自分のこうした行いは受肉の自然な発展である、とホランドは信じていた——受肉において、神はご自分で創られた世界を救うために、人間のうちに住まわれたのだから。民主主義も社会主義も、受肉において示された神の意図を実現するものでなければならない。

高教会派はサクラメント〔キリスト教において、目に見えない神の恩寵を具体的に目に見えるかたちで表す儀式〕の役割を重視した。英国国教会のサクラメントは、洗礼と聖餐《せいさん》のふたつのみであった。サクラメントはその儀式に与る者に恵みを与える。だが、こうした儀式における目に見える現象（たとえば、聖餐式におけるパンと葡萄酒）については、それが福音書に記された事件を思い起こすための象徴なのか、それともキリストがそのなかに実在する超自然的現象なのかで、高教会と低教会では見方が分かれていた。宗教改革はキリスト教の礼拝から神秘性を取り除いて、礼拝をもともとあるべき簡素なかたちに戻そうとするものだった。聖職者は、自らに特別な力を与えるオカルト行為に耽《ふけ》ってはならない。世俗的・政治的な事柄への聖職者の介入は、一五四七年の「サクラメント法」により大幅に制限された。絢爛豪華な祭服も禁止された。ただし、聖餐式の厳かさを表すにふさわしい衣服はその限りとしない。聖像、祭壇上での蝋燭《ろうそく》や香の使用、聖画が禁止されただけでなく、パンと葡萄酒を聖別するとき司祭は聖杯《カリス》を頭上に高く掲げてはならず、聖餐式を行うにあたって祭壇のある東の方角を向いてはならないとされた。聖職者と会衆を隔てる仕切りや祭壇まわりに柵を設けることや、祝福を受けるにあたって、あるいは罪の許しが与えられる際に十字を切ることも禁止された。

これら禁止された行為が高教会派の礼拝に含まれていないかを、「教会連合」なる過激なプロテスタント団体が監視しはじめたのは、一八五〇年代半ばのことである。一大旋風を巻き起こしたオックスフォード運動の反動であった。礼拝に禁止行為が含まれれば、一八四〇年の「教会戒規法」によって告発されることになった。一八七四年、保守党政府はさらに厳格な「教会礼拝式規則法」を制定した。時のベンジャミン・ディズレーリ首相によれば、「仮面に隠されたカトリックのミサを取り締まるため」の法令であった。一八七七〜八二年にかけて、「好ましからざる活動」を理由に教区内の五人の牧師が勾留された。だがこうした告発は、迫害された典礼主義の聖職者に対する同情を国中に（宗教に無関心な人たちのあいだでさえ）かきたて、現代の殉教者を生む結果となった。実際、英国国教会は、教区民とともに暮らし、教会の仕事に身を捧げている優れた牧師たちのあら探しをしたのであり、人びとの目には専制的だと映った。一八八九年、ある典礼主義者が告発された重要な裁判が審理無効となって以来、教会礼拝式規則法はめったに適用されなくなった。一八九〇年代になると、典礼主義者の告発に熱心なのは教会連合をはじめ、「プロテスタント防衛同盟」など強硬派だけとなった。

それでよかったのだ。一九世紀末には、高教会派の小教区はイングランドの全小教区の四分の一に届かないとみられ、ロンドンのイースト・エンドでは三分の一をわずかに上回る程度であった。ショーディッチ教区やホクストン、およびすぐ近くのハガーストンには、高教会派の有名な教会がいくつかあり、常住する牧師が少人数であれ熱心な信徒を率いていた。ぞっとするほどおぞましい環境に住んでいる住民たちは、美しい儀式に惹きつけられた。とりわけ、女性たちは高教会の優美な礼拝式に大きな慰めを見出した。高教会派の礼拝では女性や若者ばかりが目立つ、と批判者たちはあざけりをこめて指摘している。ハックニー・ロードに近いセント・チャド教会やセント・アウグスティヌス教会、ショーディッチ教区のセント・ミカエル教会、ハガーストンのセント・メアリ教会、キングズランド・ロードのセント・コルンバ教会などが貧困のただなかに立つ高教会派の教会として知られていた。

ホーリー・トリニティー教会も高教会派のひとつであった。スラムで働く高教会派の牧師たちの例にもれず、ジェイ牧師も広教会派や低教会派のライバルから攻撃された。前述のラヴリッジ牧師をはじめ、ロンドン・シティ・ミッションの地区担当牧師ロバート・アリンソンらは、ジェイがローマ・カトリック的な行動をとっている、と誰かれかまわず吹聴した。バプティスト派のカフ牧師も高教会主義を忌み嫌い、ショーディッチ教区にこの派の教会が根を下ろしていることに腹を立てていた。

とんだ聖職者ども……見かけ倒しのけばけばしさで粗野な人たちを惹きつける……。アングロ・カトリックどもに、われわれは取り囲まれている。ローマ法王の教義を受け入れる連中だ……。多くの教区民を抱えるまじめな牧師にとって、こんなやり方は絶えざる混乱の源だ。少なくとも、キリストの真理と異教のたわごととの折衷案とでも呼べるだろう。[12]

そのジェイ牧師は、修道会まがいの一団を創設していた。「聖パウロ兄弟会」と称する若い男性のグループで、ニコルで共同生活をし、日曜学校やジムで牧師の仕事を手伝い、教会の聖歌隊にも加わっていた。黒い制服を着て、古めかしい被り物と大きな十字架をつけたこの一団は、嫌がらせを受けることもからかわれることもなく、ニコルを自由に歩きまわっていた。一方で、ジェイは女性のための活動を、ニコルを地盤とするふたつの団体にまかせていた。そのひとつ、マイルドメイ女子奉仕会は低教会派だったから、ジェイの高教会主義的なやり方には反対だったが、献身的なその仕事ぶりに共鳴したのだった。もうひとつは、ニュー・ニコル・ストリート三四〜三五番地で孤児院を経営していた高教会派のキルバーン修道女会である。この会はとかく話題にのぼった。過激なプロテスタントからしばしばペンによる攻撃を仕掛けられたのだ。「プロテスタント連合」が発行した『典礼主義のキルバーン修道女会』と題する小雑誌は、孤児たちを集めた女子修道院でローマ・カトリックの残虐行為が行われている、とおどろおどろしい筆致で告発した。粗織りのシャツや、鉄製の鞭《むち》、苦行用の縄、先のとがった十字架などが使われているという。[13]年長の女の子たちのあいだで相互オナニーが広がると、修道女たちは対応策として、それぞれのベッドまわりを金網の間仕切りで囲った。間仕切りには南京錠とかんぬきをつけ、毎夜しっかり閉めた。そのうえ、上部の縁に沿って真鍮《しんちゅう》の忍び返しまでとりつけた。ここから抜けでようとする者がいれば、ただちに当直が察知できる電気装置もつけられた。過激な立場をとるプロテスタント系の雑誌はこうした「鉄製ケージ」をネタに面白おかしい記事を書いた。より主流派に近い『トゥルース』誌は、思春期の子どもによくある行動に過剰反応した修道女たちは非常識で、世間知らずだと指摘した。この会の創始者エミリー・エイクボーンは浮世離れした人で、自分たちが対応を迫られたことについて訊かれると、「きわめて汚らわしい悪事であり……口にするのもはばかられる」と言って、直接の言及を避けた（この雑誌はまた、こうした施設で火事が起きた場合、死亡リスクが高まるのは明白だとも書いている。一八八〇〜九〇年代には新救貧法や慈善団体により建てられた寄宿学校で何回も火災が起き、多数が犠牲になり、新聞各紙が派手な見出しをつけて盛んに書き立てていた[14]。

一方、慈善組織協会（COS）はこう批判した。「われわれの見るところ、異性をまったく排除して女性だけで構成され、女性だけが管理する団体は、施策や財政や経営といった面で完全な成功をおさめることはできない」[15]。この修道女会は、ひとり四〇ポンドの料金をとって婚外子を引きとっているとも噂されていた。その際、親の事情が問いただされることはない。秘密は完全に守られる。会はその子が大人になるまで面倒をみるということになっていた。そんな活動があるから、ふしだらな女たちは公共の団体に養ってもらおうと気軽に子どもを置いていくのだ、というのがCOSの主張であった。

ロンドン主教はこの会の運営委員に男性をひとり選出するよう助言したが、修道女たちはこれを拒否したばかりか、主教を後援者のリストから外してしまった。主教のもとには、過去にこの孤児院で暮らしていた人たちからおびただしい手紙が寄せられた。そのおよそ半数は、修道女たちに優しく世話をしてもらったといい、あとの半数は扱いが厳しかったと言っていた。ジェイ牧師は修道女たちの味方だった。

つまりジェイ牧師はいくつもの顔をもっていたのだ――筋肉的キリスト教〔一九世紀英国で広まったキリスト教の考え方。信仰とともに強靭な身体の育成、規律、自己犠牲、責任感などを重視した〕の立場に立ちながら、祭服や花や聖画、香や蝋燭といった高教会派の典礼の華麗さを愛していた。一八九三年までには、矛盾だらけのその人となりにもうひとつの側面が加わっていた。牧師として世話をした人たちをさまざまな理論的観点から考察した結果、優生学にとりつかれたのである。一九世紀末の当時、優生学は多くの素人科学者たちを惹きつけていた。ジェイはこんなことを書いている。「悲しいことだが、この世に生まれでたというよりも、呪われて送りだされた者がいる。神学的にはまっとうではないかもしれないが、しごく分別のある考え方として認めるべきは、ある人たちは遺伝的欠陥や汚れた血によって……悪の道に走るほかないのだということだ」[16]。その三年後、『ロンドン』誌には「不適者生存を阻止する」と題したジェイのインタビュー記事が掲載された。

極貧の準犯罪者階級の大部分は、その身体的・精神的・道徳的な特性によって現在の状況に陥っているのだという、疑う余地のない事実にわれわれは直面している。これらの人たちは神経に栄養が行き渡らず、エネルギーや持久力がない……。生まれながら資質に乏しいのである。知恵ではなくずる賢さが、賢さではなく抜け目のなさが彼らの顔に張りついている。[17]

一八六〇年代初めから、英国民族の向上を図る（あるいは、意識された衰退に一応の歯止めをかける）「選抜育種」をめぐって論争がかわされていた。一八八三年にはフランシス・ゴールトン――チャールズ・ダーウィンの従弟――が「優生学」という言葉を考案し、最も不適な者たちの過剰繁殖の結果である人間の「屑《くず》」について書いている。一八八〇年代になると、英国社会の危機を論じる解説や評論が進化論の用語や仮説を借用するようになった。環境、あるいは境遇が社会の弱者を根絶するのは自然なことだ、これは科学の進歩から明らかになっていると多くの人は考えた。さらに踏みこんで、心の痛むことではあるものの、弱者が根絶されていくプロセスを——まずは精神的・身体的に障害のある者が子をなすことができないようにするなどして——人為的に加速できればいっそう望ましいと唱える者まで現れた。

こうした主張に多少なりとも権威を添えたのがダーウィンの『人間の由来』である。ゴールトンをはじめ、「適者生存」という新語をつくったハーバート・スペンサー、T・H・ハクスリー、アルフレッド・ラッセル・ウォレス、ウィリアム・ラスボーン・グレッグら当時の進化論者と同様、ダーウィンもまた、弱い者に救いの手を差しのべて彼らが子をなすのを放置していれば、その先に待っているのは人類の退化であると言った。人間だけが「最も悪い状態にある動物」にも繁殖を許すのであり、もしそうしつづけるなら、「国家は衰退するだろう」——つまり、「高度な」能力を失いはじめるだろう。[18] ところが同じ書でダーウィンは、人間の「最も高貴な特質」とは知性と道徳心が著しい発達を遂げた点にあり、その結果、人間だけがすべての生き物——つまり、ほかの人種やほかの動物、そして「精神遅滞者」ほか人間の退化した例——に私欲のない慈愛の心をもつことができるようになったのだと述べている。

弱者に対する博愛行為を差し控え、その一方でわれわれが獲得してきた最も高貴な技能、すなわち共感を実践する——このふたつを、ダーウィンはどのようにして両立させるというのだろう。

もし博愛行為を十分に実践しないことが習慣となり、そのためにわれわれが博愛の心を失ってしまえば、われわれは退行しはじめるだろう。ダーウィンにできたことといえばただ、弱者に——精神病院、専門病院、予防接種運動、新救貧法の支援策などを通して——手を差しのべるいっぽうで、弱者が、もし子をなすならば、できるだけ歳をとってからにし、結果としてその子孫の数が減るような策を——その具体的な方法はわからないが——講じるべきだと提案しただけであった。

人のどんな性質が世代を超えて受け継がれるのか。どんな性質が環境によるものだと考えられるのか。後者は個人に適応して遺伝するものとなるのか——ダーウィンら当時の学者たちはこうした問題に取り組んだが、DNAやその働きについて、また将来起こりうることを探るための複雑な数学モデルについても、現代のわたしたちがもつ知識はなかったから、手探り状態であったことは理解できる。貧民が耐えている環境はまったくひどいものだが、その境遇はサルから天使へ向けて歩みを重ねてきた進化を後退させているのだ、と淀みなく語る者も少なくなかった。スラムの住人について語る際に決まって使われる比喩や隠喩を、進化論は提供した。社会運動家のベアトリス・ウェッブも「イースト・エンドのアボリジニ」なる一文を書いているし、ハクスリーはイースト・エンドの住人を「原始的環境のもとで暮らしているポリネシアの野蛮人」と比較した。救世軍の創始者のひとりのウィリアム・ブースは貧しいロンドンの住人を、探検家ヘンリー・スタンリーがアフリカで最近出会った「ピグミー」に喩えてみせた（だが、スラムの住民もまた、未開人を種に罵り言葉を吐いた。ヴィクトリア朝時代後期、英国の社会には、地球上の異なる人種を隔てる溝と同じくらい深い溝が広がっていたといえる。劇作家でジャーナリストのジョージ・シムズの記憶によれば、スラムの街路を歩く裕福そうな通行人を、住民たちは「ホッテントット〔南アフリカのコイ族の蔑称〕」と呼んでからかったそうである)。

スラムにつきものの犯罪は、社会性と利他主義という、人間がもつ高度な道徳的・知的能力が退化した証左であると言う人もいた。退行進化の例は、ダーウィンがあちこちの洋島で発見している――大陸に住む同種の生物と切り離された生き物たちだ。もはや必要とされない環境適応はみられなくなる。飛べない鳥、洞窟で暮らす目の見えない哺乳類などである。それと似たようなことが、英国の都市の、物理的に隔離され、社会的に孤立した人びとが住む裏通りで起きているのだろうか。

貧者の子どもたちが――子どものなかではこの階級の子どもたちが最も多かった――身体的・知的能力の不可逆的衰退を示しているとの思いつきを裏づけるかに見える衝撃的なデータもあった。一九〇二年の全国調査では、五〇万人の学童が「ささやき検査」で聴覚に問題があるとされた。一八八九年には、ロンドンの学童の八人にひとりが極度の飢えに苦しみ、そのため注意力が散漫になっているとされた――そんなぼんやりした頭は遺伝するかもしれないというわけだった。同時期の一八八〇年～九〇年代、ニコルの三つの学校から得られたデータは、ごく基礎的な教育を施していたロンドン学務委員会の教師たちが、生徒の健康問題に直面する姿を浮きぼりにしている。感染症の流行はよくあることで、そんなとき登校児童は激減した（教師たちも何週間も休むことになった）。だが、流行病とは別に、体にひどい障害をもつ子どもも多かった――弱視、難聴、てんかん、知的障害など、生徒が抱える問題は教師たちが取り組むべき課題でもあった。[19]

退化をめぐるこうした考え方は、第二次ボーア戦争のさなかの一九〇二年、労働者階級の多くの男子が兵役に適さない健康状態にあることが明らかになると一挙に広がった。帝国を維持するための予備兵力が十分でない可能性があるという、この衝撃的な発見はやがて国家効率推進運動につながっていった。また国は、英国民族の質の向上へ向けて関与を深めていくことになる。なぜならこれほどの痛手をもたらしたのはレッセフェール（自由放任主義）政策だったからだ。

こうした民族退化論は当時、ジャーナリストや科学の普及を目指す者たちがとりわけ好んだことから、大いに喧伝されたが、まじめな研究者たちの反応は芳しいものではなかった。そのことを指摘しておくのは有意義なことだ。一九〇四年、ボーア戦争における失態の直接的結果として組織された「体力衰退に関する部局間委員会」でこの問題を討議した専門家たちは、「進行性退化」と、環境による悪影響がのちの世代まで伝わるという考え方をきっぱりと否定した。[20] 同様にゴールトンの著作――『天才と遺伝』（一八六九年）、「遺伝的改良（*Hereditary Improvement*）」（八七年）、『自然の遺産（*Natural Inheritance*）』（八九年）――に対しては、その内容に疑いをさしはさむ思慮深い書評が数多く寄せられた。たとえば一八七〇年一月七日付『タイムズ』紙は『天才と遺伝』を批評し、英国民族の資質を高めるには、ゴールトンが提唱した「人間育種《ヴィリカルチャー》（才能ある男性は女性のなかでも知性のより優れた者と結婚し、最高に優秀な子孫を残すべきだという説)」よりも、国民教育の拡充がはるかに効果的だという論評を掲げた。つまり、ヴィクトリア朝とエドワード朝に特有のこうした優生・人種主義思想は、実際は医学思想の本流からずれていたのである。

だが、ジェイ牧師はこうした思想に傾倒した。ダーウィンの著作を読み、チャールズ・ブースが唱えた労働者共同体について考察したこともあるジェイは、ハヴロック・エリスの著作『犯罪者(*The Criminal*)』に出会い、強い印象を受けた。一八九〇年、英国の素人優生学者たちに最新の考え方を紹介するための現代科学シリーズの一冊として刊行されたこの書は、犯罪人類学という新しい分野における過去一五年あまりの研究の要約であった。大陸ヨーロッパではイタリア人精神科医チェーザレ・ロンブローゾが一八七六年に刊行した『犯罪人論(*L'uomo delinquente*)』が一大センセーションを起こしていた。犯罪者を「タイプ」別に分類し、解剖学的・生理学的特異性の観点から考察する著作であった。一方、エリスの『犯罪者』は、「犯罪解剖学」よりもさらに有望な研究分野として、「犯罪社会学」を提唱していた。環境という神秘的な作用が犯罪の発生にどのように手を貸すのかを考察する学問である。エリスはさらに、犯罪を構成するふたつの要素、すなわち生来の資質と環境による感化を解明するには、科学のさらなる発達を待たなければならないとも指摘している。結局、この著作はかなり精緻な考察から始まるものの、後半は犯罪者の一連の「身体的特徴」の説明と描写に終わっている。エリスは、新たなデータを集め、その分析から新しい理論を組み立てるというよりも、既存の見解を裏づけるデータを使った。また、さまざまな逸話や面白おかしいイラストを多用した——実にこの著作は野鳥観察者用の資料といった趣がある。それを使って人間を評価するというわけだ。結局、『犯罪者』はいかにも科学書のように見えるが、初期の犯罪学研究書のご多分にもれず、古臭い人相判断に科学の装いを施したに過ぎない作品であった。

だが、ジェイ牧師は大いに感銘を受けた。エリスの研究結果を読んで、教区民たちのある種の外見の意味がわかるようになったのだ。あるとき、ジムに通う青年のひとりがジェイに向かって、「自分もまっとうにならなくちゃいけないと思っています」と言った。ジェイは笑いながら「頭を見せてごらん」と言って、青年に帽子を脱がせた。言われた青年は冗談だと思ったが、ジェイは大まじめで頭のかたちや顔つきをじっと見て、「狭いみじめな額やずる賢い目や、がっしりした顎《あご》が何を意味するかは誰の目にも明らかだ」と結論を出した。ジェイはこの青年は変わることができないと考え、本人にそう告げた。「きみの場合は、奇跡でも起きないかぎりどうしようもない。［だが］神さまはいつでも奇跡を起こす力をもっておられるのだよ」と告げたという。[21] いまやジェイは「遺伝—退化」説をかなり強力に支持し、貧しい者が犯罪に走るかどうかの最も確かな兆しは、飢えや薄汚い環境、権力乱用への恨みや不当な特権、親や親類や身近な人たちの行動よりも、「遺伝的汚れ」であると考えた。万民は平等にあらず、と社会は認めるべきだとジェイは訴えた。国庫に大きな負担をかけ、ひどい不幸を広げている人たちが大勢いる——彼らには特別の注意を払わなければならない。正気でない者や「よだれを垂らす低能者」が子をなさないようにする措置は、すでに一八九〇年の「精神異常法案」で議論の俎上に載せられていた（否決されたが、のちの一九一三年「精神薄弱者法」の成立によって立法化された）[22]。先天的犯罪者にも同じ措置を施すべきだ、そうしなければ「悲惨で公正を欠いた」事態を招くとジェイは主張したのであった。

ジェイ牧師はそのための解決策を考えだしていた。それはチャールズ・ブースの提案と大差なかったものの、ジェイが尊敬していた科学者たちの知見に照らして見直され、より複雑なものとなっていた。呪われた者たちは、「弱い意志力と虚弱な体とあやふやな知性しか受け継ぐことができない子を生むことによって、人類全体の悲惨さを増大させつづけている」が、現行の救貧院システムではこれを阻止できない[23]。必要なのは強制収容措置だ——大規模な定住地を数カ所に設け、そこに犯罪者を収容するのだ。設置するのは南部海岸か、あるいは風通しのいい荒れ地《ムーア》がいいだろう（ジェイは生物学主義の立場をとっていたが、それでも新鮮な空気の効用を深く信奉した当時の考え方から抜けきれなかったようだ）。「道徳的異常者」はこうした施設に生涯にわたって収容される。収容者の「異常性」を認定するのは、国の最高の思想家たち、犯罪人類学を研究したことのある科学者たちであるから、判断を間違えることはない。収容所は住み心地のいい環境で、仕事はたっぷりあり（たとえば薪割《まきわ》りや敷物づくりといった仕事が適当だろう）、報酬は市価で支払われる。また、自由時間には楽しく健全な娯楽が提供される。美しい庭園、体育館、浴場、読書室、礼拝堂、劇場、音楽堂などもそろっている。「こうした施設は、極貧の者たちにとって今まで住んだことのない最高の住処になるはずである」。仮出所など、どんなかたちであれ、そこから出るためのシステムはない。というのも、これらの者たちは変化することができないからだ。まさに、それだから施設にいるわけである。施設には男女別に収容する。そうすれば、収容者に子をなす機会はなくなるから、わが国のこの部分はやがて絶滅することになろう。収容所の職員に任用されるのは、人としての思いやりと愛の鞭を使い分ける能力のある人だ。悪いことをした収容者には罰として独房監禁やパンと水だけの食事、あるいは——ジェイが「父さんのお仕置き棒」と呼んだこん棒を使った——体罰を与えることになる。

批判があることを、ジェイ牧師は百も承知だった。英国の人びとの心情は、揺れ動くことはあっても、結局は個人の自由を尊重する立場へと落ち着くのが常である。罪を犯していない人が監禁されるようなことがあってはならない——この大原則は守らなくてはならない。それだからこそ、窃盗の再犯、三犯で有罪判決が下りた場合、犯罪人類学の専門家からなる審査団が慎重な検討を行い、強制収容を決定するのだ。議会の特別委員会が、公的な調査会のもとに集められた事実に基づいて決定を下し、専門家が検討すべき詳しい要因を整理する。そうすれば、この計画は全体としてきわめて民主的な性質をもつことになる。

この計画の最も大きな障壁となるのは、わが国の党派政治だ、とジェイ牧師は考えた。法案を通すか（あるいは棚上げにするか）どうかを決めるのは議席の維持しか頭にない連中だし、大衆紙はいつだって人目を引く新施策には抗議の声を上げるだろう。強い「社会主義の」国なら、そうした狼狽や感傷に邪魔されることはないから、社会の大多数を占める最も「有益な」人びとの利益を自由に守ることができる。この「新規計画」は確かに過酷に聞こえるが、今は困難な時代なのだ。「糖蜜を飲んでいても熱病は治らない」のである――これがジェイの主張であった。

ジェイ牧師が提案した犯罪者の収容施設が英国内で現実のものとなったことは一度もない。ジェイは一九二一年に現役を退き、イングランド中西部ウースターシャーのマルヴァーンに引っこむまで、教区民のあいだで暮らしつづけた――たったひとりで住み、ボクシングの指導と牧師としての仕事を通して住民の面倒をみつづけ、常に過労気味だった。自らが提唱する国家による介入計画と、キリストによる救いの信仰と――ジェイがこのふたつの折り合いをつけようと悩んだ形跡はない。そのため、収容計画はジェイがマスコミ向けに広げた大風呂敷だと片づけてしまうこともできるだろう。確かに、この計画は注目を浴び、ジェイはインタビューやルポ記事でひときりとりあげられた。だが、のちにジェイはより広い舞台で紹介されることになる――一八九〇年代のベストセラー小説三作である。いずれの作品も、特異な身体的特徴と熱意と厳しい自己犠牲とが一体となったジェイの興味深い人柄のとりこになった著者たちの労作であった。

15 スラムを物語る

T・H・ホール・ケインの小説『クリスチャン（*The Christian*）』（一八九八年）は、結論からいえば広教会の怠慢ぶりを批判し、そこにラブストーリーを織りまぜたたわいのない作品だ。主な登場人物は、ジェイ牧師をモデルにしたジョン・ストーム牧師と若く美しい孤児グローリー・クウェイル。厄介な親類に邪魔されながらも、ふたりはやがて幸福への道を見出す。ストームは、裕福なベルグラヴィアの（架空の）オール・セインツ教会で牧師として働いてほしいと親族たちから期待されていた。寛大で雄々しく、育ちのよさがにじみでている男で、異国風な一面もあった。「アーチ型の広い額、形のいい鼻、力強い顎《あご》、ふっくらした唇などすべて強さを表していた……。肌の色はやや濃く、浅黒いともいえる。金茶色の大きな目と長く黒い睫毛《まつげ》には、ある種ジプシーのような雰囲気が漂っている。両の目は輝き、ひげをきれいに剃ったその顔の下半分には力強さが感じられる」。僧服をまとったヒースクリフ〔エミリー・ブロンテの小説『嵐が丘』の主人公のひとり〕といったところだ。ストームは「喜怒哀楽の激しい人」だった。その高い知性と道徳基準に自分はとうていおよばない、とグローリーはしばしば劣等感に襲われた。とはいえ、まったくの堅物というわけでもなく、一九世紀末の読者好みの洗練された面ももっていて、ヨットやカヌーが趣味で、美しい日没に感動し、動物虐待を目にしては涙する男であった。

ストームはウェストミンスター教区での暮らしに背を向けて、高教会の典礼主義者による団体「聖なるゲッセマネ修道会（通称「ビショップスゲート・ファーザーズ」）」に入会した。会の仲間は繊細すぎる面もあるが、心優しい人たちばかりだった。しかし、自分が内省を重視する修道生活に向いていないことに気づいたストームは、スラムで働く道を選ぶが、のちに暴漢に襲われ、重い病気にかかり、結局は死の床でグローリーと結婚する。

この小説が出版されて一二年後、いまだにジェイ牧師の熱烈なファンだった著者ケインは、ジェイとその父親の短い伝記を、『父と子――遺伝の研究（*Father and Son: A Study in Heredity*）』という奇妙な題名で発表した。そのなかで、育ちのよさと泥臭さの入り混じったジェイの人柄をこう描いている。「［彼は］教養ある紳士《ジェントルマン》であり、学者であるが、非情な都会のスラムに移り住み、真の知的交流とも、慣れ親しんできた習慣ともいっさい無縁の暮らしに身を投じ、風雅の精神を養うこともなく……何年もそこに住みつづけた」

そんなジェイ牧師に傾倒した作家がもうひとりいる。子ども向けの寓話から刑事小説、歴史物語やロマンス小説まで、何でもござれのベストセラー作家で、「女子学園もの」の新分野を開拓したL・T・ミード夫人である。独学で自らの地位を築いたミードは、社会的リアリズムと今日的話題と昔ながらのロマンスとを一体化したジャンルの可能性に真っ先に気づいたひとりで、一八七五年に『レティの最後の家（*Lettie's Last Home*）』を世に出した。イースト・エンドの貧しい少女レティの物語である。レティの母親は他人の子どもを預かって生計を立てていた。続く一八七六年の『スキャンプとあたし――裏通りの物語（*Scamp & I: A Story of City Byways*）』は、浮浪児フローとペットの犬の冒険を描いた作品で、ベストセラーとなり版を重ねた。[1] 浮浪児たちを題材にしたミードのこれら作品のテーマは、貧しい人たちの気高さや、苦しみに打ち勝つ、あるいは少なくとも受け入れる努力であり、作品のなかでミードは、安易に救いを求めるべきではないと主張している。年間六作ほども発表した多作家ミードは一八九五年に『貧民街のプリンセス（*A Princess of the Gutter*）』を発表する。この貧民街こそオールド・ニコルであり、そこに登場する「ラナルド・ムーア牧師」のモデルがジェイ牧師だったことは明らかだ。

ケンブリッジで教育を受けた美しい孤児のジョアン・プリンセプは、ロンドン中心部のベイズウォーターの親戚の邸宅での暮らしにあきあきしていた。そんな折、亡くなったラルフ叔父の遺産を相続することになる。ただし、遺言の補足条項は、ジョアンが貧しい人たちのあいだでしばらく生活することを相続の条件に定めていた。遺産にはクラーケンウェル教区サフロン・ヒルにあるスラムの一画が含まれていた。驚いたジョアンが調べてみると、そこは第三者が借地権保有者になっていた。つまり、ジョアンは遺贈された不動産を完全に所有することも、家賃を下げることも、建物を改修することもできないのだった。[2] ショーディッチ教区内の貸家も数軒が遺産に含まれていて、こちらのほうは賃貸契約期限がまもなく切れるという。ジョアンは、思いきってイースト・エンドの「フランク・ストリート」に出かけ、そこでボクシング・ジム兼教会を運営しているムーア牧師に紹介された。あたりには吐き気をもよおすほどの悪臭が漂っている。ジョアンが今まで嗅いだこともない臭いだった。さらにジョアンは人びとの容貌が「一様に醜い」ことに気づく。ただし、ムーアは例外だ。著者ミードが描くこの牧師はロチェスター氏〔シャーロット・ブロンテの小説『ジェーン・エア』の中心的人物〕を髣髴《ほうふつ》させ、大柄で、はっきりと、いくらかぶっきらぼうにものを言う。エネルギーに満ち、その黒い瞳は「内なる火で輝いているようだ」。例によって、人相学の混じった容貌の描写は延々と続く——鋭い、きっぱりとした唇、短く刈りこんだ黒髪、それがどんな意味かは不明だが、美しく知的な額などなど。その歩き方は「素早く、不格好だがいかにも男らしかった」。エネルギッシュなムーアはジョアンと話しているあいだも落ち着きなく歩きまわっていたが、やがてソファにどっしりと腰を下ろした。「イースト・エンドで多くの活動家と出会ったが、ムーア先生ほど献身的な方はいない」とジョアンは日記に記した。

　ムーア牧師は、遺産を地域の貧しい人たちのために使おうと決意したジョアンのよき助言者となった。ジョアンはフランク・ストリートの貸家の屋根裏（どういうわけか八部屋もあった）に移り住む。南側の窓からセント・ポール大聖堂が見える続き部屋であった。ジョアンは部屋を燻蒸《くんじょう》消毒し、漆喰を塗り、青磁色のペンキを塗り、白いモスリンのカーテンをかけた。シンプルで上品なインテリアを見て、ムーアは喜んだ。汚物だらけのこの地区で、ここは清潔さの唯一の拠点となった。ジョアンは洗濯しやすいスカートやブラウスを用意する。あたりを歩きまわればどんなに汚れるかがわかったからだ。ジョアンはムーアと会う時間がもっとほしかった。だが、「この優れたお方の毎日は時間と邪悪さとの長い闘いだということを」ジョアンはよく知っていた。

ジョアンは大学のセツルメント事業をモデルにして女性や少女のためのクラブを立ち上げる。著者ミードはここで、ジョアンがピーター・ロビンソン百貨店に出向き、クラブの室内調度品をあれこれ選ぶさまを微に入り細にわたって描いている。次にジョアンは、施しに値する貧民のために「ジョアンの家」を建てた。自分にはこんなことしかできないから、とジョアンは高慢な従姉妹のアンに語る。「ここでは虚飾はいっさいなし、ありのままの暮らしが送れるの……。このひどい状況の責任はみんなが負うべきだわ。ここの苦しい生活はわたしたちのせい。わたしたちがすべて独り占めにして、あの人たちには何も残さないから」

この地でジョアンがこんな活動ができたのも、すべてはマーサ・メイスが世話をしてくれたからだった。マーサこそ、この小説の題名にある「プリンセス」だ。「あばずれ《ラフ・ゲル》」を自任する大柄の女性で、顔は薄汚れ、前髪を眉毛すれすれまで伸ばし――イースト・エンドの女の子に人気のヘアスタイルだ――、真っ赤なネルのブラウスにすそのほつれた黒いスカートがよく似合った。マーサは当初、ジョアンが「宗教をやりに」きたのかと疑っていたが、やがて荒っぽい連中からジョアンを守る役目を引き受ける。フランク・ストリートでジョアンは多くを学んだが、そのひとつが「相棒《メイト》」の関係だ。あばずれ女同士、一対一の、親密だが性的要素のないつながりであった。ジョアンにとっては、まったく驚きの新事実がこのように説明された。

ただの友だちじゃないんだ……あたしたち、互いにメイトになったんだよ。結婚みたいなもんだけど、結婚と違って厄介ごとはいっさいないよ。あたしたち、いいときも悪いときも一緒だ。相棒のためならけんかもする。食べ物も分け合うんだ。あたしの工場じゃあ、メイトのいない女なんかいないよ。

このようにミードは、スラムをめぐるかなり粘っこい物語を書いたわけだが、そのおかげでニコルの人間関係のひとつの側面が一般に知られることになった。ニコルの社会構造の根底にあるこの部分に言及した人は、それまでひとりもいなかった。

さて、ジョアンはあるとき、「界隈のどこを歩いても危険はない。ただし、二、三カ所、暗くひっそりとした中庭があって、夜のあいだにそこへ入ってはいけない」と告げられる。それでもジョアンは、悪臭漂う暗い路地に入ってみた。真夜中に近かった。人相の悪い女が三人いた――物盗りか、襲われるかと身構えたそのとき、夜気をつんざく悲鳴が聞こえた。どこか近くの家で暴力事件が起きたのだ。物盗りたちはやる気をそがれてしまったようだ。

一方、マーサはジョアンの上品な習慣の影響を受けて、洗顔や手洗いを始めた。「レッド・ドラゴン」という酒場のバーテンダーとして、一日一二時間、週七日働いていたのだが、その仕事もやめた。雨が降っても毎朝五時からハーブを売り歩く母親のようにはなりたくないと思っていたマーサは、やがてショーディッチ・ハイストリート沿いの立派な小間物店で働くことになる。一日八時間働けば、年に一六ポンド稼げた。

『クリスチャン』と『貧民街のプリンセス』に共通していえるのは、二一世紀の読者の目には、ジェイ牧師をモデルにした人物の描写に、抑圧されたエロティシズムが含まれているようにみえることだ。ミードはまた、マーサとその仲間たちを描写するときは身体的特徴を強調し、動物的な魅力をもつ女たちとして描いた。美しく上品なジョアンの描写とは対照的である。つまるところ『貧民街のプリンセス』は素晴らしいファンタジー小説といえる。この本を読めば、女性たちは家にいながら貧民街ツアーを経験できた（おまけにショッピングも楽しめ、ファッション情報も入手できた）だけでなく、女性のための新しいロールモデルと出会うこともできたのだ。慈善家、公的な助成を受けて貧しい人のために住宅を建て、持てる資源を賢く分配し、誰からも愛され、礼儀作法を教えながら、貧窮者の考え方も学びとる女性像である。実際、女男爵アンジェラ＝バーデット・クーツやオクタヴィア・ヒルらは、慈善活動に尽くした女性不動産オーナーとしてよく知られている。また、この小説はふたつのレベルの救済を描いているともいえよう――ジョアンはマーサと仲間たちを救った。一方で、ムーア牧師はウエスト・エンドの空しい特権的生活からジョアンを救いだしたのだった。

架空のジェイ牧師が登場する小説として最も広く読まれ、議論を呼んだのは『ジェイゴの子（*A Child of the Jago*）』だろう。著者のアーサー・モリスンはフリーランスの記者で、当時急拡大しつつあった週刊誌向けに短編小説を書いていた。一八九四年、三一歳で世に出した『貧困地帯の物語（*Tales of Mean Streets*）』が反響を呼び、大きな成功を手にするが、イースト・エンドの暮らしを描く一三編を収めたこの短編集のなかでも、とくに「リズラント（*Lizerunt*）」と題する小編でスラムの若い男女の交際をいきいきと描写し、ちょっとしたセンセーションを巻き起こした。ただし、「リズラント」は、この短編集の典型的な作品とはいえない。というのもモリスンは、イースト・エンドの「ちゃんとした」貧困者（チャールズ・ブースの区分けによれば階級D〜Eの人たち）の暮らしと文化に見た「絶望的な単調さ」と陰鬱を描きだそうとしていたからだ。

ジェイは『貧困地帯の物語』を大いに楽しみながら読み（少なくとも、そう言っていた）、モリスンに招待の手紙を出した――「イースト・エンドの暮らしのまったく別の側面をご紹介しましょう。執筆の参考になるかもしれません」。モリスンは招待に応じ、ふたりはすぐに意気投合した。こうしてジェイのスポークスマンがひとり増えたのだった。モリスンは喜んでジェイのために働いた――「ジェイ先生は最適の方法で信者を指導している、先生が掲げるボクシングの普及や収容所の計画はどちらも実に素晴らしい」。一八カ月にわたり、モリスンは毎日、ニコルへ通った。ジェイのもとでしばらく過ごし、ニコルの暮らしのあらゆる面に触れた。地元のパブで飲み、ジエイのメンズクラブでボランティアとして働き、マッチ箱づくりにも挑戦した。ニコルの住民数人をエセックスはラフトンの自宅に招いたこともある。彼らの言葉づかいや癖などを書きとめるためであった（招かれたひとりは、オレンジ・コートで警官に火格子《ひごうし》を投げつけた男だった）。一八九六年、モリスンは『ジェイゴの子』を刊行した。この作品により、スラム小説というサブジャンルはまったく新たな領域へと踏みだすことになり、新聞雑誌の文芸欄で論戦が始まった。二年経っても収まらない論争であった。

　モリスンが書きたかったのは、もしひどい環境に生まれなかったら、立派な市民に成長していただろう少年の物語である。環境による汚れがどんな結末をもたらすのかを示そうとしたのだ。小説の舞台をモリスンは「ジェイゴ」と名づけたが、ここがニコルだということは隠そうともしなかった（ジェイとゴーから、ジェイゴという名を考えたとも言われている。つまりジェイが行く《ゴー》場所である）。モリスンが迫真の筆をふるって描いた小説によって、ニコルは悪夢のような町として多くの人に知られることになった。一八九六年以降、イースト・エンドの住民のあいだでさえ、「ニコル」と「ジェイゴ」はどちらを使ってもかまわない名前となったのである。

　小説の冒頭、ディッキー・ペローは八歳だ。父親ジョシュは、刑務所への出入りが絶えない犯罪常習者、母親のハンナはおとなしくまじめで誠実な人柄だが、落ちぶれて、イースト・ロンドンの別の場所からここジェイゴに移ってきたのだから、何か不幸な事情があったと思われる。ディッキーはジェイゴに長く住むある老人から、この界隈で育つ男の子がせいぜい望めるのは

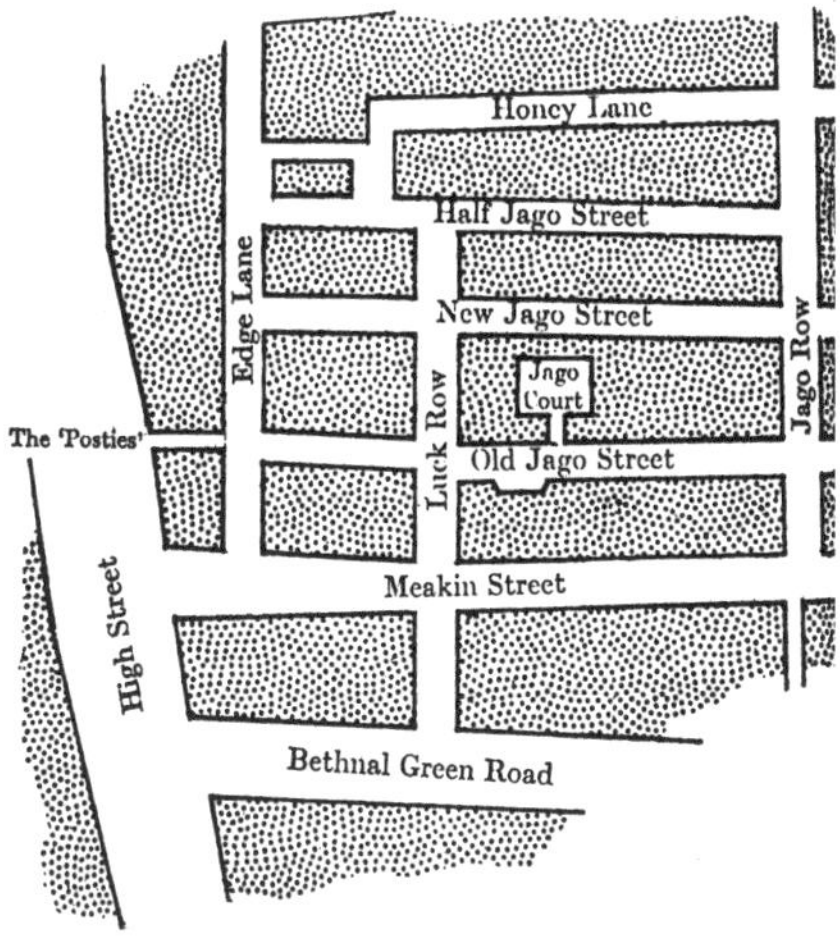

アーサー・モリスンの小説に出てくる地図. オールド・ニコルをなぞった地図であることは明白である（エッジ・レーンはバウンダリー・ストリート, ハニー・レーンはミード・ストリート, ラック・ロウはチャンス・ストリートにあたる).

「やくざ《ハイ・モッブ》」になることだと告げられる。「そんなもんなんだ、世の中は甘くねえ。おめえはジェイゴにばっちりつかまってるんだ。ここから出ていくにはやくざになるのがいちばんだ。それが嫌なら刑務所か絞首台に行くんだな」。本来は善良な子どもが次第に犯罪へととりこまれていく筋立てである。八歳から一七歳までのあいだにディッキーは、犯罪に走る以外のあらゆる機会が閉ざされてしまう。迷路のようなジェイゴの街路で行きづまってしまうようなものだった。

いつも腹ぺこで、とくにケーキに目がないディッキーはコーヒーショップの店主アーロン・ウィーチに利用されてしまう。「裕福で、いつも白いエプロンをかけ、頬にひげをたくわえ、頭はなかば禿げ上がり、薄ら笑いを浮かべる商人」で、ときどき讃美歌を口ずさむウィーチは、ジェイゴで手広く盗品を売買していた。「商売相手」は主に若者たちだ。運命の日、ディッキーはウィーチの店でケーキとパンとお茶をごちそうになった——と思ったのだが、ウィーチは代金を求め、何か盗んできて支払いにあてろという。この作品は『オリヴァー・ツイスト』と類似点が多く、このウィーチもフェイギン〔『オリヴァー・ツイスト』に登場する盗賊団の頭目〕と同じく、「まっとうに生きていこう」とする少年のあらゆる試みの邪魔をする。ディッキーは何とか手に入れたまともな働き口も、ウィーチのたくらみでクビになってしまった。[3] さらにウィーチは、ディッキーの父親が最近盗みをはたらいたと警察に密告し、父親は逮捕される。こうして一家は、一三歳のディッキーの稼ぐ金と食べ物を探しだす才能に頼るしかなくなった。

著者はいくつかのサブプロットを使ってジェイゴの醜悪さを描いてもいる。随所で語られるのは激しい派閥抗争だ——一方ではジェイゴの二大家族、ランス一家とリアリー一家の争いが続き、それとは別にジェイゴとドーヴ・レーン（コロンビア・ロード）を縄張りにするふたつの組織の勢力争いがある。ローパーズという家族も登場する。この一家は「鼻持ちならないほどご立派だ」と嫌われ、近所の人たちからひどい仕打ちを受けるが、ジェイをモデルにしたヘンリー・スタート牧師に助けられ、ジェイゴから出ていく。ジェイゴではみんな「近くて遠い」関係を保っていた。

いったんジェイゴ（つまりニコル）に住んだら、誰もその悪影響から逃れられないとモリスンはこの物語で言いたかったようだが、例外的なふたりの人物も登場させている。下品で愚かだが心優しい売春婦ピジョニー・ポルと前科者の行商人キドー・クックのふたりで、彼らはまともな道を歩みはじめる。最終的にクックはささやかだが店を持ち、ポルと結婚する。すべてスタート牧師の計らいであった。

モリスンが描くスタート牧師は、「背が高く、がっちりした体格で、角張った顔にはたくましさが感じられ」る。相手に「どことなく緊張感と畏敬の念」を抱かせる人で、その口からはイースト・エンドの俗語も、上品だが辛辣な冷やかしの言葉も飛びだす。そんな言葉を浴びせられた人はたいてい、その辛口のユーモアに恐れ入るのだった。「ジェイゴでは誰ひとりスタート先生には逆らえない」とモリスンは作中で言い切っているが、それを証明する場面も会話も書かれていないので、読者はその言葉を信じるほかない。それにスタートの人物像には矛盾がある。スタートは施しをしないと何回も強調するいっぽうで、その気高さを示すエピソードではお金や石炭や衣服を人びとに分け与えているのだ。また、前科者のクックが、ディッキーの父ジョシュとスタートのボクシング・ジムを訪れる場面にも、つじつまの合わないところがある。掃除が行き届き、花が飾られ、音楽が流れる室内を見てふたりはいたく感動するのだが、それはつまり美しいもの、崇高なものを認める能力がふたりにあるということだ。ジェイゴの男たちは救いようがないのではなかったか。そんな彼らもスタート牧師に救われると著者は言いたいのか。

モリスンの作品はジェイ牧師自身の好き嫌いや気まぐれをすべて代弁している。ジェイの前任者で、すでに世を去って一〇年になるあのヘンリー・ヘンダーソンは、またもや――モリスンの作品で、スタートの口を通して——攻撃の的になった。貧しい人に金品を恵んでいたヘンダーソンの生前の無邪気すぎるやり方や「筋肉質でない」信仰のあり方が、ジェイは気に入らなかったのだ。トインビー・ホールやオックスフォード・ハウスは、モリスンの著作では「イースト・エンド・エレベーション・ミッション」や「汎知主義《パンソフィスト》協会」などの名で呼ばれ、こき下ろされている。モリスンが描くジェイゴでは、寛大さや親切心にあふれるふるまいは片手で数えるほどしかみられず、それもたいていは、売春婦ピジョニー・ポルの行いであった。モリスンによれば、女たちが互いを思いやるといっても、それは一緒にパブに出かける口実がほしいからだった。

　そのジェイゴを「挫折した人たちを飲みこむ怒涛の海」だとモリスンは書くが、水のメタファーを使ってベスナル・グリーン教区の貧困を表現したのはモリスンが初めてではない。当時、極貧の人たちを「沈んだ者《サブマージド》」と呼ぶのはごく一般的な言いまわしであった。ジェイ牧師も自らの著作のなかで人の挫折を「難破」に喩えたり、教会の信徒を「無力な魚の群れ」と呼んだりしているし、ベスナル・グリーン教区の救貧院の責任者は、施設内を歩きまわる「労働能力のある浮浪者」たちを「殻の柔らかいカニ《ソフトシェルクラブ》の特徴をすべて備えている」[4]と評した。極貧の人たちを海の生き物とみなすのは彼らを非人間化することであり、貧しい人の置かれた状況とより広い経済社会とのつながりを断ち切ることでもある——あいつらは不運な現象に過ぎない。フジツボ、漂流物、がらくたのようなものだと。

　つまり『ジェイゴの子』は、全編を通じて優生学が強烈な悪臭を放つ作品といえる。たとえばこんな一文がある。「それでもジェイゴのネズミたちは際限なく子を生みつづけ、たちまちのうちに繁殖し、世の中に汚染を広げる」。ディッキーの母親が三人目の子どもを産んだとき往診にきた若い外科医は、スタート牧師にこんなことを言っている。「このあたりの子どもはみな、死んだほうがましでしょうな、いや、生まれてこないほうがよかったかもしれない。先生のところにだって、そんな境遇の人が毎日訪ねてくるわけでしょう。ここはジェイゴ、ネズミの巣です。連中は増えて、増えて、増えまくる。まさにネズミですよ。それでもわたしたちは結構なことだと言う。つまり高い道徳基準に従って、千単位で増えていくネズミどもの権利を認めているわけですよ。ときどき一匹つかまえて、しばらく飼うこともある。大事に育ててから巣に返すんだ。するとまた増えるってわけです」。スタートはそのとおりだとうなずいてから言った。「だがね、そんな意見には誰も耳を貸さんよ——きみが屋根の上から叫んだとしても」

全般に説教調で冷笑的、擬似英雄詩の手法を多用して貧しい人びとをばかにするこの作品を救っているのは、ジェイゴで起きる暴力沙汰の場面などに見られる見事な筆の力だといえよう。たとえば次のような派閥抗争のエピソードは、一部の評者の不信と不評を買ったが、モリスンはこれでも控えめに書いたのだと言っている。そんな場面で実際に耳にする罵り合いやどなり声や叫び声を、あるいはそのほんの感触でさえ読者に届けることはとうていできなかったのだという。

リアリー家の一党が通りの別の家へと突き進んだときだ。ジェイゴ・ロウのあたりで喚き声が上がった。ランズ家の一党だ。ジェイゴ・コートから追われ、路地を抜けてニュー・ジェイゴ・ストリートへとまわりこんだのだ。散った仲間を集めにかかっているランズの一党は酔っぱらいか、ほろ酔いの男たちばかり。リアリーたちが迎え撃つ。すさまじい衝撃だ。帽子が飛ぶ。棒きれで頭を殴る音。敵味方入り乱れて、そこここで取っ組み合いが始まる。うなり声を上げて立ち向かう男。ひとりが頭の傷を手当てしようと脇道に逃げこんだ。地にへたばる敵を、寄ってたかって蹴り上げる一団がいる。やがて闘争はまばらに広がっていった。仲間の力はもう頼まない、一対一の戦いが始まる。ジェイゴでは結局、みんなひとりで戦うのだ。

モリスンは、このようにジェイゴ(ニコル)の曲がりくねった街路を巧みに利用してストーリーに変化をもたせ、ドラマティックな効果を狙った。たとえば曲がり角から馬車や人が突然現れる。ディッキーは自由に歩調を変えて逃げまわる——大通りでは走り、路地に入ればゆっくり歩き、また早歩きに戻り、大急ぎで角を曲がり、秘密の隠れ場の前で立ち止まる。ここでディッキーは、年老いたロバに向かってよく打ち明け話をした。ロバは近所の行商人に飼われているが、いつも腹をすかせ、木製の柵までかじるような境遇だ。ディッキーは熱い涙を流しながら、これまでわが身に起きたことをこのロバに語るのだった。

この小説はある種の成功物語でもある——悪党で英雄、ときに哀れを誘う存在であり、ときにたちの悪い不良になりながら生き抜いていく少年ディッキー。早熟ではあるが、ジェイゴの住民なら誰しも経験する不正に直面すると、その反応はやはり幼い。ひとりの少年が周囲の大きな影響を受けながら、次第に悪の道にはまっていく——本作はこの過程だけを通して人間の動機や感情や意識を探ろうとする。だが、いきいきと描かれているのはディッキーとスラムだけで、ほかの登場人物はすべて物語の効果を出すためのチェスの駒に過ぎないともいえる。物語を最大限面白くするために（つまらなくなることもあるが）、ジェイゴというむさくるしいチェス盤の上を、あちらへこちらへと動かされるのだ。ジェイ牧師をモデルにした人物でさえ、誰しもが認めた「シヨーディッチの救世主」のあふれんばかりの才気は持ち合わせていない。『ジェイゴの子』は作

作家アーサー・モリスン（1863-1945）．1902年，エセックスの自宅で撮影．ここにニコルの住民を招待し，話し方や習慣を観察した．作家として大成功したモリスンは絵画に没頭し，のちに筆を断ち，浮世絵など東洋美術のコレクターとなった．

中に漂う妙な陽気さとうんざりするような優越感になかば首を絞められているといえよう。この小説の弱点はつまり、著者モリスンがジェイゴの住民を人間として完全には認めようとしないことにある。モリスンによれば、ジェイゴの住民が貧しいのは、生まれつき正義感が強くないからである。盗品売買人ウィーチのような悪党は人間のこの弱点を利用しながら、完璧な犯罪者をつくりあげていく。さらに、こうした人格破壊の仕事を仕上げるのは、同情と施しをやたらにふりまく感傷的な慈善家たちであった。こうしたモリスンの厳しく一方的な見解は、ジェイ自身がニコルをテーマに書いた『ロンドン暗闇の生活（*Life in Darkest London*）』『社会的問題（*The Social Problem*）』『ショーディッチ物語（*A Story of Shoreditch*）』にも見受けられる。実際、『ジェイゴの子』はジェイのこれら三作を面白おかしく書きなおしたものに過ぎないとの批評が『セント・ジェームズ・ガゼット』紙に掲載された。この小説は一旗揚げたい駆け出し記者がジェイの依頼を受けて書いたものだとの批判も出たが、これにはジェイもモリスンも怒りの反論を寄せた。とくにモリスンは、尊敬するジェイ牧師の作品を盗用したとはとんでもない言いがかりだとこれを否定している。

モリスンに対する批判のなかで、最も知的な批評を寄せたのが文芸評論家ヘンリー・D・トレイルであった。モリスンはニュー・リアリズムの小説の一翼を担いながら、ファンタジーを書いたとの意見である。ただし、モリスンが何らかの文芸運動や学派に属していると発表したことは一度もない（モリスンは、自作がジョージ・ギッシングやラドヤード・キップリングやスティーヴン・クレインら、当時人気のあった英米の作家たちと並べられるとは、思ってもみなかったろう）。モリスンはトレイルに次のように反駁した――わたしはリアリズムやナチュラリズムをはじめ、エミール・ゾラの主義主張など、○○主義や××派について調べなければなりませんでした。これまでまったく知らなかったことばかりです。記者であるわたしの目的は、何カ月もかけて注意深く見たり聞いたりしたことを忠実に記録することでした。というのも、観察こそわたしの仕事だからです。ニコルでの暮らしについては、何ひとつ足しも引きもせずに書きました。わたしはニコルを題材に芸術作品を生んだわけではない。これはニコルそのものなのです。

　確かに優れた作品だ、とトレイルは認めた。だが、「モリスン氏が描いたような……ジェイゴは存在したことがない」ではないか。イースト・エンドの暮らしの最も悲惨な部分に光を当てたことで、モリスン氏はまさに芸術家のなすべきことをしたのだ。現実に想を得たひらめきとはほとんど関係のない、さまざまな要素を包摂した、濃密で味のある作品を創作したのである。「物語全体の印象は非現実的で幻想的だ」とトレイルは書いている。読み終えた読者は「恐いおとぎの国に逗留する夢から覚めた」ばかりという気分になるが、モリスンの卓越した筆がそのような印象をもたらすのである。だからこそ、『ジェイゴの子』は、ドキュメンタリーやルポルタージュの趣があるどころか、現実を理想化した作品である。この点で、表現方法こそ違え、ミロのヴィーナスとなんら変わらない。[5]

　モリスンは激怒した。高名な評論家から文学的才能をこれほど褒められたというのに、奇妙なことである。モリスンの言い分はこうだ――わたしは、帝国の首都の真ん中に厳然として存在する真の社会問題を包み隠さず明らかにしたかった。裕福な有閑階級の読者のために書いたのだ。この小説を読んで自己満足から抜けでてほしいと願ったからだ。「わたしの著作は、ジェイゴとその住民たちへの責任を果たすという点で何もしてこなかった人たち、何もしないほうがいいと言う人たちを困惑させた……。この種の人たちにとっては、個人的安楽こそがすべてである。彼らは、芸術の役割とはただひとつ、室内装飾と同じく自分たちに個人的安楽をもたらすことだと固く信じているのだ」[6]。美辞麗句を並べたジェイ牧師の著作とそっくりな文体でモリスンはなおも見解を述べる――金持ちは「自己欺瞞という道楽」を小説に期待する。だがこのわたしは、甘ったるい糖蜜で「真実を覆う」ことはしないと。実のところ『ジェイゴの子』という小説からはこうした社会的・政治的な目的を感じとることはできない。それに、モリスンにとっては不本意ではあろうが、この作品が実際に描きだしたのは、ジェイゴ問題の解決に関してはまったく絶望的な状況である。小説はいかにも希望のない終わり方をするのだ。スタート牧師がやり遂げたことといえば、教区民のごく一部の更生可能な人たちの苦悩を一時的に和らげたことに過ぎない。

モリスンはトレイルに「専門家を連れてこい」と食ってかかった。ニコルをよく知っていて、『ジェイゴの子』はこの地区の暮らしを忠実に描いてはいないと公言する人を探してみろというわけである。ところがモリスンが驚いたことに、トレイルは自分でニコルに出かけ、証言をとり、のちにそれを発表した。三〇年近くニコル・ストリート公立学校の運営にあたったウッドランド・アールバックはトレイルにこう語った。

この地区の状態はひどいものですが、三〇年前だってこの小説に書かれているほど堕落した、不潔なところではありませんでした。確かに登場人物のモデルになった人がいたかもしれない、でもそんな人は例外で、標準的ではありません。この町のみすぼらしい街路には、貧しいが正直でよく働く人たちがたくさん住んでいます。この地区で育ち、今は立派な職場で責任のある地位に就いている人たちを何人もご紹介できますよ。小説の主人公（あるいは犠牲者と呼ぶべきでしょう）が見つけられなかったジェイゴからの出口を、見つけた人たちです。[7]

アールバックの同僚でサウス・イズリントン選出の下院議員をつとめたことがあるヘンリー・スパイサーも、ニコル・ストリート貧民学校の教師J・T・ヘンダーソンも同じ意見であった。たとえばショーディッチ教区の救貧官ウィリアム・アンダーソンはもう二〇年もニコルに住んでいるし、ミス・マシューマンとミス・ニューマンのふたりはもう三〇年もこのあたりで母親学級などを開いている。この人たちはみな『ジェイゴの子』がスラムを正確に描いているわけではないと答えた。さらにトレイルは、ヴァヴァサー・カーター&コールマン絹織物商会がニュー・ニコル・ストリート一五〜一八番地に大工場を構えていると指摘した。商会の経営者はなんの心配もなく高額商品をこの工場に保管しているし、これまで盗みに入られたことなど一度もないと言っている（トレイルはもう一例あげることができただろう。マウント・ストリートとターヴィル・ビルディングスのあいだに舞台の大道具を扱う店があり、ここも盗難被害を被っていなかった）。『ジェイゴの子』を読んで誰よりも腹を立てていたのはロンドン・シティ・ミッションのロバート・アリンソン牧師だった。イースト・エンドにはニコルよりもっと貧しい地区がある、モリスンはたったひとりの男（ジェイ牧師）の言葉を信じて、実際よりもはるかに暗いニコルを描いたのだと。[8]

これに対してジェイ牧師とモリスンは、オックスフォード・ハウスの元館長（当時はステプニー主教）アーサー・ウィニントン＝イングラムとハロルド・ボールトンのふたりの意見を援用した——ボールトンは、実業家にして慈善家、ロンドンのウエスト・ハムの治安判事であり、クイーンズ・オウン・キャメロンズ・ハイランダーズ歩兵連隊大尉でもあった。ボールトンの見方によれば、モリスンは悪名高い派閥抗争をむしろ控えめに書いていた。それ以外はすべてを、つまりニコルの「悪臭漂うみじめさを、その完全な無法状態を、頻発する殺人を、またそこがまったく異教徒の世界であることを」余すところなく描きだしているという。ボールトンはニコルを「典型的な社会主義の地……社会的・政治的・道徳的な規範はいっさいなく、女王陛下のご威光のおよばぬ［ところ］」であるとした。[9]

H・G・ウェルズも議論に加わった。モリスンの小説を称賛しながらも、遺伝をめぐる誤った論考がみられるとして、モリスン（とジェイ牧師）は環境要因と遺伝的特質を混同していると述べた。「無知であれ、道徳的に誤った助言であれ、寄生虫であれ、どれひとつとして遺伝的に受け継がれるものではない……。ジェイゴの住民は、子どもをオックスフォード大学に送りだす人たちと、人種の観点からすればなんら違わない。それに、ジェイゴの人口増加率はこの問題とはまったく関係がない。ジェイゴは『黒い遺産』ではなく、むしろ『黒い伝染』なのである。こう考えれば問題はまったく様変わりするのである」[10]。二週間後、モリスンは新聞のインタビュー記事のなかで応酬した。

あの人たちがみんな絶望的な悪人だと言うつもりはありません。ただ、ジェイゴの住民の大部分はなかば犯罪者ですよ……。この人たちにとっての最大の敵は遺伝と環境です……。三代、四代と続いてここにいる家族のこの長いリストを見てくださいよ、みんな犯罪者か狂人だ……。あの人たちのなかで背の高い人はいません。犯罪階級はみんな成長不全なんです。ある程度まで力を出せますが、それも短いあいだだけ、この人たちに耐久力はありません。数キロ歩かせてみればわかりますよ……。私自身はジェイ先生と同じく彼らを定住地に収容したらいいと思っています。現行の刑務所システムよりずっと安上がりですよ。狂人と同じく閉じこめておけばいいんです。雑草は枯れるにまかせ、育つものを育てる方向に進もうではありませんか[11]」

モリスンが描いた架空のジェイゴでは、住民たちが本や新聞を手にとることはなかった――おそらく字は読めなかっただろう。だが、ジェイ牧師によると、ニコルの教会の信者たちは、国内はもちろん海外のニュースや地元の問題に強い関心をもっていたという。男たちはスポーツ紙が好きだったが、一般日刊紙も読まれていたから、ジェイのメンズクラブでは数紙を買いそろえていた。字の読めない人は口伝えでニュースを知った。パブなど人の集まるところでは、よく数人が集まって新聞を読んでもらっていた。彼らは「自分たちのことを乱暴者とか泥棒とか未開人と呼ぶ人たちを厳しい目で見ていた[12]」とジェイは指摘する。ジェイの著作をとりあげた新聞記事もちゃんと読んでいた。ある日、通りを歩いていたジェイが知り合いの男に出会い、男が連れていた犬の頭をなでようと「かわいい犬だね」と言うと、男はこう答えたという。「そう、いい犬ですよ、なにせ友だちのことあれこれ本に書いたりしませんから[13]」

ニコルの人たちはモリスンをめぐる論争も知っていて、小説に描かれた自分たちの姿にショックを受けていた。気にすることはないよ、とジェイはみなに言って聞かせた――『ジェイゴの子』が世に出て以来、ホーリー・トリニティー教会への寄付はぐっと増えたし、メンズクラブは全国的な名声を得たのだから。それに一九〇〇年、時の皇太子――のちのエドワード七世――にはこう宣言させることができたのだから。「この地区の最も優れた慈善家、ジェイ牧師の労苦をわれわれはみなよく知っています[14]」。いやはや、確かにジェイ牧師にかなう者はいなかった。

第4部　ストライプランド

16 夢見る人たち——ロンドンの行政改革

一九世紀を通して総選挙ではおおむね自由党とその前身のホイッグ党に忠実だったロンドンは、一八八五年の総選挙で保守党に乗り換えた。思いがけない幸運に恵まれた保守党は、翌年の総選挙でもロンドンの五九ある議席のうち四五の議席を獲得する。ロンドンは根っからの保守党びいき——少数与党内閣を発足させた保守党のソールズベリー首相はそう確信し、ロンドンの行政システムの改革をこれ以上先送りはできないと腹をくくった。政権の命綱を握っていた自由統一党〔一八八六年、アイルランド自治反対の一部自由党員が保守党と合同して結成した政党〕が地方行政全般の改革を強く求めていたからだが、そこにはもうひとつ別の理由もあった。首都公共事業委員会に関する王立委員会の報告書が、一部の委員による余剰地の不正取引をはじめ汚職や不正利得などの実態を明らかにし、それが広く知られ、「首都特権委員会」とまで呼ばれるところとなったのだ。間接的に選ばれたメンバーによる首都公共事業委員会の無責任体質は、最近成立した「改革法（一八八四年）」に照らせばいかにも時代遅れであった。ソールズベリーはこの機を逃さなかった。ロンドンの議席をしっかり固めてある今こそ、伝統的な保守党支持者が最も納得するかたちの自治制度を導入すべきだ。民主化がどんどん進めば、いつの日か働く者たちが権力の座に近づくかもしれない。だったら権力を中央に集中させない地方自治制度をつくるのだ。権力の集中は、薄汚れた連中が昔ながらの社会秩序を混乱に陥れる温床となるだろう。

ソールズベリーから法案の草案づくりを命じられた地方政務院長官チャールズ・T・リッチーは、行政改革を求める声に応じながらも、地元で選出される教区委員会にそれまでどおりの権限をもたせておく方策を見出した。一八八八年、リッチー草案による（イングランドおよびウェールズ

首都公共事業委員会よ，安らかに——ロンドン州議会（LCC）の発足によって最期を迎えた首都公共事業委員会を皮肉る『パンチ』誌，1889年3月21日号.

における）「地方自治法」が成立し、「ロンドン州《カウンティ》」が誕生した。英国のほかの主要都市に市制が敷かれてすでに五三年が過ぎていたが〔一八三五年の「都市自治体法」により市会（タウン・カウンシル）を市政の中心機関と定めた〕、ここにロンドンの自治の仕組みが整ったのである。

ロンドン州議会（ＬＣＣ）の議員は、国会議員と同じ選挙区から二名ずつ直接選挙で選任された。任期は三年。ＬＣＣは労働者の住宅に関する責任を首都公共事業委員会から引き継いだが、残念なことに、公衆衛生や有害物撤去に関しては教区が、新救貧法の施行に関しては救貧委員会が今までどおりの権限を保持することになった。[1]

首相官邸のあるダウニング街一〇番地の先任者たちと違って、ソールズベリーは下院から徒歩でほんの一〇分という場所にもうひとつの議会を設けることになんの懸念も抱かず、トラファルガー広場に近いスプリング・ガーデンの通り沿いにあった元首都公共事業委員会の建物にＬＣＣを置いた。だが、そんなソールズベリーにも——無理もないが——誤算がひとつあった。振り子のようなロンドンっ子の投票行動を読み誤ったのだ。一八八九年一月一七日に行われた第一回ＬＣＣ選挙は、改革志向の候補者たち（進歩党を名乗った）が七三議席を獲得、「穏健派（保守党はＬＣＣではこう名乗っていた）」の四五議席を大きく上回る結果になった。そのうえ、とんでもないことに、社会主義を標榜する候補者まで当選していた（バタシー選出のジョン・バーンズ）。首都公共事業委員会のメンバーだった者はひとりも当選しなかった。新聞各紙はこの委員会がなくなったことを祝う記事を盛んに書き立てた。ベスナル・グリーン・サウス・ウエスト区では自由党急進派のジェームズ・ブランチとチャールズ・ハリソンのふたりが、対立候補にそれぞれ二倍の票差をつけて勝利した。ブランチは会衆派教会の執事であり、またベスナル・グリーン・ロードで長靴工場を経営し、労働者を雇っていた。ハリソンはウエスト・エンドに住む裕福な事務弁護士であった。有権者は自分たちの代弁者を選ぶにあたって、地元の人間にこだわらなかったことがこの選挙結果からわかる。一方、ハリソンはヴィクトリア朝時代の典型的な仕事人間で、成功した弁護士とベスナル・グリーン選出の議員という二役をこなし、そのうえ時間を見つけては遠い外国へとヨットを走らせるのだった。「ハリソン氏はいったいいつ食べたり眠ったりするのだろう」とLCCの同僚議員からは不思議がられていたという。[2]

社会主義を毛嫌いする人たちは、進歩党が多数を握ったLCCを社会主義者や集団主義者の寄せ集めだと誹謗した（社会主義も集団主義も、意味上の区別はなく、罵り言葉として随意に使われた）。だが、進歩党は自分たちを社会主義者とはみなしていなかった。「進歩主義」とは、異なる信条や実現しそうもない協力関係を包括する意味の広い言葉であった。たとえば、一二人の労働者からなる小会派「レイバー・ベンチ」は公平な賃金、八時間労働、職業紹介所の創設、学校給食の無料化などを掲げていたが、こうした理想を実現できるのは自由党の急進派だと確信していた（自由党では限界があるとして、一八九三年に結成された独立労働党がLCCで躍進したのは一九一三年になってからだが、一八九八年にはすでに教区選挙で初の過半数を獲得している）。社会民主連盟（SDF）は、発足まもないLCCで影響力をふるえなかったし、フェビアン協会をはじめとするロンドンのほかの社会主義団体は、自由党の政策に影響を与える道を選んでいた。
LCC草創期、こうした自称左派グループのどれより大きな影響力があったのはロンドンでの活動歴が長い急進派の人たちで、その多くはアイルランドの運命がいずれにせよ決まったら、いつか自由党と再統一したいと考えていた〔当時アイルランドに一定の自治を許す法案が提出されては否決される事態が続いていた〕。また、進歩党のなかには福音主義的傾向をもち、人びとの生活や労働環境の改善だけでなく、行動規範や生活習慣の向上を目指す人たちが多かった。進歩党はのちに「夢見る人たち」とさげすまれていく。[3] 息の長い変化を生みだす政治的伝統も経験もないくせに、首都にユートピアをつくろうとしている、という非難であった。確かに、LCCは高邁な理想を掲げて船出をした。人が暮らし、働くために、ロンドンをより公平な場所にしようとしたのだ。だが、その後はさまざまな政治的立場から、何をぐずぐずしているのかとか、いたずらにことを急くななどと批判にさらされたのだった。[4]
圧倒的多数で初代のLCC議長に選出されたのは、自由党政権の元外務大臣（のちに再任され、その後短期間だが首相もつとめた）のローズベリー卿だった。政治家としての長いキャリアを買われてのことだ。ソールズベリー内閣にこれ以上の不安を抱かせないためであり、政治経験をもつ議員がごくわずかしかいなかったからでもある。ひたむきだが未経験のLCC議員のなかにあって、ひときわ鋭気に満ちたローズベリーなら、地方自治という怪物をうまく手なずけてくれるかもしれない。地方固定資産税の納税者の金も無駄に使われることはないだろう。ローズベリーは、「卿」の称号で呼ばれることを断り、自分を「議長」と呼んでほしいと言った――だが、議長と

1889 年 3 月 21 日に開かれた初めてのロンドン州議会の模様を描いた油彩画をもとにした版画．議長席にいるのがローズベリー卿．左奥の入り口近くに，選出された女性議員 3 人のうちのひとりが立っている．1907 年まで女性は委員会の傍聴しか認められず，議席につくことはできなかった．

して初会合にのぞんだとき、「市民ローズベリーではだめですか」と叫んだ人がいたという。一八八九年三月二一日、ローズベリーはその見事な開会演説で、LCCが「過激派や気まぐれや不作法者の寄り合い所帯だとの烙印を押され、嫉妬の目で監視されている」のを知っていると述べ、しかしわれわれはロンドンの住民が英知と熱意をもって与えてくれた仕事にとりかからねばならないと訴えた。[5] ソールズベリーの手によって生まれたLCCは、自分たちが欲する権力をひとつ残らず手にしているわけではないことを、ローズベリーは承知していた。地方自治体の議会としての当然の責任を遂行するには、この先、国会との長い闘いが待ち受けているだろう。警察にも、ガス、水道、電気の供給にも自分たちの権限はおよばない。教育もロンドン学務委員会の管轄であった。何か行動を起こすには、事前に国会の承認をとりつける必要もあった。

ＬＣＣ選挙に無所属で立候補したローズベリーは、州議会には国政の政党政治をもちこむべきではないと公言していた。ロンドンを時代にふさわしく改革していく取り組みが、党派抗争に行く手を阻まれるなどということは、あってはならないと考えたのだ。発足当初の一八八九〜九八年まで、ＬＣＣは驚異的なまでの結束力を示し、一丸となってことに当たった。だが、三年ごとに訪れる選挙運動が足並みを乱していき、早くも一八九二年には、国会の主要政党が兄弟分の州議会政党に影響力をふるうようになっていた。

とはいえ、ＬＣＣは喜びと期待に満ちた最高のスタートを切ったといえよう。最初の選挙を勝ち抜いた議員たちは、自分たちは教区やロンドン市自治体（シティ）や首都公共事業委員会のような連中とはまったく異質な、新しいロンドンの市民《シヴィック・マン》であることを示してみせようと意気軒昂だった。実際、ＬＣＣの一一八人の議員と一九人の参事会員の多くは無名ではあったが、きわめて優秀だった——独学で身を立てた労働者、たたき上げの経営者、金融業者、作家、牧師、弁護士、慈善家らの集まりで、疑似民主主義の時代にしては、とびぬけてめずらしい寄り合い所帯と呼べよう。平均年齢は、首都公共事業委員が六一歳だったのに対し、ＬＣＣ議員は四六歳。また、女性が三人も当選を果たしていた。ただ、この女性議員たちは委員会の会合に出席することしかできなかった。というのも、保守党の頑固な反フェミニスト論者ウォルター・デ・ソウザ議員が地方自治法は女性が議員として選出されることを認めていないと法廷で訴え、その主張が通ったからである。女性が地方議会に立候補する権利を認められたのはようやく一九〇七年、「女性資格法」が成立してからだ。

初代LCC議員の目新しい顔ぶれをテーマに俗歌が次々と生まれ、ミュージック・ホールで盛んに歌われた。トム・バースという芸人のばかばかしい「おれは州議会議員」を紹介しよう。LCCに選出された労働者の歌だという。

有名人になりたくて、気も狂いそう
さあ、ついにおれの番がやってきた
得意満面、いい気分
おれの名スミス、『テレグラフ』に毎日載るぞ
やったぜ、おれは州議会議員
（コーラス）
おれは州議会議員
野の草食べる小鳥みたいに
おれは楽しくやって
お偉いさんたち、困らせる

この州議会議員
あわれな首都公共事業委員会、あいつらみたいなバカはしない
おれたち州議会、「特権議会」にはならないよ
なにしろ議長はローズベリー、最高の人物さ、
おれたち、「責任逃れ委員会」と呼ばれはしない

議会には毎回顔を出し、「賛成」とか「反対」とか叫べばいい
国会でやってるとおり、悪態ついたり、罵ったり
演説だって、好き勝手
議長が目をかけてくれなかったら、その鼻にパンチ一発お見舞いだ

LCCがただちに関心を寄せたのはロンドンの住宅問題だった。ローズベリー自身、「最優先で取り組むべきは貧困者住宅の改善だ」と衛生問題を議会の「重要課題」に挙げている。LCCの住宅委員会の働きかけが功を奏し、一八九〇年に新しい労働者階級住宅法が国会で成立した。これはトレンズ＝クロス法を整備し、その施行を促す法律で、のちにLCCが郊外に大規模な公営住宅地を開発するための法的土台を築いた（『タイムズ』紙は誤解し、この法律によって「ロンドンの

「スラムの竜を退治する」と題する『パンチ』誌の漫画，1890 年 11 月 15 日号．若き騎士 LCC が地主制度に立ち向かう．

再建はLCCの善意あふれる暴君たちの手で進められる」ことになると懸念を表明した。そんなことをするよりも、地主たちに強制して、膨らんだその懐から出した金で、所有する薄汚い巣窟を建てなおさせるべきだというのが、この新聞の主張だった)。[6]
一八九一年、「公衆衛生(ロンドン)法」が成立し、健康と衛生の問題に関して、LCCは教区や家主たちを超える権限をもつことになる。LCCは貧しい教区の負担を軽減し、スタッフの増員を促そうと、教区の公衆衛生医務官と衛生検査官の給与の二分の一を肩代わりすることに同意した(ロンドン全域で、検査官は五三人から二〇八人に増えた)。発足から一カ月を過ぎないうちに、LCCの公衆衛生医務官としてシャーリー・フォースター・マーフィー医師を任命してもいた。マーフィー医師はリージェント・パークの住民だが、貧しいセント・パンクラス教区で六年間医務官をつとめた経験があった。一八八八年にはパディントン教区のセント・メアリ病院で講師として公衆衛生を教え、筆も立つことから健康について各紙に寄稿していた。新しく建てる建物の換気・衛生・採光に関して、きわめて高い水準の基準を設けたのもマーフィー医師だ。

LCCはまた、衛生状態に問題があれば知らせてほしいと市民に呼びかけた。すると一年以内に一四六件の苦情が「労働者階級住宅委員会」に寄せられた。最も多くの苦情が寄せられたのは、ほかでもないニコルであった。だが、ニコルについては、すでに詳細な報告書が委員会に届いていた。不屈のジョージ・パドック・ベイト医師がこの機を逃すまいとLCC発足から四カ月後に提出していたのだ——「わたしは最近、ニコルの七三〇世帯を一軒ずつ調査して歩きました。四三パーセントの世帯が、人が住むにはとうてい耐えられないような環境で暮らしています。建物はどれだけ修理に金をかけても無駄でしょう」と。そこでマーフィー医師は自分でもニコルを視察し、ベイト医師の報告に同意したうえ、統計資料にちょっとした工夫を加えた——各地区の一〇〇〇人当たりの死亡率を比べると、ニコルでは毎年、ベスナル・グリーン教区内のほかの場所に住んだ場合よりも九四人、ロンドンのほかの地区に住んだ場合よりも一一四人も多く亡くなっていると指摘したのである。[7] 委員会の全委員がその実態を自分の目で確かめに出かけた。道幅は狭く（最も広い道路は約八・五メートルあったが）、古い建物には奇妙なかたちの窓——絹織職人たちの遺産——がついていた。住民は「生気に乏しい」と委員たちは感じた。委員会を率いたコンプトン卿にとって決め手となったのは、「死ぬのはひとりでいいのに、実際にはふたりが死んでいく……。そんな状況をなくすための方策がわれわれの手の内にある」というのに、手をこまねいていれば良心の呵責に耐えられなくなると感じたことだ。[8] マーフィー医師とコンプトン委員長は数字の扱い方を心得ていて、説得力があった。人目を引くこれら統計データが真価を発揮しはじめたのである。

ＬＣＣの委員会は目玉となるプロジェクトを探していた――大規模な撤去・更地化事業を実施すれば、ひとつの刺激になり、ＬＣＣの可能性を示すモデルとなるだろう。委員会は賛成七二、反対三一でバウンダリー・ストリートに白羽の矢を立てた。

ＬＣＣの委員会が目指したのは、「五パーセントの博愛主義者」のような貧困者向けの住宅供給を薄利で引き受ける団体や個人、企業にモデルを示すことだった。というのも、ＬＣＣは、自ら工事を手がける権限を与えられていなかったのだ――そんな権限を認めるほど、国会は度量が広くなかったし、ＬＣＣもそれほどの権限を求めてはいなかった。むしろ、新たに法的強制力を与えられた高度な基準を使って、事業者の仕事の質を高めようとしたのだった。こうして、解体・撤去が終わった更地を民間へ売却する仕組みは、従前どおり維持された。かつて首都公共事業委員会が更地にした土地が六カ所、まだ売れ残っていた。民間企業にとっては魅力のない土地だったのだ。追い立てを食らった住民四〇〇〇人ほどがいまだに新たな住まいを見つけられずにいた。そこでＬＣＣは一八八九年、ロンドン南東部デプトフォードの売れ残りの土地に自ら住宅を建設する許可を求めたが、内務大臣はこれを却下した。しかし、一八九二年のはじめ、風向きが変わりはじめる。ブラックウォール・トンネル・プロジェクト（イースト・ロンドンのテムズ川の底にトンネルを通す計画）が立ち上がろうとしていたのだ。家屋数百軒の解体を要する大型プロジェクトであった。国会を通過した「ブラックウォール・トンネル法」は、着工は住民が新たな住まいへ移転するのを待って開始すべしと定めていた。ところが、新たに住宅を供給する民間業者は現れない。そういうわけで、ロンドンで初めてLCCが手がけた公営住宅が生まれたのだった。これは偶然の産物であり、社会主義への傾倒などではまったくなかった。LCC議員たちは、やるだけの価値があることなら、自分たちで取り組まなければならないとようやく重い腰を上げたのだ。

バウンダリー・ストリート計画については、工事に名乗りを上げる業者がいなかった。そこで一八九三年七月になって、LCCは建設許可を内務大臣に申請することにした。まずはニコルの北東部のほんの一部を更地にして住宅を建てるという、民間業者の以後の参加を促す効果を狙った計画であった。内務大臣は渋々ながら首を縦に振った。

17 バウンダリー・ストリート計画――交錯する思惑

ベスナル・グリーン教区委員――近代化に抵抗するあの勇猛な戦士たち――はこうした事態をどう受けとめていたのか。いつものことだが、教区委員たちの反応は、自分の懐がどれだけ痛むかにかかっていた。一八九〇年に成立した労働者階級住宅法の第一編によると、ニコルでの事業はロンドン全体で費用を負担することになっていた。つまり、ベスナル・グリーン教区の地方固定資産税納税者の負担が増えることはない。結構なことだった。発足したばかりのロンドン州議会（LCC）は、自分たちは革命などとは無縁の、信用できる機関であることを証明したがっていたから、ニコルの地主や家主たちへの補償金をたっぷりはずむはずだった。それも結構なことだ。それに今、LCCは医師の俸給の半額を負担してくれている。これも結構。地方固定資産税の均衡化もわれらが教区のためになるはずだ。それも結構なことだった。ただ、LCCが起草した公衆衛生法によって、教区委員たちは衛生検査官を増員し、衛生状態の悪い地区への徹底的な対策を迫られることになった。これはまずい——非常にまずいから、当分手をつけないでおこう。教区委員のこうした態度は、ごうごうたる非難の渦を新たに巻き起こした。先頭に立った『タイムズ』紙は一八九一年一二月六日付の記事で、ベスナル・グリーン教区は「ただ無知で無精」なだけでなく、「犯罪的な遅滞」によってその「極悪非道」ぶりが明らかになった、「ぞっとするほど不道徳だ」と糾弾した。

一八九三年一一月八日、教区の衛生委員会がニコルを視察してまわった。ひとりの新聞記者がこっそりあとをつけていたが、委員たちは自分たちの発言や反応が探られていることには気づかなかった。LCCと教区の立場はいまやすっかり逆転し、LCCはニコルの地主になっていたのだ。バウンダリー・ストリート計画の一環として、解体が予定されている六八〇の物件を——この一八カ月のあいだに——LCCが買いとったからだ。立場が逆転した教区の衛生委員たちは大喜びで憂さを晴らした。自ら批判する側へまわって、ニコルを「荒廃の地」と呼び、衛生面の問題点を細かく指摘したのである。すでに三〇〇〇人が退去をすませていた。だが、当座の住まいの手配は思うにまかせなかった。まともな賃貸物件が少ないのだ。LCCは仕方なく、居残る数百人に、まだ居住可能とみなされる建物——そんな物件はごくわずかで、しかも数が減りつづけていたが——にできるだけ長く住みつづける許可を与えざるを得なかった。

以前のオーナーのなかには、あわてて修理に励む不届き者も現れる始末だった。なにせ、居住可能と判断された物件には、買いとり価格に一〇パーセントが上乗せされるのだから。一方で、どうせ取り壊される建物なら出費はいっさい避けたいとほったらかしにしておくオーナーもいた。ぼろぼろの壁が崩れ落ちそうで、通行人が危険を感じる家もあった。ロンドン中から無為徒食の輩がニコルにやってきて、非衛生的な物件として板囲いされた家の板をはがし、不法占拠を始めた。できるだけ長く居座るつもりだった。ネズミが異常繁殖した。外からやってきた強盗組織がベスナル・グリーン・ロードに出没し、通行人を狙うとの噂も立ったので、日暮れになると騎馬警官があたりをパトロールしはじめた。遺棄されたも同然の建物に入りこみ、暖炉や鉛材など売れるものは何でも引きはがしていく連中もいた（アーサー・ハーディングは、末期を迎えたニコルは「おれたちにとっては理想的な遊び場」だったと言っている。窓という窓を思いっきり壊して歩き、居住者が立ち退いたあとに何か残っているかもしれないと家から家を物色して歩いたという）。

教区の衛生委員のあとをつけた新聞記者は、委員たちが路地から路地へまわりながら、身をよじらせ、嘔吐し、壁にすがって身を支えるのを目撃した。嫌な臭いを紛らわそうと、パイプや葉巻たばこをひっきりなしに吸う委員もいた。現場調査を終えた委員たちはLCCの怠慢をことさらに言い立てた。一方、LCCは、今になって気づいたことだが、こうした地区の責任を負うのは見かけほど簡単ではないと主張した。ようやくLCCがニコルの北東の一部の取り壊しを決めると、教区の衛生委員会は地区全体の即時解体を要求した。非衛生的な物件を所有しつづけているとして、LCCを提訴することも考えているという。

これまでのところ、ニコルの再開発は関係者の誰にとっても嬉しい話ではなく、人びとの最悪の部分をあぶりだしていた。いまやロンドンで最も見苦しいスラムになったこの約六ヘクタールをめぐり、最も見苦しい主張や反論が渦巻いたのである。不動産オーナーたちはこの際だからLCCから補償金をしぼりとれるだけしぼりとろうと、不法居住者やここに移り住んだ流れ者たちは、週契約の借家人に支払われる賠償金をせしめようと、あれこれ頭を絞った。不正請求をする材木商——裁判では偽証罪の有罪判決を受けた——もいたし、住民のあいだをめぐり、商売で生じた損失の埋め合わせをLCCに要求するために集団訴訟を起こそうとけしかける弁護士もいた。LCCの多数を占める進歩党が掲げていた高い理想——正しいことを行うこと、また行っていると見られること——は、スラム問題への初めての取り組みによって、その真価が厳しく問われることになったのだ。そのうえこの計画でLCCは、いくつかの新しい街区の建設を内務大臣から許可されていたものの、再開発地の残りの大部分については、民間業者の参入をいまだに待つ状態だった。ただ、新しいニコルの誕生に関心を示す業者は、これまでのところ一社たりともなかった。

LCCがまず対応を迫られたのは、犯罪的ともいえるほど非衛生的な物件のオーナーに賠償金など払う必要はないという、ロンドン中から寄せられた抗議であった。当初は家一軒につき五〇八ポンドを支払う予算が組まれた（結局、一軒につき平均二五〇ポンドが支払われた）。「英国土地復権連盟」をはじめ、「ストランド自由急進主義協会」や「ホルボーン・グラッドストン・クラブ」などの政治団体、「プラムステッド・ガス労働者および一般労働者組合」といった団体が次々に声を上げた――ニコルの不動産オーナーは六九人。なぜ彼らにそれほどたっぷり賠償金を払うのか。ミルクに水を、バターにマーガリンを、小麦粉にミョウバンを、あるいはチコリの根をコーヒーに混ぜたりすれば、食品不純物混和を禁止する法律のもとで告発され、罰せられるではないか。非衛生的な住宅ははるかに大きな害を健康にもたらす。それなのに、腐った住宅の提供者は公金で補償されるという。急進系の諸団体は六九人の、まだほとんど知られていないオーナーの名前を公表せよと要求した。LCCは英国土地復権連盟に書面で回答したが、その内容は曖昧だった――ご意見はごもっともですが、土地所有者の名前を公表する前例はありませんし、そのような措置をとれば名誉毀損で訴訟を起こされる可能性もあります。それに――と、文体はここからさらに曖昧になる――これらの物件をこのような状態にした者が仲介業者や借家人ではなかったと言い切ることができましょうかと。つまり、はぐらかしであった。理想主義のつま先が、ニコルの現実のなかにずぶりと突っこんだのだ。数多《あまた》続いたそんな例の、これはその最初の例となった。

結局、ニコルの不動産オーナーたちは、補償金を受けとるために名乗りでなければならなくなった。LCCの詳細をきわめた記録からは（教区委員会の議事がほとんど記録されていないのとは対照的だ）、主だったオーナーたちに支払われた金額がわかる。キンロス男爵夫人は所有する三八の物件の補償として八四〇〇ポンド、さらに多くの物件を所有していたグワトキン家は三万五〇〇〇ポンド、また故ジョージ・ウーリー氏の受託者たちは二万七〇〇〇ポンドを受けとった。このオーナーたちは、再開発計画がもちあがったそのとき、計画の合法性に異議を唱えて反対運動を起こした一八人に含まれている。運動は失敗に終わったが、再開発は反対運動のせいで中断し、一八九三年に教区の衛生委員会がここを「荒廃の地」と名づけて非難する事態を招いたのである。オーナーのなかで最も厄介だったのは英国国教会であった。カルヴァート・アヴェニューとショーディッチ・ハイストリートに所有するぼろぼろの物件をめぐり、見苦しい駆け引きを延々と続けたのだ。第一期工事として計画されていた街路づくり――ハイストリートから新しいニコルにいたる一六〇メートルほどの並木道――は大幅に遅れた。英国国教会の財務管理委員会がLCCの査定人から六九三二ポンドという金額を引きだそうとしたのだった。この件を本会議で採決にかけたLCCは、教会側の要求には応じないと大差で決めた――なにしろ、要求額は市価の一・五倍だったのだ。さらにLCCは国会に働きかけ、教会の物件を取得するための法律を成立させた。ただし、ロンドンで当時繁盛していた醸造業に関していえば、査定人はニコルにあるパブ七軒とビアホール四軒についてかなりの額の補償金を認めている。業者が豊かな資金にものをいわせて法廷闘争を仕掛けてくる懸念があったからだ。LCCは、新生ニコルを「酒場《ドライ》のない」地区にすると決めた。だが、この決定は結局のところ高くついた。一軒ずつの醸造免許をその後何年もかけて買いとることになったのだ。

補償問題でLCCは板挟みになっていた。一方では、一八九〇年の労働者階級住宅法に基づいて、補償額はかなり低めに算定し、居住可能と判断された物件に一〇パーセントを上乗せすることになっていたにもかかわらず、他方では、ＬＣＣは新聞や国会の厳しい目を警戒していた――不動産オーナーに対して不当な社会主義的攻撃を仕掛けていると批判されてはかなわない、というわけだった。ほぼあらゆるケースで、オーナーの要求額はＬＣＣの査定人によって六分の一程度減額されたが、それでもニコルの土地建物に対して最終的にＬＣＣが支払った金額は市場価値を上回った。賠償金がたっぷりと支払われたことは歴史的事実である。[1]（法的費用を除いて）総額二六万六〇〇〇ポンドに達した補償金は、その大半が最も多くの物件を所有するたった四人の懐に収まった。週単位で契約している借家人には一三週の猶予期間が与えられ、支払われた補償金は、居住期間や家賃の金額、仕事上の損失の有無にしたがって算出された。チャーチ・ストリート九七番地に住む玩具商のＳ・Ａ・デニントン夫人のように一二〇ポンドも受けとっためずらしい例や、ほんの数シリングしか支払われないこともあったが、居住期間が一八カ月を上回っていれば、おおむね一ポンドか二ポンドに落ち着いている。再開発計画の公表以後、うまい話でもあるかとニコルに移り住んできた人たちは、ＬＣＣからひとりあたり五～六シリングをせしめることができた。

　ＬＣＣは困窮者がこうむる痛手を最小限に抑えようと粘り強く取り組みを続けた。ニコルを五つのブロックに分けて解体工事を進め、ひとつのブロックのすべての住民が新しい家を見つけるか、別のブロックに仮入居してから、次のブロックにとりかかった（これは教区委員会がまったく気づかなかった方策である――ニコル全体を一度に解体すれば、ほぼ六〇〇〇人が同時に賃貸住宅市場に放りだされることになった)。LCCは居残った住民の賃料を軽減する措置も考えた。賃料が半額になった例もある。また、ニコル・ロウ三番地に現場事務所を設け、一キロ足らずの範囲内にある空き部屋の情報を提供する配慮もみせた。一方で、LCCの公衆衛生医務官マーフィー医師は、住民の移転先をすべて訪問する方針を貫き、そこが非衛生的だと判断すれば、補償金を減額する措置をとった。こうしたやり方に、「お偉いさんたち」のいらぬ世話はごめんだと住民は腹を立てた。マーフィー医師ら担当者はニコルに行くと必ず暴言を浴びた――「貧乏人から家をとりあげやがって」「恥ずかしいと思えよ!」「ふん、紳士だと威張りやがって」。暴力をふるうと脅す住民もいた。クリストファー・ストリート八番地の瓶回収業者ジョン・オーウェンは自宅に空き瓶を三トンも置いていて、八番地の家の閉鎖手続きにやってきたLCC担当者に滞納家賃の回収分として賠償金の減額を告げられると、こう言って脅した。「ほら、あの階段が見えるかい。てっぺんに上ってみな、突き落としてやる」

万一に備えてニコル・ロウの事務所に警官が配置された。夜になるとふたり組の夜警があたりをパトロールしてまわった。

一通の手紙がLCCに届いた。

拝啓

わたしどもベスナル・グリーン教区の住民は、約束された住まいがどこになるかを、ここを立ち退く前に知らせていただきたく、謹んでお尋ねする次第です。わたしたちのなかには四〇年、五〇年、いやそれ以上も前からここに住んでいる者がいます。わたしたちは行き先さえ確かにわかっていれば、ここから立ち退かされるのもあまり嫌ではありません。その住まいとやらが、「貸地——連絡先LCC」と表示されているところではなく、この区のLCC議員ブランチとハリソンのおふたりが当選前の会合で（ちなみに、両先生とも再選は無理のようですが）約束されたとおり、［ハックニー・ロードに近い］ゴールドスミス・ロウにすでに建っているとしたら、支柱工事人はなぜ警官に守ってもらう必要があるのでしょうか。わたしどもは無礼なまねはしたくありません。わたしどもはただ、まともな仕事をして正直に暮らしたい。そのために住むところがほしいだけです。犯罪者や路上生活者を出したくないからです。わたしたちに悪意はまったくありません。住む場所を見つけてもらいたいだけです。この手紙がほかの手紙のように無視されることなく、諸先生方のお目にとまることを切に願っています。

敬具

差出人署名

〔一八〕九二年九月

R・リネット、S・ポロ、J・ボウ、J・ヴォーツ

X（A・グッドの署名に代えて）

X（A・フランクスの署名に代えて）
X（A・C・シャンズの署名に代えて）
ほか多数の署名[2]

ロンドン州議会議員各位

賃料不払いという手に出て抗議する住民もいて、LCCの「反抗的借家人」リストは長くなるいっぽうであった。弁護団とLCCの労働者階級住宅委員会のあいだでとりかわされた覚書からは、不払いの家賃の回収をどう進めればいいのかLCCが迷っていたことがうかがえる。住む家を失おうとしている家賃不払いの困窮者を、治安判事の前に引き立てるというのか。そんなことをすれば進歩党の名が泣くではないか。わずかばかりの持ち物を差し押さえれば、悪質な取立人と変わらないではないか。とはいえ借家人がきわめて反抗的で、治安判事の転居命令に従わない場合は、強制退去に警官が呼びこまれた。そんな事例が一二件あった。ロンドンがとりかかった地方自治体による土地所有の実験に国中の目がそそがれているというのに、これはいかにもまずい事態であった。

ジェイコブ・ストリート一二番地に住む二一歳のジェームズ・シェルトンは、家賃を一ポンド七シリング滞納したために自分の名が「反抗的借家人」のリストに載ったと知り、困ってしまった。そこでLCCに手紙を送り、自分は目が見えず、同居している姉妹は手足が不自由だと訴え

取り壊されたニコルから東をのぞむ．手前に建設中の住宅団地が，遠方にマウント・ストリートのセント・フィリップ教会が見える．中央付近に見えるのは，やがて中央広場となる円形の丘とシップレイク・ビルディングスの基礎部分．

た。「オルガンを弾いて何とか暮らしを立てていますが、それも近頃はうまくいっていません。年が明けたらできるだけのことをして、たまっている家賃を少しでも払いますので、先生方、どうぞご理解ください」[3]。借家人の話が眉唾物か、それとも真の窮状を語っているのかを見分ける識見をLCCの先生方は持ち合わせていなかった。また、これは自ら認めたことだが、ニコルの多くの家が特定の職業に合わせていかにうまくカスタマイズされてきたかに気づかなかった。悪臭がつきまとう仕事や動物に頼った商売など、ある種の職業はどうしても住空間となじまないことに気づくのも遅かった。当初LCCの査定人は、ニコルからわずか一・五キロほどの範囲内に賃貸物件を五九一件も見つけたと鼻高々だった。

ところが空き部屋の大部分は、退去させられた人たちの住まいにはまったく不向きだったのだ。たとえば行商人の場合、商売に欠かせないロバを飼う家畜小屋や、荷車や手押し車をしまうスペースが必要だった。商品としての食品や植物や鳥を住宅内に保管してもかまわないという大家もまずいないだろう。パン屋、燻製《くんせい》業者、ドッグ・ブリーダー、金属細工師や木工職人らがいったんニコルから出てしまえば、ちょうどいい住処はなかなか見つからなかった。

苛立ちを募らせる住民と、経験もなく困惑を深めるばかりのLCC担当者との仲立ちを買ってでたのが、セント・フィリップ教会の牧師ロバート・ラヴリッジと助手のミス・バーサ・ニコルソンだった。ちなみにアーサー・オズボーン・ジェイ牧師は、右往左往する住民の苦労を軽減する活動にはいっさい関わらなかった。ジェイが建てたホーリー・トリニティー教会は、公立学校やロンドン・シティ・ミッションもそうだが、取り壊しの対象にならなかったのだ。ラヴリッジとニコルソンを通じて、職人や小売店主のグループはLCCに苦情を申し立てた――「寂れはてたこの地区に誰も足を踏み入れなくなりました。買い物客も問屋の買いつけ人も来ないので、わたしらのちっぽけな商売は上がったりです」。LCCに手紙を送る運動を始め、議会の前で議員を待ちかまえる作戦もとったニコルソンのささやかな勝利のひとつが、体が弱く、客が途絶えて困っていた洗濯物しぼりの女のためにLCCに払わせた六ポンドだ。ニコルソンはまた、ターヴィル・ストリートに住む製靴職人が移転後も商売を続けられるように、採光が十分な住居を探してほしい、とLCCに掛け合った。やがてLCCは疑念をもちはじめる。心優しいラヴリッジ牧師らはお涙頂戴の身の上話にふりまわされているのではないかというわけだ。こうしてLCCは、そもそも進歩主義が取って代わるはずであった批判主義に立ち戻ってしまった。

　大家としてLCCは、ある一家をマウント・ストリート七七番地から立ち退かせた。エリスと妻、思春期も終わろうとする四人の子どもたちからなるこの一家は、「騒がしく、乱暴な行動が目立った」からだ。一方で、コックス夫人の処遇について、LCCの査定人は何週間も頭を悩ませた。夫を亡くした七七歳のこの女性は、ときどき親類からもらう金で暮らしていたが、ハーフ・ニコル・ストリート六番地の家から立ち退きを迫られていた。「ずっとここで暮らしている、非常に上品な女性」だと査定人は書き、退去にあたってLCCから二ポンドの見舞金をもらったとしても、じきに救貧院への入所を申し込むことになる、とその身の上を心配した。結局、夫人はその上品さのゆえに、家賃を免除されたうえ、できるだけ長くニコルにとどまることを許されたのだった。進歩主義的政策は暗礁に乗り上げ、代わって一連のその場しのぎの道徳的判断が下された――理想が音を立てて地に崩れ落ちていった。

　住民の強制立ち退きを進めるにあたり、LCCが安全弁として期待したのは、ニコルのすぐ北側のコロンビア・ロードで進んでいた住宅計画であった。労働者階級向け賃貸住宅の分野に参入したばかりの慈善団体「ギネス・トラスト〔実業家で貴族の慈善家エドワード・セシル・ギネスが資金を出して設立した非営利団体〕」が一八九二年に完成させたこの住宅団地は、狭い三角形の土地に立ち並び、一五〇〇人に住まいを提供する六階建ての建物群であった。ただ、LCCのマーフィー医師はこの建物に満足していなかった。高層の建物が密集しているため、あたり一帯が日陰になり、居室も暗かったからだ。ギネス・トラストが設定した家賃はニコル住民でも支払える額で、小部屋は週二シリング六ペンス、広い部屋は週二シリング九ペンス、二部屋で週四シリング三ペンス～六ペンス。煙突掃除、給湯、よろい戸、風呂は別途料金がかかった。実際、この住宅は収入が貧困ライン以下の人のために建てられた。行商人がロバを飼えるように、家畜小屋も一三棟用意されていた。だが、なにしろ規則が多かった――ペットの飼育、室内での洗濯、子どもの騒音、ボール遊び、風紀を乱す乱暴行為などはすべて禁止、共用部分の清掃は義務、ギネス・トラストの職員による居室検査が定期的に行われ、家賃は常に先払い、滞納は認められない、といった具合だ。ニコルから立ち退かれた方々がこちらに入居をご希望なら、喜んでお迎えいたします、とギネス・トラストはLCCに申し出たが、申込用紙に所定事項を書き入れる「通常の手続き」に加えて、面接が必要だというのだった。ジェイコブ・ストリート四五番地のダラ夫人が、自分も夫も字が書けないので申込用紙に記入できないとトラストの管理人に告げると、入居を断られた。LCCがダラ家のためにトラスト側との交渉を買ってでた――「ともかく面接をお願いしたい。また、字が書けない人が多いので申込用紙の署名はXで代用できないだろうか」。両者のあいだの書類のやりとりを見ると、トラスト側がダラ家を入居させたくないのは明らかだった。いや、ダラ家だけでなく、ニコルに住所があった人は誰であれ、たとえ「ちゃんとした身分の人」の推薦状があっても、お断りだったのだ。

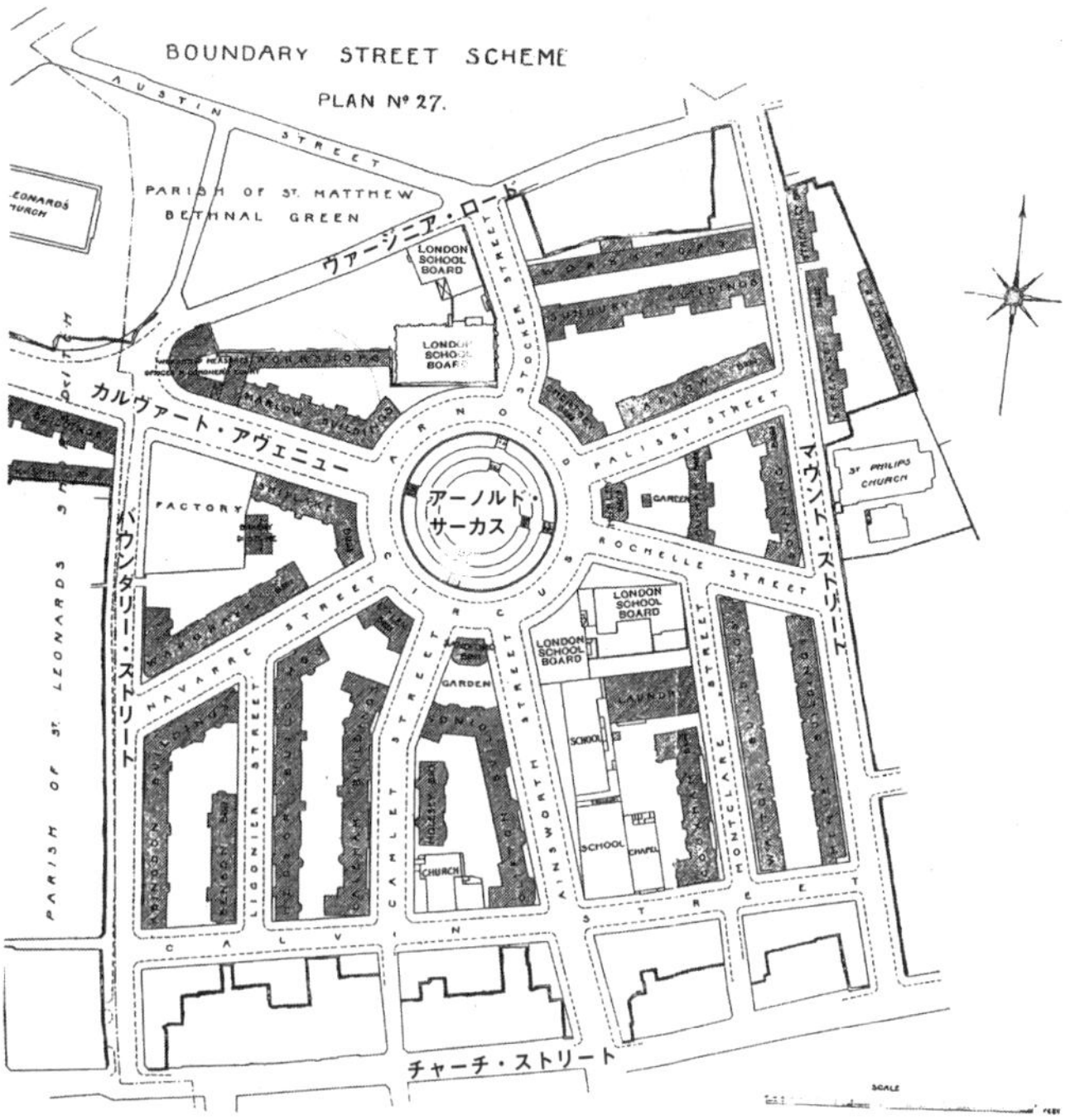

デザイン変更後のニコル．高台の庭園から７本の広い並木道が放射状に延びる．道路幅は広くなり，路地や中庭をなくして見通しよく，見張りもしやすくした．この一帯は「アルコール禁止」であった．LCC が禁酒運動に力を入れていたことが表れている．

そうこうしているうちに、LCCの建築部は設計を見直しはじめた。当初のバウンダリー・ストリート計画は、街路を碁盤の目状に残したまま道幅を広げ、路地や袋小路をなくし、建物を建て替えるというものだった。だが、住民の立ち退きが進展しないまま時間が経つうちに、より想像力に富んだ美しいデザインが育っていった――小丘のうえの中央広場から、七本の大通り（幅一二～一八メートル）が放射状に延び、通りに沿って堂々とした集合住宅が立ち並ぶ。建物は赤にはちみつ色の縞《しま》が入ったレンガ造り、テラコッタの繰り形《モールディング》が施され、煙突は高く、大きな破風《はふ》としゃれた張り出し窓のついた飾り塔がある。貧しい人たちの住まいとして、今まで誰ひとりとして考えたこともないデザインだった。慈善事業の一環として建てられる住宅はたいてい、住み心地など考えずに設計され、全体が、まるで刑務所のように見えるのだ。だが、ここに生まれるのは、ピーボディ・トラスト〔ロンドンの貧しい人たちに良質の住宅を供給することを目的に、アメリカ出身の慈善家ジョージ・ピーボディが設立した住宅協会〕などの慈善団体によるお粗末な住宅よりも、建築家・都市計画家として名高いノーマン・ショウが設計した超高級マンションと共通点が多かった。

この放射状のデザインと元のニコルの地図を比べると、一八九三年当時、建物と建物のあいだにたっぷりと空間をとる計画がどれほど無鉄砲に見えたかがわかる――土地の無駄づかいではないだろうか。なにしろこの地区の土地は隅から隅まで法外な家賃で賃貸され、長年にわたり酷使されてきたのだ。実はこの新しいデザインは、美的水準こそ高かったが、当初の碁盤の目計画に比べて、まさか経費が上回ることはあるまいと見こまれていた。しかし、当時の内務大臣（のちに首相となる自由党のハーバート・アスキス）——バウンダリー・ストリート計画は必ず内務大臣直々の承認を得て変更することになっていた——は、中央広場について「こんなに大揉めして金がかかるというのに、これっぽっちの広さしかないのか」[4]と思ったという。だがアスキスは、結局は承認した。

デザインの変更は、進歩派がこれまで真剣に取り組んでこなかった重要な問題を浮きぼりにした。この住宅は誰のためのものなのか。一八九一年に国会が制定した「バウンダリー・ストリート計画法」によれば、新設の建物には「労働者階級に属する」五一〇〇人が移り住むことになっている。だが、労働者階級とはどの階級を指すのか。先に紹介したR・リネットらの一八九二年九月付の手紙からは、どんな建物が新しく建つにせよ、ニコルの住民は希望すれば誰でも入居できるし、新しい住宅は取り壊しが進んでいるあばら家に取って代わり、手ごろな賃料の衛生的な住まいになる、とみんなが信じていたことがわかる。地元選出のエドワード・ピッカーズギル下院議員も、ブランチとハリソンの両LCC議員も、あたり一帯をまわってそのように説いていたのは言うまでもない。このゴタゴタを機に、できるだけ大勢の住民がどんどん人口の流入しつつあるロンドン北部と北東部の郊外で、新生活のスタートを切るようLCCが期待していたのも、委員会の議事録から見てとれる。しかしその一方で、LCCは、立ち退きを要求された住民は大部分が新ニコルに移り住むだろうと見こんで——おそらくは、それが当然のことと思いこんで——いた。LCCは、賃料を近接地域の物件に即した額にすると言質を与えていた。新しい住宅を困窮者の手に届くものにするためであり、過去に犯した過ちを繰り返さないためであった。スラムを取り壊して新設したモデル地区には、「より上の階層」が移り住んでしまっていたのだ。困窮者向けの住宅の建設がいかに難しいかは、すでに何年も繰り返し話し合われた問題で、LCC建築部も労働者階級住宅委員会も、それはよくわかっていた。慈善事業の一環として企業が供給する住宅には、「ちゃんとした」貧民しか入れない。家賃が最も安いピーボディ・トラストの物件でさえ、困窮者にとっては高嶺の花だとの批判の声は、クロス法案を審議する一八七五年二月の国会ですでに上がっていた。ピーボディ・トラストの会長カーティス・ランプソン卿も「最も貧しい人たちの問題に、わがトラストはまったく取り組んでおりません」と認めていた。[5]

最低の階層の借家人は決まって新築の家をだめにする。一八七〇～八〇年代はこんな考え方が一般的だった。連中のふるまいを見れば、どんなタイプの住民も逃げだしてしまうだろう、そして、ならず者の共同体《コロニー》がやがてできあがり、地区全体は道徳の面からも行動の面からも、手がつけられないほど荒廃する。いずれにせよ――、とこの言い分は続いた――「最下層の」人たちは、規制や規則があり、管理人が常駐する住居への入居には首を縦にふらなかった。こうした考え方に同調する人たち（なかでも有名なのは、冷たい慈善家と言われたオクタヴィア・ヒルである。ヒルが運営する困窮者のための家では、女性管理人が入居者を厳しく監督した）は、「押し上げ《レベルアップ》」論を掲げて、取り壊しと建てなおしからなる再開発計画を正当化した。「よりましな労働者階級」が新しい住宅団地に魅力を感じて入居すれば、あとには空き部屋が残る。そんな空き部屋に、より貧しい人たちは自由に入居できるではないか。こうしてみんなが「よりよい住まい」を手に入れる――それぞれの身分に見合った住宅を。押し上げ論者は、このように考えていたのだった。

バウンダリー・ストリート計画は、こうした考え方とは一線を画す新たなアイディアとして立ち上がった。人並みな賃貸物件に手が届く人たちを対象にするのではなく、ここに根を下ろした貧しい人たちの環境を改善しようというのだ。環境が変われば、貧困にあえいでいる人たちの暮らしも楽になり、道徳意識も向上するというのが、LCCの進歩派の信条だった（ジェイ牧師や作家アーサー・モリスンの、堕落は根絶できないとする優生学的な見解の対極にある考え方だ）。検査官のキュービット・ニコルズはアスキス内務大臣への報告書で次のように説明している。「街路の配置を［放射状に］変更したLCCの狙いは、街路や中央のオープンスペースに植樹をして環境を改善することで、住民の品性にも好ましい影響が期待できるという点にあるのです。やってみる価値は十分にあるでしょう」[6]。設計責任者オーウェン・フレミング（一八六七〜一九五五年）は、人びとが連れ立って手入れの行き届いた庭園を散策する姿を思い描いた――一家の主は辛い職人仕事の一日をようやく終えたところだ。中央の野外ステージから音楽が聞こえてくる。さわやかな空気が流れる街路と、さんさんと陽光がふりそそぐ家々。北のブロックの隅には、設計に工夫を凝らした作業所を集めよう。そうすれば、家の中で作業する必要はなくなる。大きな共同の洗濯場と製パン所は、居住スペースで衣服を洗い、料理しなければならないという昔からの問題を解決するだろう。

各区画にはテムズ川の西方に広がる村や町の名をつけよう——タプロー、サンベリー、マーロウ、ウォーグレイヴといった具合に。放射状に延びる街路はそれぞれユグノー移民にちなんだ名で呼ぼう。この約六ヘクタールの地に定住した高潔な熟練工たちの歴史を刻むのだ——はるか昔、一九世紀の市場原理が熟練技能の衰退とこの地の荒廃をもたらす前のことである。だが、中央の広場には少々味気ない名がつけられた。LCCの幹線排水路委員会会長に就任したアーサー・アーノルド氏の名をとって、アーノルド・サーカスと呼ばれることになったのだ。

発足当初のLCCが目指した課題のひとつが、貧困地区にオープンスペースや公園を増やすことで（イースト・ロンドンの住民ひとりあたりの空き地面積はウエスト・ロンドンの半分しかなかった）、そのために年間四〇〇〇ポンドの予算をあてた。この取り組みは、進歩派のなかでも禁酒運動に熱心な人たちの影響を受けたものだ。仕事帰りのパブ通いをやめさせるには、健康的な環境（住み心地がいい家とたくさんの公園がある）と「適度な」余暇活動（サイクリングやサッカー）がどうしても必要だと考えられたのだ。アーノルド・サーカスは「都会のなかの田舎」となろう——といっても、すでにニコルに見られるような（鳥や動物や植物がいる）屋外と屋内が混然となった状態や、ベスナル・グリーン教区のこの一画に定住（あるいは半定住）したロマの名残もお断りだ。この都会の真ん中にもちこんでいいのは、上品で管理が行き届いて心地よく、楽しい気分になる田舎である。

フレミングは理想主義者で、自ら進んでステプニー・グリーンの労働者階級向けの借家に長年暮らしたことがあった。貧しい人たちのことをごく近くから学びたいと思ったからだ。若いフレミングは、「多くの貧しい人たちが非衛生的な環境で暮らすほかない状況を見て、気持ちが沈みこんでしまった。われわれはこの問題をとことん突きつめていくつもりだ」[7]と書いている。そのフレミングと一九名の若い、才能あふれるチームがニコルの地図の描きなおしに取り組んだのは、そんな情熱に駆られてのことだった。労働者階級の住宅を建てるときは、「外観にも注意を向ける必要がある……住民もそのよさをわかってくれるだろう……。ハックニーからベスナル・グリーンへ、あるいはマイル・エンドやポプラーやボウに向かって歩いてみるがいい。目に入るのはどこまでも続く陰鬱な建物ばかり。どの家もそっくり同じつくりで、建築上の配慮はまったく見られない」[8]。フレミングは、団地とは、互いに無関係な住宅の集合体ではなく、ひとつのコミュ

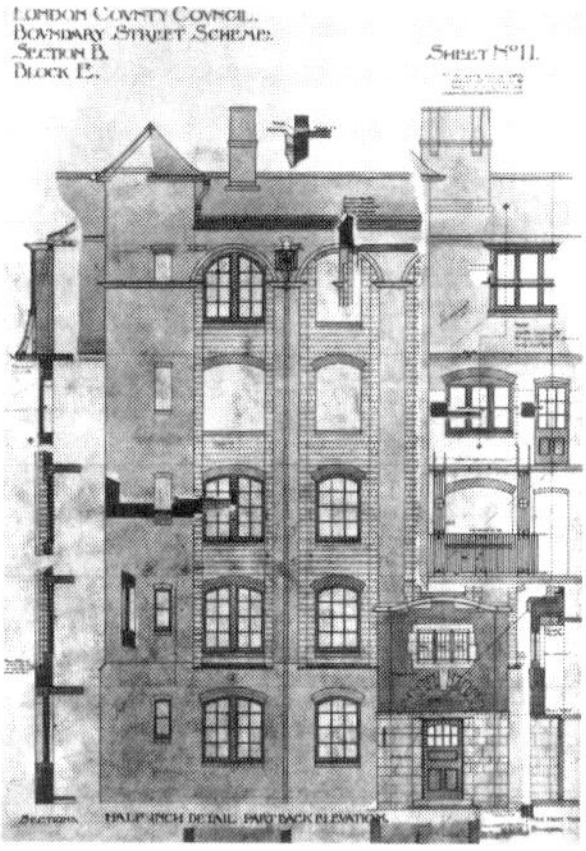

LCC建築部によるスケッチ．アーツ・アンド・クラフツとクイーン・アン様式の影響を受けたバウンダリー・ストリートの住宅団地．批判者はここを赤とはちみつ色のレンガから「ストライプランド」と呼んだ．

ニティだとの信念を、野外ステージ付きの中央広場というかたちで表明したのだった。LCCの建築家たちは公共建築物に人間らしいぬくもりを、しかも英国人特有のぬくもりを、表現したかった。それにはどんな色・形・風合いがふさわしいか——理想を追う社会主義者だった彼らは、答えを歴史に見出そうとした。バウンダリー・ストリート計画のデザイナーの多くは、古い教会や建築物の修復や記録に興味をもった。フォーク・アート運動に関わった者もいる。[9] 彼らが生みだした数々の斬新なデザインは、評論家のジョン・ラスキン、思想家でデザイナーのウィリアム・モリス、建築家のフィリップ・ウェッブらが中心となったアーツ・アンド・クラフツ運動の流れと、復古的なクイーン・アン様式との巧みな融合であった。この様式の建築物は、高級住宅地区ではノーマン・ショウが、貧しい地区ではロンドン学務委員会の建築家エドワード・R・ロブソンが広めていった。ロンドンのスラムの真ん中に、優雅にして堂々たる赤レンガの公立学校の校舎を建てたロブソンは、この建物は礼節と向上心を照らしだすかがり火だと胸を張った。その点でバウンダリー・ストリートの住宅団地もまた、理想とすべき場所であった。簡素な、ごくありふれた地元の建材——ブリック・レーンの名の由来となったレンガのような——を使った美しい建物である。

しかし、バウンダリー・ストリート計画が進むなかで、そこに暮らすかもしれない人たちが、ニーズや好みについて意見を聞かれたことは一度もない。最も理解がある人たち（たとえばフレミングのような）でさえ、住む家についてどう感じているか、住民の声を直接聞こうと思いついたことすらなかった。各戸を独立型にすべきかどうかや部屋の広さ、ライフラインなどをめぐって延々と続いた議論に参加したのは、デザイナーと政治家と会計士だけだ。設計上のミスや建物の使い勝手の悪さに気づいたときには、すでにあとの祭りであった。

LCC建築部がこのとき思い描いていた理想的な労働者村は、ニコルの人びとに似つかわしいものだったのだろうか──いや、どう見ても行商人や洗濯屋や掃除人や露店商向けの住居には見えなかった（住まいのある四階までロバを連れて上がるなんて無理な話だった）。第一ブロック（マウント・ストリート沿いに建てられたストリートトリー・ビルディングスと呼ばれた簡素な建物で、一九七一年には解体された）の竣工を間近に控えた一八九六年七月、ニコルから退去させられた人びとのなかから一四〇人が選抜され、優先入居権が与えられた。ただし、入居を希望したのはたった一〇人に過ぎない。多くが入居を断った理由のひとつは、以前のニコルの住まいよりも家賃が高くなるからだった。また、囲い地や納屋や作業所の設備なども十分でないし、何よりも出入り自由の暮らしがしたいと人びとは感じた。規制や規則で縛られるのはまっぴらだった。そういうわけで、LCCが将来の入居者の人選を慎重に進めるいっぽうで、退去者の大多数は自発的にせよ、単に家賃が高すぎたからにせよ、バウンダリー・ストリートをめぐる新構想から身を引いたのだった。

退去者に新しい家を与えるつもりだと断言していたLCCは、二枚舌を使ったのだろうか。進歩党の人たちは、一八九六年の夏にはすでに考えを変えていたようだ。この開発計画に関心を寄せた「アメリカ政治および社会科学アカデミー」から詳しい情報を乞われたLCCは、同年六月にこう書き送っているのだ。

このような広い地域の再建の影響は増大するいっぽうであり、結果として、この住居を退去者と同じ階層の人びとが賃借することは難しくなっております。人びとは長きにわたって不潔な部屋に住んできました。そのような人びとに部屋を清潔に保てと求めても、往々にして無駄になり、また、彼らもそうした部屋に住みたいとは思っていません。実際、入居申し込みはほとんどありません。それに、非衛生的な住居を退去してから、新居の入居体制が整うまでには何カ月も要します。ですから今のところ、彼らはたいてい、これまで住んでいたところと似たり寄ったりの住処に落ち着いて、日々暮らしを営んでいます。新築の住居は常に労働者階級に開かれています。わたしどもとしては、これらの住居が誘因となり、やがてこの階級に提供される住宅が著しい改善をみることを願っている次第です……。住民の多くは非常に粗野なタイプですが、なかには行商人、機械工、ポーター、玩具職人、倉庫業者としてまじめに仕事をする労働者もいます。[10]

こうした見方が当時英国内で広く知られることはなかった。しかし、ここからはバウンダリー・ストリート計画について、ＬＣＣがすでに心変わりしていたことがわかる。

まず、この計画には財政上の問題があった。ＬＣＣが手ごろな価格で住宅を提供できないことは、いまや誰の目にも明らかだった。LCCは賃料の公的補助はしないと確約していた。借入金を返済するためには利益を出さなければならなかった。しかも大蔵省は一〇〇年の返済期間を要望するLCCの意向を退け、五五年以内の返済を求めていた。安い賃料、質の高い新築の建物、厳しい返済条件――とうてい並び立つものではない。まず落とされたのは、デザインの基準であった。四階建てまでとした基準が緩和され、五階建ても認められた。当初計画では独立型の――いったんわが家の敷居をまたげば、家族としてのプライバシーと尊厳を享受できる――集合住宅が基本であったが、トイレ、風呂、食器洗い場などを共用するデザインに格下げされた。こうした変更はすべてアスキス内務大臣の承認を得ることになっていた。内務大臣はトイレやごみ箱や火災避難設備についてLCCの設計者たちと協議を重ねるなど、案件のひとつひとつを精査したから、そのたびにプロジェクトの進行は何週間も遅れるのだった。時まさにアイルランド自治法案をめぐる嵐が吹き荒れた時期である。

工事が進むにつれて材料――レンガ（主に手づくりのものが使われた。アーツ・アンド・クラフツの愛好者は機械生産を忌み嫌っていた）、鋼鉄、ポルトランドセメント、スレート、敷石用石材、床用オーク材、鉛、亜鉛などすべて――が値上がりした。加えて人件費も高騰した。霜の降る日が何日も続き、嵐にも襲われた、とフレミングはのちに「壮大な建造物」の工事にあたって直面した数々の困難を思い出している。[11] 完成した第一ブロックの借家人からの苦情を受けて、新顔の内務大臣が最低居室面積を広げたため、コストはさらに上がった。建築法が改正され、壁の厚みを増し、共同流し台の数も増やさなければならなくなった。ＬＣＣが直接雇用した労働者が行動を起こしはじめた。一八九六年春、大工たちがストをし、大工たちが職場に戻ると、今度は左官や左官助手らがストに入った。その次は配管工だ。ライバル同士のふたつの組合が結託し、地元ベスナル・グリーン教区の失業者の雇用について、断固としてノーを突きつけたのだ。すると、かつて港湾ストの英雄と呼ばれたベン・ティレット（いまやＬＣＣ参事会員となっていた）が交渉を買ってでて、クローズド・ショップ制〔特定の労働組合に加入している労働者だけを雇用する制度〕にあくまでこだわるなら、非組合員の工事請負業者を雇い入れることも辞さないと脅しをかけたという。労働者の連帯といっても、まあそんなものだったのだ。

一九〇〇年三月三日、ニコルで最初の解体工事が始まった七年後、皇太子とアレクサンドラ妃が、国旗や派手な吹き流しリボンで飾られ、歓迎の人びとが立ち並ぶカルヴァート・アヴェニューを馬車で進み、生まれ変わったニコルに入っていった。夫妻は中央広場の南側に設けられたテント張りのパヴィリオンへと歩を進め、そこで皇太子がスピーチを行った――アーサー・モリスンの作り話を繰り返し、自分は労働者向け住宅の建設計画に長年深い関心を寄せてきたと述べ、親しげにジェイ牧師の名前に言及し、郊外と都心を結ぶ列車の運行を増やすようにと促す内容だった。安い料金で早朝から利用できる列車が増えれば、労働者は市内の狭い地区で身を寄せ合う必要もなくなるというわけだった。最後に皇太子はバウンダリー・ストリート・エステートの落成を正式に宣言した。イースト・サリー・ライフル義勇隊の楽隊が（A・R・スプリッグズの指揮のもと）「オッフェンバックの追憶《レミニセンス》」「チアアップ、ネヴァー・セイ・ダイ」といった軍歌や、「ジョリー・リトル・ポリー」「チコ、チョコ、チッコリ」を演奏した。入場券を持っている人は、完成なった住宅団地をめぐり歩き、あれこれ詮索しては、何年も続いたあの大騒ぎはいったい何ごとだったのかを見届けることができた。

エピローグ

ニコルから立ち退かされた住民五七一九人のうち、「ストライプランド」――新しい住宅団地は『ブリティッシュ・アーキテクト』誌からこんなニックネームをもらっていた――に入居したのはたった一一人であった。[1] 確かにLCCは、賃料をベスナル・グリーンやショーディッチ教区の平均に合わせて設定した。ただ、ニコルでは七五二戸のワンルームの物件に人口の三分の一以上が住んでいたのに対し、ここでは全一〇六九戸のうちワンルームは一五戸しかなかった。ロンドン州議会（LCC）はバウンダリー・ストリート・エステートの家主として厳しい居住密度の規制を設けたのだ。二〜三部屋ある物件は九〇〇戸を超えていたが、たいていの人にとっては高嶺の花だった。過密状態で暮らし、又貸ししたり子どもの数を偽ったりしながら、何とか週ごとの賃料を支払ってきた人が多かった。ニコル住民のおよそ三四パーセントは、たとえエステートに移ったとしてもワンルームの賃料さえ払えず、四三パーセントはワンルームしか借りられなかっただろう。[2]

貧しい人たちに家を提供するという点で、バウンダリー・ストリート計画は勇気ある壮大な実験だった――そして見事に美しい建造物が生まれた。公衆衛生学の最新成果と手ごろな美しさを体現するロールモデルだ。ただし、地元住民の生活を改善するという点からすれば大失敗で、過去三〇年に慈善住宅事業がやってきたことの繰り返しであった。入居を申請し、すんなり受け入れられたのはフルタイムで働く労働者だったし、下位中産階級の人さえも入居した。こうしてLCCは、(ジョージ・パドック・ベイト医師のいう)「現実」と、つまり困窮している人たちと向き合う必要はなくなり、安堵のため息をもらしたのだった。

それでは困窮者はどこへ行ったのか。LCCは当初、退去者の移転先を記録していたが、それも一八九五年の夏までであった。当時の記録は一〇三五人の移転先をたどり、その五六パーセントが元の住居から四〇〇メートル以内に、三〇パーセントが八〇〇メートル以内に、九パーセントが一・六キロ以内に移り住んだとしている。それ以上遠くへ引っ越した人は五パーセントに過ぎなかった。このことに落胆を隠せない専門家は多かった。彼らはニコルの強い閉鎖性と、郊外へ移転して散り散りになるのを嫌う傾向を見くびっていたのだ――郊外に行けば空気はきれいで広い街路があり、家族ごとに独立した住居に住めるではないかというわけだ。ささやかな商売は堅い信用と善意に基づくネットワーク、つまり近くに仕事をくれる人間や助けてくれる人間がいて初めて成り立つという理解が、ここにはみられない。身のすくむようなイースト・エンドの労働市場とおぼつかない救貧行政のもとでは、身内や仲間が近くにいるかいないかで生死が分かれることがまるでわかっていない。ニコルの住民は、簡単にどこかに引っ越すわけにはいかなかった。この重要な事実が、これまで見過ごされてきたのだった。

LCCの一八九五年の記録のほかに、ひとつの事例証拠を挙げることができる。新しい住宅団地の誕生によって、ベスナル・グリーン教区の南西部からショーディッチ教区の東部にかけて、住民のあいだで、(チャールズ・ブースの言葉を借りれば)「興味深い入れ替え」現象が起きたのだ。ニコルから追い立てられた人たちが近隣地域に押しかけると、あんな連中の近くで暮らすのはごめんだ、とすでに過密状態だったこの地域から大勢が出ていった。たいていはハックニー、ウォルサムストウ、ダルストンなどに、あるいはバウンダリー・ストリートで集合住宅暮らしをしてみようと引っ越していった。ニコルから人が移ってくるとその町は荒れてしまう。連中はものを盗むし行儀が悪い、それにとにかく貧しいのだから、と断言する専門家も多かった。ブースは一九〇二年版の『ロンドン民衆の生活と労働』で貧困地図を塗り替えている。バウンダリー・ストリート・エステートがきれいなピンクに塗られるいっぽうで、チャーチ・ストリートはピンクから黒になった。ニコルから移転してきた人が多い地区はどこも黒くなった。一八九八年五月一〇日、W・ライランド巡査はブースの調査員ジョージ・ダックワースを伴って旧ニコルの周囲に点在する黒く塗られた街路をあちこち歩きまわりながら、こう言った。「このあたりがこんなに荒れてしまったのは、バウンダリー・ストリート界隈から泥棒や押し込み強盗が引っ越してきたせ

中央広場に野外ステージが設けられる直前，東をのぞむ写真．

いですよ」[3]

これら地域の聖職者たちは複雑な思いであった。ニコルから人びとが移転してきたことは仕事の励みとなり、慈善活動の意義を再確認できるが、すでにこの教会に通ってきている信徒たちが道徳的に悪影響を受けないか心配だ、というわけだ。アーサー・オズボーン・ジェイ牧師もロバート・ラヴリッジ牧師も、ロンドン・シティ・ミッションのロバート・アリンソン牧師もみな、最近の人口移動によって会衆がひどく少なくなったと感じた。それでもニコルの教会にきちんと戻ってくる忠実な信徒もたくさんいた。アリンソンは新しい住宅団地について、「金があり、自分たちは教会の慈善活動の世話になんかならないと思っている」人たちの住まいだ、と吐き捨てた。[4]

ここには小売店主や教師、作業長、警官、看護師らが（野外ステージに近い物件には牧師も）入居して、設計責任者のオーウェン・フレミングが思い描いたとおり、並木の植わった街路のそぞろ歩きを楽しんだ。「鉄道警備員、事務員、教師、現場監督らに、小さいながらすてきな家を安価で提供する事業に、途方もない労力と税金が投入された」との批判が渦巻いた。王立英国建築家協会のヘンリー・ラヴグローヴは一九〇〇年、「その日暮らしの人たちが今もみすぼらしい住まいで窮屈な思いを強いられている。この人たちのための住宅だったのに、彼らのニーズに応えるデザインが描けなかったからだ」と批判した。さらにラヴグローヴは、退去させられた何人かの新しい住まいを調べたところ、一家五人で洗い場に住んでいる例を見つけたとも述べた。[5]

守勢に立たされたフレミングはもっともらしい「押し上げ」論をもちだした。進歩党の人たちは、自分たちが思考においても行動においても、困窮者に対する古くさく批判的で階層意識に凝り固まった考え方に、望んでいたよりもぐっと近づいてしまったことにまたしても気づかされた。フレミングの苦しい弁明によれば、「新築物件の衛生基準を、退去させられた人たちが求めるようなレベルにまで下げることは理論的に間違っており、実質的にも不可能だ。レベルの高い住居を提供するほうが、はるかに世のためになる」のであった。[6]

二〇世紀初めに開かれた王立委員会で、ＬＣＣの公衆衛生医務官シャーリー・フォースター・マーフィー医師はこんな質問を受けた。「非衛生的なスラムを壊し、そのあとに職人向けの住居をつくり、そこに警官、郵便配達人ら、上の階級の者たちが喜んで入居する——そこでお伺いします。この事業は当該地区のためになったでしょうか。よその地区の、別の階級の人たちに魅力のある住まいではないですか」。マーフィー医師は、「そうですね、よその人たちを惹きつけたといってていいでしょう」と率直に答えている。実際、マーフィー医師が証言したのは、そもそも「よそ者たち」について論じるために開かれた王立委員会――英国人労働者の生活状況や労働環境におよぼす外国人移住者の影響を検討するため、一九〇三年に設置された「外国人移住に関する王立委員会」――だったのだ。バウンダリー・ストリート・エステートがユダヤ系家族にどれほど人気があったか、確証を得ることはできない。しかし、排外的な見解をもつ人たちは、この機に乗じて英国人――生粋のロンドンっ子やアイルランド系の人々――が東欧系ユダヤ人に「追いだされている」ようだと盛んに言い立てたのだった。ジェイ牧師は、新しい集合住宅のユダヤ人居住率は六〇パーセントだと主張した。H・S・ルイスとC・ラッセルによる一九〇〇年の共著『ロンドンのユダヤ人（*The Jew in London*）』には、ユダヤ系居住者の密度によって、ダークブルーから明るいピンクまで、ブース式に色分けした地図が付録についていた。それによるとエステートの一部は居住者の五〇パーセントがユダヤ系であったが、それ以外の大部分には非ユダヤ人が住んでいた。ステプニー選出のLCC議員A・T・ウィリアムズは、ユダヤ系居住者の比率を一九パーセントとする文書を王立委員会に提出したが、そこに含まれているユダヤ人が最近の移住者か、あるいは長い歴史をもつユダヤ系英国人かは明確にしていない。ただし、おかしなことに、一九〇三年三月一七日の議事録によると、LCCの労働者階級住宅委員会は、一九〇二年の居住者で「名前から推測して外国人と思われる」人の割合は二七パーセントであった、とそれより高い数字を提示している。[7]「あなたのご意見では、明らかに地域住民のために建てられた壮大な建築物が、一部にせよ、次第に外国人移住者を利するものとなっているということですか」と王立委員会で問われたウィリアムズ議員は「そのとおりです」と答えた。「つまり、こうした壮大な建築物は、外国人をわが国に引き寄せる多くの魅力のひとつであり、将来もそうでありつづけるということですか」――「そのとおりです」[8]

バウンダリー・ストリート・エステートをめぐる問題は王立委員会で集中的にとりあげられた。一九〇三年二月には、ベスナル・グリーン・サウス・ウエスト選出の保守党下院議員で、移民排斥を主張するサミュエル・フォード・リドレーも国会でこの問題をとりあげ、「外国人家族がこれらの住居に落ち着いて暮らす」ために英国人労働者が追いだされるとは「奇怪な」事態であると持論を述べた。[9]リドレーはこれを利用して外国人移住者の流入を抑制しようとしていたのだが、その運動は成功し、一九〇五年には、英国初の移民法となる「外国人法」の成立をみることになった。リドレーの突拍子もない主張にはふたつのポイントがあった。LCCは外国人のためにエステートを建てた、そして、この自分は、「わが国の不幸――つまり、この国が外国人犯罪者の掃き溜めになるという災難を軽減すべく」国会で訴えているのだという点である。[10]しかし、ユダヤ系の家族がLCCから特別な待遇を受けたことはなかったし、住居を不潔にしておく住民は、ユダヤ系であろうがなかろうが、エステートから退去を命じられている。またリドレーは国会で、

バウンダリー・ストリート・エステートの共同洗濯場

ユダヤ人は過密状態に慣れているから嫌がらずに集合住宅に入居するのだが、LCCはこの点を見過ごしたか、適切な対応をしなかったかのどちらかだ、などとぶち上げたが、そんな話にはひとかけらの真実もない。確かに、初めのうちエステートからの立ち退き命令は頻繁に、しかも即座に申し渡されたが、居住者の民族性が考慮されることはいっさいなかった。
移民排斥を叫ぶ人たちは、大型集合住宅暮らしが大陸で長い歴史を刻んできたという点にも目をつぶりがちであった。一九世紀も終わろうとする時代、賃貸用に建てられた住宅団地は英国の都市ではまだかなりめずらしかった（今日でも、圧倒的に好まれる住宅はバンガローやコテージである）[11]。管理人が常駐し、住民合意の守るべき規則がある生活は――一般論として――新来者にとっては、気の荒い生粋のロンドンっ子やロマ系の人たちが感じるほど、辛いものではなかっただろう。

LCCはスラム再開発のプロジェクトをほかにも一件手がけているが、規模と壮大さの点でバウンダリー・ストリート・エステートに匹敵するのは唯一、ロンドン中心部のミルバンク・エステートであろう。この大型集合住宅は、一九世紀初めに建てられた「全展望監視型《パノプティコン》」のミルバンク刑務所を買収して取り壊した跡地に建ったもので、今なお住まいとして使われている――おぼろげにせよ、バウンダリー・ストリート・エステートのかつての栄光をしのばせる堂々たる建物だ。だが、ここでも賃料は高く、地元の困窮者には手が届かなかった。また、ワンルームの物件はわずか二戸しかなかった。

LCCのやり方にベイト医師らはうんざりしていた。ベスナル・グリーン教区の過密状態は悪化の一途をたどっていたが、それでもLCCは大規模な取り壊し事業にこれ以上手をつけようとはしなかった。結局、進歩党はこれ見よがしの巨大な建造物を建てることにしか関心がなかったのだとベイト医師は結論づけている。「いってみれば、彼ら［LCC］は、仲間同士で褒め合う社会をつくっているだけで、スラムの裏路地をきれいにしようと思っているわけではない。それよりも高いところから社会を向上させようとして、称賛を浴びたがる」[12]。ベイト医師と助手はなす術がなかった。LCCは、一方では過密住宅の規制を強化し、ベイト医師らにその実施を強く求めながら、イースト・エンドで手ごろな住宅を供給できなかったからだ。世紀が変わる頃、ベスナル・グリーン教区には住む家を見つけられない人が八〇〇〇人ほどいた。賃料は一八八〇年代から二六・九パーセントも値上がりしていた（ロンドンの平均上昇率は一二パーセント）。ベイト医師らによれば、こうした危機的状況を生んだ主な原因は、ニコルの住民数千人が住む場所を失ったことだった。

第一次世界大戦は大胆な事業を凍結させ、英国社会に途方もない変化をもたらした。LCCが郊外の空閑地を買いとり、戸建て団地を建てる新たな事業にのりだしたのは、そんな世界大戦に先立つ一〇年間のことである。これを成功させるためには、市内の職場に通う労働者が利用しやすいように、列車や路面電車の料金を低く抑えなければならない。そこでそうしたサービスの提供を鉄道会社に義務づける法制化への国会の取り組みが必要になった。

LCCは発足から一八年間は進歩党が多数を占めたが、一九〇七年、保守党と協力関係にある政党――都市改革党と改名し、以後二七年間ロンドン行政を牛耳った党――に敗れて野に下った。バウンダリー・ストリート・エステートはそんな進歩党の敗因を象徴していた。進歩党行政のもとで、ロンドンでは地方固定資産税が一・六倍に跳ね上がり、不動産価格は約四〇パーセント下がった。とはいえ、地方固定資産税が上がったのはLCCだけの責任ではなかった。中央政府が――自由党政権であれ、保守党政権であれ――ロンドンに対する財源を闇雲にいじくりまわし、LCCの野心的な事業に支援の手を差しのべようとしなかったのだ。だが、そんな言い訳がロンドンの投票者に通用するわけはなかった。右寄りの新聞が言うように、新来の移民に立派な住宅を建ててやり、ありとあらゆる分野におせっかいな検査官を派遣する――増税も高い家賃も、そんな政策のせいではないか。進歩主義の禁欲的な一面が、ロンドンの人びとの生活に次第に大きな影を落としはじめてもいた。ミュージック・ホールの演し物に干渉し、店舗の営業時間を決め、不潔と判断された人物や建物を燻蒸《くんじょう》するといった取り組みは、お役所による過度の干渉だと批判されても仕方がないだろう。こうした余計な政策はすべて金がかかったし、敵対的な保守系新聞各紙の絶好の標的となった。なかでも進歩党を舌鋒鋭く批判したのは、ハームズワース・プレス社が創刊した人気日刊紙『デイリー・メール』である。ロンドンの保守系諸団体は活気を取り戻し、途方もなく豊かな資金にものをいわせて、金づかいの荒い進歩党を批判するパンフレットを一六〇〇万枚も配布し、三六九種類ものポスターをつくった。

一九〇五年、LCCの蒸気客船三〇隻《せき》がテムズ川へ進水する。「キング・アルフレッド」「シェイクスピア」「チャールズ・ラム」「ウィリアム・モリス」などと、いずれもお歴々の名を冠した船名をつけられていた。高価だがほとんど利用されない船だった。理想を求めるのも結構だが、いくら何でもこれはやりすぎで、進歩党は沈没し、二度と浮かび上がることはできなかった。というわけで、いっそうの急進的な取り組み、すなわち、党がもっと一体となり、社会・経済の現状打破に向けてさらに意欲的に政策を推し進めることのできない進歩党に、労働党〔社会民主連盟(SDF)、フェビアン協会、独立労働党およびいくつかの労働組合からなる労働代表委員会が一九〇六年に組織変更して成立した政党〕寄りの人びとの支持をつなぎとめておくことは望むべくもなかった。力をつけつつあったこの勢力は、所得や所有の不公平を是正するにはより踏みこんだ施策を講じるべきだと不満を募らせていたのである。

だが、ＬＣＣの主導権を握った保守党も、地方固定資産税を低く抑えておくことができなかったばかりでなく、数々の失敗を犯している。なかでも教育と運輸政策の失敗が目立った（おまけに、ＬＣＣの紋章のデザインの発注に大金を使った）。また保守党は、公営住宅に関するＬＣＣのそれまでの方針を渋々ながらも受け入れ、スラムの取り壊しと再開発、郊外化など、進歩党が打ちだした政策を推し進めたのだった。

今日のロンドンは発足まもない頃のＬＣＣの働きに、とりわけ素晴らしい建築事業の数々に大

侯爵と首都の怪物ソールズベリー・フランケンシュタイン――「こんなバカでかい木偶の坊を組み立てたとは，まったくバカを見たものだ．だが，すぐにまたバラしてやるからな」

ロンドンが保守党支持と信じこんでいたソールズベリー首相は，進歩的なLCCの誕生に警戒感を募らせ，1899年には新たに首都自治区制度を設けて，LCCの影響力を弱めるべく，ロンドン行政を細分化した．

いに感謝しなければならない。バウンダリー・ストリート・エステートは建築家たちの予想を超えてしっかりと維持されており、このの ち少なくとも一〇〇年間はもちこたえるといっても過言ではないだろう。ただし、あのホーリー・トリニティー教会は、第二次世界大戦中のドイツ軍の空爆で破壊されてしまった。ジェイ牧師が八七歳で世を去る四年前のことだった。バウンダリー・ストリート・エステートでは、六棟の最上階が吹き飛ばされたものの、その後修復されて今日にいたっている。現在この建物に住んでいる人たちはおおよそ三つのグループに分けられる。バングラデシュ人、昔からベスナル・グリーンに住んでいる白人、新たに移り住んできた中産階級の人たちで、その多くは近隣のショーディッチやホクストンを中心とするアート界の関係者だ。エステートの多額の維持コスト――重要建築物（2★級）に指定されるという栄誉の代償だ――を免れようと、地元自治体タワー・ハムレッツ区の議会は、建物所有権の住宅組合への移転に賛成票を投じるよう、居住者にたびたび求めているが、そのたびにノーを突きつけられている。ニコルは跡形もなく消えてしまった。ただ、いわれのない悪評だけは、いまだにイースト・ロンドンの家庭で口の端にのぼることがある。ニコルの残骸は野外ステージの下に埋まっている。美しいアーノルド・サーカスの丘をつくるのにニコルの瓦礫が使われたのだ。そして見上げれば、LCCが植えた若木が見事に育ち、緑の天蓋《てんがい》をつくっている。

さて、わたしたちはこうした事実をどう判断したらいいのだろうか。本書は、のぞき見についいてののぞき見的な内容だといえるだろう——誰が、なぜスラムに入っていったのか。一九世紀末の慢性的貧困に対処しようとしたさまざまな取り組みは、もし成果をあげたとすれば、どんな成果だったといえるのか。よそ者の博愛心からの介入はニコルの問題を解決しなかった。いや、できなかったことは明らかだ。しかし、レッセフェール（自由放任主義）政策のもとで市場がこれほどの悲劇を生んでいるのに、何も手を差しのべないとすれば、それは弁解の余地のない不介入だろう。創意に富んだ善意の活動家が、貧しい住民の何人かの寿命を延ばし、病状を軽くし、視野を広げた。個人として活動したジェイ牧師をはじめ、教師や全国児童虐待防止協会の調査官ら、公務員として介入した人たちも多い。なかでも意義深い働きをしたのは、ニコルなど極貧の地に入り、そこで無味乾燥な数字であれ、胸を打つエピソードであれ、情報を集め、蓄積していった人たちだ。より公平な社会を目指す取り組みが、のちに地元レベルだけでなく中央政府のレベルでも始まったのは、こうした情報があったからこそである。イースト・ロンドンのスラムのあちこちを渡り歩いた人びとのなかにトインビー・ホールの館長をつとめたウィリアム・ベヴァリッジがいる。のちに社会や雇用状況について権威ある報告書を発表し、現代福祉国家の礎《いしずえ》を築いた人物である。やがて首相となったクレメント・アトリーもそのひとりで、一九〇〇年代の初めから十数年間、ステプニーで貧しい子どものための社会福祉施設の運営にあたった。ほかにも多くの無名の人たちがいた。やがて貧困や階級間の関係について、より冷静な、確かな情報に基づく議論を行う雰囲気をつくり、行政関連のさまざまな委員会に浸透させていったのは、新聞や有力誌などを通して自分たちの意見を広めたこうした有名無名の人たちである。

人道主義に基づく福祉活動と並行して、政府による査察制度など、市民生活を取り締まる巨大な仕組みがつくりあげられ、今日にいたっている。公的福祉は貧しい人たちの自立精神や相互関係をどの程度むしばんできたといえるのか――意見の分かれる問題である。社会ののけ者の最下層を生みだしたとして、福祉国家を指弾する専門家は多い。だが、ちょっと待ってほしい。一九世紀におびただしい数の貧困者が生まれたのは、人びとがなんの手助けも得られず、独力で何とかやっていくしかない状態に置かれたからにほかならない。この歴史的事実に目を向けてほしい。本書が――もし何かの役に立つとして――そのきっかけとなってくれれば幸いである。

また近年、一八八〇年代の末に生まれた社会進化論への回帰が見られることにも注意を向けなければならない。階級に基づくこの有害な考え方は、極貧層の犯罪性や非社会的傾向の早期発見を訴えるが、これを子宮内で行う可能性に期待する声さえ聞こえてくるのだ。つまり、最底辺層の、すでに失敗が運命づけられている赤ん坊を助けるために政府が介入できるようにするというわけだ。これは、わたしたちが生きる二一世紀初頭に実際に起きていることである。

一八八〇年代末のニコルの絶望的な貧困は、二〇世紀初めのロンドンではあまり見られなくなっていた（ロンドンのスラムの写真で、一九〇〇年以降に撮影したものは、それ以前の三〇年間のものと比べて、裸足の子どもたちを写したものが少ない）。根深い、恒常的な貧困が消え去ったわけではもちろんないが、ニコルに見たような窮乏と、それに苦しむ膨大な人びとは、第一次世界大戦勃発までには（一九

中央広場．中央の建物のあいだを抜けるとバウンダリー・ストリートに出る．

二〇〜三〇年代の大恐慌期においてさえ）すでに過去のものとなっていた。とはいえ、とてつもない不平等は英国の特徴であり、この国の伝統のひとつともいえる。今、富める者とそうでない者の溝はいよいよ広がるばかりだ。その一方で、安い労働力には相変わらず熱いまなざしがそそがれている。近年深刻な危機に直面したものの、資本主義は、現代も一九世紀と大きく変わらず、その歯とかぎ爪は血にまみれているのだが、あらゆる指標が示すとおり、本書が描いたような大規模で、はなはだしい窮乏はわが国で再現されていない――貧しさを、わたしたちは海外へ外注したからだ。外注先の国々では適正賃金・適正賃料を求める闘いが、ようやく始まったばかりである。

英国で貧困にあえぐ人たちの暮らしが徐々に改善されていったことを、いったい誰に、あるいは何に感謝したらいいだろう。一八九〇年代半ばから貿易が盛んになり、実質価格が下がりはじめると同時に実質賃金が上がった。一九〇六年の総選挙で大勝し、政権に復帰した自由党は、党内では急進派が大勢を占め、労働代表委員会（のちに労働党と改称）の二四議席に支えられてもいた。一九〇八年に発足したハーバート・アスキス内閣は、一連の法案を矢継ぎ早に成立させ、一種の福祉国家がかたちをとりはじめた。やがて社会のさまざまな階層が徐々に、徐々に、新救貧法や慈善の輪から抜けてでていった。一九〇八年には「老齢年金制度」が、一一年には「国民保険制度」が生まれ、一五年からは一連の「家賃統制法」が制定されて、賃料の法外な値上げが規制された。学童給食や健康診断、労働時間の短縮、職業紹介所、重労働者の賃金保護などの制度も整備されていった。一九〇九年、大蔵大臣デビッド・ロイド・ジョージが提出した「人民予算」法案は国論を二分したが結局成立し、富裕層の所得税や不動産税が増税されることになった。ブースが望んだとおり、一九〇六〜一四年にかけて導入された限定的社会主義政策は、確実に英国経済を活性化した――労働人口はより有能に、かつ健康的になったし、貧しさにあえぐ人たちはいまや適当な甘い言葉をかけられて、革命の「か」の字も口にしないようになったのである。

第一次世界大戦中、塹壕《ざんごう》戦で功績をあげた労働者階級（死傷率が圧倒的に高かった階級）は、ロバのような将軍たちのもとで勇敢に戦ったライオンだと称賛され、現状打破を目指して歩む新たな自信を得た。それに、戦争によってルンペンなど存在しないことが明らかになった。国内戦線における恒常的な労働力不足が、それまで雇用に適さないとされていた人たちを吸収したのだった。[13]

救貧委員会をはじめ地方行政のあらゆる層で民主化が進み、労働者階級は、男も女も、自分たちの暮らしについてより大きな発言権をもつようにもなった。こうした行政機構の開放は、スラムに移住した人やスラムを調査して歩いた人、また急進派寄りの労働者たちが、有力商店主層の支配を排し、最も困っている人たちのニーズに合わせた行政を目指し、結束して努力した成果である。

だが、時代のこのような流れには、アーサー・ハーディングの気に入らない点がいくつかあった。賃金の上昇と物価の下落、そして三〇年にわたり浸透した公立学校教育は、消費に対するあこがれと「立派な地位」に対する渇望を生み、貧しい人たちの多くは自分勝手な「見栄っぱり」になってしまった、とアーサーは言う。おふくろだってそうだった、とアーサーは鼻を鳴らした。「一九〇二年頃にはがらくたをたくさん集めるようになってた、陶製の置時計をどうしてもほしいなんて言ってたよ。ニコルで一緒に育った連中も、考え方が大きく変わった奴が多いんだ」。語り部としてはあまり頼りにならなかったアーサーに、本書の締めくくりの言葉を語ってもらおう。「貧しき者は地の塩なり、だよ。あんないい人たちはいない、つまり、見栄っぱりはひとりもいないんだ。大きな建物が並ぶあの集合住宅のせいで、ああいう連中はみんなだめになっちまった」[14]

謝辞

イースト・ロンドン大学ラファエル・サミュエル歴史センターのアリソン・ライト氏に心からお礼を申し上げたい。ライト氏は、亡き夫君がアーサー・ハーディングとのインタビューの成果として残された素晴らしい資料を広範にわたって引用させてくださった。このインタビューは一九八一年に *East End Underworld: Chapters in the Life of Arthur Harding* として実を結んだ、再版が待たれる著作である。サミュエル氏が録音したテープの原本を聞き、引用する許可をくださったロンドン博物館口述歴史および現代資料収集部の上級学芸員アネット・ディ氏にもお礼を申し上げたい。これらの引用はロンドン博物館およびラファエル・サミュエル遺産財団管財人のご厚意によって実現したものだ。

オールド・ニコルが受けてきた最悪ともいえる中傷が、ドナルド・マコーミックというジャーナリストに起因するとわたしに教えてくれたのは、犯罪史研究者にして切り裂きジャックのあくなき追跡者でもあるスチュワート・P・エヴァンズ氏だった。そのおかげで、切り裂きジャック伝説のこの側面について、わたしも調査に参加することができた。深く感謝している。

オックスフォード大学クイーンズ・カレッジのジョン・デイヴィス氏からは、ヴィクトリア朝時代後期のロンドンにおける複雑な選挙の仕組みについて教えていただいた。デイヴィス氏は一九八〇年代に同僚のダンカン・タナー氏と共同で、イースト・ロンドンの選挙人名簿について詳細な調査を行っておられるが、これはスラムの住民がどの程度政治に関与していたかを調べるにあたって、はかり知れないほど貴重な資料となった。

チャールズ・ブースの孫娘にあたるベリンダ・ノーマン=バトラー氏とその甥のリチャード・マルティノー氏のご厚意により、ロンドン・スクール・オブ・エコノミクスのブース文書館に保管されているノートや文書類から引用させていただくこともできた。同文書館を何回も訪問したが、そのたびにスー・ドネリー氏はじめ職員の皆さまに大変お世話になった。

加えて一八世紀ロンドンの小規模建築物については、イングリッシュ・ヘリテージのピーター・ギラリー氏から専門的な助言をいただいた。全国児童虐待防止協会（NSPCC）のニコラス・モールトン氏のご厚意で、同協会の記録文書に目を通すこともできた。有用な文献を紹介してくださったことにも感謝している。ロンドン・シティ・ミッションのジョン・ニコルズとクリスティーン・ロマノフスキーの両氏はタワー・ブリッジ・ロードにある小さな記録保存館の資料を見せてくださった。

ランベス宮殿図書館、ロンドン市公文書館、セント・パンクラスの大英図書館社会科学室、コリングデールの新聞コレクションでお力添えくださった有能な職員の方々にもお礼を申し上げる。タワー・ハムレッツ郷土史図書・公文書館ではマルコム・バー＝ハミルトンとクリストファー・ロイドの両氏に、また市庁舎図書館のプリント・ルームに、さらにチェルトナム・レディース・カレッジ公文書保管人のレイチェル・ロバーツ氏、オールド・ニコル・ストリートにあるセント・ヒルダ・イースト・コミュニティ・センターのルパート・ウィリアムズ氏、ロイヤル・ロンドン・ホスピタル記録保存館・博物館のジョナサン・エヴァンズ氏、ナショナル・モニュメンツ・レコード（NMR）建築物チームのナタリー・ヒル氏、インナー・テンプル図書館・公文書館のクレア・ライダーとエイドリアン・ブラントの両氏にもお力添えいただいた。今日の中央広場（アーノルド・サーカス）界隈での生活がどんなものかを知ることができたのは、ルシンダ・ロジャーズ、レイラ・マクアリスター、ジーン・ロッカーの各氏のおかげである。

発行人、編集者としてお世話になったウィル・サルキン氏、ヨーグ・ヘンスゲン氏には感謝の言葉を送りたい。また、プルー・ジェフリーズとヴァネッサ・テイラーのおふたりにも――いつも貴重な助言をありがとう。そして、ピーター・ニーシュ氏へ――何から何まで、今度もありがとう。

訳者あとがき

本書はSarah Wise, *The Blackest Streets: The Life and Death of a Victorian Slum* (Vintage Books, London, 2009)の翻訳である。

一九世紀末、繁栄のきわみにあった大英帝国の首都ロンドンに、ニコルと呼ばれるスラムがあった。老朽化した安普請の集合住宅と作業場と家畜小屋がひしめく一画だ。犯罪者の町とも言われていた。広さ約〇・〇六平方キロほど(東京ドームのおよそ一・三倍の広さ)のここに、なんと六〇〇〇人ほど(その八割は子ども)が住んでいたという。

ニコルの住まいの多くは、視察にやってきた役人に言わせればとうてい人間の住めるところではないぼろ家だったが、それでも貧しい人たちは「恐ろしい救貧院」よりはましだと思っていた。住環境の改善を目指すさまざまな法律がつくられるが、どれもはかばかしい効果は上がらない。ニコルの貸家は「ロンドン一、旨みのある不動産物件」だったから、地主や家主はあの手この手で法の目をくぐり、住宅の修繕を命じられればぬらりくらりと言い逃れをして現状維持をはかった。ニコルの地域行政を担っていたベスナル・グリーン行政教区の委員会は、十年一日のごとく同じメンバーで構成され、怠惰と腐敗が際立っていたという。

だが、さすがに一八八〇年代の末ともなると、首都の片隅に巣食うこの不条理に世間の目が集まり、ニコルは国家の恥だとの声が高まっていく。貧しい人たちを「救う」ための多種多様な取り組みが広がった。キリスト教各派の聖職者をはじめ、自分たちは社会に対して義務を負っていると考える「高貴な生まれの」篤志家たち、労働者の国を打ち立てれば飢餓も不平等もこの世からなくなると信じる革命家、社会改革を目指して理想主義的な政策を掲げる人たちなど、この時期にニコルで活動した実にさまざまな人たちを、本書はいきいきと描きだす。

なかでもひときわ異彩を放つ人物が三人いる。まず、アーサー・ハーディング。ニコルに生まれ育ち、長じて犯罪に手を染めながら、誰の指図も受けずわが道を行く生き方を貫いた男だ。アーサーは一九八一年に九五歳で世を去る数年前に、歴史家ラファエル・サミュエルのインタビューに応じてふるさとの暮らしを回想し、ニコルの語り部となった。本書のなかのニコルに関する記述は、このときに録音されたアーサーの思い出話によるところが大きい。

英国国教会の聖職者アーサー・オズボーン・ジェイは、ニコルで型破りな活動を続けた名物牧師だ。二八歳でニコルの寂れた教会（当時は厩舎《きゅうしゃ》の上階を間借りしていた）に赴任したジェイ牧師は驚異的な集金能力を発揮し、上層部の渋い顔をよそに、たちまちのうちに新しい教会堂を建ててしまう。二階に壮麗な聖堂、地下と一階には青壮年男性のための親睦クラブとボクシング・リングつきの体育室があるという、めずらしいつくりの教会だった。ジェイ牧師はその後もずっと不衛生なスラムにとどまり、ボクシングを通して若者を指導したり、ホームレスのための一時宿泊所を建てたりと、献身的に住民の面倒をみつづけた。マスコミの受けもよく、スラムの「救世主」ともてはやされたこともある。だが、複雑な顔ももっていた。当時、多くの素人科学者を惹きつけていた優生学にかぶれていたのだ。ジェイ牧師は、教区民の多くを「汚れた血によって……悪の道に走るほかはない」者たちだと考え、こうした救いようのない連中を収容するコロニーをつくるべきだと提唱したこともある。国家の介入による収容計画とキリストによる救いの信仰とのはざまで、悩むことはなかったようである。

裕福な家に生まれ、海運業で成功したが、のちにニコルに「心を奪われて」スラムに住んだチャールズ・ブースも稀有な人だ。在野の統計学者として貧困問題を科学的に分析し、貧困家庭を一軒一軒訪問して情報を集めるという、気の遠くなるような調査を始めたのである。この一大プロジェクトの報告は全一七巻の『ロンドン民衆の生活と労働』として発表された。さらにブースは、こうして得た情報をもとに、八段階の社会・経済的階層区分を考案し、イースト・エンドの住民をこの区分に従って分類したうえ、階層ごとに色分けした首都の「貧困地図」をつくった。ブースの分類で最下層とされた人びとが住むニコルは、真っ黒に塗りつぶされた。これが原書の題名にあるBlackest Streetsの由来である。

ブースは公平無私な科学的アプローチによって貧困の実態と原因を探ろうとし、貧困には不規則労働や低賃金といった「雇用の問題」が大きく起因すると指摘した。しかし、そのブースも当時の中・上流階級の人びとが抱いていた偏見や偏狭な道徳観と無縁ではなく、下層階級はかなりの程度で遺伝する性質をもっていると考え、これらの人びとを隔離して収容する産業共同体《コロニー》を提唱している。矛盾を抱えたブースもまた、この時代が生んだ異才であった。

ブースの貧困地図上に大きな染みをつくり、最下層の人や犯罪者の町として烙印を押されたニコルは、二〇世紀の幕開けを目前に運命のときを迎えた。この時期にロンドンの自治の仕組みが大きく変わり、新たに生まれたロンドン州議会がニコルの大部分の取り壊しを決めたのだ。それに伴い、ロンドンで最も見苦しいこのスラムの再開発計画をめぐって、最も見苦しい主張や反論が渦巻くのだが、やがて一九〇〇年、取り壊された跡地にモダンな住宅団地が完成した。ヨーロッパで最も初期に建てられた労働者階級向けの団地だった。赤とはちみつ色の縞《しま》模様のレンガが目立つこの団地は「ストライプランド」と呼ばれ、そのデザインは建築の世界で好評を得たが、もともとニコルに住んでいた人たちには高嶺の花となった。高い家賃を払えたのは、事務員や教師といった定職のある人だけだったのだ。こうしてニコルは跡形もなくなり、人びとの記憶から消え去っていった（ただし、いわれのない悪評だけは、いまだにイースト・エンドの人びとの口の端にのぼることがあるという）。

ニコルの最晩年の姿を通して、より公平な社会を目指す試みが国家レベルで始まる過程を描く本書は、実に多くのことを考えさせられる一冊である。貧困や格差、無意識の偏見や差別、家庭内暴力や児童虐待や女性問題、犯罪、公的福祉のあり方など、二一世紀の今、わたしたちが直面しているありとあらゆる社会問題が語られているのだ。

著者サラ・ワイズ氏は、主として一九世紀イングランドの社会史をテーマに執筆や講義を続けるイギリスの作家で、二〇〇九年初版の本書は第二作目である。公文書や各種団体の記録をはじめ、書籍や雑誌や未発表の論文など、膨大な資料を調べ上げ、それをもとに具体的に語るワイズ氏の筆は、読む者をぐいぐいとニコルの世界に引きこむ力がある。訳者はその強い力になかば圧倒されながら、夢中で翻訳作業を進めた。原文に関する訳者の質問に、丁寧に答えてくださったワイズ氏に、この場をお借りしてあらためてお礼を申し上げたい。

本書の迫力ある内容を伝えたい、と翻訳には全力で取り組んだが、不十分な点や知識不足による思わぬ誤りもあると思う。読者のご理解とご指摘をお願いしたい。なお、一九世紀末のロンドンの地方自治区域について、ここで簡単に触れておきたい。当時、地区の自治体として日常的な行政サービスを担っていたのは、もともとは教会の宗教活動のための区域であった「パリッシュ（教会区、小教区などと訳される）」で、その実際の運営にあたっていたのが「ヴェストリー」と呼ばれる教区委員会であった。自治体としてのパリッシュはヴェストリーと呼ばれることが多く、本訳書ではこれに「行政教区」あるいは単に「教区」という訳語をあてている。また、キリスト教各派の聖職者の呼称についても一言——原書は教派によって、あるいはそれぞれの職位や役目によって職名や敬称を使い分けているが、本訳書では日本語としての読みやすさを優先して、主に「牧師」とした。

最後になりますが、翻訳の機会をくださった紀伊國屋書店出版部の大井由紀子氏に深く感謝申し上げます。大井氏には企画から訳文の編集までたいへんお世話になりました。企画ＪＩＮの清水栄一氏もつたない訳文に目を通し、数々の貴重なご助言をくださいました。調べものにも手を貸していただき、言葉に尽くせないほどお世話になりました。心から厚くお礼申し上げます。

二〇一八年四月　　栗原 泉

補遺Ⅲ

新救貧法関連データ（1887–88年）

1888年1月1日当時，英国内で新救貧法による救済を受けた者は83万1353人．そのうち20万6134人が救貧院に入所し，62万5067人が院外救貧を受けていた（同じ年に院内，院外両方の救貧措置を受けた者は152人）．1888年1月1日までの1年間の全国の救貧対策費総額は800万ポンド超．そのうち救貧院設備費は177万8367ポンド，院外救貧費用は252万8250ポンド，精神科病院費用は115万9750ポンドであった．残り270万ポンドは職員給与および借入金返済にあてられた．こうした全国レベルの数字にはこれといって特記すべき点はなく，救済を受けた人数も，救済に使われた金額も，10年前から大きな変化はみられなかった．

「教区の救済を受けた」83万1353人のうち，およそ7万1854人が精神障害者，5844人が路上生活者，26万8369人が16歳未満の子どもであった．およそ37万2905人の男女が病人か身体障害者か高齢者であり，働くことができなかった．残る成人のうち，労働能力があり院外救貧を受けている者は男性1万9206人，女性6万4690人．これら男性のうち，一時的な障害のある者1万1190人，（詳しい事情は調査報告に記載されていないが）「にわかに緊急の必要性に迫られた」者204人，家族の病気や葬式（労働者階級の家計の大きな負担であった）で苦境に陥った者4258人，「失業中」と記載された者3554人であった．

イングランドおよびウェールズで院外救貧措置を受けた労働能力のある女性6万4690人のうち，4万1318人が寡婦，1万5532人が教区の救済を受給中の労働能力のある男性の妻であり，3556人が夫から捨てられた妻，449人が「非嫡出子の母」，975人は夫が服役中，125人は夫が兵士あるいは船乗りであった．

地域別に見ると，（1887年末の時点で5万9347人が救貧院に入所していた）ロンドンは，人口ひとりあたりの救貧院入所率が最も高く，院外救貧受給率は最も低かった（4万4750人）．その前年の7月の統計数字はこれよりも少なく，5万2656人が救貧院に入所し，3万4480人が院外救貧を受けていた．その夏に教区の支援を受けた総人数は8万7136人であった．

（*Seventeenth Annual Report of the Local Government Board*, 1888, Volume XLIX［C 5526］, p.xxxviiより）

補遺Ⅱ

ニコルの世帯――主たる働き手の職業別分類

＊ロンドン州議会の調査による．妻や家族のほかのメンバーは働いていても当データに含まれない．

箱づくり職人	19	労働者	149
ボタンつくり職人	5	機械工	10
戸棚つくり職人	120	大理石の石工	23
馬車引き	29	市場のポーター	31
大工	10	マッチ工	19
ペットフード販売	2	牛乳屋	3
椅子・ソファ職人	74	鏡製作	4
蝋燭製造販売	10	警官	5
掃除人（女性）	11	製材業	24
石炭商	6	製靴業	74
行商人	23	ステッキ、玩具製作	12
仕立て職人	9	家具の布張り職人	24
フレンチ・ポリッシャー	22	洗濯屋（女性）	33
雑貨商	119	織工	12
呼び売り商	126	車輪修理工	5
象牙、木工細工職人	12	その他	27
漆工、針金細工師	5		

（*London County Council Minutes of Proceedings*, July-December 1890, p.911より）

その他

男性のスーツ一式	18s
1週間分の石炭	1s 3d
ミュージック・ホールのギャラリー席	3d
医者による診療(1回)	6d
医者による往診(処方料含む)	2s 6d
乗合馬車	
インググランド銀行–ハックニー・ロード間	2d
ベスナル・グリーン教区–トラファルガー広場間	4d
子ども葬儀費用	30s
葬儀用花輪の最高級品(「天国の門」)	50s
売春勧誘の罰金	20s
子どもに予防接種を受けさせない親への罰金	20s
イースト・エンドの売春婦との一夜(屋内)	2s
ピストル1丁	4-5s

補遺 I

イースト・エンドの最貧困地区における平均的賃金・物価（1880年代–90年代）

賃金　＊1シリング（1s）は12ペンス（12d），1ポンド（£1）は20シリング（20s）

貧困ライン――1家族が1週間暮らすために必要な最低賃金	18-21s
建築労働者の時給	7d
港湾労働者の時給	4d
小規模製造業における女性家内労働者の週給	
見習い	2s 6d-4s
特に優れた熟練工	15-24s
女性マッチ工の週給（1890年代半ば）	7s
教区による平均的「院外救貧」給付（5人家族，1週間）	9s 4d
平均的「院外救貧」給付（単身，1週間）	2s 6dとパン2-3塊

家賃（1週間）

1部屋の借家	2s 3d-3s
2部屋の借家	4s 4d
3部屋の借家	7s 6d

飲食物

コーヒー、紅茶（1カップ）	1/2d
ケーキ	1ポンドあたり2d
マーガリン付きパンひと切れ	1/2d
パン（4ポンド塊）	5d
フィッシュ・アンド・チップスの夕食	1.5d-2d
安いレストランでの3品ランチ	4d
スープ（ボウル1杯）	1d
ビール1パイント	3/4d
ウイスキー1瓶	7s 6d
盗品ウイスキー1瓶	2s 6d

6　同上

7　*London County Council Minutes of Proceedings*, 17 March 1903, p.422.

8　*Royal Commission on Alien Immigration*, Volume IX, Minutes of Evidence, 1903, Q1617-Q1621.

9　Hansard Parlamentary Debates, Volume 118, column 953, 26 February 1903.

10　同上，column 197, 18 February 1903.

11　マイケル・グレイドの叔父で芸能興行主だったルー・グレイドは1987年の回想録 *Still Dancing: My Story* のなかで，1913年，8歳のときにバウンダリー・ストリート・エステートのヘンリー・ビルディングスに引っ越してきたと書いている．ルー・グレイドの家族，ヴィノグラドスキー一家はウクライナのオデッサでのユダヤ人迫害を逃れてロンドンに移住し，当初はブリック・レーンに滞在していたが，この住宅団地に住んでいた親類から空き室のあることを教えてもらったという．グレイドはバウンダリー・ストリートの強い共同体精神を思い出している．

12　*Report on the Sanitary Condition of Bethnal Green*, 1905, p.66.

13　*English Poor Law History* by Sidney and Beatrice Webb, Part II, Volume 2, 1927, p.669.

14　Samuel, *East End Underworld*, p.25.

ッソー，そしておそらくはソニング，カラム，タプロウ，サンバリーとともにバウンダリー・ストリートのモレシー区画のデザインを担当した）は有力建築家フィリップ・ウェッブの弟子で友人だった．ウィンミルは，モリスが立ち上げた古建築物保護協会（SPAB）やアート・ワーカーズ・ギルドに参加し，オールド・チングフォード教会のほかエセックスやケント各地の古い教会の修復に携わった．ロンドンへの最大の貢献は，1900年，フレミングとともにLCC消防部門の責任者となり，アーツ・アンド・クラフツの影響を色濃く受けた（今なお現存する）消防署を各所に建てたことだ．

レジナルド・ミントン・テイラー（クッカム，クリーヴ，マーロウ，シップレイク，チャーツィー，ハーレーおよびサンドフォードの区画を担当）は，オランダやイングランド東部のレンガ建築物の研究をし，SPABの会員になった．

アーサー・マクスウェル・フィリップス（イフリーとアビンドンの2区画を担当）もSPAB会員であり，ロンドン学務委員会の建築家でクイーン・アン様式の復活を提唱したエドワード・R・ロブソンと仕事上のつながりが深かった．

時間のある方は，バウンダリー・ストリート・エステートと以下の建築物を比較することをお勧めする．興味深い類似点が見つかるだろう．ウェッブが第9代カーライル伯爵のためにケンジントン・パレス・ガーデンズ（1868-70）に建て，当時論議を呼んだ邸宅パレス・グリーン1番地．ウィンミルの上司だったレオナルド・ストークスによるベイズウォーターのパレス・コート47番地（1888）．フレミングとウィンミルが率いたLCC消防部門の設計によるユーストン・ロード消防署（1901-2），ノーマン・ショウが建てたエンバンクメントのロンドン警視庁舎（1886-90）．

10　ロンドン市公文書館が保管する Housing of the Working Classes Committee Papers, March 1896-December 1896, LCC/MIN/7353 より．

11　*Journal of the Royal Institute of British Architects*, 7 April 1900．住宅団地をめぐる論争をとりあげたこの号の ‘The Rebuilding of the Boundary Street Estate’ と題する講演のなかで，フレミングが語っている．

エピローグ

1　*British Architect*, February 1897．記者は住宅団地の「節度」と「簡素さ」と高い衛生水準を称賛しながらも，ここに「労働者の楽園」が生まれたことを嘆いた――英国の労働者は「甘やかされたペット」になり下がった．いまや労働者は「われわれがある程度役に立つ存在からまったくの装飾品になるのを，政府はいつ許してくれるつもりだろう」と真剣に考えるに違いない．

2　Yelling, *Slums and Slum Clearance in Victorian London*, p.147.

3　ブース文書館が保管する Notebook B/352, f.107.

4　Notebook B/229, ff.155-171.

5　ヘンリー・ラヴグローヴによるフレミングの講演への反論（‘The Rebuilding of the Boundary Street Estate’, *Journal of the Royal Institute of British Architects*, 7 April 1900）．

4　進歩党が主に目指したのは，ロンドン市自治体(シティ)を吸収し，ロンドンをひとつの自治体として完全に統一することであった．また，草創期には，大家が発行する家賃の領収書に課税しようと取り組んだ．地域の改善のためより多くの財政的貢献を，家賃を払う借家人ではなく，不動産オーナーに求める運動であった．また，教区が(中産階級の税負担を軽減するために)課税対象不動産を過小評価しつづけてきたことも，改めるべき問題であった．貧しい地区の負担軽減のための，地方固定資産税のさらなる均衡化に向けた試みは1894年に成功した．また，警察や公共事業をめぐる権限も重要課題であり，LCC自体が抱える大規模な公共事業部は，賃金と労働環境に関して雇用者の模範となるべきだとされた．

5　*History of the First London County Council,1889-1891* by William Saunders, 1892, p.48に引用されている．

6　*The Times,* 9 December 1890.

7　ロンドン市公文書館が保管する Housing of the Working Classes Sub-Committee Presented Papers, Bundle A3, 5 June 1890,　LCC/MIN/7320.

8　Saunders, *History of the First London County Council*, p.353 に引用されている．

17　バウンダリー・ストリート計画——交錯する思惑

1　*Slums and Slum Clearance in Victorian London*, 1986 でJ・A・イェリングが，'Housing for the Working Classes in the East End of London, 1890-1907', Ph.D. thesis, Ohio State University, 1969 でリチャード・ヴラディミール・ステッフェルが示した判断．

2　ロンドン市公文書館が保管する Housing of the Working Classes Sub-Committee Presented Papers, Bundle A3, May 1890-31 December 1892で発見された．ゴールドスミス・ロウは地元でピギーズ・アイランドと呼ばれていた．

3　同上

4　国立公文書館が保管する保健省ファイル HLG1/17/5中の覚書．

5　C.J. Stewart, *The Housing Question in London, 1855-1900*, p.44 に引用されている．

6　HLG1/17/5, 28 August 1893.

7　オーウェン・フレミングの文章は *London County Council Staff Gazette*, June 1901, p.71 より．フレミングとステプニー・グリーンのアパートを共有したライオネル・カーティス(1872-1955)は英国国教会の福音派のひとりで，のちに英連邦の政策，とくに南アフリカに関して積極的に発言した．1890年代にはステプニーにあるヘイレイベリー私立学校の社会福祉施設の責任者をつとめた．フレミングは，カーティスが「地域の貧しい身なりの男の子たちに……イチゴは木にできるものではなく，この学校は……矯正院ではない」と言い聞かせていたのを覚えていた．

8　*A Revolution in London Housing: LCC Housing Architects and their Work, 1893-1914* by Susan Beattie, 1980, p.22 に引用されている．

9　このチームには多彩なメンバーがいた．アーツ・アンド・クラフツ運動に関わった者も多い．チャールズ・カニング・ウィンミル(クリフトン，レイルハム，ヘ人物．ヒープは『デイヴィッド・コパフィールド』に登場する悪党，クルックは『荒涼館』に登場する古物商〕．

4　ジェイの「難破船」の比喩は *The Social Problem*, p.62.「魚の群れ」の比喩は *Life in Darkest London*, p.110. 救貧院の責任者R・ブッシェルの言葉は，ある委員会（ブースもそのメンバーであった）が行ったインタビューでの発言（*Royal Commission on the Poor Laws and Relief of Distress*, Volume XXXVII［Cd 4499］Appendix Volume II, Minutes of Evidence, 1909, p.325）．

5　*Fortnightly Review*, January 1897 所収の 'The New Realism'. Traill, *The New Fiction and Other Essays on Literary Subjects* に転載されている．

6　'What is a Realist?' by Arthur Morrison, *New Review*, Volume 16, March 1897 および *A Child of the Jago*, third edition, February 1897 のモリスンによる序言より．

7　Traill, *The New Fiction and Other Essays on Literary Subjects*, p.25.

8　アリンソンは，モリスンとジェイが実態をひどく歪曲したとの主張を，ブースの *Life and Labour* の調査のためにジョージ・アーケルが 1898 年に行ったインタビューで，詳しく何回も繰り返した（ブース文書館が保管する Notebook B/229, ff. 155-71）．ニコル・ストリート公立学校のジャクソン校長もモリスンの誇張に怒りを覚えると述べた（Notebook B/225, f. 35）．

9　*The British Review of Politics, Economics, Literature, Science and Art*, 9 January 1897 所収の書評 'A Novel of the Lowest Life' by Harold Boulton.

10　*Saturday Review*, 28 November 1896 所収の書評 'A Slum Novel'. ウェルズはのちに熱心に優生学を支持したが，それだけにこれは驚くべき見解である．

11　*Daily News*, 12 December 1896.

12　Jay, *A Story of Shoreditch*, p.79.

13　*Daily News*, 12 December 1896.

14　*Eastern Post & City Chronicle*, 10 March 1900.

第4部　ストライプランド

16　夢見る人たち――ロンドンの行政改革

1　LCCは首都公共事業委員会と治安判事裁判所から，主要排水路の管理，道路改良，橋の補修・維持，防火対策，公園や空き地の管理，伝染病予防，公共建築物の安全対策，物乞いや精神障害者の収容施設，感化院，託児所，酪農場の検査，娯楽施設の認可，技術教育，計量行政，営業時間管理，爆発物・ガソリンの売買管理，およびその他の「健康や安全」に関する各種業務を受け継いだ．

2　ハリソン兄弟の伝記 *Frederic Harrison: The Vocations of a Positivist* by Martha S. Vogeler, Oxford, 1984 に引用されている．

3　アーサー・オショーネシー（1844-81）による有名な頌歌の冒頭の一節．「われらは音楽を創る者／そして夢見る者／波が砕ける寂しい岸辺をさまよい／荒涼たる川辺に腰を下ろす……」

ーサ・カーター(同)／エリザ・ハドソン(同)／カロ・クリー(同)／アリス・トーマス(同)

サラ・トーマス(結膜炎)

ハンナ・ウッド(白内障)

20　この委員会の報告書は，優生学・人種論者の英国学術協会の身体計測委員会書記J・グレイが徹底的に論破されたことが記録されていて興味深い．ユダヤ民族は「劣等民族」だというグレイの主張と矛盾する資料が数多く提示されたのだった．さらにこの委員会は，英国民は多様な人種から構成されていると指摘したが，グレイはこれに大いに腹を立てた(*Report of the Inter-Departmental Committee on Physical Deterioration*, Volume XXXII [Cd 2175, 2186 and 2210], 1904, pp.140-143 and 147-148).

第1次世界大戦中の徴兵で，陸海軍の戦闘員として実戦に耐えられるとされた男性の割合は9人中わずか3人で，4人はまったく不適格とされた．

21　Jay, *The Social Problem,* pp.84-85.

22　*Campbell Bunk*, p.112でジェリー・ホワイトは，1912年頃からホロコーストまで――つまり，こうした遺伝決定論が何をもたらすかが明らかになるまで――の時代，英国では社会学・医学的言説の特徴として，遺伝主義的用語が使われつづけたと指摘している．1929年になってもまだ，ウッド委員会の「社会的問題となる集団」をめぐる報告には，こんなことが書かれていた――「最も『欠陥の多い』人口の10パーセントを予防育種によって抹消することに他国に先がけて成功した国家は，どの国に対しても優位に立つことになる．それができない国家は『知的欠陥という民族的災厄』に直面するリスクにさらされる」

23　'To Check the Survival of the Unfit: A New Scheme by the Rev. Osborne Jay, a Militant Bethnal Green Parson, for Sending the Submerged to a Penal Settlement', *London*,12 March 1896.

15　スラムを物語る

1　L・T・ミードの著作，とくに*A Princess of the Gutter*にわたしが注目したのは，Koven, *Slumming*のおかげである．

2　ジョアンがとりえたほかの方法のひとつは(小説の筋立てとしては使えないが)，現行の衛生法規に則って，こうした物件について治安判事に訴えを起こすことであった(誰でも告発できた)．告発を受ければ，どんな治安判事でも物件の改善か閉鎖を命じただろう．あるいは，家賃を引き下げ，それによる賃借人の損失を肩代わりしてやることもできたはずだ．

3　ウィーチはユダヤ人盗品売買人の描写であるという評論家ヘンリー・D・トレイルの主張を，ジェイは怒りをこめて否定している(*Fortnightly Review*に宛てたジェイの手紙, February 1897)．実のところウィーチはフェイギンとユライア・ヒープとクルックを合体させた人物のような印象を受ける〔いずれもディケンズの小説中の

with the Book, p.14, pp.70-71 and pp.101-102. オールド・ジョー・リーに関しては Borrow, *Romano Lavo-Lil*, p.318 より.

9　Notebook B/227, District 9, f.140.

10　教会の様子を見にきた人はブースの *Life and Labour*, Third Series の調査に協力していた(Notebook B/387, District 9, 'A Sunday Walk', 6 March 1898).

11　キリスト教社会同盟の仲間ハロルド・アンソンに宛てた 1913 年のホランドの手紙(*Memoir and Letters*, p.286).

12　*The Reverend William Cuff in Shoreditch: Realistic Sketches of East London Life and Work* by 'A Travelling Correspondent', 1878, pp.92-93.

13　*The Ritualistic Kilburn Sisters* by Protestant Association, *c.* 1896.

14　作者不明の伝記 *A Valiant Victorian: The Life and Times of Mother Emily Ayckbowm, 1836-1900, of the Community of the Sisters of the Church*, 1964, p.152.

15　この修道女会に対する中傷が組織的なものだったと訴えるために，のちに発行された冊子に引用されている(*The Kilburn Sisters and their Accusers: A Full Account of the Investigation into the Charges brought against the Kilburn Sisters, together with a Detailed Description of the Methods of the Attack*, 1896).

16　Jay, *The Social Problem*, pp.84-85.

17　*London*, 12 March 1896.

18　*The Descent of Man and Selection in Relation to Sex* by Charles Darwin, second edition, 1875, p.140.

19　試験を免除された児童のリストの典型的な例. 複数の理由により免除された児童もいた. 以下はオールド・ニコルの女子のための小学校の 1884-88 年の日誌(ロンドン市公文書館が保管する C/EO/DIV5/NIC/LB/1)より.

・1887 年 1 月(出席率 65.2 パーセント)

アニー・イーグル(知的障害)／ベラ・ウィルソン(同)／カロライン・クリー(同)／エリザ・ウィルキンズ(同)／マーガレット・ベリー(同)／エスター・ウィルソン(同)／エミリー・ブラウン(同)／シャーロッテ・ブラウン(同)／サラ・ミドルトン(同)／シャーロッテ・ハッチングズ(同)

ケイト・バーン(身体虚弱)／レベッカ・アイザックス(同)／ケイト・レヴァーサッチ(同)／エリザ・モット(同)

サラ・トーマス(弱視)／マギー・トーマス(同)／ジェーン・メイソン(同)

ルイザ・ブラハム(発作を起こす癖がある)／マーサ・ブラハム(同)

女性教師シア(目の疾患)

・1887 年 7 月

エミリー・ブラウン(知的障害)／シャーロッテ・ブラウン(同)／マリア・ペイン(同)／ハンナ・ハーヴェイ(同)／アニー・ファレル(同)／アニー・ベネット(同)

サラ・ミドルトン(飢えのため学習不能)／シャーロッテ・ハッチングス(同)

エリザ・モット(身体虚弱)／エリザ・グリフィス(同)／ルイザ・ドット(同)／マ

14　*London at the End of the Century: A Book of Gossip* by William À Beckett, Chapter 24, 'Entertaining the Working Man', 1900, p.209.

15　Jay, *A Story of Shoreditch*, pp.56-57.

16　同上，p.27.

17　コーヴェンは *Slumming* でこのテーマに踏みこんでいる．Chapter 1 を参照.

18　ジェイによればミス・アニー・マクファーソンは下品でたいそうけんか腰で，カナダ訪問からの帰国後に開いた母親会でこんなことを言ったという．「あんたたちがずるいこと知ってるよ．あたしが留守のあいだ，ジェイのところに通っていただろ．もうこれで，この世ではあたしの援助はいっさい受けられないよ．それにあんたたちの不滅の霊魂だって危なくなってるんだ」．ブースの主事（セクレタリー）アーサー・バクスターによる 1898 年のジェイへのインタビュー備忘録（Notebook B/228, District 9, ff.37-59）より．このインタビューについてのブースのメモの余白には，ジェイの話はつくり話だとの鉛筆書きがある（Booth Papers A39, p.39）.

14　汚れた血――貧困の優生学

1　交換書簡（ランベス宮殿図書館が保管する The Fulham Papers, Temple, Volume 35, ff.334-337）より．また，ブースの調査を手伝ったセントレジャーは訪問先で，ジェイのジムでの「スパーリング」には反対だとの意見を何度も聞いた.

2　「おお，わが同志たち，あのしるしを見よ／高くうねりとなって／援軍が見える／勝利は間近し／『砦を守れ，わが再臨は近し』と／イエスは今もしるしを送られる／さあ，われらの答えを天に届けよう／『みめぐみにより，われら守らん』」

3　ロンドン主教に宛てたラヴリッジの手紙（18 November 1886, The Fulham Papers, Temple, Volume 35, ff.244-248）.

4　たとえばハックニー・ロードのセント・ピーター教会では朝礼拝に 286 人，夕礼拝に 284 人が出席，バロネス・ロードのセント・トーマス教会では 140 人と 220 人だった．ショーディッチ教区のセント・レナード教会は大きな教会で 1000 人を収容できたが，日曜日の夕礼拝の出席者はめったに 200 人を超えなかった．非国教会派についていえば，ハックニー・ロードのアデルフィ教会では朝礼拝に 271 人，夕礼拝に 570 人，そこから近いメソディスト・ミドルセックス教会では 232 人と 383 人，ベスナル・グリーン会衆派教会では 323 人と 567 人であった．1886 年の小教区や礼拝堂における礼拝出席者数は *The Victoria History of the Counties of England*, Volume 11,pp.217-240 に記載されている.

5　エドワード・スミスの発言は，ブース文書館が保管する Notebook B/229, District 9, f.187より，また「老女のようだ」との描写はアーサー・バクスター（Notebook B/228, District 9, ff.155-165）による.

6　Jay, *A Story of Shoreditch*, p.41.

7　*The Social Problem: Its Possible Solution* by Reverend Arthur Osborne Jay, 1893, p.35.

8　貝売り，星占いの女，カトリックの小礼拝堂に関しては Weylland, *The Man*

28 *Saturday Review*, 20 April 1889 および同日付の *Spectator* より.
29 鉛筆書きメモ,(Booth Papers A39, box 5, 30 April 1898, p.4) より.
30 Booth, *Life and Labour*, First Series, Volume 1, p.133.

13 ファーザー・ジェイ——スラムの牧師

1 アーサー・バクスターによる1898年2月10日のジェイへのインタビュー(ブース文書館が保管する Notebook B/228, District 9, ff.37-59) より.
2 ロンドン主教に宛てたジェイの手紙(28 January 1887, ランベス宮殿図書館が保管する The Fulham Papers, Temple, Volume 35, ff.263-264) より.
3 Jay, *A Story of Shoreditch*, p.70.
4 Jay, *Life in Darkest London*, p.13. ジェイの第1作目となったこの著書の題名は, その1年前に出版されたウィリアム・ブース(救世軍の共同創始者)の有名な著作 *In Darkest England and the Way Out* をもじってつけられた. ジェイは救世軍が大嫌いだった——救世軍は(小教区を拠点として活動せず)過度に中央集権化されている, 聴衆を感動させ「無知な興奮の極致に駆り立てる」, 激烈なレトリックを使うというのがその理由であった(*Life in Darkest London*, p.9).
5 小説家アーサー・モリスンへのインタビュー記事(*Daily News*, 12 December 1896) より.
6 Notebook B/228.
7 *The Politics of Conscience: T.H. Green and his Age* by Melvin Richter, New York, 1964, p.129.
8 セント・ポール大聖堂付牧師ヘンリー・スコット・ホランドの言葉.
9 'Working Men's Clubs', *The Universities and the Social Problem*, edited by John M. Knapp. ウィニントン=イングラムの前任者ハーバート・ヘンズレー・ヘンソンは女子禁制をさらに強力に主張し, 夜間講座の受講者を男性に限定する決定に賛意を示していた(*Retrospect of an Unimportant Life*, Volume 1, 1942, p.27).
10 *C.R. Ashbee: Architect, Designer and Romantic Socialist* by Alan Crawford, Yale, 1985, p.20 で, C・R・アシュビーは同性愛者であることを公表し, 1885年に労働者階級の男性と所帯をもった詩人エドワード・カーペンターについて語っている.
　セス・コーヴェンは2004年の著作 *Slumming: Sexual and Social Politics in Victorian London*, Princeton で, セクシュアリティやジェンダーと慈善活動をめぐる当時の複雑な相互関係を詳述, 説得力のある論を展開している.
11 Henry Scott Holland, *Memoir and Letters*, edited by Stephen Paget, 1921, p.88.
12 *Father Adderley* by T.P. Stevens, 1943, p.14 に引用されている.
13 1898年のベイトとその助手へのインタビュー(Notebook B/381, District 9, f.35). ベイトによれば, ローマ・カトリックと救世軍は極貧の人たちといい関係をもっていた. イースト・エンドの英国国教会についていえば,「いい仕事をしている」のはジェイだけだったが, それも「宗教活動を通じてではなかった」

12 スラムを科学する——チャールズ・ブースの貧困地図

1 Booth, *Life and Labour*, First Series, Volume 1, pp.67-68.

2 Laurie, *Pictures and Politics*, p.73.

3 *Victorian Aspirations: The Life and Labour of Charles and Mary Booth* by Belinda Norman-Butler, 1972, p.105.

4 *Mr Charles Booth's Inquiry: Life and Labour of the People in London Reconsidered* by David Englander and Rosemary O'Day, 1993, p.144 に引用されている.

5 *Academy*, 29 June 1889.

6 Booth, *Life and Labour*, First Series, Volume 1, p.6.

7 *Charles Booth, A Memoir* by Mary Booth, 1918, p.23. 1908 年, デイヴィッド・ロイド・ジョージ指導のもとで関連法が成立し, 老齢年金は現実のものとなった.

8 労働者階級の暮らし方には, ブースの調査員やスラム見物者たちが眉をひそめる点がほかにもあった——朝寝坊をする, 女たちは「噂話」ばかりして騒々しく, 髪がぼさぼさで, 服装もだらしなく, 中年女性は腕をむき出しにし, 帽子をかぶらずに出歩く, 若い女性は派手なこれ見よがしの帽子をかぶるなど.

9 Booth, *Life and Labour*, First Series, Volume 2, p.81.

10 同上, First Series, Volume 1, p.39.

11 同上, p.155.

12 同上, p.42.

13 同上, p.38.

14 階級 B-G に関するブースの要約は First series, Volume 2, pp. 42-60 に記載されている.

15 同上, pp.41-43.

16 同上, p.172.

17 同上, Third Series, Volume 2, p.104.

18 ロバート・ラヴリッジへのインタビュー(ブース文書館が保管する Notebook B/228, District 9, ff.155-165)より.

19 Jay, *A Story of Shoreditch*, p.41.

20 ルパート・セントレジャーによる覚書(ブース文書館が保管するBooth Papers A2, 16 January 1891)より. ここではニコル住民の名前は Notebooks A2, B/77 and B/80に基づき本名を用いた. ただし*Life and Labour* 印刷版では偽名が使われている.

21 Notebooks B/77 and B/80.

22 Booth, *Life and Labour*, First Series, Volume 2, p.96.

23 同上, Third Series, Volume 2, p.68.

24 同上, First Series, Volume 1, p.162.

25 同上, p.154.

26 同上, pp.174-175.

27 同上, p.168.

いていたとは必ずしもいえない．アナーキスト組織には実際にスパイが潜入していたし，警察の送りこんだスパイによるでっち上げで，刑務所に入れられた者が何人もいたのだ．たとえその論旨に賛成できないとしてもニコルの解説は明快であり，そのことから1897年当時，ニコルはまだ明晰な思考力をもっていたと考えられる．

1910年末にロンドンのハウンズディッチで起きた事件〔宝石店に侵入した犯人との銃撃戦により警官3名が死亡した事件〕の犯人を追う警察が翌年1月にシドニー・ストリートを包囲したが，この事件の犯人はアナーキストではなくラトヴィア系社会民主主義者であった．

27 Glasier, *William Morris and the Early Days of the Socialist Movement*, p.124.

28 *Freedom*, April 1912.

11 声を上げる——露店・予防接種・義務教育

1 *A Catalogue of Anti-Vaccination Literature* by London Society for the Abolition of Compulsory Vaccination, 1894.

2 'Homes in the East of London: A Fresh Visit to Bethnal Green'. *The Builder*, 28 January 1871.

3 *Eastern Argus*, 27 April 1889.

4 Reeves, *Recollections*, p.35.

5 *The London Years* by Rudolf Rocker, 1956, p.80 に引用されている.

6 この噂は筋が通らない．というのも，1888年6月からノース・イースト・ミドルセックスの検視官をつとめていたマクドナルド医師はロス・シャー選出の自由党下院議員で，保守党支持のジェイコブズを擁護する理由はなかったからだ．

7 *Eastern Argus*, 6 March 1887 に引用されているジェイコブズの言葉.

8 Booth, *Life and Labour*, First Series, Volume 1, pp.99 and 118.

9 マーク・ブローディーによる指摘（*The Politics of the Poor: the East End of London 1885-1914*, Oxford, 2004, pp.38-39）.

10 同上，p.63.

11 ダンカン・タナーとジョン・デイヴィスがニコルの人口調査データと選挙人名簿を比較してたどり着き，*Politics and Culture in Victorian Britain: Essays in Memory of Colin Matthew*, edited by Peter Ghosh and Lawrence Goldman, Oxford, 2006 所収の 'The Enfranchisement of the Urban Poor in Late-Victorian Britain' by John Davis に発表された推測.

12 同上, p.103.

13 マーク・ブローディーの指摘によれば，イースト・エンドの11選挙区のうち，一貫して保守党を支持したのは4選挙区にとどまった．そのうちの2選挙区（マイル・エンドとステプニー）はこの地域では最も裕福であった．「イースト・エンドの貧困が，これら選挙区で保守が強かった理由になったとはとうていいえない」（*The Politics of the Poor*, p.199）.

ロレタリアートは「ブルジョアに感化されている」と考えた．一方，エンゲルスは，世紀初頭にロバート＝オーウェンが唱えた空想的社会主義の終焉と，チャーティスト運動〔労働者階級の普通選挙権獲得運動〕の1848年の消滅を嘆きながら，マルクスに宛てて「どう見ても，英国のプロレタリアートの革命的エネルギーは消えてしまったようだ．彼らはブルジョアのルールを完全に受け入れている」と書き送った．エンゲルスの手紙(8 April 1863)，およびその翌日にマルクスが書いた返信は *Karl Marx and Friedrich Engels, Correspondence 1846-1895, A Selection with Commentary and Notes*, edited by Marx's son, Carl, 1934, p.147 を参照.

19　23 February 1887, *The Socialist Diary of William Morris*, p.14.

20　*Daily Telegraph*, 14 November 1887.

21　4 October 1886.　Avrich, *Anarchist Portraits*, p.157 に引用されている.

22　*Commonweal*, 29 November 1890 に掲載されたモウブレーの文章．*Commonweal* は当初ウィリアム・モリスの編集による社会主義同盟機関紙だったが，のちに同盟内アナーキスト派の機関紙となった.

23　*Some Piquant People* by Lincoln Springfield, 1924, p.134.

24　Latouche, *Anarchy!*, p.65.

25　Springfield, *Some Piquant People*, p. 34.

26　パリからの移住者マーシャル・ブールダンはフィッツロイ・ストリート30番地に住んでいた．ひとりでいることが多かったが，クラブ・オートノミーでは好感をもたれていた．そのブールダンがグリニッジ公園で発見されたのは午後4時40分．跪いたまま，左腕が吹き飛ばされ，腹部に重傷を負っていて，まもなく息を引きとった．ブールダンは爆弾を茶色い紙袋に入れて持ち歩いていたとされた.

その爆弾でアナーキストたちはロンドンでテロを起こそうとしていたのか，爆弾は仲介者を通してパリに送られるはずだったのか，それともブールダンは密偵だったのか――誰にもわからなかった．「グリニッジ公園の謎」と呼ばれたこの事件をもとにジョウゼフ・コンラッドは1907年，名作『密偵』を発表した．コンラッドによればこの事件は「どう理屈をこねてみても，あるいは理屈にならない思考の過程をどうたどってみたところで，その原因を推し測ることなどとうてい不可能なほど馬鹿げた，愚劣きわまる流血事件」〔土岐恒二訳〕であった.

一方，デイヴィッド・ニコルはこの謎をめぐる興味深い解説文を1897年に書いた．その全文は *Conrad's Western World* by Norman Sherry, Cambridge, 1971, pp.379-394 に転載されている．ニコルの解説によると，アナーキストを装いながら実際はロンドン警視庁の工作員だったH・B・サミュエルズという男が，義理の兄弟であるブールダンに爆弾を持たせてグリニッジ公園に向かわせたのだった．ブールダンを爆発物所持で逮捕させ，ロンドンのアナーキストたちの評判に傷をつける狙いであったが，この陰謀は爆発が予定よりも早く起きたために，失敗に終わったという．ニコルは晩年，被害妄想にとりつかれていると噂された．警察の陰謀や同志の裏切りをしきりに疑ったのも，当時はそれなりの理由があったからで，精神の安定を欠

第3部　対策

10　象を突っつく——社会主義とアナーキズム

1　1890年8月3日，ロンドンで開催された革命会議でのフランク・キッツの呼びかけ．*William Morris: Romantic to Revolutionary* by E.P. Thompson, 1955, p.568 に引用されている．

2　*London City Mission Magazine*, 1 September 1894, pp.223 and 225. ロバート・アリンソンはブースの *Life and Labour* のための調査でインタビューを受け，「独創的な人格者」だと評された．黒いフロックコートを着てシルクハットをかぶったアリンソンはニコルで非常に目立つ存在だった（ブース文書館が保管する Notebook B/229, District 9, ff.155-171）．

3　*Freedom: A Journal of Anarchist Communism*, April 1912. キッツは1912年1月から7月にかけて毎月，回想録 'Recollections and Reflections' を書いていた．

4　ロンドン・シティ・ミッションのジョン・ガルトが耳にし，回想録 *A Providence That Shapes*, p.139 に記した言葉．

5　'Trades Unionism among Women' by Emilia Dilke, *Fortnightly Review*, May 1891.

6　*Lady Dilke, A Biography* by Betty Askwith, 1969.

7　*William Morris and the Early Days of the Socialist Movement* by John Bruce Glasier, 1921, p.128.

8　*Justice*, 18 January 1923 に掲載されたキッツの追悼記事．無署名．

9　Weylland, *The Man with the Book*, pp.70-71 and 87-90.

10　*Anarchist Portraits* by Paul Avrich, Princeton, 1988, p.159 に引用されている無名の同時代人の言葉．

11　'A Review of Twelve Years' Work in the Nichol Street District, Shoreditch' by Robert Alinson, *London City Mission Magazine*, 1 September 1894, p.224.

12　*Anarchy! An Authentic Exposition of the Methods of Anarchists and the Aims of Anarchism* by Peter Latouche, 1908, p.63.

13　ピョートル・クロポトキンの論文 'Mutual Aid among Animals', *Nineteenth Century*, September 1890 に引用されている．

14　24 July 1884, *The Collected Letters of William Morris,* Volume 2, *1881-1884*, edited by Norman Kelvin, Princeton, 1987, p.307.

15　3 February 1885，同上，p.385.

16　26 January and 21 March 1887，*The Socialist Diary of William Morris*, edited by Florence Boos, 1981, pp.4 and 23.

17　'The Problem of the Slums' by Frank Kitz, *Voice of Labour*, Volume 1, no. 1, 18 January 1907.

18　*The International Anarchist Movement in Late-Victorian London* by Hermia Oliver, 1983, p.17 に引用されているクロポトキンの言葉．マルクスとエンゲルスもその15年前，英国の労働者に関して同様の不満を覚えている．マルクスは英国のプはなかった.「でも，服は着たままでした」と子を失った父親は抗議した．そこへ検視官が意見を挟み，住居をこれほどの過密状態にしたまま利益を得ている家主(女性であった)を批判し，このような環境こそが窒息死をもたらしたと述べた．結局，陪審団は事故死の評決を下した.

1890年11月，ジェイコブ・ストリート26番地に住む生後11カ月のジョージ・トーマス・ゴスフォードの死因審問が開かれた．母親メアリと隣に住む友人で性格証人のメアリ・ベッソンから，一家の生活状況や収入が明らかにされるにつれ，検視官はただ驚くばかりであった．メアリ・ゴスフォードは洗濯屋として働き，週に6-7シリングの収入があった．週2シリング6ペンスの家賃を滞納したことは一度もなかったが，どうやってやりくりできたのか，検視官には見当もつかなかった．その夜，メアリがベッドに入ったのは真夜中だった．酒は飲んでいなかった——メアリはこの点を強調した——が，終日洗濯をしていたので疲れきっていた．一間の借家で赤ん坊のジョージとほかの子どもふたりは，母親と壁のあいだに寝ていた．目が覚めるとジョージが死んでいた．メアリはシングルマザーで，3人は同じ父親の子どもだ．子どもの父親からは週2シリング受けとっていた．検視官の要請で，メアリの4歳の子どもが法廷に連れてこられた．子どもは身なりこそみすぼらしいが，満足に食べていない様子は見られなかった．こうした状況下でこれは「非常にめずらしいこと」だと検視官は指摘した．評決は事故による窒息死であった(*Eastern Argus*, 5 December 1885, 7 January 1893, 28 August 1886, 15 October 1887 and 15 November 1890).

25 *Eastern Argus*, 16 January 1892.

26 1894年の児童虐待防止法改正により，警官は裁判所の命令なしに虐待被害の疑いがある者をその家族から引き離すことができるようになった．また，子どもが発病，あるいは負傷したとき，親は医者を呼ぶことが法律で初めて義務づけられ，育児放棄や虐待に課される罰金刑や懲役刑はさらに強化された．その10年後にはふたたび法改正があり，育児放棄や虐待の訴訟手続きが原告の子どもにとって容易なかたちになった．また，NSPCC調査官は，警察や治安判事や救貧委員会の介入なしで家庭から子どもを救出できる権限を与えられた.

27 *Second Annual Report*, p.4.

28 *Child Welfare in England, 1872-1914* by Harry Hendrick, 1994, p.56に記載されている数字．内訳は暴行523件，「危険なまでの育児放棄」219件，「残虐な不道徳行為その他」112件，深刻な飢え112件，遺棄66件，十分な衣服を与えない事例87件であった.

29 Behlmer, *Child Abuse and Moral Reform in England*, p.172.

30 同上，p.167から引用.

11　Samuel, *East End Underworld*, p.55 and p.239.
12　*First Report of Her Majesty's Commissioners* [C4402], Q19.
13　同上，Q3690.
14　同上，Q1951.
15　同上，Q5872 and Q5873.
16　*My Apprenticeship* by Beatrice Webb, 1926, p.310.
17　全国児童虐待防止協会文書館が保管する*Second Annual Report* of the East London Branch of the National Society for the Prevention of Cruelty to Children, 1890-91, pp.1-5.
翌年の同協会イースト・エンド支部の記録によると取り扱い総数は415件，うち飢餓，遺棄，育児放棄143件，「不必要な苦痛」90件，暴行傷害86件，同情を買うために劣悪な環境に置かれた事例64件，女児に対する不道徳32件．このうち裁判にもちこまれたのは84件(そのうち2件は報告書作成段階で係争中)，両親への警告234件，訴えの撤回，他機関への回送あるいは「その他の方法で対処」95件．支部の介入により「何らかのかたちで助けられた」とされる子どもは616人であった．
18　男児への性的暴行の起訴件数が比較的少ないことは *Child Sexual Abuse in Victorian England* by Louise A. Jackson, 2000, p.5 で言及されている．
19　全国児童虐待防止協会文書館が保管する *Second Annual Report*, p.5.
20　Behlmer, *Child Abuse and Moral Reform in England*, p.83. ベルマーによれば，1889年5月から1891年4月，NSPCCが調査した1万169件のうち，収入が週給18-21シリング程度の「貧困ライン」を下回る虐待家庭で起きている事例はわずか396例，調査対象となった親のうち週27シリング以上の収入があったのは3000人を上回っていた．NSPCCの調査は，現代のわれわれが結論づけていること——つまり子どもへの虐待には「多重の要因」があること——を示している，とベルマーは書いている．
21　*Eastern Argus*, 31 December 1887，社説．今日の英国で，疲労困憊した親のベッドに寝かされ，押しつぶされて死亡する赤ん坊は年間およそ300人である．
22　*The Victorian Town Child* by Pamela Horn, Stroud, 1997 に引用されている数字では全体の80パーセント．
23　ブース文書館が保管する Notebook B/80.
24　翌年8月，ハーフ・ニコル・ストリート12番地に住むメアリ・アンとトーマスのスタルマン夫妻は，劣悪な環境のなかで10人いる子どものうち9人までも立派に育てたと検視官から褒められた．メアリ・アンの2カ月になる赤ん坊の死因審問中のことである．メアリ・アンは添い寝をしていた赤ん坊が死んでいるのを発見したのだった．陪審団は事故による死と判断した．一方で陪審団は，オールド・ニコル・ストリートのオレンジ・コート2番地に住む行商人ジョン・スミスには同情的でなく，生後2日の赤ん坊の窒息死について「責任を負うべきだ」とした．陪審員長の考えでは，妻が出産直後なのだから，スミスは夫婦のベッドに近づくべきで

9 家庭のなかへ

1 アビゲイル・サリヴァンはアイロンがけをしてかろうじて生計を立てていた．持っているものといえば，帽子を別にすれば，すべてハンカチ1枚にまとめられるほどしかないと隣人のセリーナ・ルイスは語っていたという．

裁判で有罪判決を言い渡されたジェームズ・ミューアは，両手を首に回して絞首刑のジェスチャーをしながら，傍聴席にいた友人の「オールド・ジョー」ノートンに向かって「仕事道具はお前にやるよ」と叫んだ（*Old Bailey Sessions Papers*, Volume 15, 11 February 1892, pp.462-467）．

2 Booth, *Life and Labour*, Third Series, Volume 2, p.67 および Reeves, *Recollections*, p.34.

3 *Eastern Argus*, 18 October 1890.

4 *Round London: Down East and Up West* by Montagu Williams, 1896, p.51.

5 *Marriage, Wife-Beating and the Law in Victorian England* by Maeve E. Doggette, 1992, p.120 に引用されている．

1878 年に成立した「婚姻事件法（『貧者の離婚法』と呼ばれた）」により，女性は暴行歴が証明されている夫と合法的に別居し，週ごとの扶養料を請求することが許されたが，それ以前は残念ながら，収監された男が刑期を終えてしまうと，「婦女子保護法の改善と強化のための連合機関」も家族を守ることはできなかった．のちの改正法で，母親は単独監護権を請求することもできるようになった．1891年に控訴審判決が出るまでは慣習法により，暴力的だと証明されないかぎり，夫は妻の身体に関する管理権をもちつづけた（英国では 1991 年まで男性は妻を合法的にレイプできた）．

イングランドおよびウェールズで，「貧者の離婚」が請求され，認められた件数は年間およそ 8000 件にとどまった．多くの場合，別居は一時的だった．いがみ合っている夫婦の圧倒的多くが，何らかの和解を求めていたことがわかる．実際，治安判事に訴えでた妻の多くは，別居ではなく，扶養料の支払いや増額を求めていた．

6 Weylland, *The Man with the Book*, p.45.

7 同上, pp.103-104.

8 ロンドン博物館が保管するサミュエルによるインタビューの記録テープ（Tape LL, トランスクリプト p.20）より．

9 国家自警協会は，子どもの証言能力が法廷で認められるようにと，何年もかけて諸法令の改革に取り組んだ．また未成年の告発者――とくに性的暴行で親や親類を訴えでた子ども――が怖気づかないように，訴訟手続きの改革を目指した．

10 1978 年，アンソニー・S・ウォールは論文 'Sex and the Single Room' で，ヴィクトリア朝時代後期の貧困家庭における近親姦の証拠を調べた結果，「根拠がなく，数量化不可能」と結論づけた．「歴史家にとっては残念なことだが，どの委員会もさらなる，より詳しい情報を引きだそうとはしなかった」とウォールは述べている（*The Victorian Family: Structure and Stresses*, edited by Anthony S. Wohl, 1978）．

Policeman より.
17 *Life in Darkest London: A Hint to General Booth* by Reverend Arthur Osborne Jay, 1891, p.105.
18 *A Story of Shoreditch, Being a Sequel to Life in Darkest London* by Reverend Arthur Osborne Jay, 1896, pp.54-55.
19 1888年4月3日のエマ・スミス殺害事件は，ホワイトチャペル教区界隈の静かな夜についての警官たちの見方と，同じ界隈で働いていた路上売春婦の見方とが，いかに違うかを示している．スミスはウェントワース・ストリートと(ブリック・レーンの南の先)オズボーン・ストリートの角で，午前1時30分頃襲撃された．その場では生き残り，のちに証言を残して亡くなっている．襲いかかり，強奪したのは2，3人の男で，ひとりは19歳にもなっていないようであった．スミスは鈍器で性的暴行を加えられ(腹膜に裂傷，2日後に腹膜炎で死亡)，右耳の一部が切りとられている．スミスは，まず歩いて自宅に帰ろうとしたが，その途中にも，またその後ふたりの女友だちに付き添われて，800メートルほど離れたロンドン病院に徒歩で向かったときにも，途中で何人かの巡査と行きかっていたはずだ．しかし，H(ホワイトチャペル)管区主任警部ジョン・ウエストの報告には「証人たちは，警察に届ける必要はないと思ったと述べております．当日勤務にあたった警官は全員，事件のことは知らなかったと申しております」とある．
4月7日に開かれた死因審問で，スミスの友人のひとりで，路上で同じ仕事をしていたマーガレット・ヘイムズは，事件当夜，現場よりずっと東寄りの，ライムハウスに近いバーデット・ロードの端で，スミスに出会ったと述べている．自分もふたりの男に襲われたばかりで，界隈から立ち去ろうと急いでいるところだったという．「あの夜はあっちこっちで荒仕事があったんですよ」．そのヘイムズ自身，4カ月前にも，同じくライムハウス近くで男ふたりに襲撃され，顔と胸に複数の傷を負い，2週間入院していた．いずれの場合も，家に逃げ帰る途中に警官とすれ違っているが，ヘイムズは事件を届けでていない．
20 *Pictures and Politics: A Book of Reminiscences* by Arthur Pillans Laurie, 1934, p.76.
21 3 August 1889. *The Ultimate Jack the Ripper Sourcebook* by Stewart P. Evans and Keith Skinner, 2000, p.470 に収録.
22 アーサー・オズボーン・ジェイへのインタビュー(ブース文書館が保管するNotebook B/228, District 9, ff.37–59)より.
23 1891年9月，ハーフ・ニコル・ストリートでウィリアム・ジョーンズに棒で襲われたという巡査396Hの申し立ても信用されなかった――それどころか，治安判事はこれを嘘だと断じた．襲われた経緯の説明が矛盾だらけだったため，巡査は裁判所書記と上司の警部から証言をやめて席につくよう命じられた．判事は被告の母親と姉妹の説明を信用したのだ．それによれば，この巡査はハーフ・ニコル・ストリートに近い中庭で酒を飲んでいて，自分をじっと見つめてくる子どもを殴ったのだという．ジョーンズはその子を助けようと駆けつけたのだった．

p.31でジェリー・ホワイトはルンペンプロレタリアートを,「しばしば嫌がらせの意味で使われる……理論的解釈というよりも，醜い政治的毒舌である」と説明している.

8　Tape 9, トランスクリプト p.5.

9　Tape II, トランスクリプト p.37.

10　Tape AA2, トランスクリプト p.12. アーサーは保守党政権を率いたエドワード・ヒースが好きだったが，労働党政権を率いたハロルド・ウィルソンは信用していなかった.

11　*Eastern Argus*, 11 October 1890.

12　ロンドン市公文書館が保管する Housing of the Working Classes Sub-Committee Presented Papers, Bundle A3, 9 October, 1890, LCC/MIN/7320.

13　看護師の証言は Booth, *Life and Labour*, Third Series, Volume 2, p.97，宗教団体メンバーの身の安全に関しては 'A Shoreditch Club' by James Greenwood, *Daily Telegraph*, 22 October 1887，ペニー銀行のJ・F・バーナードの身の安全に関しては *The New Fiction and Other Essays on Literary Subjects* by H.D. Traill (Henry Duff), 1897 より.

14　ロデリック・マクドナルドは1888年6月からノース・イースト・ミドルセックスで検視官をつとめていたが，死因審問を性急に終わらせ，陪審員や証人に横柄で高飛車な態度をとるともっぱらの評判であった．1888年11月12日，マクドナルドは切り裂きジャック事件の最後の犠牲者メアリ・ケリーの死因を調査する審問を，非常識なほど早く切り上げた．当日の新聞各紙は，困惑した陪審団からの質問をいっさい受けつけなかったマクドナルドの行動は奇妙であり，なんの役にも立たなかったと指摘した.

15　オールド・ニコル・ギャングの「神話」の起源はドナルド・マコーミックだと教えてくれたスチュワート・P・エヴァンズに感謝したい．マコーミック起源説をエヴァンズはドナルド・ランベローとの共著 *Jack the Ripper, Scotland Yard Investigates*, pp.258-259 でつまびらかにしている．わたし自身が当時の新聞記事や裁判記録を調べたかぎり，路上の売春婦から金を巻き上げる男たちがいたことをうかがわせる記述を見つけることはできなかった．ただし，犯罪記録からは実際に起きたことのほんの一部しかわからないものだというのが本書の立場である．あえてわたしの意見を言うなら，1880年代末から1890年代初めにかけて，ホワイトチャペル教区界隈で荒仕事をしていたと記録に残っている強盗グループ(当人たちにグループ意識はなかったかもしれないが)は主に男性を狙った．それはおそらく男性のほうが所持金も多く，貴重品を身につけていたからだろう.

16　「ハイ・リップ・ギャング」が初めてリヴァプールの新聞にとりあげられたのは1886年．これは実在の組織ではなく，さまざまな加害者による複数の犯罪事件をひとまとめにした記事上の名前だった．ひとたび命名されるや，リヴァプールの「ハイ・リップ」はひとつのかたちをとり，人びとの心に植えつけられた．元リヴァプール警官サー・ウィリアム・ノット=ボウワーの1926年の回想録 *52 Years a*

13 *The Universities and the Social Problem: An Account of the University Settlements in East London*, edited by John M. Knapp, 1895, p.114 のコルベットの指摘.
14 *Eastern Argus,* 4 September 1886.
15 同上, 4 April 1891.
16 1884 年 4 月 22 日, 労働者階級住宅に関する王立委員会で証言した劇作家・ジャーナリストのジョージ・シムズと靴下業界の大物サミュエル・モーレーの対立は, 貧者の生活における飲酒の影響をめぐる論争の典型であった.「サミュエル・モーレー氏はわたしに, 貧しさの原因は酒だと言わせようとして, まるで刑事裁判の反対尋問のような口調で執拗に責め立てたが, しまいにはソールズベリー卿が助け舟を出してくれた——飲酒は貧困のひとつの原因だが, 貧困は飲酒のひとつの原因でもあるとわたしが述べると, 卿が証人は十分に答えてくれましたと宣言してくれた」(*My Life: Sixty Years' Recollections of Bohemian London* by George R. Sims, 1917, p.137).
このやりとりは *First Report of Her Majesty's Commissioners for Inquiring into the Housing of the Working Classes,* 1884-85 [C4402], Q5788 にも口述筆記されている.
17 ベイルワードへのインタビュー(日付不明, ブース文書館が保管する Notebook B/225, District 9, f.133). インタビューはおそらく 1898 年に行われた.
18 ベスナル・グリーン・ロードの会衆派教会セント・アンドリューズ教会のジェームズ・デイヴィス牧師のこと(Notebook B/229, District 9, f.95).

8 霧のなかの幻影

1 当時の推計によれば, ロンドンにおよそ 3 万人の浮浪児がいた.
2 ロンドン博物館が保管するサミュエルによるインタビューの記録テープ(Tape LL, トランスクリプト p.31)より.
3 *Royal Commission on the Duties of the Metropolitan Police* への証言, 1908 [Cd 4156], p.330.
4 「ロング・ハイミー」アイゼンバーグの家族はアルゼンチンからの移住者だった. アーサーによれば, アイゼンバーグはエンフィールドの警官の殺害を画策しつづけ, のちにアルゼンチンに強制送還されたという(*Old Bailey Sessions Papers*, Volume 144, 6 April 1906, p.299).
5 *Royal Commission on the Duties of the Metropolitan Police* への証言, pp.330 and 377. アーサーがこの王立委員会に出頭したのは, 警察の嫌がらせを受けたと申し立てたからであった. 1906 年, ベーコン・ストリートでマイケル・キャン巡査を襲撃したとして告発されたアーサーは無罪判決を受けたが, その後警察の嫌がらせを受けていたという.
6 'squeak' は情報を提供すること, 'slit' は刑事を意味した.
7 Marx, 'The 18th Brumaire of Louis Bonaparte', 1852 〔『ルイ・ボナパルトのブリュメール18日』植村邦彦訳, 平凡社ライブラリーほか〕, *Selected Works*, Volume 1, *Campbell Bunk: The Worst Street in North London* by Jerry White, 2003 に引用されている.

が起きる数ヵ月前である．とかく評判のよくなかったウォレン（ホワイトチャペルの悪鬼を捕まえられなかったことで1888年当時も，また20世紀を通じて，切り裂きジャック事件の謎を探った素人探偵たちから批判された）がこのように役に立つ提案を行ったことは注目に値する。だが，そこに慈善的な意図はなかった．ウォレンは，増えつづけ，目立ちはじめた路上生活者を街路から一掃するための具体的な方法を提案したのだった．

6　議会文書, Volume XXVII, 1834, p.127.

7　H.G.C. Allgood, *The History of Bethnal Green*, 1894, p.139における試算.

8　*Sixteenth Annual Report of the Local Government Board*, Volume XXXVI［C5131 and C5171］, AppendixB, 1887, p.55.

9　*Eastern Argus*, 16 August 1890.

10　1888年1月1日当時，イングランドおよびウェールズにおける救貧措置対象者の人口1000人あたりの数，地域別の表は *Seventeenth Annual Report of the Local Government Board*, Volume XLIX［C5526］, 1888, p.xivより．

地域	救貧院	院外救貧	合計
サウス・ウエスト	6	36.2	42.2
イースタン・カウンティーズ	7.5	31.6	39.1
ウェールズ	4.2	33.8	38
サウス・ミッドランズ	6.6	28.1	34.7
サウス・イースト	8.3	24.4	32.7
ウエスト・ミッドランズ	7	24.7	31.7
ノース・ミッドランズ	4.9	23	27.9
ロンドン	14.4	13.4	27.8
ノース	4.6	20	24.6
ヨークシャー	4.3	19.4	23.7
ノース・ウエスト	6.4	14.4	20.8
平均	7.3	22.1	29.4

11　*Seventeenth Annual Report*, Appendix B, Reports and Inquiries, no.15, 18 February 1888.

12　Smith, 'Influx of Population'（Booth, *Life and Labour*, First Series, Volume 2, p.468）における推計.

4　1896年，14歳のマイティはリプトン食料品店本店の清掃の仕事に就いた．週給7シリング6ペンスで勤務時間は朝7-9時，午後5時半-7時半であったから，それ以外の時間はローマン・ロード市場でレモンを売った．朝5時頃スピタルフィールズ教区の市場に行き，レモン300個ほどを最安値で仕入れ，3-4個を1ペニーで売るのだった．マイティは90歳代半ばまで生きた．

5　ロンドン博物館が保管するサミュエルによるインタビューの記録テープ（Tape DD, トランスクリプト p.26）より．

6　Booth, *Life and Labour*, First Series, Volume 2, 'Elementary Education' by Mary C. Tabor, p.506.

7　Reeves, *Recollections*, p.34.

8　Tape DD, トランスクリプト p.1.

9　Tape II, トランスクリプト pp.11-12.

10　Booth, *Life and Labour*, First Series, Volume 1: *East London*, 1889, p.117.

11　*Eastern Argus*, 9 February 1889. Booth, *Life and Labour*, First Series, Volume 2, 1891, p.174, およびブース文書館が保管する Notebooks B/77 and B/80.

12　19世紀半ばのベスナル・グリーン教区で，犯罪とも物乞いとも救貧院とも無縁に生きる人びとについて書いたジャーナリスト，ヘンリー・モーレーによる表現．'The Quiet Poor', *Household Words*, Volume 9, 1854, pp.201-206.

13　Tape DD, トランスクリプト p.43.

7　助けの手

1　数字は *The Relief of Poverty, 1834-1914* by Michael E. Rose, 1986, p.17より．

2　輸入品や機械化の影響を受けない熟練工は，現職にとどまった場合，実質賃金が1850-1900年のあいだに50パーセントも上がった．しかし，仕立てや製靴の仕事は「雑なつくりの」大量生産に取って代わられたうえ，非熟練工の参入により賃金が下がった．この世紀を通じて，非熟練工の賃金は伸びず，出費は増えた．とりわけ家賃の上昇は顕著であった．

3　ソフィア・ネーションに関する検視官報告は *Eastern Argus*, 16 January 1886に，老人に関する報告も同紙（4 July 1885）に掲載された．ネーションとアニー・マリア・ロジャーズの事件は議会文書 *Return of the Number of all Deaths in the Metropolitan District in the Year 1886, upon which a Coroner's Jury have returned a Verdict of Death from Starvation or Death accelerated by Privation, Accounts and Papers (23)*, Volume LXXI, 1887にも詳しい．

4　*Eastern Argus*, 7 January 1888.

5　その翌年の夏，ポリー・ニコルズとアニー・チャップマンが路上で切り裂きジャックによる犯行の犠牲になったのは，簡易宿泊所の宿泊代金4ペンスの持ち合わせがなかったからであった．チャールズ・ウォレンがベスナル・グリーン教区の救貧委員会に手紙を送ったのは1887年11月，切り裂きジャックによる最初の殺人

2　こうした夜会についてこんなことが言われていた.「もしレディ・ジューンのお屋敷が火事にでもなり，客人たちが被害に遭えば，貴族名鑑に載っている著名人の約半数が名簿から消えるだろう．王立芸術院は立ちいかなくなり，劇場は閉鎖されるだろう．雄弁な説教者の話は聞かれなくなり，科学は停滞してしまう」(*Some Victorian Women, Good, Bad and Indifferent* by Harry Furniss, 1923, p.189 に引用されている).

3　ロンドン学務委員会のジョン・リーヴズに宛てたレディ・ジューンの手紙，23 December 1890.　Reeves, *Recollections*, p.55 に掲載されている.

4　Williams, *Later Leaves*, pp.294-295.

5　*Daily Telegraph*, 5 December 1889.

6　バッキンガム=シャンドス公爵（1823-89）は 1846-59 年まで保守党下院議員をつとめ，のちに枢密顧問官，枢密院議長，植民地大臣，マドラス総督を，1886 年からは貴族院でさまざまな委員会の委員長を歴任した．英国国教会を強く支持し，女性参政権運動には反対であった．父親が負債を残して亡くなったため，第 3 代公爵は 19 世紀最大と評された地所・不動産の大安売りを行ったが，ニコルの物件は売りだしリストに入っていなかった（*The Rise and Fall of the Grenvilles: Dukes of Buckingham and Chandos, 1710 to 1921* by John Beckett, Manchester, 1994）.

7　*Eastern Argus*, 16 November 1889.

第2部　スラムに生きる

6　プリンス・アーサー

1　サミュエルの記録テープは書籍のかたちとしては *East End Underworld: Chapters in the Life of Arthur Harding* として 1981 年，ラウトレッジ社から出版された．アーサーの直接引用はすべてをサミュエルの著作に負い，ビショップスゲート・インスティテュートのサミュエル記録文書保存館が保管するオリジナル記録テープからの抜粋を，ロンドン博物館の許可を得て補った．本書への収載にあたっては，*East End Underworld* からの抜粋はサミュエル遺産財団のアリソン・ライト氏のご厚意を，記録テープからの抜粋はロンドン博物館口述歴史部とライト氏の許可をそれぞれいただいた.

2　*The Times*, 28 February 1890 の報道によると，アーサー（ラーク）とジェームズのハーディング兄弟は治安判事裁判所で内国歳入庁から告発された．ハーフ・ニコル・ストリートに近いサラ・ストリート 2 番地のビールショップで，日曜日の午前中に法を犯して売ったビールおよび酒類の物品税を脱税した容疑であった．バビントン警部補は，兄弟はここ 5 年ほどもこの商売を続けていると証言した．治安判事は罰金刑を課したが，金のない兄弟は罰金を払えなかったので 3 カ月収監された．アーサーによれば，ラークはとてもハンサムだったが，ハーディング家のなかでは短命で，40 歳にならないうちに，おそらく癌で亡くなった.

3　Reeves, *Recollections*, p.36.

年代に成立し，こうした取り組みが実行しやすくなった．積極的な借り入れは無謀な試みか，あるいは先見の明のある判断か――これをめぐってショーディッチ教区では激論がかわされた．どなり合いや，ときには暴力も交えての論戦の末，ショーディッチ教区委員会は救貧院と診療所(1866年に完成し，キングスランド・ロードに現存)，およびタウンホール(1865-67年にかけて建造され，これも今なお立派な姿を誇っている)の新設を決定する．これら建設プロジェクトは，地元の男性労働者に仕事を与え，地域の男性失業率低下という副産物を生んだ．融資資金は，1858-63年にかけて，主要街路の舗装と下水道工事の費用も賄った．1877年にはショーディッチ教区は，住民に水を安定的に供給するロンドンで初めての教区となった．19世紀の末には，ホクストン・マーケットの北側に「ショーディッチごみ処理施設」を建設．家庭ごみを焼却し，その熱で発生する蒸気によって当該地区内には電灯も供給された．英国で初めての廃棄物発電システムであった．

13　教区委員会による地方自治行政への不満はロンドンの全域で高まっていた．1885年，各教区で行われた教区委員選挙では有権者30人のうちひとりの割合でしか実際に票を投じなかった．これは，セント・マシュー教会の集会ホールで開かれていたベスナル・グリーン教区委員会の眠ったような状態が，まったくの例外ではなかったことを示している．1881年に結成された「ロンドン首都改革連盟」は，84年までにメンバー1000人を擁するまでに成長した．同年，議会に提出されたハーコート法案(ロンドン行政法案)は，教区制度と首都公共事業委員会の廃止，およびそれに代わる機関として，より民主的な方法で選ばれた地域代表からなる単一評議会の設置を提案していた．下院での法案審議にあたって，ウィリアム・ヴァーノン・ハーコートはロンドンの市政改革を荒海にたとえ，「難破する船は多く，その岸辺には冒険者たちの白骨がさらされる」ことを自分は承知していると述べた．法案に猛反発したのが中世から続くスクエア・マイルのロンドン市自治体(コーポレーション・オブ・ロンドン，シティ)であった．伝統ある自治体の権利の，中央政府による侵害を許さないという覚悟であった．ロンドン市自治体は下院議員や新聞界に多くの味方を抱えていたばかりでなく，近代化と闘うための豊富な裏金に恵まれていた．のちに下院特別委員会の証言で，地方自治改革に反対するロンドン市自治体による「収賄行為」が明らかになった．そればかりでなく，ロンドン市自治体の数々の不正行為も――首都改革連盟の集会を組織的に妨害して解散させた，改革反対の嘆願書に実在しない人の名を記した，改革派に対する中傷記事を書かせた．ハーコート法案に反対するために，首都地方固定資産税納税者保護協会なるインチキ組織をつくったなど――明らかになった．ただし，ハーコートの最も手ごわい敵は，ロンドン市自治体ではなく議会の無関心であった――ロンドンの行政改革をめぐる審議に出席した議員は平均わずか15人．ハーコートは法案を撤回した．

5　ニコルの不動産オーナーたち

1　Mansion House Council, *Report*, pp.6 and 8.

4 旧態依然の堂々めぐり

1 *Eastern Argus*, 23 April 1887.

2 同上，21 February 1885.

3 同上，22 May 1886.

4 国立公文書館が保管する地方政務院ファイル MH 12/6880, 6 August 1888.

5 *The Government of Victorian London, 1855-1889: The Metropolitan Board of Works, the Vestries and the City Corporation* by David Owen, Harvard, 1982, p.220 に引用されている数字.

6 *Eastern Argus*, 15 May 1886. 菓子や玩具を与えて子どもたちを店に誘う店主もいた. 当時のある調査によれば，ロンドンの地区によっては，パブの常連客の 10-16 パーセントが子どもだった（*Child Abuse and Moral Reform in England, 1870-1908* by George K. Behlmer, Stanford, 1982, p.177）.

7 Mansion House Council, *Report*, pp.49-50.

8 救貧委員の選出にあたっては，所有する不動産の課税額が高ければ高いほど，オーナーが持つ投票数は増えた. 課税額 50-100 ポンドのオーナーは 2 票投じることができた. 投票数は段階的に上がり，課税額 250 ポンドの不動産の幸運なオーナーは 6 票も投じることができた. 女性オーナーも教区委員，救貧委員の選出に参加できたが，地方固定資産税の納税者であることが条件だったので，既婚女性は除外されることが多かった. 第 1 次世界大戦前，地方自治選挙の有権者の 15 パーセントが女性であり，その多くは寡婦か独身であったと推計される.

女性は 1834 年から救貧委員への立候補を全国で認められていたが，ロンドンで実際に初めて選出されたのは 1875 年，ケンジントン教区においてであった. 学務委員への女性の進出は際立っており，1870 年の初等教育法の施行以来，立候補権も投票権も認められている.

一方，議会選挙権についていえば，1884 年の選挙法改正，および 1885 年の「議席再分配法」により男性 176 万 2441 人が選挙人名簿に加わった. 成人男性の 58 パーセント，およそ 400 万人が投票できることになったのだ. 女性は議会選挙から依然として締めだされていたが，1918 年に 30 歳以上の戸主あるいは戸主の妻である女性に投票権が与えられた.

9 *A New England? Peace and War 1886-1914* by G.R. Searle, Oxford, 2004, p.228 に引用されている.

10 とくに自由党は，1887 年1月以降，「ロンドン自由急進主義連盟」が結成されて以来，この傾向を強めた. 当時，ウィリアム・グラッドストンの自由党はアイルランド自治問題をめぐって（やがて致命的となる）分裂を経験していた. 同時に，穏健な進歩主義を唱える人たちは事情が違えば自由急進派へと流れていったかもしれないが，新たに台頭した社会主義運動に関心を寄せはじめた.

11 *The Victoria History of the Counties of England*, Volume 11, 1998, p.128 の数字.

12 都市開発を目的とした教区への低利長期融資を可能にする一連の法律が 1870

っても，何ひとつ実行されていなかったため，オールダーは14シリング6ペンスの罰金を課され，物件の閉鎖を命じられた．年末までに，デヴォンシャー・プレイスはすべて空き家になり，板囲いが張りめぐらされていた．この時点でオールダーは教区に，「地所を守るために」9番地の借家人の残留を認めてほしいと願いでた．1888年7月，オールダーはようやく修理工事を始める許可を求め，教区はこれに応じた（リディアはニコルに不動産を持つオールダー3家の一員だった．ニコルズ・ロウには一族の名を冠したオールダーズ・ビルディングスもあった）．

それほど幸運に恵まれなかったオーナーもいる．ヴァージニア・ロード74番地のオーナーのウルフは1888年10月5日に通告を受けたが，この通告に従って修理を行わなかったため，12月13日，および18日に召喚を受け，2週間以内に修理を完了するよう申し渡された．ウルフは，修理工事はただちに始めているが，続けるには借家人を退去させなければならないと訴えて信用され，召喚状は取り下げられた．3カ月後，工事はまだ完了していなかったため，ウルフは罰金とそれまでの経費の支払いを命じられた．合計は6カ月間で25ポンド10シリング4ペンスになっていた（治安判事裁判所への支払金は，未払いの1日につき10シリングの割合で増額された）．これは実に多額の罰金であった．ニコルの怠慢オーナーでこれほどの額を課された例を，わたしはほかに知らない（これら事例はすべてベスナル・グリーン教区衛生委員会議事録 L/MBG/B/4/9［BG/574］, Book no. 9, 1886-88, and［BG/575］, Book no. 10, 1888-89 より）．

7　9 March 1887, Mansion House Council, *Report*, p.66 に転載されている．

8　セプティマス・ハンサード牧師はベスナル・グリーン教区の荒廃を個人的に体験していた．荒れ放題のセント・マシュー墓地を歩いていて，古い墓に転げ落ちたことが8回もあったと *The Times*, 18 August 1885 に掲載された手紙のなかで愚痴を言っている．ハンサード自身はケンジントン教区に住んだが，これは「きれいな空気を愛した」からだった（*The Idea of the Victorian Church : A Study of the Church of England, 1833-1889* by Desmond Bowen, Montreal, 1968, p.324）．

9　Mansion House Council, *Report*, p.33.

10　フレデリック・ミーキンの証言からは，教区にとって都合の悪い事実も明るみに出た――グワトキン地所は弁護士を通じて，マウント・ストリートに所有する物件は賃貸契約期限がまもなく切れるから，解体なり修理なりは，期限が切れたらただちに，新たな賃貸契約を話し合う前に行うつもりでおりますと申し立て，教区はそれをそのまま鵜呑みにしていたのだ．調査会で教区委員会は，地主たちに騙されていたことを認めざるを得なくなった．契約期限終了後はただちに解体工事や大規模な修理を行うとの地主たちの約束を信用し，有害物除去法に基づく令状を出さなかった教区は，実際に契約期限が切れたとき，新たな長期の賃貸契約が――修理や解体はいっさい行われないまま――すでに法的に整えられていたと知ることになった．

3　ベスナル・グリーン教区の衛生状態に関するベイト医師の証言は *Report for the Year ending 31 December 1887* by Mansion House Council on the Dwellings of the Poor p.33 に記録されている．

4　*Eastern Argus*, 19 December 1885.

5　詳細はベイト医師の報告 *Reports &c from Medical Officers of Health Relative to the Artisans' Dwellings Acts* in *Accounts and Papers (21) Local Government, Local Taxation*, Volume LVII, December 1883, pp.14-16. ロンドンの公衆衛生医務官が地方政務院に提出した一連の報告書のなかで，ベイト医師の報告が最も長く，徹底的だった．

6　*Public Health*, March 1889 に載ったベイト医師の寄稿文より．ベスナル・グリーン教区衛生委員会議事録からは，ニコルの一部の不動産オーナーの瀬戸際戦術が見えてくる（ひとつの衛生問題の対処に2カ月以上かかれば，それはオーナーが「わざと遅らせている」のだとベイト医師はみなした）．オールド・ニコル・ストリート65-67番地，ターヴィル・ストリート6-7番地，およびジョージ・テラスのオーナー，サミュエル・クルーズは，1887年2月28日，3月1日，4月9日，および5月19日にウォーシップ・ストリートの治安判事裁判所に召喚された．クルーズは出頭するたびに，工事は進行中だと申し立て，その都度信用された．改良工事がすべて完了し，ベスナル・グリーン教区の衛生委員会の検査を通ったのは，ようやく5月の末になってからだが，そのときでさえトイレの水は，規定どおりに引かれていなかった．1889年の夏になってもクルーズは非協力的な態度をとりつづけた．衛生委員会から所有物件についての話し合いを求められても，委員たちと会おうとはせず，オールド・ニコル・ストリート65-67番地に必要な改修工事は，既存の下水管が自宅貯蔵庫の表面に近すぎるため実施できないと虚偽の申し立てをした――これは教区の測量技師によって簡単に反証された．

ニコルの南端，チャーチ・ストリート17番地および19番地の下水管は，法規が定めるようにチャーチ・ストリートの本管ではなく，隣接するデヴォンシャー・プレイスにつながっていることが発見された．17番地および19番地の下水管はしばしば逆流してあふれ，ひどい悪臭を放った．1887年9月，チャーチ・ストリートで亡くなった赤ん坊の死因審問で，ある医者は「ひどい悪臭」のなかであの子があれだけ生きのびたことに驚いていると無神経できわめて非科学的な証言をした（*Eastern Argus*, 3 September 1887）．治安判事は通告に従わなかったとして，ビショップスゲートのオーナー，ウィリアム・グリーン・ブライトンに14シリング6ペンスの罰金を課した．ブライトンは支払いを拒み，上級裁判所に訴えでると息巻いたが，結局は責任を認め，工事費用を支払った．

1887年10月18日，悪臭たちこめるデヴォンシャー・プレイスのオーナー，リディア・オールダーは，所有する物件が「人間の居住に適さない」と通告されて5週間も経ってから，教区に次のような手紙を書き送った．「貴委員会が求められることは，すべて実行する所存です．すでに，すべての借家人と立ち退きについて話し合っております」．きわめて従順で，かつ合理的な内容だ．ただ，11月2日にな準を満たすために必要な措置を，確実にオーナーに行わせる権限を教区に与え，その方法を詳しく示した．オーナーがこれを行わない場合は，1879年の法改正により，教区が必要な措置をとり，改良工事の費用をオーナーに請求することができるようになった．また，敷地が新しい労働者階級住宅だけに使われることを条件に，教区が住居を取り壊し，賠償金をオーナーに支払うことも，あるいはオーナーが教区に住宅を買いとってもらい，その後取り壊すことも可能になった．究極的には，トレンズ法によって，地方自治体が行動を起こさない場合は，状況次第で中央政府が介入する権限をもつことになった．

9　Hansard Parliamentary Debates, Volume 189, column 754, 1867. Anthony S. Wohl, *The Eternal Slum: Housing and Social Policy in Victorian London*, 1977, p.87 に引用されている．

10　セント・マーティンズ・イン・ザ・フィールズ教会の測量技師ロバート・ウォーカーの言葉（*Daily Telegraph*, 15 November 1889）．

11　クロス法によって，教区の公衆衛生医務官は「健康に悪い」と判断した地区を首都公共事業委員会に報告しなければならなくなった．首都公共事業委員会はこうした申し立てを検討することが義務づけられ，政府の同意が得られれば，建物の取り壊しを許可し，その敷地を労働者階級住宅を建てる民間の利用に供した．教区もそうした再建事業に参加できたが，完成後10年以内に物件を一般市場に売りに出さなければならなかった．クロス法のもと，いっせい取り壊しによって家を失った人びとはすべてこうした新築物件のいずれかに住めることになっていた．ロンドンの過密状態の深刻化を防ぐ目的であった．

12　非衛生的な物件のオーナーの地方固定資産税を段階的に引き上げる，建物を取り壊した跡地に労働者階級住宅以外の建物を建てることを禁止するなど，特別委員会ではさらに急進的な提言がなされたが，すべてきっぱりと否決された．

13　'Labourers' and Artisans' Dwellings', *Fortnightly Review*, December 1883.

14　John Valentine Jones, *Eastern Argus*, 20 October 1883 に引用されている．

3　ベイト医師のジレンマ

1　自由党急進派のストーク選出下院議員ヘンリー・ブロードハーストの言葉（*First Report of Her Majesty's Commissioners for Inquiring into the Housing of the Working Classes*, 1884-85［C4402］, Part 2, p.29）．

2　キング・エドワード・ロードはしゃれた住宅が並ぶ街路だったが，地元では「モンキー・パレード通り」とも呼ばれていた．日曜日の午後になると思春期の男女およそ300人――ハックニー教区の中産階級の家の息子や娘たち――が街路をこれ見よがしに歩き，通行人に失礼な言葉を浴びせたり，車道に押しやったりしたからだ（*Eastern Argus,* 30 August and 22 November 1890）．

ジョージ・パドック・ベイト医師の容貌とふるまいに関してはロンドン・スクール・オブ・エコノミクスのブース文書館が保管する Notebook B/381, District 9, ff.3-37 より．

7　労働者階級住宅に関する王立委員会(1884-85)は，利益率150パーセントの事例や，所得のほとんどを家賃の支払いにあてている事例について証言を聞いた.

8　Booth, *Life and Labour*, First Series: Poverty, Volume 2: *London Continued*, 1891, Chapter IV, 'Influx of Population' by Hubert Llewellyn Smith, pp.446-447. 1881年の人口調査ではベスナル・グリーン教区の人口は12万6961人．そのうち自らをアイルランド系だとした人は872人，「外国人」だとした人はわずか925人であった.

9　アーサー・ハーディングの言葉はSamuel, *East End Underworld*, p.2およびロンドン博物館が保管するラファエル・サミュエルによるインタビューの記録テープ(Tape II，トランスクリプト p.31)より.

2　スラムはこうして生まれた

1　*The Victoria History of the Counties of England: A History of the County of Middlesex*, Volume 11, *Early Stepney with Bethnal Green*, Oxford, 1998, edited by T.F.T. Baker, pp.162 and 203.

2　*Romano Lavo-Lil, Word-Book of the Romany; or, English Gypsy Language* by George Borrow, 1874; paperback edition, 1982, p.317.

3　23カ所の堡塁を示す1643年の地図の複製版は *The History of London in Maps* by Felix Barker and Peter Jackson, 1990, pp.26-27を参照した.

4　イングリッシュ・ヘリテージのピーター・ギラリーによれば，ニコルには17世紀後半から18世紀初頭までの建物は残っていない('Another Georgian Spitalfields: 18th-Century Houses in Bethnal Green's Silk-Weaving District', English Heritage Survey Report, July 2000, pp.18-19 and 24).

5　1820年代以降，英国の絹産業が衰退すると，絹織職人たちの技術は希少になった．イースト・エンドの職人たちは，1870年代にはローマ教皇ピウス9世から祭服生地の注文を受け，また20世紀初頭まで，英王室の式服生地の生産を委託されていた.

6　ニコルのパブにはたいてい威勢のいい名前がついていた．ハーフ・ニコル・ストリート49番地に「ロード・ネルソン」，フォーニアー・ストリートに「ヴィクトリー」，ニュー・ニコル・ストリートに「ヴァーノン提督」があった．バウンダリー・ストリートにはグラッドストンの名を冠したパブや「プリンス・オブ・ウェールズ」という店も少なくとも2軒あった.

7　法案を策定したシャフツベリー卿の追悼記事 *The Times*, 2 October 1885に引用されている.

8　1868年のトレンズ法とそれに続いた修正により，教区の公衆衛生医務官は「人間の居住に適さない」と判断した住居を教区に報告することを(単に許可されたというよりも)義務づけられた．医務官は疑わしい家への立ち入り許可を，治安判事の令状なしに，家主に求めることができるようになったが，これは不動産オーナーの権利を制限しようとする大胆な試みであった．またトレンズ法は，住宅が許容基棺桶に関しては Reeves, *Recollections*, p.57より.

コリングウッド・プレイスの過密状態に関しては *Eastern Argus*, 22 December 1883に「7.25×4フィート(2.2×1.2メートル)」とあるが，この面積では立ったままでさえ12人が入ることはできないから，誤植であろう.

住宅内の家畜に関しては *Eastern Argus*, 7 December 1889 および Williams, *Later Leaves*, p.301より.

魚の燻製に関してはタワー・ハムレッツ郷土史図書・公文書館が保管するベスナル・グリーン教区衛生委員会議事録 L/MBG/B/4/9 [BG/574], Book no. 9, 1886-88, 6 April 1887 より.

毛織職人に関しては *Daily Telegraph*, 19 November 1889 より.

元家庭教師・准男爵の兄弟に関しては *The Man with the Book; or, The Bible among the People* by John Matthias Weylland, 1872, pp.68-69より.

ブリーダーのボックスに関しては *London County Council Minutes of Proceedings*, January-December 1895, p.629 および ロンドン・スクール・オブ・エコノミクスのチャールズ・ブース文書館が保管する Book A2, Rupert St Leger's survey of Half Nichol Street より.

街頭歌うたいの息子に関しては Weylland, *The Man with the Book*, pp.9-10より.

チャールズ・モウブレーに関しては *The Slow-Burning Fuse: The Lost History of the British Anarchists* by John Quail, 1978, p.38より. 当時，モウブレーは無政府共産主義者を自任し，リンケと知り合いであった.

3　死亡率は *The Housing Question in London, 1855-1900* by C.J. Stewart, 1900, p.192 による. ロンドンの死亡率はほかの人口集中地よりも若干低い傾向にあった. 首都の死亡者数が意外にもそれほど多くなかったのは，危険な病気を治療するための大型専門施設が創設されたこと，またおそらくは地方からの移住者が絶えず流入していたからであろう. ベスナル・グリーン教区の(結核以外の)呼吸器系疾患による死亡率はロンドンの2倍であった. 教区内の死者の26パーセントが，胸，肺，喉の病気で亡くなっている.

2007年のイングランドおよびウェールズの1000人あたりの死亡者数は国家統計局人口動態統計部の資料による. その統計によると1000人あたりの「年齢調整死亡率」は5.94人，粗死亡率は9人. イングランドおよびウェールズの1歳未満の死亡率は1000人あたり5人.

4　*Lesser Questions* by Lady Mary Jeune, 1894, pp.228-229.

5　ウエスト・エンドとの家賃比較に関しては *Daily Telegraph*, 4 November 1889 より. ロンドン・シティ・ミッションの牧師ジョン・ガルトは回想録 *A Providence That Shapes* (未刊行，*c.* 1933，p.138)のなかで，ニコルの家賃は部屋の容積を考慮するとベルグラヴィアの4倍だと述べている.

「吸血鬼」の隠喩に関しては *Landlordism* by Henry Lazarus, 1892, p.6より.

6　*Pall Mall Gazette*, 6 October 1883.

原注

特に明記しないかぎり，以下はすべてロンドンで発行された資料である．

第1部　空文

1　飢餓帝国——オールド・ニコル 1887年

1　*The Anarchists: A Picture of Civilization at the Close of the Nineteenth Century* by John Henry Mackay, Boston, 1891, pp.161-169.

The Anarchists はジョン・ヘンリー・マッケイによる小説風回想録．本書でオールド・ニコルを訪れるアナーキストはマッケイ自身であり，一緒に行った友人はエリッヒ・オットー・リンケ(1853-99)とされている．「大男のオットー」の愛称で呼ばれたリンケはドイツ人革命家で，ロンドンに移り住んだが警察の厳しい監視に耐えられず，のちに合衆国へ渡った．リンケは国際無政府主義運動のなかの共産主義派に属していたが，一方でマッケイは思想的にはより個人主義的・自由主義的な立場をとっていた．*The Anarchists* の一部には，こうした立場からリンケら共産主義派を論破しようとするマッケイの試みが描かれている．

マッケイは1864年，スコットランドのグリーノックでスコットランド人の父とドイツ人の母のあいだに生まれた．父親の死後，母親に連れられてハンブルクに渡り，母親の裕福な実家でドイツ語を母語として育てられた．マッケイが初めてロンドンを訪れたのは1887年晩春．ヴィクトリア女王即位50周年にあたるこの年，失業対策を求めるデモが頻繁に行われていた．これを機に政治に目覚めたマッケイはのちにこう書いている．「あそこ，ロンドンで，わたしの物事の見方や考え方に大きな変化が起きた．わたしは人生の方向と，仕事の意義を見つけたのだった」(最新版，p.viii)．彼はアナーキストになったが，まもなく運動の主流派とたもとを分かち，国家の権力構造を解体する際の最も重要な段階は自己解放であるとする，個人主義的無政府主義を受け入れた．

マッケイは詩人で作詞家でもあり，「初のアナーキスト歌手」と呼ばれた．作品のなかにはリヒャルト・シュトラウスが曲をつけたものもある．1900年代初頭にサジッタの筆名で発表した 'Nameless Love' は，同性愛や成人男性と10代の少年との関係を讃美する内容で，物議をかもした．マッケイは世間から忘れられ，1933年にナチス政権下のドイツで死去．おそらくは自殺であった．

2　アンズ・プレイスのブーツ職人一家に関しては *Later Leaves, Being Further Reminiscences of Montagu Williams QC* by Montagu Williams, 1891, pp.297-298 より．

マッチ箱づくりに関しては *Recollections of a School Attendance Officer* by John Reeves, c. 1915, pp.55-57; *East End Underworld: Chapters in the Life of Arthur Harding* by Raphael Samuel, 1981, p.21; Charles Booth, *Life and Labour of the People in London*, Third Series: Religious Influences, Volume 2: *London North of the Thames: The Inner Ring*, 1902, Chapter V, 'Illustrations', p.238より．

するにあたって，次の書籍や論文を参考にした．*Reforming London: The London Government Problem 1855-1900* by John Davis, 1988; *Socialists, Liberals and Labour, The Struggle for London 1885-1914* by Paul Thomson, 1967; 'The Millennium by Return of Post: Reconsidering London Progressivism, 1889-1907' by Susan Pennybacker, *Metropolis London: Histories and Representations since 1800*, ed. David Feldman and Gareth Stedman Jones, 1989, and Pennybacker's *A Vision for London, 1889-1914*, New York, 1995; and *Metropolitan London: Politics and Urban Change, 1837-1981* by Ken Young and Patricia L. Garside, 1982

Report on the Sanitary Condition of Bethnal Green, 1905
Richter, Melvin, *The Politics of Conscience: T.H. Green and His Age*, New York, 1964
Rocker, Rudolf, *The London Years*, 1956
Rose, Michael E., *The Relief of Poverty, 1834-1914*, 1986
Samuel, Raphael, *East End Underworld: Chapters in the Life of Arthur Harding*, 1981
Saunders, William, *History of the First London County Council, 1889-1891*, 1892
Scott Holland, Henry, *Memoir and Letters*, ed. Stephen Paget, 1921
Searle, G.R., *A New England? Peace and War 1886-1914*, Oxford, 2004
Sherry, Norman, *Conrad's Western World*, Cambridge, 1971
Sims, George R., *How the Poor Live*, 1883; *Horrible London*, 1889; and *My Life: Sixty Years' Recollections of Bohemian London*, 1917
Springfield, Lincoln, *Some Piquant People*, 1924
Steffel, Richard Vladimir, 'Housing for the Working Classes in the East End of London, 1890-1907', Ph.D. thesis, Ohio State University, 1969
Stevens, T.P., *Father Adderley*, 1943
Stewart, C.J., *The Housing Question in London, 1855-1900*, 1900
Thompson, E.P., *William Morris: Romantic to Revolutionary*, 1955
Traill, H.D.（Henry Duff）, *The New Fiction and Other Essays on Literary Subjects*, 1897
A Valiant Victorian: The Life and Times of Mother Emily Ayckbowm, 1836-1900, of the Community of the Sisters of the Church, anon., 1964
The Victoria History of the Counties of England: A History of the County of Middlesex, Volume 11, *Early Stepney with Bethnal Green*, Oxford, 1998
Vogeler, Martha S., *Frederic Harrison: The Vocations of a Positivist*, ed. T.F.T. Baker, Oxford, 1984
Webb, Beatrice, *My Apprenticeship*, 1926; and with Sidney Webb, *English Poor Law History*, Part II, Volume 2, 1927
Wells, H.G., 'A Slum Novel', *Saturday Review*, 28 November 1896
Weylland, John Matthias, *The Man with the Book; or, The Bible among the People*, 1872
White, Jerry, *Campbell Bunk: The Worst Street in North London*, 2003
Williams, Montagu, *Later Leaves, Being Further Reminiscences of Montagu Williams QC*, 1891; and *Round London: Down East and Up West*, 1896
Wohl, Anthony S., *The Eternal Slum: Housing and Social Policy in Victorian London*, 1977; and 'Sex and the Single Room', *The Victorian Family: Structure and Stresses*, ed. Anthony S. Wohl, 1978
Yelling, J.A., *Slums and Slum Clearance in Victorian London*, 1986

追記

加えて，教区委員による行政や教区と地方行政の関係，ロンドンの地方自治を理解

Knapp, John M. (ed.), *The Universities and the Social Problem: An Account of the University Settlements in East London*, 1895
Koven, Seth, *Slumming: Sexual and Social Politics in Victorian London*, Princeton, 2004
Kropotkin, (Prince) Peter, 'Mutual Aid among Animals', *Nineteenth Century*, September 1890
Latouche, Peter, *Anarchy! An Authentic Exposition of the Methods of Anarchists and the Aims of Anarchism*, 1908
Laurie, Arthur Pillans, *Pictures and Politics: A Book of Reminiscences*, 1934
Lazarus, Henry, *Landlordism*, 1892
Lewis, H.S., and Russell, C., *The Jew in London*, 1900
London County Council Minutes of Proceedings, July-December 1890; January-December 1895; and January-December 1903
London Society for the Abolition of Compulsory Vaccination, *A Catalogue of Anti-Vaccination Literature*, 1894
Mackay, John Henry, *The Anarchists: A Picture of Civilization at the Close of the Nineteenth Century*, Boston, 1891
Mansion House Council on the Dwellings of the Poor, *Report for the Year ending 31 December 1887*; and *Report for the Year ending 31 December 1890*
Marx, Carl (ed.), *Karl Marx and Friedrich Engels, Correspondence 1846-1895, A Selection with Commentary and Notes*, 1934
McCormick, Donald, *The Identity of Jack the Ripper*, 1959
Meade, L.T., *A Princess of the Gutter*, 1895
Mearns, Andrew, *The Bitter Cry of Outcast London*, 1883
Morley, Henry, 'The Quiet Poor', *Household Words*, Volume 9, 1854
Morris, William, *The Socialist Diary of William Morris*, ed. Florence Boos, 1981; and *The Collected Letters of William Morris*, ed. Norman Kelvin (3 volumes), Princeton, 1984-96
Morrison, Arthur, *A Child of the Jago*, 1896; *Tales of Mean Streets*, 1894; and 'What is a Realist?', *New Review*, Volume 16, March 1897
Norman-Butler, Belinda, *Victorian Aspirations: The Life and Labour of Charles and Mary Booth*, 1972
Nott-Bower, William, *52 Years a Policeman*, 1926
Old Bailey Sessions Papers, 1892 and 1906
Oliver, Hermia, *The International Anarchist Movement in Late-Victorian London*, 1983
Owen, David, *The Government of Victorian London, 1855-1889: The Metropolitan Board of Works, the Vestries and the City Corporation*, Harvard, 1982
Protestant Association, *The Ritualistic Kilburn Sisters*, c. 1896
Quail, John, *The Slow-Burning Fuse: The Lost History of the British Anarchists*, 1978
Reeves, John, *Recollections of a School Attendance Officer*, c. 1915

術文庫ほか〕
Davis, John, 'The Enfranchisement of the Urban Poor in Late-Victorian Britain', *Politics and Culture in Victorian Britain: Essays in Memory of Colin Matthew*, ed. Peter Ghosh and Lawrence Goldman, Oxford, 2006; and 'Slums and the Vote', *Historical Research*, Volume 64, 1991
Dilke, Emilia, 'Trades Unionism among Women', *Fortnightly Review*, May 1891
Doggett, Maeve E., *Marriage, Wife-Beating and the Law in Victorian England*, 1992
Ellis, Havelock, *The Criminal*, 1890
Englander, David, and O'Day, Rosemary, *Mr Charles Booth's Inquiry: Life and Labour of the People in London Reconsidered*, 1993
Evans, Stewart P., and Rumbelow, Donald, *Jack the Ripper, Scotland Yard Investigates*, 2006
Evans, Stewart P., and Skinner, Keith, *The Ultimate Jack the Ripper Sourcebook*, 2000
Furniss, Harry, *Some Victorian Women, Good, Bad and Indifferent*, 1923
Galt, John, *A Providence That Shapes,* unpublished memoirs, written *c.* 1933
Galton, Francis, *Hereditary Genius,* 1869〔『天才と遺伝』上下巻, 甘粕石介訳, 岩波文庫〕; *Hereditary Improvement*, 1873; and *Natural Inheritance*, 1889
Glasier, John Bruce, *William Morris and the Early Days of the Socialist Movement,* 1921
Grade, Lew, *Still Dancing: My Story*, 1987
Greenwood, James, *The Seven Curses of London,* 1869; *Low-Life Deeps, An Account of the Strange Fish to be Found There*, 1876; and 'A Shoreditch Club', *Daily Telegraph,* 22 October 1887
Guillery, Peter, 'Another Georgian Spitalfields: 18th-Century Houses in Bethnal Green's Silk-Weaving District', English Heritage Survey Report, July 2000; and *The Small House in Eighteenth-Century London*, 2004
Hendrick, Harry, *Child Welfare in England, 1872-1914*, 1994
Hensley Henson, Herbert, *Retrospect of an Unimportant Life* (3 volumes), 1942
Horn, Pamela, *The Victorian Town Child*, Stroud, 1997
Jackson, Louise A., *Child Sexual Abuse in Victorian England*, 2000
Jay, Reverend Arthur Osborne, *Life in Darkest London: A Hint to General Booth*, 1891; *The Social Problem: Its Possible Solution*, 1893; *A Story of Shoreditch, Being a Sequel to Life in Darkest London*, 1896; and 'To Check the Survival of the Unfit: A New Scheme by the Rev. Osborne Jay, a Militant Bethnal Green Parson, for Sending the Submerged to a Penal Settlement', *London*, 12 March 1896
Jeune, (Lady) Mary, *Lesser Questions*, 1894
The Kilburn Sisters and Their Accusers: A Full Account of the Investigation into the Charges brought against the Kilburn Sisters, together with a Detailed Description of the Methods of the Attack, anon., 1896
Kitz, Frank, 'The Problem of the Slums', *Voice of Labour*, Volume 1, no.1, 18 January 1907

The Times
Voice of Labour

書籍・記事・小冊子

À Beckett, William, *London at the End of the Century: A Book of Gossip*, 1900
Allgood, H.G.C., *The History of Bethnal Green*, 1894
Allinson, Robert, 'A Review of Twelve Years' Work in the Nichol Street District, Shoreditch', *London City Mission Magazine*, 1 September 1894
Askwith, Betty, *Lady Dilke, A Biography*, 1969
'A Travelling Correspondent', anon., *The Reverend William Cuff in Shoreditch: Realistic Sketches of East London Life and Work*, 1878
Avrich, Paul, *Anarchist Portraits*, Princeton, 1988
Barker, Felix, and Jackson, Peter, *The History of London in Maps*, 1990
Beattie, Susan, *A Revolution in London Housing: LCC Housing Architects and their Work, 1893-1914*, 1980
Beckett, John, *The Rise and Fall of the Grenvilles: Dukes of Buckingham and Chandos, 1710 to 1921*, Manchester, 1994
Behlmer, George K., *Child Abuse and Moral Reform in England, 1870-1908*, Stanford, 1982
Booth, Charles, *Life and Labour of the People in London* (17 volumes), 1889-1903
Booth, Mary, *Charles Booth, A Memoir*, 1918
Booth, William, *In Darkest England and the Way Out*, 1890
Borrow, George, *Romano Lavo-Lil, Word-Book of the Romany or, English Gypsy Language*, 1874; reissued in paperback, 1982
Boulton, Harold, 'A Novel of the Lowest Life', *The British Review of Politics, Economics, Literature, Science and Art*, 9 January 1897
Bowen, Desmond, *The Idea of the Victorian Church: A Study of the Church of England, 1833-1889*, Montreal, 1968
Brodie, Marc, *The Politics of the Poor: the East End of London 1885-1914*, Oxford, 2004
Caine, T.H. Hall, *The Christian*, 1898; and 'The Son: Arthur Osborne Montgomery Jay, Vicar of Holy Trinity, Shoreditch', *Father and Son: A Study in Heredity*, compiled by 'DN', 1910
Chamberlain, Joseph, 'Labourers' and Artisans' Dwellings', *Fortnightly Review*, December 1883
Conrad, Joseph, *The Secret Agent*, 1907〔『密偵』土岐恒二訳，岩波文庫ほか〕
Crawford, Alan, *C.R. Ashbee: Architect, Designer and Romantic Socialist*, Yale, 1985
Darwin, Charles, *Origin of Species*, 1859〔『種の起源』上下巻，渡辺政隆訳，光文社古典新訳文庫ほか〕; and *The Descent of Man, and Selection in Relation to Sex*, 1871, second edition, 1875〔『人間の由来』1871年版，上下巻，長谷川眞理子訳，講談社学

PP 1887, XXXVI [C5131 and C5171] *Sixteenth Annual Report of the Local Government Board*
PP 1888, XLIX [C5526] *Seventeenth Annual Report of the Local Government Board*
PP 1903, IX *Royal Commission on Alien Immigration*
PP 1904, XXXII [Cd 2175, 2186 and 2210] *Report of the Inter-Departmental Committee on Physical Deterioration*
PP 1908, I [Cd 4156] *Royal Commission on the Duties of the Metropolitan Police*
PP 1909, XXXVII [Cd 4499] *Royal Commission on the Poor Laws and Relief of Distress*
Hansard Parliamentary Debates, Volume 189, 1867; and Volume 118, 1903

新聞・機関紙

Academy
British Architect
The British Review of Politics, Economics, Literature, Science and Art
The Builder
Commonweal
Daily News
Daily Telegraph
Eastern Argus
Eastern Post & City Chronicle
East London Observer
Fortnightly Review
Freedom: A Journal of Anarchist Communism
Home
Household Words
Journal of the Royal Institute of British Architects
Justice
London
London City Mission Magazine
London County Council Staff Gazette
New Review
Nineteenth Century
Pall Mall Gazette
Public Health, The Journal of the Society of Medical Officers of Health
Saturday Review
Spectator
Star
Temple

参考文献

特に明記しないかぎり，すべてロンドンで発行された資料である．

未発表文書

THE CHARLES BOOTH ARCHIVES, LONDON SCHOOL OF ECONOMICS（チャールズ・ブース文書館，ロンドン・スクール・オブ・エコノミクス）
Notebooks B/77, B/80, B/225, B/227, B/228, B/229, B/352, B/381, B/387
Papers A2, A39

LONDON METROPOLITAN ARCHIVES（ロンドン市公文書館）
Old Nichol Girls' School Logbook, 1884–88, CC/EO/DIV5/NIC/LB/1
Housing of the Working Classes Sub-Committee Presented Papers, Bundle A3, May 1890-31 December 1892, LCC/MIN/7320
Housing of the Working Classes Committee Papers, March 1896-December 1896, LCC/MIN/7353

TOWER HAMLETS LOCAL HISTORY LIBRARY AND ARCHIVE（タワー・ハムレッツ郷土史図書・公文書館）
Minute Books of the Bethnal Green Vestry Sanitary Committee, L/MBG/B/4/9 [BG/574], Book no. 9, 1886-88; and [BG/575], Book no. 10, 1888-89

NATIONAL ARCHIVES/THE PUBLIC RECORD OFFICE（国立公文書館）
MH12/6880, Local Government Board papers
HLG1/17/5, Ministry of Health papers

LAMBETH PALACE LIBRARY（ランベス宮殿図書館）
The Fulham Papers, Bishop of London's correspondence and archive, Temple, Volume 35

NSPCC ARCHIVES（全国児童虐待防止協会文書館）
Second and Third Annual Report of the East London Branch of the National Society for the Prevention of Cruelty to Children, 1890-91

議会文書

PP 1834, XXVII *Report of the First Poor Law Commissioners*

PP 1883, LVII *Reports &c from Medical Officers of Health Relative to the Artisans' Dwellings Acts* in *Accounts and Papers (21) Local Government, Local Taxation*

PP 1884-85 [C4402] *First Report of Her Majesty's Commissioners for Inquiring into the Housing of the Working Classes*

PP 1887, LXXI *Return of the Number of all Deaths in the Metropolitan District in the Year 1886, upon which a Coroner's Jury have returned a Verdict of Death from Starvation or Death Accelerated by Privation* in *Accounts and Papers (23)*

索引

ア

カ

著者略歴

サラ・ワイズ　Sarah Wise

バークベック・カレッジで，ヴィクトリア期を研究し，修士号を取得．現在はカリフォルニア大学ロンドン研究センターで19世紀英国の社会史を教えるほか，「TLS」「ヒストリー・トゥデイ」「BBCヒストリー・マガジン」「フィナンシャル・タイムズ」などに，ロンドンの都市と労働者の歴史，医学史，心理地理学について寄稿している．2004年のデビュー作 *The Italian Boy: Murder and Grave Robbery in 1830s London* は2005年度のサミュエル・ジョンソン賞に，本書は王立文学協会オンダーチェ賞に，最新刊の *Inconvenient People: Lunacy, Liberty and the Mad-Doctors in Victorian England* は2014年度のウェルカム・ブック・プライズにノミネートされた．

訳者略歴

栗原 泉　くりはら・いずみ

翻訳家．訳書に『中国第二の大陸アフリカ——一〇〇万の移民が築く新たな帝国』『胡椒——暴虐の世界史』『北京の胡同』（以上，白水社），『キレイならいいのか——ビューティ・バイアス』（亜紀書房）ほかがある．

図版出典

ロンドン市博物館: カバー，表紙（Charles Booth, Poverty Map, 1889）／ビショップスゲート図書館，ビショップスゲート・インスティテュート: 本文扉，pp.101, 163, 171, 233, 253（George Sims, *How the Poor Live*, illustrated by J.F. Barnard）／オックスフォード大学ボドリアン図書館: pp.279, 283上, 303（*London*, 12 March 1896）／大英図書館: pp.47, 59（shelfmark 082764g）／大英図書館新聞コレクション: pp.91, 224, 225, 227, 263（shelfmark 396, *New Budget*）／ハックニー文書館: p.31（shelfmark WP3753），p.61（shelfmark WP5732），p.99（shelfmark P1729）／インナー・テンプル公文書館: p.79／ランベス宮殿図書館: p.293／ロンドン市公文書館: pp.35, 37, 117, 373, 393, 397, 405／ナショナル・ポートレート・ギャラリー: p.71（RN33806/NPG x 7205），p.341（RN40124/NPG ax25182）©National Portrait Gallery, London／ヴィクトリア・アンド・アルバート博物館: p.267左（Image ID 2009CA9796），p.267右（Image ID 2009CA9798）©Victoria and Albert Museum, London

塗りつぶされた町
ヴィクトリア期英国のスラムに生きる

２０１８年７月18日　第１刷発行

著　者　サラ・ワイズ
訳　者　栗原　泉
発行所　株式会社　紀伊國屋書店
東京都新宿区新宿３―17―７
出版部（編集）電話０３（６９１０）０５０８
ホールセール部（営業）電話０３（６９１０）０５１９
東京都目黒区下目黒３―７―10
郵便番号　１５３―８５０４

装丁　間村俊一
編集協力　企画ＪＩＮ
本文組版　明昌堂
印刷・製本　シナノ パブリッシング プレス

ISBN 978-4-314-01161-7 C0022
Printed in Japan
定価は外装に表示してあります